B&E 管理学系列

企业管理咨询（第2版）

——全周期卓越运作

顾元勋 编著

Management Consulting: Lifecycle Operation Excellence

清华大学出版社

北 京

图书在版编目(CIP)数据

企业管理咨询：全周期卓越运作 / 顾元勋编著. —2 版. —北京：清华大学出版社，2014（2022.7重印）
（B&E 管理学系列）
ISBN 978-7-302-35989-0

Ⅰ. ①企… Ⅱ. ①顾… Ⅲ. ①企业管理—咨询 Ⅳ. ①F270

中国版本图书馆 CIP 数据核字(2014)第 066061 号

责任编辑：贺　岩
封面设计：创意源文化
责任校对：宋玉莲
责任印制：宋　林

出版发行：清华大学出版社
网　　址：http://www.tup.com.cn，http://www.wqbook.com
地　　址：北京清华大学学研大厦 A 座　　邮　　编：100084
社 总 机：010-83470000　　邮　　购：010-62786544
投稿与读者服务：010-62776969，c-service@tup.tsinghua.edu.cn
质量反馈：010-62772015，zhiliang@tup.tsinghua.edu.cn

印 装 者：北京富博印刷有限公司
经　　销：全国新华书店
开　　本：185mm×230mm　　印张：23.25　　插页：1　　字　　数：468 千字
版　　次：2007 年 9 月第 1 版　　2014 年 5 月第 2 版　　印　　次：2022 年 7 月第 7 次印刷
定　　价：58.00元

产品编号：059538-02

B&E

前言（第2版）

一、追溯管理咨询的发展

管理咨询的行为，历史上可以追溯至中国古代的谋士和门客行为，他们就是为一个特定的集团提供真知灼见，通过“士”们的谋略，影响决策者的选择和行为模式。其中最有代表性的是：诸葛亮未出茅庐，提出了“三分天下”的战略设计，为刘备的日常经营和关键时刻的选择提供了确实具有愿景意义的指导目标，也会约束和优化刘备日常的决策方式和取舍策略。

现代企业的管理咨询，可以追溯至泰勒从事的搬运试验分析和作业方式优化等，其所进行的内部改进行为就属于典型的内部咨询的范畴。管理咨询作为一种来自于企业外部的专业服务，在麦肯锡公司成立之初就得以确定，主要是为经理层提供发现和解决管理问题的工作，这种开拓性的理念，产生和促进了咨询职业与行业的发展。

管理咨询在中国的企业中，目前来看经历了三个阶段。第一个阶段，以引进和学习借鉴日本的企业诊断为主要特征，在中国企业主要从事了面向生产运作改进的诊断，对象以国营企业为主，对于吸收和消化国际上先进的管理方法，如全面质量管理等起到了重要的推动作用。第二个阶段，以学习吸收美国、欧洲的管理咨询经营模式为主要特征，出现了专业从事管理咨询的公司，并且与国际领先的管理咨询企业进行同台竞技，逐步建立了以专业化分工为指导的公司化经营的管理咨询从业模式。面向的对象几乎覆盖了所有类型的企业，而且几乎涉及管理的各个领域。第三个阶段，以信息通信技术与管理结合为特征，促进了管理理念、方法和手段的快速创新，管理咨询和信息化解决方案的融合日益加深，形成了管理咨询、信息化管理共同发展的局面。

二、如何认识管理咨询

从 1996 年开始学习和初步体验企业诊断，到在企业中真实的管理体验和内部业务咨询及客户解决方案的设计，以及研究中对于企业管理咨询的关注，这些历程和体会，促使我思考一个基本的问题，管理咨询是什么？我在 MBA 课堂上与学生也讨论了这样一个命题，我的结论是“咨询是观念斗争”。如何理解？管理咨询的基本目的是解决企业系统中的管理问题，而管理问题的界定、判断和认识，对于不同岗位的人员而言就会产生可能完全相反的结论，因此在管理咨询的第一步就遇到了困难，也就是界定问题。而管理咨询能否顺利开展的前提就依赖于此，所以管理咨询的复杂性要比想象的大，因此管理咨询不是嘴皮子活，而是需要精心组织、耐心开拓的业务。

管理咨询在企业中的价值正日益得到认可，而且不同类型的企业或者已经体验了管理咨询的激动过程，或者正在经历管理咨询的磨合过程，甚至有的企业还在观望和犹豫，但是管理咨询的作用，已经不需要争执了，需要的是管理咨询的卓越运作。

三、本书内容结构

显然管理咨询的内涵在持续扩大，管理咨询项目的复杂性也在持续增加。

能否实现全周期的卓越运作，决定了企业管理咨询的成败。本书将企业管理咨询作为观念、行为、结果三个维度形成的统一方法体系和工作实践体系(见图 1)。以管理咨询的有效营销作为管理咨询的起点，以遵循规范的咨询程序，作为掌控咨询项目和控制风险的基本规范，而咨询的规范程序也是统领咨询业务展开的基本框架。在咨询业务开展的过程中，项目建议书、诊断方法与流程、诊断工具、企业问题研究分析方法、咨询报告以及咨询业务本身的管理等，构成了企业管理咨询从需求到方案的运作关键环节，对于每一个环节的关键要素的精准把握都是推动项目从目标走向成功的里程碑。如果认为咨询报告是咨询业务的结束，很容易导致项目的全局失败。而咨询实施和高绩效咨询的策略方法，是从方案到管理变革的真正践行，是帮助咨询业务实现真正成功所不可忽略的环节。

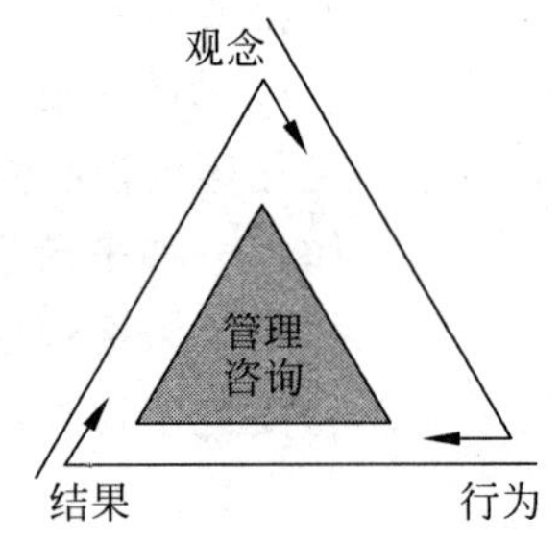

图 1　管理咨询的思维结构

(一) 本书采用了如下的内容组织结构(见图 2)

(1) 从企业管理咨询的全周期运作入手，建立了观念、行为、结果的三角形内容结构，形成贯穿管理咨询业务开展的整体行动和思考框架。

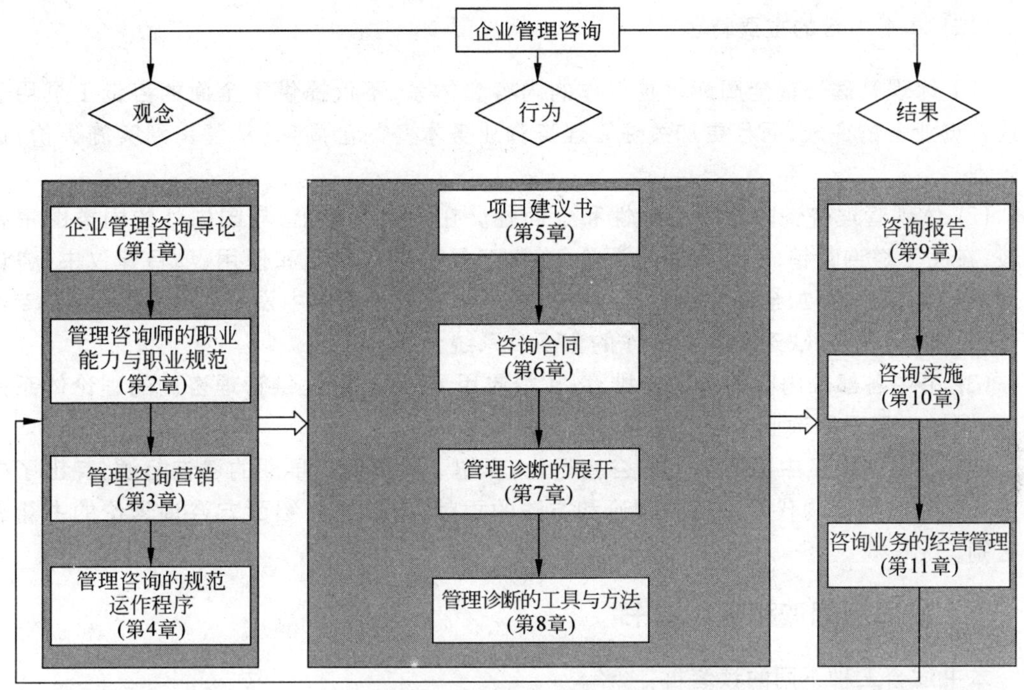

图 2 管理咨询的内容结构

(2) 从追溯中国历史上的咨询行为入手,分析咨询的历史渊源,然后回顾和梳理近代的管理咨询与管理科学的发展历程,呈现出管理咨询与管理研究相互促进的发展脉络。

(3) 在管理咨询的观念上,突出了咨询营销和咨询的规范程序,从如何建立和完成与客户的沟通出发,提供了咨询营销的客户质量因素和客户沟通、营销方法的常见方式。详细阐述对于咨询不同阶段的认识及其工作要点,有助于把握和分析不同阶段的关键成功因素。

(4) 在管理咨询的行为上,突出了全面实行咨询业务所必需的工作阶段及其成果和工具,包括咨询项目建议书、诊断开展、诊断工具、企业研究分析方法等方面的内容,实现从咨询业务开始到咨询业务方案完成的全周期过程的掌控,建立基于规范化咨询项目进程的管理体系和内容体系。

(5) 在管理咨询的结果上,突出对于咨询报告、咨询实施和高绩效咨询的分析,咨询业务的管理,形成管理咨询从方案到实施的转换过程,这些具体而实用的工作策略和方法是非常有价值的。

(二) 本书内容的主要特色

(1) 体现管理咨询全周期卓越运作的内容和体系,不仅提供了全面的咨询工具用于管理咨询业务的完成,而且更加关注管理咨询业务本身的全周期(从营销到实施评价)运作管理。

(2) 体现管理咨询内容的完整性和全面性。在内容安排上,与国内外的同类图书相比较,在关于咨询营销、咨询实施与评价、咨询工具的翔实介绍和使用、项目建议书、咨询报告书等内容上,更加全面完整。而这些内容或者在其他图书中没有介绍,或者仅是专注于一个方面的内容,缺乏如本书所作的全面和系统介绍。

(3) 书中各部分内容的选取安排,以实践应用为导向,既提供管理咨询的理论体系知识,还提供了管理咨询业务运作的技能。

(4) 本书追溯了中国历史上的咨询行为,介绍了我国历史早期的咨询起源,突出了中国古代管理智慧对现代管理咨询理论和方法的贡献,与单纯介绍西方咨询理论的书籍有所区别。

四、谁适合阅读和应用本书

本书适合三种不同的读者群:

一是在校的学生,包括 MBA 学生、企业管理、市场营销、人力资源、信息管理等专业高年级本科生,可以学习到规范而全面的管理咨询知识、方法和技能。

二是准备进入管理咨询行业或者已经从事管理咨询的人员,能够为咨询顾问培养全面的职业技能和业务技能。包括管理咨询、信息化管理咨询的顾问。

三是在企业中主管和负责管理咨询业务的经理,从中可以学习如何分析、判断和掌控管理咨询项目。

企业管理咨询,是企业提高管理能力,改善经营管理体系的基本策略,因此如何使管理咨询能够切实发挥其投资价值,是咨询提供方和服务方都很关心的关键问题。本书从企业管理咨询的全周期出发,体现了咨询营销、咨询顾问技能、咨询工具、项目建议书、咨询报告、咨询业务管理、咨询实施和评价等每一个关键阶段的内容,形成了面向管理咨询全周期管理的卓越运作体系,各部分的内容既可以独立使用,而且也可以按照咨询业务的开展周期,循序渐进地学习使用。

企业管理咨询的蓬勃发展,伴随着新的挑战和发现,也为我们提供了探索知识产品管理的新空间,愿与各位读者共勉!

五、请您指正和建议

本书由顾元勋负责整体结构设计和内容提纲设计，并进行总体内容的掌控。本书内容，以笔者正在使用的教案内容(针对 MBA 以及企业管理专业高年级本科生)为基础进行编著，第一版各篇的编著人员是：观念篇(第 1～4 章，顾元勋、方浓桦、谭修进)，行为篇(第 5～9 章，顾元勋、石颖颖、方浓桦)，结果篇(第 10～13 章，顾元勋、贾婧、石颖颖、梁婧)。第二版由顾元勋统筹完成。

非常感谢清华大学出版社的大力支持，使得本书得以顺利出版。

书中不足之处，敬请批评指正！

编著者 E-mail：guyuanxun@tsinghua.org.cn，
guyuanxun@bjtu.edu.cn。

顾元勋

2014.2.16

B&E

目录

第1篇 观 念 篇

第2篇 行 为 篇

第 3 篇 结 果 篇

第1篇

观 念 篇

第1篇

概 念 题

B&E

第 1 章 企业管理咨询导论

摘要

从古至今,“咨询”的发展脚步从来就没有停止过。在中国古代,咨询大多是指谋略方面,不同朝代的谋略家运用各种计谋、意见,帮助君主取得天下、赢得战事、治理国家、运用人才。今天的咨询,更多的是从企业未来发展角度出发,对企业提高管理能力,改善经营管理体系的基本策略提出建议。如何使管理咨询切实发挥其投资价值,是咨询提供方和服务方都很关心的关键问题。

在本章中,首先回顾国内外咨询业发展过程,列出一些具有代表性、跨越性的事件,然后分析国外咨询业和中国国内咨询业的发展历程和结构特征,并与外国咨询业进行比较,分析中国本土咨询业的优劣势与机会。中国的咨询市场的迅速发展,吸引了国外咨询巨头的目光,后面将介绍几家目前已经进入中国境内的国外咨询公司。

最后,介绍我国咨询业的现状,具体说明我国咨询企业与西方咨询公司的差距。根据中国国情,对我国咨询业目前的情况提出了一些建议,并对我国咨询业未来的发展趋势和定位,进行了一定的预测。

“企业管理咨询导论”内容结构如图 1-1 所示。

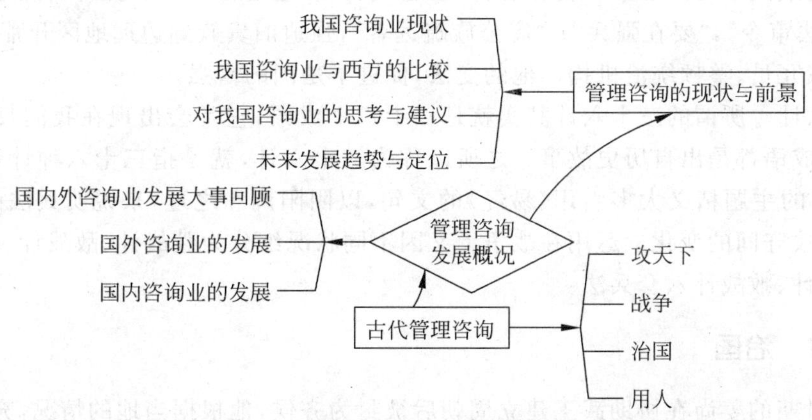

图 1-1 “企业管理咨询导论”内容结构图

1.1 古代管理咨询

中国古代的咨询就是谋略，不同朝代的谋略家运用各种计谋、意见，协助君主更好地取得天下、赢得战事、治理国家、运用人才。

中国古代谋略又可分为攻天下、战争、治国、用人四方面。

1.1.1 攻天下

中国最早的谋略家是夏末商初的伊尹，他协助商汤灭夏建立商朝。伊尹运用停止进贡的方法来试探夏桀的实力，并暗地里扩充商的势力。在伊尹的协助下，商汤取夏而代之。

在伊尹之后出名的谋略家是商周时期的姜尚，他协助周文王和武王伐商纣建立周朝。他主要运用的谋略为：暗聚力量；献宝表忠诚，迷惑纣王；修德以提高周在诸侯国间的地位；拉拢诸侯国；伐弱小发展势力，灭了商之后，又广施仁政替周赢得人心。

1.1.2 战争

孙子是中国著名的兵法谋略家，他所著的《孙子兵法》是一部谋略经典，为后世兵者必读。《孙子兵法》的核心思想是："兵者，国之大事，死生之地，存亡之道，不可不察。"始计篇第一为孙武的战争和战略思想总纲，说明他对战争的看法和态度；并提示在未战之前，预判胜负的五项要素和七个基本条件，以此作为分析、比较敌对双方胜算和制定谋略的依据，所以胜负可以在战前预见，同时强调不可冒险发动没有胜利把握的战争；战略上运用诡诈方法，欺敌杀敌；攻势重点应指向敌之"无备"与"不意"。

吴起是战国时的兵法家。初任鲁将，屡建战功，后遭陷害，逃奔楚国，辅佐楚悼王实行变法："明法审令"，"要在强兵"；"废公族疏远者"，强迫旧贵族到边远地区开荒；"捐不急之官"，裁减冗员，整顿统治机构。他的变法，促进了楚国的富强。

三十六计。所谓的三十六计其实就是三十六个成语，它常会出现在我们日常生活当中，而这些成语都是出自历史故事。之所以称为三十六计，就是指三十六种计策，它的特色是：各计的主题精义大多引用《易经》的文句，以阴阳调和之理，来说明兵法的刚柔、奇正和进退、攻守间的变化。运用在战争上又因不同状况细分为胜战计、敌战计、攻战计、混战计、并战计、败战计六套兵法。

1.1.3 治国

商周时期的姜尚在协助武王建立周朝后被封为齐侯，他根据当地的情况，充分利用齐地傍海的自然条件，积极开发鱼盐资源，发展工商业，让人民安居乐业，使齐成为周朝的强国。

秦始皇的中央集权。秦始皇建立了以皇帝为核心的中央集权制度：中央由丞相、太尉、御史大夫"三公"分掌政务、军务及监察；地方则废除封建体系，分天下为三十六郡（后来增至四十一郡），郡下设县，县下又有乡、亭、里等基层组织。这样，全国由上到下均置于皇帝及其家族的严密统治之下。为避免六国势力死灰复燃，秦始皇还采取了一系列巩固统一的措施，例如：夷平险阻，销毁兵器，迁徙豪富，统一文字、货币、车轨和度量衡。在农业方面，秦实行"强本抑末"，允许土地私有及自由买卖。此外，秦始皇还以首都咸阳为中心，广修通往全国的驰道。秦始皇的一系列大一统措施，自然是为了建立其家族万世一系的统治，但其创立的制度，为历代王朝所遵循，奠定了中国作为统一多民族国家的基础。

汉朝的汉武帝：首先，罢黜百家，表彰六经，确定了儒学在百家之学中的主导地位，是汉武帝时代影响最为久远的文化政策。兴太学，是汉武帝时代在文化方面的另一重要举措。其次，削藩事业不通过战争形式而达到目的，被公认为汉武帝政治成功的典型实例。再次，察举制的确立，在中国选官制度史上有特殊的意义。最后，统一货币，官营盐铁，推行均输和平准制度，以及强化重农抑商政策等，作为汉武帝推行的经济政策，使西汉帝国的经济基础得以空前强固。

1.1.4　用人

德者才之帅。是指用人要考虑其品德为善者。唐代魏徵说过："今欲求人，必须审访其行。若知其善，然后用之。设令此人不能济事，只是才力不及，不为大害。误用恶人，假令强干，危害极大。"由此可知，用人首重其品德。

量才授官。是指要对人才进行分类，根据分类对人才进行定位，然后用人之长。如汉高祖刘邦善于用人，他用了张良、萧何、韩信三人不同的长处，为自己开创了汉朝；反观项羽虽强，但是他妒贤嫉能，虽有范增却不用，造成日后乌江自刎的结局。

贤才是举。是指要用有才能之人，用人要发挥其最大的能力，清朝曾国藩的成功，在很大程度上得益于他善于用人，只抓重点，让部下充分发挥才能，从而取得事业的成功。

用人不避亲疏。是指用人要大公无私，不因为亲近或疏远而有影响。如春秋时期的齐桓公用曾经暗杀过他的管仲，将齐国治理得更加富强，成就了齐桓公的霸业。

论功奖赏。我国古代有论功考绩、论功行赏的传统。汉代的王符认为领导的最根本任务是识别人才，识别人才最快捷的方式就是考核，只有通过考核才能识别人才的善恶，才能区分奸巧之人。以功劳为标准进行升迁赏罚可以调动人的主动性和积极性，才能进行良好的社会管理，引人上进和发愤。

我国古代咨询为人类提供了最原始的咨询思想，从攻天下、战争、治国、用人四个方面阐述了治国用兵的道理，很多思想对现代咨询仍然具有启示意义。

1.2 管理咨询发展概况

1.2.1 国内外咨询业发展大事回顾

- 1886年，Arthur Dehon Little博士创立了Arthur D. Little公司。该公司关注科学、工程和发明领域。
- 1899年，Harrington Emerson创立了爱默生公司，这可以说是历史上第一家面向多领域的咨询公司。这不同于这个阶段一些只专注于工程的咨询公司。
- 1912年，F. Gilbreth提出“咨询公司”的概念。
- 1926年，芝加哥大学会计学教授James O. McKinsey成立了麦肯锡(McKinsey & Company)公司。
- 1937年，James O. McKinsey过世。麦肯锡旗下的两位重量级人物Bower和Tom Kearney因为公司的运营问题发生了分歧。这一事件导致了1939年科尔尼公司的诞生。1939年，Kearney留在了芝加哥的公司，并以其为基础创立了A. T.科尔尼公司(A. T. Kearney)。
- 1963年，曾在Arthur D. Little公司任职的Bruce Henderson创立了波士顿咨询公司(Boston Consulting Group，BCG)。可以说是咨询史上第一家纯粹的战略咨询公司。
- 1967年，罗兰贝格国际管理咨询公司在德国诞生，并利用欧洲各国企业私有化浪潮迅速崛起。这是少数几家可以与美国著名咨询公司抗衡的欧洲公司之一。
- 1973年，William W. Bain离开了BCG并成立了贝恩公司(Bain)。与BCG专注于做战略咨询不同，Bain当时向大公司长期派驻咨询专家，建立了以客户为重心的新型咨询理念，这种做法在当时来说是独树一帜的，并为后来Bain的快速发展打下了良好的基础。麦肯锡、BCG与Bain被称为传统三大咨询公司。
- 1976年，George Bennett离开了Bain并成立了德勤公司(Deloitte)。
- 1983年，哈佛商学院教授Michael Porter和Mark Fuller创立了摩立特公司(Monitor)，以其独特的思维和非传统方法的运用矗立于咨询业之林。
- 20世纪90年代初，五大会计师事务所(安达信、普华永道、安永、德勤和毕马威)大力发展管理咨询业务，并迅速超越了大的老牌传统咨询公司。与90年代五大会计师事务所对应的是五大咨询公司(从收入上比较)。
- 1990年、1993年、2001年和2003年，BCG分别在香港、上海、北京和中国台北建立分公司。

- 1993—1994 年，当时世界上最大的咨询公司之一安盛咨询（Anderson Consulting，后来的埃森哲）分别在上海、北京建立了分公司。
- 1993 年、1995 年，麦肯锡先后在上海、北京设立分公司。
- 2000 年，法国凯捷正式并购安永咨询业务部门，并使用安永品牌 4 年。2004 年凯捷安永更名为凯捷。
- 2000 年，咨询行业内排名第一的安盛咨询（Anderson Consulting）脱离亚瑟·安达信（AA）公司，并于次年更名为埃森哲（Accenture）。
- 2002 年 5 月，在安然和世通事件后，亚瑟·安达信宣布破产。毕博（BearingPoint）（从毕马威剥离出来的咨询业务在上市后的名称）成功收购亚瑟·安达信在中国内地和香港的咨询业务，成为中国最大的管理咨询公司。
- 2002 年 7 月，新行业领头羊 IBM 全球咨询以 35 亿美元将普华永道（PWC）的咨询业务全面收购。
- 2002 年，国内最大咨询公司之一的汉普咨询被联想集团收购。IBM 的 BCS、埃森哲、毕博、凯捷、德勤咨询被称为新五大咨询公司（按全球收入比较）。
- 2011 年 4 月 25 日惠普推出了"惠普战略 IT 咨询服务"进军高端咨询行业，专门迎合惠普高级用户的需求。
- 2011 年至 2012 年，戴尔公司整合了毕博咨询中国、佩罗系统中国和戴尔原服务业务部门，并建立起"戴尔咨询"的全新品牌，为客户提供完善的端到端的咨询服务和解决方案。
- 2011 年 6 月，管理咨询、技术和外包服务提供商凯捷（Capgemini）集团收购派吉事（北京）科技有限公司，是为了寻求提升在中国电力行业提供最优解决方案的能力。仅 2011 年上半年，凯捷就宣布完成了对 5 家公司的并购。在过去的 40 多年，凯捷并购了超过 40 家公司。
- 2011 年 8 月，普华永道完成对全球管理咨询公司柏亚天（PRTM）的收购，此举不仅为普华永道的全球咨询业务带来了 700 多名经验丰富的顾问，包括 124 名合伙人，还在工业产品、零售及消费品、医疗保健等行业的战略、供应链、产品开发、客户价值管理和商业模式创新领域加强了前者的实力。
- 2012 年 8 月，埃森哲收购总部位于新加坡的 NewsPage，该公司主营集成经销商管理和移动软件。

1.2.2 国外咨询业的发展

从根本上来讲，管理咨询的发源地是英、美。咨询行业是 19 世纪后期和 20 世纪早期的美国先驱以及 20 世纪 20 年代之后的英国管理思想家和商人建立起来的。

1. 国外咨询业的发展阶段

最早的现代咨询公司出现在20世纪20年代，如麦肯锡咨询公司成立于1926年，科尔尼咨询公司成立于1926年，波士顿咨询公司成立于1963年。国外咨询公司发展到今天，一般经历了下面六个阶段。

第一个阶段：第二次世界大战前，主要是面向生产过程组织的咨询。

- 19世纪90年代，工程咨询起源于工业发展初期的英国。英国建筑工程师约翰·斯梅顿首次组织成立"土木工程协会"，提供工程技术咨询。
- 管理咨询作为专业化的社会职业，最初出现于美国。1895年，以美国工程师泰勒作为"效率顾问"开始，后逐渐移植到欧洲一些国家。自1926年芝加哥大学会计系教授McKinsey创建管理咨询业之后，管理咨询业在世界各地蓬勃发展。
- 主要服务内容：生产现场改善、作业研究、生产技术合理化、会计业务等。

第二个阶段：第二次世界大战后到20世纪50年代末，咨询的侧重点放在经营管理方式的改进及现代科学管理方法的推广应用。

- 世界格局发生变化：第二次世界大战后，战胜国和战败国均致力于战后国民经济的恢复性建设和发展，为咨询业提供了市场。
- 学科发展：系统工程学、价值工程学、运筹学、心理学、计算机技术等管理技术的应用，咨询服务领域逐步扩大。

第三个阶段：进入20世纪60年代后，咨询的重点已经超出了企业内部管理的范围，发展到企业经营战略等方面。

- 主要发展扩大到市场营销、企业策划、生产管理、目标管理、经营战略等。

第四个阶段：20世纪80年代以后，全球经济一体化。

- 国际化合作成为趋势，企业管理素质成为竞争的焦点。
- 企业的咨询需求调整为企业重组、再造、联盟、并购、企业组织架构、人力资源管理、企业文化等方面。
- 在这一阶段的一个显著特点是投资咨询和咨询的结合成为一种趋势，咨询业作为第三产业得到进一步发展。
- 80年代后期，在欧美等主要国家管理咨询业以每年20%～30%的速度增长，没有哪一个行业的发展可以与之相比。

第五个阶段：20世纪90年代中期，电子商务的出现。

- 由于电子商务的出现对企业咨询提出了新的要求，企业整体经营理念发生突破性变化，这一变化也让企业的领导层意识到企业将有重大变化。
- 企业咨询重点是流程管理、供应链管理、物流管理以及管控模式的变革等。

- 这一阶段的鲜明特征可以描述为“未来的竞争不是企业和企业间的竞争，而是供应链和供应链之间的竞争。”
- 在这一阶段，仅美国管理咨询公司就达5 000家，从业人员近20万人，年收入在300亿美元左右。麦肯锡在39个国家设有79个分支机构，有5 000余名咨询顾问。
- 德国西部有4 000多家咨询公司，从业人员有10余万人，推动了战后经济发展。统一后，为了帮助德国东部企业改制，又涌现了大批公司。
- 据估计，在欧洲约有4万个公司，26万名管理咨询的从业人员。创造了360亿英镑的营业额。咨询收入的年均增长率达15%。
- 据统计，主要经济发达国家从事“管理咨询”的机构已达到4万余家，从业人员达50万人。
- 全球管理咨询市场规模超过500亿美元，其中美国约260亿美元，欧洲约160亿美元，日本、亚洲其他市场约80亿美元。

第六个阶段：21世纪以后，出现这样的趋势：信息技术注入了企业的核心业务，企业信息化要求咨询与信息技术的全面融合。

2. 国外现代咨询业的结构特征

现代咨询经过长期的发展，形成了自身的结构特征。目前国外现代咨询业具有以下几个显著特征：

(1) 超脱性

国外咨询机构一般不隶属于政府部门或企事业单位，而是独立选择或承担咨询项目。研究方法和结果不受任何部门的约束和影响，从而保证了咨询成果的客观性、公正性和科学性。

(2) 社会服务性

客户根据各自需要，可以自由选择咨询机构为自身服务，使得咨询人员的知识、技能和经验不从属于某一部门或单位，而是面向社会广泛发挥个人专长。通过市场机制的作用，供求双方直接见面，促进了科技和生产更紧密的结合。

(3) 客户服务优先性

国外咨询公司的使命与文化理念有别于一般工厂、企业。在对外宣传中，不以营利为主要目标，始终面对客户需求，视自身的信誉为第一生命。这就使它们取得了社会的广泛信任和政府的大力支持，自身的服务和信誉也更加深入人心，这对咨询专家和客户都有较大的吸引力。

(4) 客户合作关系长期性

国外咨询业注重把咨询看做一个过程，注重与客户的管理层人员尤其是高层管理人员密切合作,不断交换意见,求得共识,这样最终的咨询报告或咨询建议就容易被采纳并得到顺利实施。另外,随着咨询业竞争的加剧,咨询公司争取到一家新客户要比留住一家老客户付出更大的努力。因此,国外咨询公司注重与客户建立长期稳定的关系。

(5) 人才能力专业性

国外咨询机构对于人才的重视表现得淋漓尽致,从其从业人员的背景与严格的认证资格制度上就可见一斑。它们既重视专才,又重视通才,强调咨询专家要有广博的知识以及较强的综合分析能力,注重科技人员和经济管理人员的结合。

国外尤其是市场经济比较成熟的发达国家,咨询业的构成也比较合理,既有世界一流水准的大型咨询公司,也存在众多专业分工非常细的小型咨询公司,它们各自发挥所长,为企业及政府提供细致的咨询服务。同时,这种格局也有利于咨询机构之间的充分竞争,从而推动了咨询业素质的飞速提高。

1.2.3 国内咨询业的发展

1. 国内咨询业的发展过程

我国的管理咨询业是借鉴日本和欧美国家企业管理咨询的理论、方法和经验发展起来的。随着我国改革开放进程的发展,20 世纪 80 年代初,我国咨询业应运而生。综观我国咨询业近二十年的发展历程,主要可以划分为以下几个阶段。

第一个阶段:20 世纪 80 年代初期——初步发育阶段(官办咨询业)。

- 这个阶段的主要特点是:技术咨询和管理咨询开始发育。
  技术咨询:主体力量是国家有关科研机构和工程技术人员。
  管理咨询:主体力量是中国企协和各省市的企协以及行业企协发起并推动的。
- 1979 年,中国企业管理协会成立。
- 1980 年,中国企业管理协会组织,在全国范围内通过派出去、请进来的方式,首先从日本学习和引进了“企业诊断”的理论与方法。
- 1981 年 4 月,中央领导指示:“中国企业管理协会可以搞咨询公司。”随后,中国企协、各省市企协和行业企协相继成立了“企业诊断部门”。
- 1982 年 9 月,在第三次全国企业诊断会议上,根据大家的意见,将企业诊断更名为“企业管理咨询”。此后,各级企协纷纷自编教材,自己培训管理咨询队伍,并尝试着为企业提供免费或收取象征性咨询费用的管理咨询。
- 1985 年,国家经委和财政部联合下发《关于经委系统所属企业管理协会及咨询公司企业管理咨询服务收费规定的通知》,我国的企业管理咨询事业开始纳入国家正式文件的管理范畴。

第二个阶段：20世纪80年代中期至90年代初期——稳步成长阶段(信息咨询业)。

- 这一时期，随着改革的深化，社会对咨询的需求日益增加，咨询业得到一定的发展。
- 由于80年代出现的信息咨询业让人们意识到了信息的价值，随着90年代我国开始向市场化方向发展，一批外资和国内私营"信息咨询"公司和"市场调查"公司开始在市场经济进程中涌现，并为企业提供规范化的咨询服务。
- 咨询服务对象从中小企业向乡镇企业、一部分大企业扩展。
- 咨询内容从生产、质量、物资、财务管理咨询转向经营组织、市场营销、人力资源开发、经营战略、计算机应用、信息系统建设、技改项目可行性研究等领域。
- 早期对信息咨询业的需求主要来自外资企业和部分合资企业。经过五年左右的发展，一部分按市场规律运作的信息咨询公司脱颖而出，如"零点调查"、"盖洛普(中国)咨询"、"华南国际市场研究"、"慧聪信息"、"浩辰商务"等。这些信息咨询与市场调查公司以其高质量的专业化服务赢得了市场，并在竞争中站稳了脚跟。
- 1985年后形成了全国范围内咨询事业发展的高潮。
- 据统计，1991年底，全国咨询机构达到3.4万家，其中取得法人资格的咨询机构有2.02万个，从业人员达56.8万人。
- 这一阶段，我国企协系统，先后在国内26个省市、17个行业中建立起共计150余个管理咨询机构。
- 建立起中国企协系统管理咨询顾问专业培训、理论与方法研究、咨询顾问资格认定等管理体系。

第三个阶段：1992年以后——快速发展阶段(管理咨询业)。

20世纪90年代初期，管理咨询业处于初级阶段最典型的就是"点子公司"、"策划公司"。90年代中期，随着我国市场经济的日趋完善，市场竞争日趋激烈，国外管理咨询公司大批进入我国市场，我国的管理咨询业才开始起步。

根据资料显示，进入90年代后，我国咨询业经历了两个发展阶段。

- 1992年：我国咨询业进入膨胀发展阶段，以市场为导向的多种经济成分的咨询公司如雨后春笋。
- 1994年年底统计，咨询机构为4万多家，从业人员近200万人。
- 1997年：MBA、有外企工作经验的人员回国，大专院校毕业生纷纷加入此行业。
- 1999年年底统计，咨询机构达13万余家。
- 截至2004年年底，已有50.9%的上市公司接受过管理咨询服务。估计咨询机构的数量接近20万家，但全国知名的管理咨询机构少于10家。
- 2004年，中国管理咨询市场规模达到了103亿元。

- 在此期间，外国咨询机构已开始大规模地进军我国咨询市场。据上海有关部门统计，目前仅上海市国外独资和合资咨询公司已达530余家，占上海市咨询机构的15%。其中，一批国际著名跨国公司已抢占上海滩。
- 面对国外咨询机构的挑战和竞争，还处于发育和成长期的我国咨询机构开始表现出对新形势的不适应，暴露出自身存在的问题，出现了潮起潮落的现象。
- 2012年中国管理咨询公司前50名共实现业务收入29.03亿元，完成各类管理咨询项目6788个，拥有员工9340人。但是中国管理咨询公司前50名的业务收入总和只相当于国际著名咨询公司埃森哲2011财政年度净收入的1.8%，9340人的从业人数也不到该公司雇员数量的4%。

2. 中国咨询业的优势与劣势

与国外咨询业相比，中国咨询业有以下几方面的优势和劣势。

(1) 了解中国的国情、企业现状

国内咨询公司的咨询师一般都受过工商管理方面的专业训练，大都来自国内的大中型企业，有中高层管理或技术的经验背景，对中国的国情有深刻的了解，对企业管理和企业文化的理解有独到的优势，企业管理诊断和提供的方案更能符合企业的要求。国内咨询公司在国外机构看来可能不够专业，但更符合中国企业的现状，因此更能赢得处于特定发展阶段的国内企业的欢迎，这是目前国内咨询公司的一大优势。国内咨询公司应充分利用这一优势，虚心地学习国际咨询公司的经验、知识、规则乃至具体方法，加强与国际同行的合作交流，尽快将中国的咨询业做稳、做实、做大。

国际咨询公司往往有一套多年积累下来的诊断方式和管理模式，它们的通病是将国外的管理模式和方法简单地套在中国企业身上，却忽略了管理学的一个基本定律：成功的管理是不能简单复制的。这些方式和方法在应用到中国企业的过程中却常常出现问题。因为国内企业的发展历程、企业文化、管理手段都与国外有着巨大差别，照搬的结果往往让企业在应用过程中痛苦万分，勉强使用后的效果也就可想而知了。

同时，我们也应当清醒地看到，国外的咨询公司起步早、时间长、实力雄厚、品牌形象好、有较为成熟的运作程序，具有许多国内咨询企业短期难以超越的优势。如遍布全球的网络优势、独立的研发机构、规范科学的运作程序、丰富的实践经验、丰厚的待遇等。其在本土化方面的劣势，将会通过吸纳国内优秀的咨询人才、加强与国内同行的合作交流、与国内大学合作和案例本地化等手段进一步得到弥补。

(2) 具有成本优势

国外某些咨询公司的咨询报告收费低则数十万美元，高则上千万美元。尽管企业引进咨询公司时，从战略意义上讲是一种投资，但对目前的中国企业整体而言却是直接增加成本。而这些成本是要分摊到产品中去的，必然影响价格这个最重要的竞争杠杆。

国际咨询公司所开出的咨询“药方”往往看起来功效显著，或理论上真正能给企业带来更多的产出，但接受过它们咨询的国内企业多数反映操作太难，这其中的原因固然与经济体制、企业体制有关，但也与方案本身有关。

国外咨询公司服务的高昂价格，往往令中小企业望而却步，这同时却又给国内咨询公司留下了巨大的市场空间。由于较低的人力成本、运营成本，国内咨询公司项目的收费标准远远低于国外著名的咨询公司，具有明显的成本优势。

(3) 缺乏准确的核心业务定位

考察国外许多大的咨询公司，都对自己有非常明确的战略定位，如罗兰贝格擅长于战略和组织结构咨询，麦肯锡擅长于企业重组与战略，都是从一个专业化分工非常细化的小市场做起，逐渐发展到现在的规模。这种专业化分工明确的机构促进了当地咨询业的良性发展。

由于目前中国咨询行业不规范，咨询公司为了生存的需要往往在战略上追求大而全或以偏概全。某些咨询公司在自身实力非常有限的情况下，盲目承揽自己不擅长的项目，把自己定位于全能型的咨询机构，所开发的业务涉及营销管理、生产管理、战略管理、财务管理、人力资源管理等方面，试图满足企业在经营管理过程中出现的所有问题。但这种“小而全”的做法往往导致以下结果：一是很难保证服务的质量，损害了企业的利益，给自身的发展带来负面的效应；二是不利于自身实力的增强。过于夸大自身在咨询领域中某一方面的能力，最终的结果只能是误人误己。

产品市场定位雷同、品牌资产尚未形成，竞争无力。为迎合企业低成本的需求和咨询公司生存的压力，相当一部分咨询公司把价格、推销当成了主要的竞争手段，致使咨询产品和服务的质量参差不齐。

咨询公司需要转变“大而全、小而全”的思想观念，要有所为有所不为，从事自己所擅长的领域，提高在某一领域的专业化水平，最终提高整个行业的专业化水平。

(4) 管理机制不健全

与国外知名的咨询公司相比，国内咨询业起步较晚，在管理机制上还比较落后。国外许多咨询公司，如世界著名的麦肯锡、凯捷、毕博等，都采用私人合伙制的组织形式，以调动咨询人员的积极性。具有丰富经验和深度理论水平的专家拥有公司的股份，共同参与公司的管理与发展。

国际上咨询公司的合伙制一般有两种形式：一种是以一个人为主，其他人为辅；另一种是把合伙人分成两个等级，上面的等级占有的股份大一些，下面的等级占有的股份小一些，上面的部分不是一个人占有，而是几个人甚至十几个人。这种激励机制促使世界一流专业人士迅速归集到实力雄厚的几个大型咨询公司中，形成无可比拟的智能资源优势。

而目前国内的咨询公司管理结构都比较混乱，没有形成稳定的构架，人员流动比较频繁。在运作管理上往往以项目为导向，以咨询界明星为核心，依靠个人能力，先有项目后有工作团队，稳定性较差。

(5) 缺乏成熟、规范的运作模式和管理体系

国际咨询公司有一套规范的管理体系，如保障体系、风险控制、业务组织等，并且已经形成了一套先进的、成熟的、规范的模式，国际咨询公司大多实行的是矩阵制或多维制结构。

矩阵制结构中的工作人员或小组，既受纵向的各个行政部门的领导，同时又接受横向的负责某一专业项目的工作小组的领导。矩阵制组织结构的优点是大大提高了项目管理和行政管理的专业性，从而可以集中调动资源，以较高的效率完成项目。

三维管理是在矩阵式管理模式的基础上发展出来的，进一步细化了分工，一些著名的咨询公司，如麦肯锡、罗兰贝格等均采用了三维管理模式。采取这种结构的公司在组织上有三个体系：一是行业专家体系，如交通、运输、钢铁、能源、电子、汽车、金融等；二是技术专业体系，如企业管理、会计、审计、税务、技术管理、市场调研、战略等；三是地域体系，如北美区、欧洲区、亚太区、中国区等。一个项目小组就由来自于这三个体系的咨询师组成。例如，一个项目是关于中国汽车技术管理的，那么公司就会给项目小组两个准确的定位，从产业中心找汽车部门的人，从技术中心找技术管理部门的人，从地区中找中国部门的人。这种模式的优点是三个体系相对独立，相互配合，更合理地配置人才，突出每个人的特长，并使其有充分的发挥空间，每个项目组都集中了最合适的专家，他们之间优势互补，既增强了整体实力，又避免了人才浪费，提供的服务有很强的专业性和针对性。

显然，国内咨询公司与之尚有较大差距。

(6) 不成熟的从业人员状况

中国咨询业最大的困惑在于人才，尽管咨询业从业人员不少，但真正能够适应工作的咨询师还很少，缺少更多的、真正职业化的人才，真正对企业负责任的职业精神，为客户创造价值的心态。同时，咨询公司内部人力资源的配置也不尽合理，人才结构有待于进一步优化。

国内咨询从业人员状况可以表现为以下几个方面。

① 缺少有管理实践经验的咨询人员

我国咨询人员很多是从大学、研究单位、工程设计部门、信息研究分析部门转过来的，虽然有丰富的专业经验，但管理实践经验尚需加强。

但是随着 MBA 教育规模的不断扩大，大批的 MBA 毕业生走进了咨询行业，加上一些有实际管理经验的企业中高层管理人员投身于咨询行业，咨询公司的人才结构也正在发生着明显的变化。

② 人员构成不够合理

人员构成不合理主要表现在咨询机构中人员的专业结构不完善，例如，不同学科之间（如社会科学、自然科学、技术应用）、不同性质的工作（如研究人员、技术人员、管理人员）之间。这种人员构成的不合理，造成多学科、多专业、跨行业立体交叉和整体协作攻关能力不强。缺乏既懂工程技术，又掌握一定经济、法律和管理知识，且了解国外咨询业务的复合型人才，成为中国咨询公司难以打入国际市场的最主要的制约因素。

③ 咨询人员责、权、利不明确

中国咨询业中咨询人员的责、权、利不明确，不注重人才培养，咨询人员地位不高，成果价值不被重视，个人权益和前途无保障等问题，致使咨询人才引不来，引来也留不住，人才流失严重。

3. 中国咨询业面临的挑战与威胁

从目前的客户市场看，几乎所有的企业对咨询都有潜在的需求。但由于对咨询业缺乏正确的认识，这种需求还没有被充分认识到，主要表现为企业不善于利用“外脑”和外部管理资源，以及企业自身的原因，如怕暴露问题、不信任咨询师、对咨询费用认识有偏颇、不够客观、对咨询效果存在过高期望等。

有的企业没有认识到咨询是一种高品质的管理资源，存在重眼前、轻长远的意识，对企业的发展没有长期的战略规划。没有认识到正确的战略规划对企业的发展将产生的深远影响，正确的战略规划可以帮助企业理清思路，认清自身的优势和不足，抓住企业面临的机遇，规避企业遇到的威胁，合理利用企业有效的资源，保持企业健康、可持续地发展。

现在，虽然越来越多的企业已经认识到咨询的价值，但也存在对咨询不切实际的要求，认为咨询可以解决企业所有的问题，咨询可以代替内部管理，或者希望能够通过咨询将企业做到世界一流，而没有认识到企业目前所处的位置和发展阶段。

另外，也有的企业不注重咨询的实施过程，导致咨询的效果也不太理想。

(1) 缺乏政策引导与行业规范管理

发达国家的咨询业已享有较高的社会地位。美国政府采取刺激企业需求的办法，对咨询业采取扶持政策，即企业的咨询费用可计为人工成本，不计征所得税的政策。加拿大政府规定，对由咨询师或咨询顾问委员会确定的项目进行风险投资，企业最多只要承担50%，最少承担25%的费用。德国政府规定，对中小企业进行咨询所需费用实行部分补贴，具体如：对中小型企业咨询所需费用的补贴为25%～75%。这些政策极大地促进了管理咨询业的发展。而我国目前对咨询业尚没有成文的支持政策，虽然有关部门在做这方面的调查研究工作，但始终没有实质性的突破。

我国目前政府部门还未对咨询业有一个明确的定位，不少咨询公司既没有归口管理，也没有主管部门，承担管理和监督职能的行业协会只在某些经济比较发达的地区，如深圳等地也是刚刚成立，其自身还在建设之中。这是造成咨询机构良莠不齐、发展缓慢甚至导致萎缩的一个重要原因。

缺乏市场管理制度、咨询机构及人员资格审查和认证制度、咨询法律制度。从全国范围看，咨询行业基本上还是处在游戏无规则、价格无标准、资源无整合的自发状态，某些咨询从业人员和服务对象缺乏起码的商业信誉。由于没有适当的中介与仲裁，咨询企业存在"以假充真"、"无偿借智"、"夸大其词"的现象，咨询公司得不到必要的限制与管理。

（2）产业结构不合理，配套的企业少

产业结构的不合理主要体现在与咨询公司发展相配套的、在行业价值链中具有重要作用的环节不足，没有像样的知识库、信息库等，管理信息机构，市场调查类机构等明显不足，这对以大量的信息和知识为支撑的咨询业来讲，是个致命的缺陷，致使每个企业只好在内部建立相应的职能部门，导致咨询行业的总体运行效率不高。

（3）国内咨询市场的竞争将更加激烈

国外咨询机构的品牌认知度明显高于国内咨询机构。国内大型企业，尤其是大型国企在引入"外脑"时，首先考虑的就是国外品牌的经验和全球视野。他们看中的是国际咨询公司在业务流程的梳理方法，信息、资源的共享，经验积累、产品标准化、规模实力、服务意识、客户关系处理等方面的优势。这方面在企业管理信息化方面尤为明显，国外咨询业与国外 IT 技术和产品相结合的双重优势让其在信息化工作的平台搭建、技术实现上显示了实力。但国外咨询业产品的本地化、管理的本土化，以及对中国文化的熟悉与适应，还需要一个过程，国内咨询业应抓住这一有利时机，尽快成长起来。

4. 中国境内国际咨询机构的发展状况

中国的咨询市场发展非常迅速，吸引了国外咨询巨头的目光，目前主要的国外咨询公司基本已经进入中国市场。根据不完全统计，部分跨国咨询机构在中国的业务发展情况如下。

（1）麦肯锡咨询公司

麦肯锡公司成立于 1926 年，是国际知名的管理咨询公司，遍布全球 39 个国家，拥有 75 家分公司。其一贯的做法是："协助客户在经营绩效上取得积极的、持久的和重大的改进；同时建设公司，使之能吸引、发展、激励和保留杰出人才。"自 1995 年在北京设立分公司以来，目前麦肯锡在中国有北京、上海、香港和台湾四家分公司。

（2）波士顿咨询公司

1993 年，波士顿咨询公司与上海交通大学和交通银行建立了上海波士顿咨询有限公

司,在中国进行了近100多个项目。在中国的典型项目案例是:为一家大型钢管生产企业进行的"扭亏为盈"的项目。在为期四个月的项目中,上海波士顿咨询有限公司通过全面分析外部市场和竞争状况,诊断企业内部的管理能力,同时依据数量化模型,为企业制定了市场开拓和重组策略。在项目结束一年后,这家企业的营业额增长了一倍,并根据上海波士顿咨询有限公司的建议,与另一家钢材集团合并,合并后的集团于2000年在上海证券交易所上市。

(3) 罗兰贝格咨询公司

罗兰贝格咨询公司是欧洲最大的管理咨询公司,隶属于德意志银行集团,以欧洲为始发地,形成了强有力的欧洲、美洲和亚洲三位一体的结构活跃于国际商业舞台上,在世界各地拥有36个办事处。1994年以来,罗兰贝格公司先后在上海、北京和香港设立了代表处。

罗兰贝格咨询公司在中国市场上主要的咨询业务范围是:战略和组织,民营化、兼并与收购,成本管理。

(4) 普华永道国际会计公司

1992年12月,普华永道国际会计公司与上海大华会计师事务所在上海合作设立了中外合作会计师事务所——普华大华会计师事务所。1993年3月,普华永道国际会计公司下属的永道中国有限公司与中信会计师事务所在北京合作设立了中外合作会计师事务所:中信永道会计师事务所。到1998年年底为止,普华永道国际会计公司在中国的北京和上海分别有两家中外合作会计师事务所。

(5) 德勤咨询公司

德勤咨询公司是世界上提供管理咨询、会计、审计和税务服务的五大专业机构之一,在全球拥有专业服务人员9万名,分布在世界130个国家和地区,1999财政年度全球营业额达106亿美元。德勤于1981年在上海设立办事处,1998年正式成立德勤咨询公司。

进入中国管理咨询市场的还有其他一些国际管理咨询公司,如毕博、凯捷等。

总的来说,目前世界咨询公司巨头的大多数都已经进入了中国市场,但整个中国管理咨询市场的市场份额还比较小,因此大多数跨国咨询公司在中国也仅仅是进行市场的培育,真正的客户将近半数还是外企公司,另外的一半则主要是一些有实力的巨型公司。这也与它们的市场定位有关。

1.3 管理咨询的现状与前景

1.3.1 我国管理咨询企业的现状

我国的管理咨询业发端于20世纪80年代初期,最初以点子公司出现(随着何阳案件宣告点子公司的完结,“点遍中国”也成为一句笑谈)。80年代后期,政府开始创办咨询企业,主要集中在投资、科技和财务咨询领域。

随着我国经济向市场化方向发展,90年代初,一批外资和私营“信息咨询”、“市场调查”公司开始涌现,并为企业提供规范化咨询服务。如慧聪信息、零点调查、盖洛普咨询、浩辰商务等脱颖而出。时至90年代中期,国外管理咨询公司大批进入中国,如麦肯锡、安达信、罗兰贝格、波士顿、盖洛普、普华永道等。从此管理咨询业告别了“点子”时代,进入专业化发展阶段。到90年代末,一些国内管理咨询公司崭露头角,出现了派力营销、理实佳讯、汉普管理、中企工易、远卓管理、长城战略、多星管理、北大纵横等一批管理咨询企业。

1999年,在中国工商注册登记的涉及咨询业务的公司已达13万家,从业人数近百万,构成了中国的“智囊团”,而真正从事咨询业务、有一定实力、在相关行业有一定知名度的公司在1 000家之内。据零点调查公司对293户企业单位的电话访问以及对全国209户咨询服务机构的面访结果,管理咨询业务约占整个咨询业的15.4%,企业对接受管理咨询的满意率为55%。我国咨询机构的数量虽然惊人,但数量并不代表产业规模,目前咨询业产值只占国民生产总值的0.2%左右。

我国管理咨询业从服务方式上可以简单地分成两大类:一类是著名的跨国咨询公司(侧重于解决明天的问题);另一类是本土的中小型咨询公司(侧重于解决今天的问题)。前者以规范化的运作体系、全球化的资源共享以及高昂的价格来吸引客户;后者以本地化人才为主,以了解和熟悉中国国情和企业的深层次问题以及低廉的价格吸引客户。

本土咨询又分为学院派咨询和经验派咨询。学院派咨询没有资讯、研发和指导实施的相应环节,咨询模式通常是导师带领学生实施咨询,特点是有理论高度,方案比较系统、章节分明、条理清楚,咨询报告规范,但缺少实践经验、实用性受到挑战。经验派咨询从业人员实践经验比较丰富,操作程序系统条理,方案跟进措施得体,但企业管理理论知识欠缺,解决方案凭经验,缺少前瞻性和创新性。

我国至今既无相关法规,也没有咨询业的标准认证机构,没有面向咨询业的统一管理机构,管理咨询市场无序竞争现象严重。众多咨询公司盲目争夺同一个客户的现象已经十分普遍,不同公司运用各种公关策略来达到接单目的,导致咨询前端混乱。为了获取客户,在项目建议书中过度承诺,而项目实施中兑现少,导致客户不满意的比率较大。

1.3.2 我国管理咨询业和西方咨询业的比较分析

1. 西方咨询公司十分重视管理研究

西方咨询公司十分重视管理研究,将管理理论、管理技术和管理实践有机地融合在一

起。比如，兰德公司(Rand)有兰德研究学院，半个多世纪以来，共发表研究报告18 000部，发表论文3 100篇，出版了近200部书；麦肯锡公司出版有《麦肯锡高层管理论丛》和一些管理咨询业务拓展的小册子；波士顿公司出版有《管理新视野》；科尔尼公司出版有《科尔尼管理论丛》；贝恩和罗兰贝格也都十分重视管理研究工作。

这些研究一方面起到了宣传咨询公司、提高公司知名度的作用；另一方面通过提高企业的管理能力，有力地推动了企业的发展壮大。这些大牌公司总是站在理性、科学、战略的高度运筹帷幄。正是基于对管理研究的投入，才使西方的著名顾问公司能经久不衰，保持旺盛的生命力。而到目前为止，我国还没有一家管理咨询公司能定期出版研究杂志和期刊。

2. 西方咨询公司收费有根据且规范

管理咨询业务一般是按人/天工作时间收费，在西方国家通常按每人每天1 000美元以上的价格收费，但有些管理咨询业务如投融资咨询等则是按项目定价收费。战略咨询服务收费通常也是按人/天收费，在西方国家人/天收费标准一般都在2 000美元以上，也是咨询行业收费最高的层次。麦肯锡、波士顿、罗兰贝格等都依据这个收费水平。1992年，美国咨询公司采用的标准平均小时费率如下：调研助理65美元/小时，新入行咨询师93美元/小时，执行(管理)咨询师121美元/小时，高级咨询师150美元/小时，后辈合伙人180美元/小时，高层合伙人225美元/小时。1997年6月，王府井百货集团以500万元邀请麦肯锡公司做战略咨询和经营策划；1998年2月，沈阳和光集团以1 000万元聘请安达信公司作为企业的常年顾问；广东今日集团付酬1 200万元，聘请麦肯锡公司做高级战略管理咨询；中国平安保险公司则以近亿元巨资聘请麦肯锡公司做顾问。

3. 我国咨询公司业务量少

我国咨询公司业务量少，一是表现在总量上；二是表现在个量上。据统计，中国咨询业70%是亏损的，大部分咨询公司创立后9个月内就倒闭了。由于业务量小，公司永远做不大，高素质的人才不愿来，导致咨询质量下降，形成恶性循环，公司也在小规模、低水平徘徊。同时，由于业务的非连续性，导致咨询公司计划性不强。业务繁忙的时候，赶快招人(大多是新手)，仓促应对；业务空闲的时候，又大量裁人。

4. 我国咨询队伍人员结构单一、素质低，缺乏咨询和企业管理经验

我国咨询公司人员结构过于单一，有的公司甚至是清一色的MBA，工程、技术、信息等专业人才缺乏。而国外咨询业既重视专才，也重视通才；既有科技人员，又有经济管理人员，相辅相成，互相配合，形成多元化的人才结构。此外还大量聘用各领域的专家，解决

对外咨询中遇到的特殊问题。目前我国咨询人员存在的主要问题是知识面窄，知识严重老化，缺乏现代咨询意识，缺乏战略观念、竞争观念、系统观念和强烈的责任感。

5. 我国咨询业缺乏数据库支持

众所周知，一家咨询公司在一个区域市场的实力主要表现在数据积累、从业案例经验和咨询技术三方面。1995 年，罗兰贝格给青岛啤酒厂做营销流程设计的费用是 15 万元人民币，可是到了今天，底价却在 1995 年价格的 20～30 倍以上！咨询公司并没有变，甚至咨询项目的负责人也没有变，变的只是罗兰贝格的案例经验和数据库。通过这个例子，可以看到案例积累和数据库完善对于咨询公司的重要性。而在我国，咨询公司的数据库建设却不容乐观。出现这一现象的原因有四个：一是我国咨询业开业时间短，缺少强大的咨询、信息等后台案例数据库支持；二是行业间缺少交流和沟通，共享数据库始终没有建立起来；三是随着市场经济的发展，企业发展中的共性问题还有待界定；四是咨询业尚处于买方市场，每个咨询公司的业务都几乎包罗了管理中的所有问题，也几乎包容了由传统产业到高新技术产业的每个行业。没有几个咨询公司敢于申言自己最擅长于做某几类业务，因此关于行业数据库，关于专项职能数据库等海量知识也就无法系统建立、维护和使用。

1.3.3 关于我国管理咨询业的思考与建议

1. 建立专业管理机构

作为中国管理咨询业的发起者和推动者，中国企业联合会多年来在政策和法规方面做了大量工作。制定了《关于发展我国管理咨询事业的意见》、《关于管理咨询机构认证试行办法》和《管理咨询顾问试行办法》等文件，并纳入了 1996 年国家经贸委法规制定计划，但由于种种原因仍未形成正式文件。因此，我国至今还没有一个面向咨询业的统一管理机构，既无相关法规，也没有咨询业的认证标准，管理咨询市场无序竞争现象严重。因此建立行业监管部门、健全法律法规和确立行业认证制度显得尤为重要。咨询业应该像会计师、律师等行业一样建立完善的企业认证、从业人员注册等行业管理体系和资格认证制度。

2. 加强对咨询人员的培养

(1) 借鉴国外咨询人员培养模式，加大高等院校培养咨询人才的力度

美国各高等院校在大学高年级、硕士研究生和博士研究生中开设咨询选修课，教学方式主要是请咨询公司的从业人员讲公司的运作、有关法律咨询程序和咨询案例等；派学生到咨询公司实习，费用由咨询公司支付，遇到问题可得到咨询公司的帮助。法国各高等院校都明确规定教授要有一定时间到企业去研究问题或当顾问，为企业咨询，然后把咨询

来的材料编入教材，变成教学的实例；教学中教授要求每个学生设身处地地为一个企业家来思考问题，实行"教学、研究、咨询"三结合方针。这些方式为咨询行业提供了大量的备用人才，同时也提高了咨询从业者的素质和能力，我们可以借鉴国外经验，加大高校对咨询人才的培养力度。

(2) 加强咨询公司自身建设力度

国外咨询业注重从人员的基础教育与继续教育两方面培养人才。著名大学毕业的工商管理硕士、博士，往往是咨询公司争夺的主要对象。然而招聘到合适的人才，只是一个好的开端，要想成为优秀的管理咨询人员，还需要接受有关咨询技巧和分析方法的系统培训。因此，咨询公司要制订详细的培训计划、普及咨询知识，包括获得信息资料的能力、准确分析问题的能力、提出创新性解决问题的方法能力和人际交往能力等；行业监管认定部门应组织编写更适用的教材，定期举办中、高级咨询师培训班；还应加大研究的力度，将管理理论、管理技术和管理实践有机地融合起来。

3. 专注核心业务

麦肯锡中国公司首席代表欧高敦告诫中国同行："科学地、认认真真地、目不斜视地做自己的事情很重要，要一个个搜集数据，不要想着天上掉下个大苹果。现在中国咨询业许多是在兼职做国外咨询业专职做的事情，问及业务范围，什么都做，无所不能。其实，这是走入了误区。"什么都能做，也就是什么都不能做！每个咨询公司都需要找准自己的利润增长点，耐心、持续地培育自己的核心能力。

4. 优化整合咨询业

从咨询业发展来看，大型公司的竞争优势非常明显：全球咨询业收入的50%来自于位列前30位的大型咨询公司。我国管理咨询业要走连横合纵之路，才会找到相应的生存空间。这种联合可以弥补智力或个体智力的局限性，易于多学科联合作业，易于实现多层、多级、多段、多派的专家合作，从而集约智力，实现作业及其成果的规模化。因此，要打破传统的合伙制经营模式，走股份制、集团化、国际化发展之路。这种联合可以是松散型的，也可以是紧密型的，关键是产生几个可以和麦肯锡、安达信、波士顿等相抗衡的咨询公司品牌，全面提升我国管理咨询业的全球市场竞争力。

1.3.4　我国现代管理咨询企业的未来发展趋势及定位

1. 我国现代管理咨询企业的未来发展趋势

现代咨询业在快速增长的同时，行业的结构和内容也在不断地发生变化。进入20世纪 90 年代以来，这种变化趋势愈加明显。

（1）组织规模呈现两极分化倾向

为了满足咨询市场快速增长的需求，许多大型咨询公司以惊人的速度发展，为大型企业提供管理及战略发展支持。

小型咨询公司以其专门知识和技巧，以特殊的市场定位，为支付不起大型咨询公司费用的中小企业或政府机构提供咨询服务。同时，具有专门知识和技术的个人咨询也有所发展。这种小型咨询公司和个人咨询的服务范围会越来越多地集中在环境管理和技术咨询领域。

中型咨询公司在资本实力、人才、成本、信息网络和知名度等方面与大型咨询公司相比具有明显劣势，因而，属于中型咨询公司的生存空间很小。为了生存与发展，一些不同学科和规模的公司结成战略联盟，在几个领域为客户提供多学科的综合性咨询服务。这种服务迎合了市场需求，增长极为迅速。另一些专业化公司则组成联盟创立专业性的“巨型服务公司”。这些“巨型服务公司”根据它们遍布世界不同国家的客户要求提供广阔的服务，同时也为咨询产业创造了成长的契机。目前，西欧国家少数中型咨询公司结成国际联盟，以求生存与发展，但如何协调和管理好这种松散式联盟是这些咨询公司面临的一大难题。中型咨询公司谋求发展的另一途径是借助跨国并购迅速扩大规模。

（2）发展呈现全球化的趋势

在过去的几十年中，许多行业由单纯的国内竞争转变为国际性竞争，跨国经营成为企业发展的一种重要途径。缺乏国际经商经验的企业在跨出国门、置身于陌生的竞争环境时，往往需要借助咨询公司搜集信息，了解所要进入国家的政治、经济、文化和市场等情况，评估投资机会和风险，制定进入战略和长期发展规划。针对这种需求，咨询公司通过在不同国家设立分公司，建立国际信息网络，积累国际咨询经验，使咨询业务国际化。20 世纪 90 年代中期发展起来的竞争情报研究与咨询服务，就是咨询业呈现全球化趋势的重要标志。此外，国际上著名的大型咨询公司多集中在美、英两国。为了避免国内竞争压力，增强竞争实力，这些咨询公司只得向其他国家扩展生存空间。

（3）咨询业务内容的技术含量越来越高

现代咨询业的咨询范围虽然很广，但主要业务集中在五个领域：信息技术管理，生产管理、产品开发和技术，组织效率，企业战略，政府部门。其中组织效率、企业战略、政府部门构成了西方咨询业的传统收入基础。20 世纪 80 年代以前，西方国家主要咨询公司的收入有 80％来自这几个领域，而现在来自这几个领域的咨询收入所占的比重已不足 50％。

在近几十年中，西方咨询业中增长最快的领域是信息技术咨询。在 20 世纪 90 年代，这个领域的咨询业务年均增长率达 50％。

企业的产品开发与技术创新也是咨询业中增长较快的一个领域，企业对市场需求变化的反应和对技术发展的预测，使这一领域的咨询活动日趋活跃。然而，这个领域的咨询需要投入大量的人力、物力和技术，目前从事这种咨询业务的咨询公司为数不多。

(4) 资本密集程度不断提高

传统的咨询业是智力密集或知识密集型产业。但是，由于咨询业务的国际化发展，咨询市场需求的不断变化，客户对咨询质量的要求越来越苛刻，促使咨询公司必须在国际化通信设施、办公设备、咨询的技术装备、技术咨询的前期准备等方面投入大量资金，以保证现代化咨询业务的高质量和快速运行。

2. 我国现代管理咨询企业的未来定位

对于我国现代管理咨询业的发展趋势有了一定了解后，当然也应该对管理咨询业定位有一定的认识。

(1) 发展战略

以前，企业只要有好的产品、顺畅的销售渠道，几乎不需要了解整个行业乃至全球产业的发展状况。而现在，对于任何一个企业，无论新旧，无论大小，无论科技含量多寡，如果还只是停留在战术层面，没有一个长远的发展战略，就注定要走向失败。靠政策、靠门子、靠空子、靠胆子而“一夜暴富”的时代已经一去不复返了。“融资必须融知”，“投资必须投智”。每个企业家都要问一下自己：“我是谁？我从哪里来？要到哪里去？企业的边界在哪里？”没有一个企业不渴望发展战略！据英国权威部门统计，就咨询内容来讲，世界上61%的企业因为企业战略问题请教过咨询顾问。帮企业制定发展战略、实施发展战略是咨询公司义不容辞的责任，也是咨询公司未来最大的卖点。因此，积累行业资料、挖掘战略人才、培育核心能力是现在每个咨询公司最应该做的。

(2) 管理信息系统(Manayement Information System，MIS)

信息化是人类继农业化、工业化后迎来的第三次革命，其影响的深度和广度将是前所未有的。我们无法想象在未来信息化社会里企业离开信息系统将如何生存，可以说管理信息系统是企业实现利润最大化的工具。目前，我国企业管理信息化应用状况总体上还处于起步阶段，信息化在企业管理中的应用水平还不高。国内的企业往往将管理信息系统服务的提供商同软件及系统集成商混淆起来，大多软件及系统集成商只能提供技术服务，对管理并不精通，而精通管理是设计成功的管理信息系统所必需的。管理咨询顾问团队以其对企业管理各个模块的关系、流程的深入认识及丰富的经营管理经验，可以提出包括系统结构、软硬件配套、运作规程等企业管理信息系统方案。

(3) IT(Information Technology)咨询业

据预测，IT 市场最终将会变成 IT 服务市场，我国 IT 咨询市场的需求每年将以 40%～

50%的速度递增。随着市场的进一步发展，传统咨询公司开始加强 IT 咨询的力度，传统咨询与 IT 咨询的结合也会越来越紧密。同时，IT 厂商也将涉足咨询业并不断加大对咨询业务的投入，扩大咨询业务规模。比如，惠普已经从事管理咨询业务。

(4) 职业管理平台建设

将无序的管理变成有序的系统化管理，这就是管理整合，也就是职业化管理平台建设。通过管理体制、领导体制、组织机构、职能设计、职位设置、职位描述、业务流程、制度表单、管理行为规范、员工行为规范等的整合，构建规范化、系统化的职业管理平台。我国大多数企业对整合企业基础管理、构建职业管理平台有迫切需求。企业要取得长足的进步，必须突破管理瓶颈，全面推进现代企业制度，实现从"人治"到"法治"、从"感性管理"到"理性管理"、从"经验管理平台"到"职业管理平台"的跨越。

(5) 企业保健服务

企业保健服务即企业长期管理改善服务，主要体现在操作层面上，适应于基础管理比较完善的企业。咨询顾问运用目视管理、面谈、查找资料等方法，可随时发现管理漏洞以及不完善之处，指导企业查缺补漏、完善管理。企业的保健服务不是一次性的，而是以企业与咨询机构签订长期服务合同的方式进行的。据统计，世界 500 强的企业中有 50%左右拥有自己长期合作的国际著名咨询公司。美国的 AT&T 公司有 1 000 多家咨询公司为其进行全方位、多层面咨询，每年投入的咨询费用高达 3 亿多美元。咨询公司作为企业的"健美教练"，无论对企业，还是对咨询公司，都是有利的，可谓"互惠双赢"！

1.4 本章小结

1. 本章主要内容

(1) 国外现代咨询业特征：超脱性、社会服务性、客户服务优先性、客户关系长期性、人才能力专业性。

(2) 与外国咨询业相比，中国咨询业的优势与劣势：了解中国的国情、企业现状；具有成本优势；缺乏准确的核心业务定位；管理机制不健全；缺乏成熟、规范的运作模式和管理体系；不成熟的从业人员状况。

(3) 与外国咨询业相比，中国咨询业面临的挑战与威胁：缺乏政策引导与行业规范管理；产业结构不合理，配套的企业少；国内咨询市场的竞争将更加激烈。

(4) 我国与西方咨询业的不同之处：西方咨询公司十分重视管理研究；西方咨询公司收费有根据且规范；我国咨询公司业务量少；我国咨询队伍人员结构单一、素质低，缺乏咨询和企业管理经验；我国咨询业缺乏数据库支持。

(5) 我国现代管理咨询企业的未来发展趋势：组织规模呈现两极分化倾向；发展呈现全球化的趋势；咨询业务内容的技术含量越来越高；资本密集程度不断提高。

2. 内容回顾思考

(1) 请对我国咨询业的发展优劣势做系统地分析，有哪些值得你立即去行动？

(2) 为何西方咨询业更注重与客户密切合作并建立长期稳定的关系？

(3) 管理咨询作为一个行业，其未来前景如何？而您对于咨询业的发展持何观点？

3. 趋势发展与挑战

(1) 对于我国咨询业来说，与国外先进的咨询业存在一定的距离。请您对中国咨询业的未来发展进行预测。

(2) 目前已经进入我国的国外咨询公司有哪些？它们提供何种咨询产品与服务？

(3) 您如何看待管理咨询业在未来产业链中的地位？

B&E

第 2 章 管理咨询师的职业能力与职业规范

摘要

管理咨询业是一个高智力型行业，咨询从业人员通过运用自身的知识和技能为客户提供有偿智力服务，而咨询师的素质、能力和道德水平会直接影响咨询项目的实施效果以及整个咨询行业的声誉和形象。因此，在咨询行业建立咨询从业者的职业能力和道德规范，是咨询行业发展的内在要求和基础。

优秀的咨询师不仅要有较高的业务能力和渊博的知识，更要具有高尚的品格以及职业道德。目前，具有高素质和能力的复合型咨询人员的缺乏已经成为制约国内咨询业发展的瓶颈，因此，国内咨询业发展的关键是要培养一批高素质咨询人才。咨询师素质的提高除了需要咨询师自身的不断学习和积累以外，还可以通过培训等方式来获得。本章介绍了管理咨询师的职业能力和职业道德规范标准，对咨询师素质、技能、知识水平以及职业规范和职业道德等做了细致的说明，为咨询师的培训和评价体系建立了参考标准。

“管理咨询师的职业能力与职业规范”内容结构如图 2-1 所示。

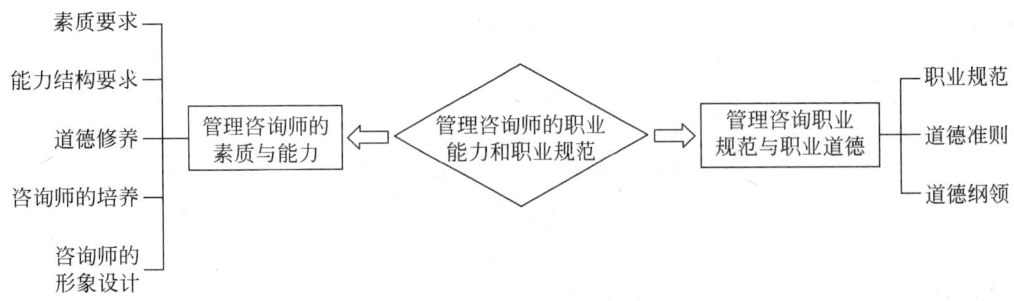

图 2-1 “管理咨询师的职业能力与职业规范”内容结构图

2.1 管理咨询师的素质与能力

咨询业作为高智力型产业，是高度重视咨询师素质和能力的。合格的咨询师必须有很高的专业知识水平，丰富的实践经验，较强的组织、交往及书面和口头表达能力，很强的搜集信息和查阅文献的能力，以及准确的分析问题和判断问题的能力。更为重要的是咨询师的品格与职业道德，有责任心，能取得客户的信任。

2.1.1 咨询师素质要求

发达国家一般都对咨询人员的从业素质有较高的要求，如美国政府要求咨询人员具有渊博的知识（包括专业知识和一般知识，如政治、经济、社会、法律、贸易、财务等）、丰富的实践经验（一般要求咨询人员在相关行业的企业或其他单位工作五年以上）、准确的分析判断能力（要能从所掌握的各方面资料和信息中捕捉到对自己有用的东西，进行分析并做出准确的判断）、较强的交往和组织能力（一个独立作业的咨询人员，一方面，要通过和客户保持密切联系，获得咨询业务；另一方面，也要建立自己的信息渠道，比如同相关的工业界、有关的政府部门及各种协会保持良好的关系，以获得完成咨询业务的必要信息）。

而我国咨询业目前的状况是严重缺乏具备咨询人员素质和能力要求的复合型人才，人才短缺已经成为制约中国咨询产业进一步发展的瓶颈。然而“十年树木，百年树人”，培养复合型人才不是一蹴而就的。要解决中国咨询行业发展的不平衡问题，提高咨询质量，当务之急是调整咨询公司的人员结构，使掌握各类不同知识的人员实现优势互补，以团队优势达到取胜的目的。只有这样，才能在专业学科互相渗透、经营管理日趋复杂的当今社会提高咨询水平，满足客户多样化的需求。

与此同时，要注重培养和造就卓越的咨询师。在这方面我们可以借鉴发达国家的经验。很多国外咨询公司在招聘员工时，更倾向于聘用在两个或两个以上专业里获得学位的本科生或研究生，聘用后安排工作也不是划分很细，有意识地让新员工接触不同性质的工作，以扩大知识面。除此以外，还会对咨询师进行定期培训。一方面，新招聘的员工需要尽快掌握与咨询相关的知识和技能，以适应咨询工作需要；另一方面，咨询师还要不断扩大自己的知识面和更新自己的知识结构，以适应不断发展的外部环境和客户对咨询业越来越高的要求。通过不断进行培训，提倡咨询师终身学习，使其知识水平和结构得以不断更新和完善。

管理咨询这一职业要求从业人员具备良好的综合素质，大体上表现为以下几个方面：

1. 知识和经验

咨询师应该受过系统的高等教育，一般应该受过专门的管理学教育，或具有一门专业知识，同时对其他的相关学科也有一定的兴趣和研究。根据我国的咨询业实际情况，理想的咨询师至少需要本科或本科以上学历。近年来，我国本土咨询业发展人才瓶颈通过大量MBA的加入而有所缓解，这也充分体现出咨询业的巨大魅力所在。

除了广博的知识外，具有丰富的实践经验也同等重要。这种实践经验可以是某一方面的专业管理实际操作经验，如在企业中具体岗位上的实践经验，或者是具有相关领域的咨询经验。知识和经验的结合能够帮助咨询师在进行咨询项目时对企业问题进行快速、准确地诊断。

对于咨询业内的新鲜血液而言，还需要定期、有针对性地接受咨询领域的专业培训，并在不断地学习和实践中积累项目经验，而逐渐成为成熟的专业咨询师。

2. 技能水准

这种技能主要是一种针对咨询项目的实际工作能力。它包括深入实际，分析、解决问题的能力，独立思考迅速判断问题的能力，善于交际、与人沟通的能力，书面和口头的表达能力，还有就是具备企业家角色的组织管理能力。通过高压、高强度的咨询实践工作，咨询师能够获得高强度的锻炼，能力获得快速的提高，成熟的咨询师一般都具备在大企业内担任高层管理者的素质和能力。

3. 精神和品格

这是对咨询师的一种潜在素质的要求，它包括咨询师的品格和职业信誉。咨询师不仅要用知识技能和实践经验建立起个人的可信性，还要处处体现出个人的魅力。正直、事业心、自信心和团队精神、创造性和责任心、坚忍的意志和毅力都是个人品格的体现。

2.1.2 咨询师的能力结构要求

咨询师是运用知识和技能为客户提供有偿智力服务的专业性人才，是为客户解决实际问题的专家。他们的专业知识面广，尤其擅长对某一问题进行独立的、毫无偏见的研究，并使问题得到妥善解决。咨询师的价值在于他们本身所受的训练、在解决问题过程中所积累的经验、在应用专业知识以及选择行动方案方面所具备的能力。

1. 诊断能力

诊断是咨询工作的第一个环节。不论是为了提高一个企业的素质，或是提高一项工程的效益，还是解决一个复杂的社会问题，咨询的第一步总是诊断其历史发展和现状。准确诊断是有效解决问题的开始，良好的诊断能力主要表现在以下几个方面：

(1) 客观性。不能偏听偏信，必须具有独立思维。只有如此，才能真实地反映事物的

本来面貌。

（2）强烈的好奇心。大量的客户问题一般都被表面现象掩盖着，这就需要有透过表面探究实质的能力。

（3）概念和分析技术。这是通过一些不同的数据建立模型的技术，许多客户的问题很少有简单的解释；相反，它们往往是以一种复杂的隐蔽形式出现的，若能用较短的篇幅对凌乱的问题予以简要地、清楚地阐述，这就是一种很重要的概念和分析技术。

2. 技术能力

解决问题的能力，咨询按性质来讲是解决问题的活动。咨询师要解决问题必须顺利完成以下工作：

（1）阐明工作任务。

（2）咨询期间要调查和解决的问题。

（3）调查围绕问题的一些条件与环境。

（4）收集、分析和说明与问题有关的资料。

（5）诊断问题。

（6）制定计划。

（7）提出可供选择的方法或建议。

（8）鉴定促进和遏制的力量。

（9）选择比较方案。

（10）设计关于特殊情形的干预。

（11）估计可利用的资源。

（12）进行干预。

（13）估计解决问题的尝试。

（14）在解决问题的过程中，确定谁做什么、怎样做和何时做。

（15）预测解决这些问题的细节与牵连。

解决问题自然又引出属于技术能力范畴的创造性的能力。具有创造性能力的人能突破旧的模式，以不同的方式观察事物，并会产生新思想，提出新见解，触类旁通，举一反三，综合运用自己的知识更有效地为客户服务。

3. 沟通能力

沟通能力是指传递重要信息的能力，也是与客户有效地联系的技能。这种技能对推销建议、从探询中收集资料都是非常重要的。

沟通能力包含许多种表现形式。对咨询师来说，主要有以下几种：

(1) 人际关系能力

人际关系能力是建立、保持和结束相互关系的能力,也是指我们与别人相处的能力。因为咨询是一种帮助关系,所以咨询师应具备有效地利用客户行为的本领和较高水平的人际关系能力。咨询师与客户之间的这种关系决定所有项目的继续和成功。建立和保持咨询关系要求具有良好的人际关系技能,主要表现为:

- 规定关于这种关系的要求。
- 创立有助于合作的环境。
- 创立有助于变革的环境。
- 在辅助人员眼中形成适当的咨询师形象。
- 扩大建立在声誉和信用之上的社会影响基础。
- 为有关咨询人员安排适当的场所。
- 在咨询时使时间利用得有效、有价值。
- 考虑到不同的文化因素或问题。
- 必要时会调解矛盾。

(2) 良好的写作能力

咨询所用文件,如书面建议、进展报告和最终报告,都是与客户联系的重要手段。通常要求它们内容清晰、论点科学、文字流畅、说明详尽。只有这样,它们才能成为咨询师与客户之间交流和联络的主要渠道。例如,咨询师用书面建议向未来的客户探讨业务需求,倘若建议写得含糊,条理拙劣而且冗长,那么,他在获得客户之前就会失去客户对他的兴趣。

(3) 口头表达能力

有效的口头表达,要求做到口齿伶俐、思维敏捷、逻辑性强和善于表达自己的意向。而在与客户的交往中,一般多是口头联系。因此,咨询师具备口头表达能力是相当重要的。

(4) 灵敏的听力

具有这个能力,就能敏锐地领会他人所表达的含义。这也是良好的咨询师和一般的咨询师之间的首要区别。是否能仔细地倾听而不是将他自己的价值判断强加于人,是客户评定潜在的咨询师的标准。在实际工作中,咨询师必须是"海绵",不是训导者,能否吸收客户的需要、意见和关心的事情,倾听是关键。

4. 组织管理能力

咨询师还需要担当企业家的角色,他们需要站在企业家的高度来思考问题。咨询师必须具备使企业成功所需要的管理项目、人、经常性的书面工作的能力以及让公司发展壮大等方面的能力，他们必须了解怎样经营企业，确定业务的销售、定价、收费，新业务的开发也是必不可少的管理活动。

在咨询师的经历中，对他们的技能的需要会有变化。对新从业的咨询师来说，聘用的标准通常是依据他们的技术专长。他们可能只具备上述四个方面的可接受的最低限度的技能。资深的咨询师处于督导位置时，更强调他们的组织和管理能力。

2.1.3　咨询师的道德修养

咨询业是咨询师运用智力为客户服务的行业。因此，咨询师的品格、职业道德影响着咨询业的声誉和形象。评价咨询师，不能仅依据他们的工作质量，还要考察他们的行为规范和职业道德。咨询师最可贵的特征是他们的诚实和信誉。所有取得成就的咨询师，都具有很强的道德观念，严格遵守咨询职业道德标准。

与其他职业相比，咨询业的职业道德理念和价值观起着核心的作用。统一的职业道德和价值观不仅可以保证咨询师得到客户的信赖，而且能使自己的工作处于良性状态，还可以协调规范从业人员的全部工作，使整个行业的职业水平更高，整体素质更高，获得良好的社会影响。由此可见，良好的职业道德是咨询师的成功之本。

1. 良好的品行

首先，咨询师是工作主动、不需督促的人。工作不需督促的人通常精力充沛，能在压力下进行长时间艰难的工作。

其次，为使客户信任，咨询师必须相信自己的能力。一个缺乏自信的人，很少有人会信任你。因为咨询师往往承担相当大的风险任务，所以他们需要自信来克服客户的犹豫心理。

最后，处理障碍和承受失败的能力。咨询师往往会遭受投标失败、被误解和看见自己的建议被否决的情景。在这种情况下，一个好的咨询师应尽快将注意力转移到下一个项目上。

2. 充分的可信性

咨询师必须建立可信性，客户需要可信赖的人。他们依靠你之前，要检验你的可信性。

咨询师可以通过知识、技能和工作或咨询经验等建立可信性。例如，在国际咨询公司具有10年经历的咨询师通常没有可信性问题。以前的雇主聘你为咨询师是对你可信性的肯定，这是向未来客户展现咨询师价值的直接表达方式。

另外，通过受教育证书建立可信性，特别是有名望的学校颁发的此类证书。企业界重视具有正规学位的人员。其他重要的证书是政府许可证、专业会员证和高级培训班结业证。所有这些证件将证明你作为一个专家是专心工作的专业人员。

良好的声誉和优质推荐书也有助于建立你的可信性。咨询师准确的判断、客观的分析能力以及其他相关特征和表现能够帮助其迅速建立良好的声誉。

3. 职业道德

咨询职业道德是咨询师从事咨询活动时应遵循的道德规范和行为准则。制定这种道德标准的目的是用来防止咨询师进行不适当的咨询服务，保护接受其服务的客户，促使咨询师自愿承担高于或超过法律要求的自我约束义务。

这种道德标准不仅规范咨询师的职业行为，而且是他们对社会应负的道德责任和义务的准则。

它的主要作用在于教育，要求咨询师遵守职业标准，鼓励他们的模范行为，有时也用作处分的依据。

专业性的道德准则包括了比较清楚、明确、实际和容易实施的行动规则。尽管不同专业的咨询协会各自有不同的道德规则，且其文法措辞有所不同，但是所有这些道德规则的最终目的都是相同的，是为了给该专业协会会员制定一个进行公正的职业活动的规则。这就表示咨询师在履行职责中最高的责任是维护大众的安全、健康幸福，并在整个咨询活动中为客户的最大利益服务。在各种不同咨询协会的道德规则中一般有以下内容：

(1) 把客户的利益放在自己的利益之上，在不违背社会和公众利益的前提下，一切为了客户的利益。

(2) 咨询师根据自己的资历和能力，只接受有能力胜任的业务。

(3) 保持咨询工作的独立性，并客观、公正地从事业务活动。

(4) 为客户保守秘密，不泄露客户的任何业务资料和信息，绝不利用客户的机密牟利。

(5) 在向客户提供服务时，不接受额外佣金。

(6) 不挑唆客户的雇员考虑另谋高就或受聘于别处。

(7) 除了事先商定的费用报酬外，不要求其他回报。

(8) 不隐瞒自己在客户的竞争对手的企业中拥有的股份或董事职位等此类事实。

(9) 咨询师之间不以咨询价格进行竞争，或间接地试图排挤、干预或介入其他咨询师已经受托的业务。

(10) 把可能影响咨询师做出判断的各种关系和利益告诉客户。

咨询师不做有损于咨询行业的任何事情，要保持该职业的尊严、声誉和纯洁性，不得直接或间接地损害同行的名誉和前途。

2.1.4　咨询师的培养

咨询师的素质和水平的高低，是咨询工作质量的重要决定因素。因此，世界各国都非常重视咨询师的培养与考核。对咨询师进行经常性的培训和提倡咨询师的终身学习都是提高咨询师的素质与水平的重要手段。

参加咨询工作的大部分新成员虽然在企业经营管理方面有相当的知识和经验，但是大部分都缺乏咨询的操作知识、技能和经验。他们需要通过接受培训来弥补不足、发展所长，然后才能逐步地胜任咨询工作。

1. 培训的目标

咨询初期培训的总目标是：确保咨询师具有完成咨询范围内各项任务的能力和信心。因为咨询是一种高智力、高劳动强度的系统性服务，面对的是非特定的活生生的企业，目标是提高以经济效益为中心，包括社会效益、环境效益的全面效益，所以要求咨询师必须是有能力、充满自信、敢于向困难挑战的改善者、改革者。咨询初期培训时，必须向受训者说明并证实这一点。同时，也要给他们以充分的指导，使其能够依靠自身的能力，满怀信心地去完成任务。

对于上述总目标，可以分解成下列四个具体目标：

(1) 确保咨询师能调查现状，提出改进方案。这就要求受训者有能力收集资料，进行科学地分析，识别问题的各个方面，并以科学的思维和创造力，提出切实可行的改进方案。

(2) 确保咨询师能使企业接受其口头与书面的改善建议，而且令人满意地按照这些建议进行改善、改革。这就要求通过培训使受训者具备交际、表达的能力和说服能力。

(3) 确保精通本职工作。这要求受训者保持与企业总体战略一致，从广泛的角度来看待自己专职范围内的问题，并把这些问题与其他职务范围里的问题以及整个企业的工作环境联系起来。

(4) 能在工作压力下独立地达到所要求的标准，使领导满意、客户满意。这就要求受训者增强自信心，咨询公司通过对受训者的系统考核，充分地了解新咨询师的优缺点，并使他的主管人员在他首次咨询时给予适当的指导和辅助。

2. 培训的基本原则

咨询业新进人员的培训必须以职业素质和业务教育的培养为前提，同时还要坚持如下原则：

(1) 学历和资历的并重

从事咨询工作，既需要学历，也需要资历，有时候资历和声望比学历更为重要。因此，培养工作要做到学历和资历的提高并重，既要系统地学习咨询的理论知识，又要为咨询人员多提供一些考察、进修的机会以及发表论述和决策问题的机会，采用各种方式提高他们的技能。

(2) 注重培养解决实际问题的能力

在咨询师实际培训过程中，咨询案例教学、咨询实习是不可缺少的环节。

(3) 培养思考能力和创造能力

咨询师具有思考能力和掌握创造性的思考方法，比熟悉各种科学管理技术方法尤为重要。因此，培训应把重点放在具体方法的介绍上，着重启发受训者的思路和提高他们的思考能力。

(4) 注意培养交流能力

做咨询工作，提出改善方案不容易，要得到企业的管理者和员工的理解与支持，更不容易。若要取得这种理解和支持，咨询师就要注意培养处理人际关系的能力、表达能力、说服对方的能力，甚至言谈、举止、风度等。

3. 培训的内容要求

新咨询师的培训内容应尽量规范化，使受训者掌握好以下四个方面的知识和技法：

(1) 咨询工作的方向

培训应该使新咨询师明确：咨询工作的本质、目的；咨询公司的专业、职责、组织和管理；与公众的联系、接触，初步调查；执行咨询的类型；有关的咨询工作术语；咨询师的基本任务和个人特点；各种咨询职务之间的关系；咨询师与客户的关系；工作表现和行为准则；咨询公司的行政、财务和日常管理。

(2) 调查和解决问题的技法

这些技法主要包括：解决问题的系统方法；鉴别问题，了解企业组织；计划和安排任务；掌握事实、方法和技巧；工作研究、会谈和其他技法；调查事实，分析事实的方法和技法；形成建议，对可供选择的其他方案的评价和选择以及证明可取得的利益而提出建议；提出解决问题的详细办法，设计工作制度和程序，体制设计；实施准备，具体措施和控制，培训客户人员，预测最后赢利状况；维持和控制，防止实施倒退的措施，保持标准，控制后续服务措施。

(3) 思想交流和改革

咨询的思想主要包括：介绍行为科学及其企业内思想交流和改革方面的发现；口头交流，倾听具有实效的陈述；有目的地寻找有关人员进行交谈；领导和掌握小组会议，了解问题；劝导；书面通信，信息和传递的工具，撰写报告；机构和人员变化的过程；实行改革的战略和策略；实行改革代理人的作用。

(4) 管理理论和实践

这方面主要包括：经济、社会市场和其他环境(国内和国际)以及它们对管理的影响；主要管理职责和管理机构的基本概念；综合管理；财务管理和会计学；销售管理；生产和供应管理；研究和开发管理；人事管理；业务研究和其他应用于管理的定量技术；办公室和资料管理；管理信息系统和计算机在管理中的运用；资源、能源和生态环境与企业发展。

有关部门针对新咨询师的授课和实习都应为受训者提供机会和必要的时间来提高他们的各种特殊本领，诸如明察善断、分析和解决问题的能力、与人交往的技巧、表达和劝导的口才；培训的重点在于提高受训者的自信心、个人品德和独立能力等素质；培训必须切合实际，因地制宜，量力而为。

4. 对新咨询师的考评

对初期受训的咨询师的考评一般要综合初期培训、实习培训的情况，由主训人、实习领队、主管人本着全面、公正、求实的原则做出。考评项目包括：

(1) 个人胜任素质。包括专业表现、外表与举止、主动性和能力、个性交往、社交行为等。

(2) 综合技术素质、判断力和处理技巧。包括准备建议、介绍改革和技术、口头报告、书面报告等能力、技巧。

(3) 具体的职责或部门技能。

(4) 考勤状况。

总之，对新咨询师的考评是根据主训人、实习领队、主管人的共同经验，对受训者的知识、能力、表现进行公正、客观的评价，以做出“根据目前的表现，他是否能在培训结束后担负咨询工作”的鉴定。

5. 咨询师的终身学习

“终身学习”对咨询这一职业具有特殊的意义，从事这一职业的人将为此而献出毕生的精力，他们工作的对象是在不断地发展的、处于当代经济和社会环境中的管理工作，他们所从事的是一项不断改革中的行业，所以必须继续深造，抛弃陈旧观念，提高对新事物的接受能力，磨炼坚强的意志，以成功的咨询赢得良好的职业声誉。

(1) 咨询师深造的方向

努力提高本职业务的熟练程度，跟上形势的发展。同时钻研本职业务之外的有关新业务，使自己成为一名具有复合型知识的咨询师，并为咨询公司开辟新领域创造条件。

接受客户要求的新任务，在完成这种任务的过程中学习、锻炼、提高，为自己、为咨询公司走出一条业务发展的更广阔的道路。

(2) 咨询师深造的主要方法

① 自我成长

养成阅读与自己业务有关的主要专业书籍和重要的新出版物及网上信息的习惯，持续不断地探索解决客户管理上的问题、提高其经营管理水平的有效的新办法。

② 高级咨询师的指导

高级咨询师对向他汇报工作的下级咨询师的成长负有重要的责任。当他检查工作进展，讨论下级咨询师提出的改善意见时，要给予指导，把这种讨论扩大为经验交流，把资深咨询师积累的经验、成功的技法传授给下级咨询师，帮助其发展个人的特长和交流技巧。

③ 扩大信息源

一项组织适当的信息和档案系统，会向咨询师提供他们需要了解的情况和办法，而且如果信息适逢其会，咨询师还可以将其运用到工作中去。扩大并利用信息源是新老咨询师学习、提高的重要途径。

④ 专业学习班和会议

全国性、地区性或者咨询公司内部的会议，虽然大多是解决政策和行政事务性问题的会议，但也往往讨论一些有关咨询的重大技术问题。这也可以成为咨询师学习、提高的机会。至于议题集中的专业学习班更不用说了。

⑤ 从培训他人中求取进步

咨询师参与培训的机会很多，例如，在执行咨询任务时培训客户的人员，或者在本公司的培训中担当培训工作，有时还有可能应邀赴其他地区和国外搞培训。培训的准备，培训过程中参训者的讨论和交流，都是学习提高的机会。

⑥ 承担研究和开发任务

对于咨询师来说，有时要承担公司交办的开发新业务的任务，有时要参与编写咨询教材、手册等工作，这都是他们进修的机会。

总的说来，咨询师一般都工作繁忙，而且在同一行业的绝大多数咨询师为了各自执行任务而分散于各地，加上各自的需要不同，一般不便于搞集训。所以他们的深造通常是靠自我努力，是按上述方向和方法进行的。

2.1.5 咨询师的形象设计

咨询师提供的是一种专业性服务，因此客户和社会环境往往期待他们以一种专家的形象出现，所以咨询师如何成功地进行自身形象设计是十分重要的。

1. 塑造职业形象

传统咨询师的形象可以被这样勾画出来：成熟的男性、衣着正式，并且具有相当高的

教育程度。然而，今天咨询师的形象已经悄然发生了变化，这种传统形象的消退已经成为咨询业的一种趋势。

今天的咨询师都十分年轻，他们总是以一种相当自信和充满活力的形象出现在人们面前。一般来说，那些读过管理学硕士、博士的具有丰富管理经验的年龄超过45岁的人是很少的，更少有人放弃他们的事业转身进入咨询行业。

“我们总是为成功者做咨询”，这句话是众多成功咨询师对咨询的一个概括。实际上，大多数聘请咨询师的企业都是一些经济效益较好（付得起咨询的费用），领导者观念领先的企业。这些成功的企业中不乏有能力有见识的人。因此，从互补的角度来看，企业需要的是新的知识结构、新的观点、年轻的思维和观察以及脚踏实地的工作方式。中国的咨询业界曾经活跃过一批年龄在45岁以上的学者，他们的知识结构也许还能有所更新，他们的教学经验或许还有一定的生命力，但是这些专家、教授难以承受高强度的工作压力，也很难要求他们能事必躬亲地下到企业的基层去。

虽然形象并不能说明咨询师的一切，但它在客户购买和挑选服务的过程中的确起着重要的作用。把许多方面加在一起就形成了咨询师的整体形象。衣着打扮、言谈举止、办公环境以及个人用车的型号与品牌，所有这一切都会影响别人对咨询师的看法以及他给别人的印象。

2. 咨询师的人际交往

每个人的生命只有一次，而且实际上相当短促。和其他所有热爱自己职业的人一样，选择成为一名咨询师，就是把人生最宝贵、最华丽、最富有激情和创造力的一段人生投入咨询这一事业之中。咨询不仅仅是一项工作，更是人生的重要一部分。聪明的人选择了咨询这一职业，就是选择了一种生活方式，他（她）们在给客户带来价值的同时，与客户及同事共同分享快乐的人生。

所有的咨询公司都有着这样的层级：客户、公司和咨询师，但从另一个角度而言，每个个体都有自己的目的，这是真实的情况。对一个项目而言，一般有如下几个目的：

（1）在合理合法的范畴内满足客户的利益最大化需求。

（2）为公司创造价值，前提是客户满意，获得全额回款，并且增加公司的美誉度，如果能续签项目合同就更加理想。

（3）对个人而言，有收获和提高，并且度过一段快乐的时光。

这三个是最基本的目的，从主流的角度上看，三个目的是和谐统一的。客户、公司、同事和咨询师个人的目标是基本一致的，也是维持良好的合作关系的一个基本前提。

客户和咨询师的基本出发点是一致的，在一个咨询的项目中，其实真正地进行管理变革的主体始终是客户，咨询师只是起到一个协助和推动的作用。在每个咨询师的咨询职业生涯中，会遇到各种各样的客户，几乎所有的客户都是友善的，和咨询师有着非常好的合作关系。客户尊重咨询师，咨询师也尊重客户的行业经验和实践能力，并且愿意和客户一起分享价值。

客户是一个整体而不是个体，客户内部有着种种复杂的关系。对一个典型的咨询项目而言，咨询师为高层服务，而和咨询师接触最多的是中层和中高层的管理干部。在任何一个项目中，都可能会遇到客户内部错综复杂的关系。作为咨询师，最重要的职业操守之一就是不要介入客户的内部斗争中去。因此，咨询师可以和客户是很亲密、彼此敬重的朋友，但是在为客户服务期间不允许有过于亲密的私人关系。这样能够让工作和生活变得更加单纯，自然也就更加快乐。一般到了项目后期，咨询师确实能和客户成为真心的朋友，这一方面是由于咨询师的卓越工作和敬业精神被客户所认同；另一方面也确实是因为在长期的交往中感受到了彼此的善意和友情。按照咨询业的相关规定，在项目结束后项目小组成员仍然有义务对客户的变革方案进行跟踪性的关注，对客户的后续服务是十分重要的。

在一个项目组内部，咨询师之间不仅是同事更是伙伴，他们往往就像是兄弟姐妹一样亲密，这毫不夸张。经过几个月的共同生活、朝夕相处，共同承担工作的压力，需要最密切的配合和相互信任，友情和亲情自然地与日俱增。

在长期的相处中有时候也会有摩擦和争吵，但是值得欣慰的是，所有这些争吵的目标都是为了把工作做得更好。良好的素质、共同的目标让人与人之间的气氛非常友好。一起度过每一天，不管是紧张的工作，还是闲暇时光出去散步旅游，都让微妙的友情悄悄地增长着。

项目组内部存在的唯一的层级是项目经理和项目组成员。项目经理是咨询项目组的唯一负责人，从某个意义上讲，项目组成员的直接客户是项目经理。项目经理一般也是项目组内部的核心和灵魂人物，经验丰富、善于与人沟通和交流、悉心听取每一个人的意见、承担着更多的责任。项目经理承担了外部的绝大部分压力，当然也必须合理地把压力传递下去。优秀的项目经理能够给每个项目组成员以业务上的指导和信心，而且往往是每天最后一个离开办公室的人。

但有一点值得注意：项目经理仅仅是对在项目中和工作中的人负责，在生活中和人格上，整个项目组中所有的人都是完全平等的，需要相互尊重。只有尊重和信任才能保持和发展健康的人际关系。

和公司保持密切的联系，并从这种联系中获得帮助是咨询师必须掌握的重要技能之一。一方面可以从公司内的某些领域专家那里获得宝贵的行业经验和建议，同时也能体会到一种有后盾支持的美好感觉。

在项目的运作过程中，咨询师必须学会和每一个人处好关系，信任和尊重交往中的每一个人，例如，当地的出租车司机、下榻宾馆的服务人员、餐厅的工作人员等，尊重这些人是真正能够体现个人良好修养的表现，同时也往往会给你带来意想不到的回报。

3. 咨询师的五大忌讳

在咨询师的职业生涯中有许多应该做的事情，但也有一些事情是咨询师永远不该做的。如果你不小心做了下列任何事，就会让这个组织在今后没有理由再雇用你。

(1) 无中生有

有时，为了努力让客户知道他们的钱没有白费，一些咨询师常常虚构并不存在的问题。比如，某个组织管理专家可能会告诉客户，他们的某个部门，岗位设置不合理(尽管这样的设置比较合理)，希望以此来吸引更多的客户，得到更多的生意。或者某个策略计划咨询师可能会因为自己的私利而告诉潜在的客户，他们以前的计划已经一文不值了(当它们还不错的时候)，并承诺制定一个新计划。无论独自工作的个体咨询师，还是隶属于某个大咨询公司，甚至是与某家大公司合作并希望每年从中获得一定回报的咨询师，他们都是在巨大的压力之下，与客户建立稳固关系的。但是，这种压力常常异化，使咨询师无中生有地虚构一些问题。

(2) 避重就轻

作为咨询师，必须时刻做好准备，并有能力做到坦诚直率。你必须用一种既礼貌又得体的方式准确地告诉你的客户们，要做出明智的决定，需要了解什么——即使为此你必须告诉他们坏消息，并且这个坏消息还是与客户有关的。当然，谁也不愿意做坏消息的传播者，但职业的使命要求诚实、彻底地评价形势。当你故意美化你的观察结果和建议时，你就是在欺骗你的客户。无论对你本身，还是对客户，这都会造成严重危害。

(3) 贪多完不成

显示你本来就没有的时间，就如同显示你本来就没有的技术一样。决定放弃一次有利的商机并不容易，但接受一项由于工作内容太多而抽不出时间来做好的工作，无论对你还是对客户都是不公平的。当你接受了许多的工作而没有足够的时间与精力应付时，你为现在的客户所做的工作以及你接受的其他额外工作都会给你带来苦恼。

(4) 骄傲自满

即使一位咨询师确实在某一领域有特别之处，他也不会轻易做到最好。正如管理大师彼得·德鲁克所说的："谦虚一点容易解决问题。"

尽管自信没有错，但傲慢在建立业务关系上却不会有任何结果。曾经有一次，彼得参加了一次由咨询师牵头，经过长期策划的会议，与会的还有其他管理人员，其中包括执行总裁。就在第二天要签订一年的合同时，有个十分自满的咨询师却犯了一个错误：不按顺序发言而使行政长官当众丢脸。那次是那个咨询师在组织中出现的最后一天，同时他为长期计划而做的努力也付诸东流了。

(5) 喜新厌旧

当然,事先预定未来的客户是必要的。不然的话,在完成当前的工作之后,你就要失业了,一直得等到找到下一项工作为止。然而,很多咨询师在寻找新的业务关系时常常忽略了当前的客户,这种情况的"副产品"就是出现了大量愤愤不平的客户。做好了本职工作,你的当前客户不仅会立即支付酬金,而且会给你介绍他们的关系网。这些人就是你最佳的未来客户资源。由此可见,忽视当前工作进展的做法绝不可取。

2.1.6 实例:某大型咨询公司招聘要求

1. 项目经理/高级咨询师

- 知名重点大学商务或技术类专业优秀毕业生,MBA 或 PhD(Philosophy Doctor)将被优先考虑。
- 3~4 年在世界著名跨国公司中的工作经验;或者拥有在国际咨询公司中的多年专业工作经验。
- 良好的交际技巧和维持与促进客户关系的能力,强烈的进取心,独立分析问题的能力,在全国或国际高层管理级别会谈中表现的信心,良好的社交协调技巧与团队合作精神。
- 熟练掌握英语;懂别国语言将被优先考虑。

2. 咨询顾问/初级咨询师

- 知名重点大学优秀毕业生,MBA 或 PhD 将被优先考虑。
- 多年在国际著名公司中的工作经验;对于那些刚开始职业生涯的人士而言,您或者已经拥有了在一家国际一流的管理咨询公司的实际工作经验。
- 良好的交际技巧,维持现有客户和发展新客户的能力,杰出的敬业精神,乐于独立工作和特别的分析思考问题的能力;此外,需有在国内及国际高级别环境中工作的自信心,良好的人际协调能力及团队精神。
- 熟练掌握英语;懂别国语言将被优先考虑。
- 年龄低于 35 岁。

3. 调研专家

- 重点知名大学优秀毕业生。
- 多年在国际著名公司中的工作经验;对于那些刚开始职业生涯的人士而言,您或者已经拥有了在一家国际一流的管理咨询公司的实际工作经验。

- 良好的沟通技巧，维持已有客户及通过可靠的信息渠道建立新客户关系的能力，杰出的敬业精神，出色的分析问题的能力，乐于向管理者与咨询顾问提供信息支持，有在国内或国际的环境中工作的自信心，良好的人际协调技巧及团队合作精神。
- 熟练掌握英语；熟悉德语或其他语言将被优先考虑。

2.2　管理咨询职业规范与职业道德

2.2.1　职业规范

当我们思考职业规范的时候，最容易想到的问题就是："职业规范"究竟意味着什么？用一位美国作家 Norman Bellah(1985)的话来说，我们或许应该"重新评选职业规范道德的含义，不仅要从专业技能的角度进行评选，而且还要从职业人士为复杂社会所作出的贡献这个角度进行评价"。关于这一点，职业行为规范可以帮助职业人士清楚他们要完成的使命，宣传相应职业的个人行为。

如果认同上面的观点，人们为社会作出贡献的职业精神就远远超越了工作(Job)或职业生涯(Career)的概念，还包含了一层社会含义，从而在社会中有了更加广泛的角色定位。罗马时期的西塞罗(Cicero)如是说："人们的利益是最大的法律。"上述观点拓宽了职业人士的眼界，而不是用利己主义的心态专注于社会地位和报酬。

菲利浦·萨德尔(Philips Sadler)认为，在英国，人们似乎偏爱自律，但是如果商业活动以及实现商业活动的各种职业不能对不断上升的社会要求和期望做出反应，那么社会毫无疑问将诉诸社会约束规定。例如，如果职业咨询师怀疑或者知道客户的资金是经营毒品的结果，就有责任向当局报告，这就是一种社会约束规定。各种职业所关注的焦点是：把职业中的个体成员的精神和行为作为相应职业道德行为的一个责无旁贷的前提条件。各个职业的这种关注，往往体现在自律性职业行为规范中，期望相应组织的成员能遵守的。如果不能遵守，那么犯错误的成员就会受到相应的处罚。这样做有助于赢得公众信心，可以帮助各个专业机构在没有法定管理机制的情况下合理合法地控制相应的职业活动。

职业规范的另一个重要组成部分是职业人士致力于"不断的专业发展"。如果一个职业人士不能保证自己紧跟当前的专业水准，他又怎么能宣称自己是一个专业人士呢？

2.2.2　道德准则

很多职业都会公布自己的规则和管理条例。但在实际的经营实践中，这些专业的成员都普遍倾向于寻找种种方式来规避这些规则。因此，有些机构得出这样一个结论：行为规范应该有一定的基本原则作为基础。这样有助于避免在规范应用过程中遇到了规范制定时未考虑到的情形而人为地修订和拓展规范。不过，也有必要按照一定的程序来制定，从而在新情形出现的时候能够对这些原则进行诠释。

有人认为管理咨询师应该提高他们的眼界，利用那些不可实施的纲领来延伸可实施的规范。一群经验丰富的管理咨询师在回答一份简单的问卷时，人们发现很有必要界定类似的道德准则，问卷和回答如表 2-1 所示。

表 2-1 道德准则问卷调查表

每一种情形的回答有三种选择：
1. 错误或不可接受；
2. 原则上是错误的，但是可以接受；
3. 可以接受。
答卷者在自己认为恰当的答案上画圈。

序号	问题情形	错误	错误但可接受	可以接受
1	您搬进了一座公寓，连上了有线电视，但是您从来没有接到收费单，您依然如故。	33%	57%	10%
2	还有一个学期您就可以取得学位了，但是在填写求职表格时，您说您已经取得大学学位。	100%	0	0
3	您拥有一台家用电脑，但是却没有装办公室用的一个软件。您的老板说，您可以把软件复制一份带回家。	33%	52%	15%
4	您的儿子/女儿需要打一页文件给学校，您让您的秘书打出来，并进行语法和拼写检查。	19%	28%	53%
5	银行的失误使您多得到 10 英镑，您决定让他们知道。	52%	43%	5%
6	您在为您的一位同事收集一批捐款，您发现实际的款项比您预期的要多。吃午饭的时候，您发现您自己的现金不够，您就从信封中抽出 5 美元，因为您知道这永远不算是丢了 5 美元。	96%	4%	0
7	在吃午餐的时候，您给一位主管打电话，想找一位知道一些信息的秘书，但是对方很可能会知道您的意图。	10%	33%	57%
8	某公司的工程部主管冷冷地告诉某个猎头不要再打电话来，他从来没有同猎头公司打过交道，这家公司也不允许任何人同猎头公司及其他人士打交道。如果那位猎头再一次给这位主管打电话，这位工程主管就会采取法律行动。一位高层同事无意中听到这位猎头的事，就说："我来搞定。"10 分钟之后，他给这位工程主任打电话说他是一位大学生，他的教授让他联系该公司的一位工程师，但是不幸的是，他忘记了这位工程师的名字，又害怕他的教授打电话询问此事。过了半个小时，那位工程师主管就把公司的 150 个工程师的名字倒豆子般地说了出来，并挨个介绍各自的背景、经历和专长领域。	62%	28%	10%

续表

序号	问 题 情 形	错误	错误但可接受	可以接受
9	您的客户已经知道了想要的解决方案。	43%	14%	43%
10	您的客户要您透露书面报告中的重要信息。	76%	14%	10%
11	您的客户想要得到您的另一位客户项目中得到的专有信息。	100%	0	0
12	您的客户想要您对他的老板撒谎。	100%	0	0
13	您是一位猎头，您的客户中的一位成员想要您聘用他。	85%	15%	0
14	您的客户希望您开出的发票额比实际额高或低。	85%	10%	5%
15	入乡随俗。	24%	28%	48%
16	您拥有一家客户的股票。	60%	0	40%
17	您的商业合作客户，一个注册会计师，给您的客户审计。	62%	5%	33%
18	您的商业合作客户，一个律师，是您的客户的法律顾问。	55%	0	45%
19(a)	Tylenol危机。由于用氰化物来包扎致使芝加哥地区的Tylenol胶囊含有一定的毒素。强生公司有两个选择： (1) 立刻回收提供的所有胶囊；	0	0	100%
19(b)	(2) 假设这是一个独立事件，只回收芝加哥地区提供的胶囊。	68%	10%	22%

资料来源：调查问卷和回答，1992年，© Christian Paul Lynch

报告的百分比值就是偏向每一个答案的答卷者的比例。例如，在回答问题3时，即：复制办公室的计算机软件带回家用，33%的咨询顾问认为这样做是错误的，52%的咨询顾问能够为此找到一些借口，15%的咨询顾问认为没有理由认为这是错误的，而选择了“可以接受”这个答案。

答卷的人基本上是经验丰富的老牌管理咨询人员。原本认为，因为有这种类似的背景，所以在这样一个整体中就会有很大程度的趋同性和一致的观点。您可以看看自己的答案。当您考虑这些相对简单的两难情形时，您或许会思考自己对这些问题的答案。请注意，所有回答问卷的人都没有其他的信息，您必须做出判断的情形就是这种信息常常不充分的情况。由此，您是不是感觉拥有了得出一个满意的结论所有必要的信息呢？

但是，所得到的回答出现了意想不到的分歧——某些问题的回答的差异还很大。其中的部分原因可能反映了大型咨询企业和小型咨询企业所面临的商业压力不同。例如，对问题17和问题18的回答就出现了两极化现象，从利益冲突的角度来讲，是可以解释的。分别从大型咨询公司的成员和独立从业人员的立场来看，大型咨询公司往往会提供一些交叉领域的咨询服务，而小型咨询公司（独立从业人员）往往只提供某一个领域里的咨询服务。

在讨论这些意想不到的结果之后,从中还是可以得到一个一致的结论:应该制定道德纲领。1994 年,英国管理咨询师学会颁布了这些纲领,而且这些颁布的纲领是独一无二的。

2.2.3 道德纲领

在英国,咨询师以及监管管理咨询师的公认机构是管理咨询师学会。该学会的咨询职业道德纲领对于中国的咨询界应该具有较好的参照和借鉴意义。

1. 基本原则

在英国,管理咨询师学会和管理咨询协会的职业行为规范体现了下述基本原则:

- 为客户提供高质量的服务;
- 独立性、客观性和廉正性;
- 职业责任感。

并且始终认为:符合伦理道德的行为应该以组成公司的人为中心,而不是以公司本身为中心。

对管理咨询师学会和管理咨询协会的成员来说,职业行为规范从法律的角度来讲是可以实施的,即:如果案情可以得到证实,那么没有遵守规范的成员就应该受到惩罚。这些原则拓展所形成的道德行为纲领是不可实施的,但是管理咨询师学会的成员在确定自己是否出现了某种行为的时候,还是应该遵守这些道德行为纲领。

假设相应的事实已经确立并且知晓(当然这种情形并非总是成立的),那么还要考虑另外两个补充原则,这两个补充原则分别是:

- 脆弱原则;
- 透明原则。

(1) 脆弱原则

这是第一原则。这个原则所确认的是特别情形下各方所暴露的风险度。例如,一方可能会因为无知或财务能力方面的原因而非常弱小。

相应的测试问题表明:道德纲领的设计应该让咨询顾问通过一个自我监控的过程使自己能够判断具体情形下脆弱或者弱小的利益相关者。"利益相关者"这个术语在最近几年已经得到了广泛的应用,它常用来指在某项决策中有利益关系或者将受到相应决策影响的所有各方。

(2) 透明原则

这是第二原则。这个原则指的是特定情况下的开放程度,或者利益相关者能够获得多少知识或信息。如果利益相关者不能掌握所有的重要事实，那么就应该提出这个问题：他们为什么不能掌握所有重要的事实？

同样，相应测试问题的问答过程也有助于管理咨询师洞悉他们所面临的两难境地。通过这种方式，其中的解决方案可能显而易见。或者，两难境地的真正本质就会显现出来，寻找解决方案的路径也就可以在事实的基础上顺利地进行下去。

2. 道德纲领的运用

任何测试问题或者其他请教都不可能成为咨询师推卸责任的借口。在咨询公司内，信任可能会有所帮助。在咨询公司内可能会有一个受人信任的同事，同他讨论所面临的两难境地不会危及自己所承担的客户责任或自己在公司内的地位。对独立从业人员来说，和以前的同事或者一位受人信任、知识渊博的朋友讨论往往会有很大的益处。

对那些既没有正式支持结构也没有非正式支持结构的咨询公司，英国的管理咨询师学会为其制定了道德辅助大纲。该辅助大纲为其成员提供诚信机密的非判断性咨询意见，帮助他们寻找相应的解决方案来应对类似艰难的挑战。该道德辅助大纲得到大量经验丰富的管理咨询师的支持，他们在电话咨询方面经过严格的训练。一般来说，两难情形的出现往往是意想不到的，同时必须马上解决。因为该辅助大纲的执行配备的是经验丰富的咨询顾问，因此他们往往能够快速理解所描述的情形，并且能够做出恰如其分和理解支持的反应。这样就可以在检查自己态度的时候，不用害怕公共责难或者承担遭遇公共责难的风险，并且能够找到恰当的解决方案，寻找各方利益相关者之间的利益平衡。

对这个问题，有一个似非而是的评论："两难情形的真正本质与其说是在正确与错误之间做出抉择，还不如说是在两个正确事物之间做出选择。"

2.3　职业价值观

职业价值观(professional values)不同于个人价值观，两者在内容和目的上都截然不同。职业价值观可以形成企业的基本行为准则，而个人价值观则体现了一个人的内在价值追求和行为反应。在咨询行业，马文·鲍尔(Marvin Bower，1903—2003，麦肯锡前董事长兼总裁)的榜样行为使我们看到，如果一个人能以对待个人价值观那样严格和正直地把商业价值观作为自己生活的准则，那它将具有怎样的力量。他相信商业价值观可以形成一种思维的定式，指引人们去制定决策和采取举动，能够为确定企业目标，以及参与竞争和服务客户的方法提供限定条件，企业的长期收益就依赖于这些价值观。商业价值观要求企业精心选择实现目标的手段，它们在实现目标的过程中为各种决策起着指引作用。

职业价值观不是财务目标。正如马文经常所说的那样，财务因素固然不能被忽视，但企业的目标不应该只是赚钱，否则就无法为自己的客户提供优质的服务，最终反而赚不到大钱。

马文将商业价值观和以价值观为基础的思维与信念融入他与首席执行官们的合作中，融入对商业问题的分析和解决中，融入创建麦肯锡公司的过程中。很多商界领袖都一再谈起他们如何从马文那里了解到了商业价值观对其领导工作的重要性。在百事公司担任了 14 年总裁兼首席运营官，后创建了百胜公司（肯德基、必胜客等快餐品牌的母公司）并担任董事长的安德劳·皮尔逊曾于 1954 年至 1970 年间在麦肯锡工作。他说马文教给了他工作环境的重要性，后来他在百事和百胜也都非常注意工作环境。英国审计委员会前任主席约翰·班厄姆爵士也盛赞马文教给他的知识影响到了他在创建和掌管该委员会时做出的几乎所有决策。前普华永道高级合伙人约瑟夫·康纳也表示，马文在 20 世纪 80 年代初给他们的建议，是使普华永道得以避免重蹈安达信公司覆辙的一个原因。

当一家企业中的所有决策者都能根据一系列基本原则来做出商业决策——关于什么对该企业而言真正重要，及该企业应如何行事的原则，那这家企业就是一个不依赖于某位领导人的以价值观为基础的机构。从早年起马文就坚信正直是必不可少的，在一家企业中所有决策者都应当遵循建立在尊重基础上的商业价值观。他的商业价值观的具体形式和内容细节，则源自 20 世纪 30 年代初经济大萧条期间他与倒闭企业打交道的经历，以及当初他在众达律师事务所工作和在麦肯锡担任咨询顾问之初所学到的经验教训。

马文这种广受推崇和仿效的以价值观为基础的领导特性可以归结为六大要点，其中有些要点看似相互矛盾，但马文却能够在自己的领导工作中实现巧妙的平衡，从而把这些碎片拼接成一幅和谐连贯的引航图。马文及其追随者的成功源自以下这些以价值观为基础的领导特性。

1. 将客户的利益置于首位，把自我与工作相分离

艾森豪威尔在 1967 年写的一封关于领导才能的信中，将马文此前给他提出的建议评价为“我极为景仰的人给我的忠告”。艾森豪威尔写道，马文曾对他说：“你所在意的应该是你的工作，而不是你自己。”这种能力使马文能够认识到自己的优点和缺点，做好那些对客户最有利的事情。比如，如果某位客户特别敏感，不肯正视事实，或者心高气傲，那马文就会承认自己不是最适合的人选，而会让艾弗里特·史密斯或者卡尔·霍夫曼（两位早年的合作伙伴）来处理与这位客户的关系。另一方面，马文从不向客户隐瞒实情：因为隐瞒实情是最不符合客户利益的。退休的美国运通董事长哈维·戈卢布曾于 1966 年至 1973 年和 1977 年至 1983 年两度在麦肯锡工作。他回忆起在麦肯锡的经历，表示如果有一件事必须时刻牢记于心的话，那就是必须好好为客户服务：

> 进公司后，有一次我和荣·丹尼尔一起出去吃午饭，当时他是纽约分公司一个部

门的领导人。吃饭的时候我问他:“荣,你说我要怎么样才能在这里吃得开?”其实我的意思是说,工作中最重要的是什么。他回答说:“长期为客户提供优质服务。”我说:“得了,说真的,我应该怎么样才能干得好?”然后他说了一番话,大致意思是:“如果你听信别的什么,你就不可能成功。”他没跟我说如何提供优质服务,也没告诉我什么叫做别的什么,但是我相信他。他那是跟谁学的?是跟马文、吉尔·克里(接替马文的下一任董事长兼总裁)以及其他早期的合伙人学的。要知道,很少有首席执行官能够创造出在自己离职后这么久依然有如此影响力的东西。阿尔弗雷德·斯隆算一个,托马斯·爱迪生算一个,然后也就没几个了。

2. 始终如一而又思想开放

马文·鲍尔一贯坚持自己所构想的价值观、文化和使命,坚持对他人的尊重。他知道自己是谁,自己相信什么,自己能做到什么或做不到什么。在他漫长的一生中,每一个人所看到的马文·鲍尔都是一样的。他永远不会曲意逢迎,对管理界层出不穷的花样总是视若无睹。然而每一个了解他的人都说,他从来不会忽视真正的变化,他总能从中学到东西并且掌握它。曾于1931年至1994年在基德公司工作,并在1957年至1986年担任董事长的阿尔·戈登说马文是一个“很善于通过倾听了解情况的人——他希望知晓所有的事实和观点,以便更好地了解情况。他的倾听不是为了看人家的话里有什么漏洞,而是为通过倾听了解情况。”而另一个人的说法则看似自相矛盾:“他是一个非常保守但却思想开放的人。他确实是这样。”在20世纪50年代初的一次培训中,马文这样解释自己的理念:“要想抓住我们所面对的机会,最重要的可能就是要让麦肯锡的所有成员都保持开放、宽容、灵活的态度。来自我们内部的变革阻力有时相当可气可恼。虽说我们理应避免仓促决策和轻举妄动,但我们在内部也必须培养起一种勇于尝试新事物和新方法的积极性。”

3. 以事实为根据,从一线出发来解决问题

马文非常注重事实,在这方面是出了名的。他总是坚持要把各方面的基本事实,包括外部事实,统统汇总起来,以确定企业行为的背景;还要分析事实指向哪里,坚决依据事实追根溯源到底。他善于确保捕捉到恰当的事实,并且将概念与细节用一种相当具有说服力的、以行动为导向的方式编织在一起,在这些方面他堪称大师。他还发现,商业问题的解决经常牵涉到由外部推动的变革,而首先认识到变革必要性的往往是那些身处第一线的人们,也只有身处第一线的人们才能真正实现变革——比如那些与顾客直接打交道的销售人员、被复杂的设计或者过分的维修要求搞得焦头烂额的机器操作工。1992年,在为麦肯锡公司就价值宣言的修订提供建议时,马文一开始就对公司一线的咨询顾问开展访谈,以了解他们对于价值观及其他一些相关问题的看法。

4. 从全局背景的角度和后续行动的角度来看待问题和决策

尽管马文非常注重事实，但他也认为凭借孤立的事实并不能形成解决方案。解决方案的形成靠的是想象力和对事实背后的来龙去脉的把握。马文在麦肯锡的59年中，所参加的每一次业务会议无不以他询问某个问题与大背景之间的关系开始，接下来他就会问这种关系应如何体现在行动计划中。如果咨询顾问的分析和建议都被束之高阁，那管理咨询的价值和声誉都会受到损害。因此，作为这个行业的缔造者，马文始终致力于确保客户采取相应的行动——这些行动应该与企业的使命相符，并且能够迅速在情感和财务方面取得回报。

5. 激励并要求所有人拿出自己的最佳状态

马文就有那个本事，能让公司的所有成员感觉公司和工作极其重要。对于其中的大多数人来说，这成了他们工作生涯中的头等大事。马文为此所做的贡献无人能及，他永不停息地使用各种方法努力营造这种环境，无论是随口的评论，还是培训会议上的宣讲，抑或亲自撰写的备忘录。必要的时候，马文也会不留情面。比如，他认为片刻时间都是不可以浪费的，咨询顾问应该利用午餐时间会见和联络老客户或潜在客户。在纽约的麦肯锡咨询顾问都不敢和朋友一起去马文可能光顾的餐厅，不然要是被他碰上，搞不好他会提醒整个办公室的人午餐不是社交时间，而是公司人员有效利用时间的机会，然后还可能把你当做一个不善于管理时间的反面典型提出来。

6. 反复宣讲公司的价值观，确保每一个人都能理解、接受这些价值观并落实到行动上

马文不知疲倦坚持不懈地倡导构成公司个性的价值观，但又不使这些信息变成陈词滥调，以致大家充耳不闻。沃伦·卡依说：“他从来不会让我觉得唠叨或者无聊，因为他会抓住一个又一个事例，说明这些信息的力量，讲解我们应该如何开展工作，或指出我们所犯下的错误。不过大多数情况下他讲的都是某人干得不错，他从不放过庆祝成功的机会。每次有人以他认为恰当的方式谈成了一个项目，他知道了之后都会公之于众，并大加褒扬。如果有人为了客户的最大利益而不惜冒失去客户的风险，他知道了之后也会原原本本讲给大家听。”

如果有人胆敢违背公司根本的价值观，马文会迅速果断地采取行动。1959年的时候，他就给整个麦肯锡好好上了一课。退休的克利夫兰极顶公司董事长、克杜莱公司合伙人查克·埃姆斯曾于1957年至1972年在麦肯锡工作，他回忆起当年的场景：

> 当时公司里业绩最好的咨询顾问是格里·安德林尔。他非常聪明，是个红人。当时他正在给斯特龙伯格·卡尔森公司做一个有关最高管理层组织的项目。他建议

进行组织变革，设立一个新的主管职位，并推荐自己出任这个职位。我想他并没有提出书面的要求，只是在和客户讨论的时候来了个毛遂自荐。当时那个客户是道斯·毕比，马文的一个好朋友，他给马文打电话时说到有这么一回事。马文就问格里那是不是真的，格里说是，于是马文就说："你在30分钟之内离开这里吧。你完了。要是需要，我可以叫物业来帮你把东西搬走，你走吧。"他就那么说的。

格里在公司里就算不是数一数二，也是最聪明的几个人之一。他要是走了对公司真的是个损失，但马文根本不为所动。他的立场是要么你遵守这些原则，要么走人。马文决心告诉大家，格里的做法不符合我们公司的经营之道。那天好像是星期五，格里那天晚上还搞了个晚宴，我和妻子都去了。我说："格里，我听说了，真替你难过。"格里说："不，他是对的。我违反原则被抓住了，被开掉是理所当然的事。"

很多人都记得这件事。1976年至1988年担任麦肯锡董事长兼总裁，至今仍与麦肯锡往来密切的现哈佛公司成员荣·丹尼尔表示："我始终都记得，马文在公司用人之际竟然毫不犹豫地把一个顶尖人才给开掉了——他做出这个决定连五秒钟时间都没花。当我问他这是不是一个损失的时候，马文回答说，'你要是不尽力去遵守原则，那还要原则干什么？'"

艾弗里特·史密斯，一位早期的合伙人，这样描述听马文讲话的情景："我常常坐在那儿一边听一边想，'这个家伙，他又来那一套了！'他有一种魔力能让你乖乖地听话。他把那些老话再讲那么一遍，然后小伙子们就一个个浑身是劲儿，蹦着就出去了，我也一样。渐渐地我就相信了。我也说，'他拥有愿景，我们来实现。'"

马文的生活中充满了这种看似矛盾的现象，他获得了几乎所有认识他或者曾与他共事的人的尊敬和信任。1987年加入麦肯锡的杰克·丹普西这样形容马文：他非常聪明，非常有个人魅力。但我最敬重他的一点是他的逻辑性，他非常具有说服力，丝毫不带任何感情色彩。还有他那种真诚，让人完全地消除戒心。他的直率中没有掺杂一点个人私利。他也绝不跟你装腔作势、咬文嚼字。再有就是他在沟通中那种令人难以置信的精确性，可是他说话又很平实，都是大白话……言简意赅，措辞准确。马文给人留下的最后印象是，他绝对是时时刻刻都在想着如何让我们做得更好。在今天，这种以正直为基础的商业价值观和遵循这些价值观的戒律比以往任何时候都更为重要。随着企业向跨越和连接不同文化和国度的方向不断发展，沟通的范围和速度都在不断变化，在这种情况下应遵循一套有意义的经久不衰的商业价值观，用它来指引企业在充满挑战和日益复杂的形势中保持正确方向，这样做的重要性和影响力都在上升。

1997年，马文在《意愿领导》(*The Will to Lead*)一书中，概括了咨询顾问的五种基本职业责任：咨询顾问必须把客户的利益放在公司利益之上；咨询顾问必须坚守真实、正直、信赖的最高标准；咨询顾问必须保守客户的私有和专有信息；咨询顾问必须保持独立身份并告知客户自己的真实所见;咨询顾问必须只给客户提供有真正价值的服务。

麦肯锡的职业价值观,反映了世界级管理咨询公司之所以能够取得长期成功所依赖的经营理念,具有极高的借鉴性。虽然不能作为一切咨询行动的指令,但可以作为咨询行动的必要参照。

职业价值观,是咨询从业人员、公司的行为准则。这种价值观的形成有赖于公司最高决策群体的职业价值追求和行业声誉的体会,是实现本公司区别于竞争者的执业标准的根本性组织能力。

2.4 本章小结

1. 本章主要内容

(1) 咨询师的素质要求:知识和经验、实际工作能力和精神品格。

(2) 咨询师的能力结构要求:诊断能力、技术能力、沟通能力、组织管理能力。

(3) 咨询师的道德修养:良好的品行、充分的可信性、职业道德。

(4) 咨询师的培养顺序:培训目标的具体化、培训内容规范化、对新咨询师的考评,树立"咨询师终身学习"的观念。

(5) 咨询师深造的主要方法:自我成长,高级咨询师的指导,扩大信息源,参与专业学习班和会议,承担研究和开发任务,还可以通过培训他人求取进步。

(6) 咨询师的五大忌讳:无中生有、避重就轻、贪多完不成、骄傲自满和喜新厌旧。

2. 内容回顾思考

(1) 您认为身为一位咨询师,最重要的素质和能力各有哪些?

(2) 咨询师的通用技能有哪些?

(3) 请依据您自己本身的想法,画出"企业咨询的职业技能分析框架"(尽量使用图形和简练的语言表达出来)。

3. 趋势发展与挑战

(1) 和西方咨询行业相比,我国具备咨询人员素质和能力要求的复合型人才严重缺乏。如果您是考官,在选一位新人进入咨询行业时,你的招聘条件有哪些?

(2) 管理咨询业是否是一个值得投入的职业,要从事这一职业的收入与发展机会如何?

(3) 咨询师的技能,您已经具备了哪几项?还需要增加哪些?如何增加?

B&E

第 3 章 管理咨询营销

摘要

管理咨询营销，是管理咨询业务实现客户认可的必要过程，也是咨询业务和客户需求之间的初步对接，更是管理咨询业务能否实现商业价值的基本途径。因此管理咨询始于营销而不是项目调研。

管理咨询营销的营销咨询服务与销售咨询服务之间的一个简单区别就是在销售服务中有一个具体的可以看得到的客户，而营销服务所针对的是一个特殊的群体——潜在客户。营销的主要途径包括：发布研究报告、举办座谈会、给报刊写文章、参加行业企业会议进行演讲、举办主题俱乐部，甚至包括免费服务等。

管理咨询的营销需要从价值认可逐步转换到客户的沟通和客户关系维护，所以营销在项目开始后也没有停止。与客户维护好关系，取得客户的认可，建立为客户服务的意识以及培育和发展优质客户等都是管理咨询营销需要面对的问题。

“管理咨询营销”内容结构如图 3-1 所示。

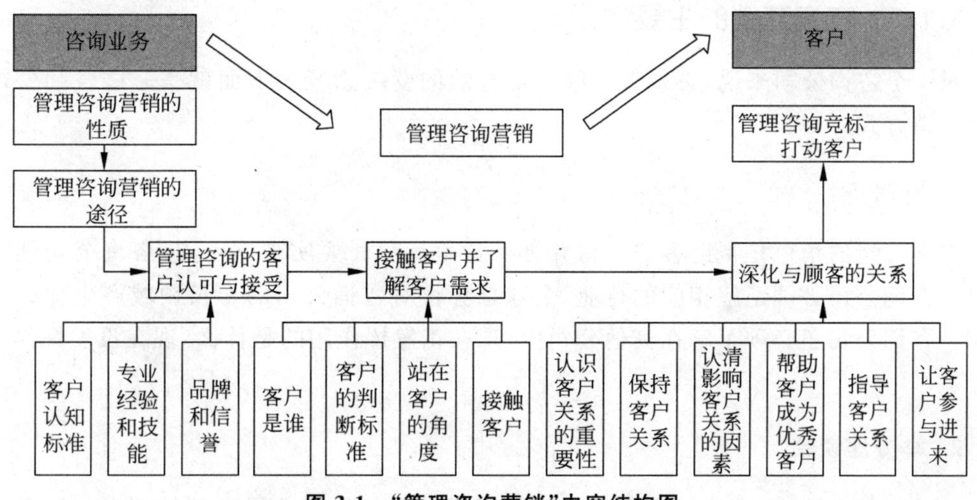

图 3-1 “管理咨询营销”内容结构图

3.1 咨询营销的价值

3.1.1 为什么要进行咨询营销

咨询活动既是一门科学，也是一门艺术。咨询是一门科学，因为它提供知识、模型以及诊断和评价工具。咨询是一门艺术，因为它是一个关系过程，是信仰和价值观的表达，是社会关系边界之内的一种情感探索。简单来说，咨询关系就是一种咨询师与客户之间的关系，用比较经典的术语来表达就是：咨询顾问确认、澄清并满足客户的需求，通过帮助客户解决其所面临的问题来实现咨询的价值。咨询公司作为企业，其最基本的目标应该是确保企业能够生存下去。保存自己的业务能够存活下来有许多种方法，但是能够让你破产的却只有一种可能——没有客户。

3.1.2 咨询营销的目的

咨询营销主要有以下几个目的：

(1) 创造需求并引起客户对咨询产品的注意；

(2) 发掘潜在客户或者确定忠诚客户；

(3) 将业务定义为可提供咨询服务。

咨询公司中的营销包括大量的促销活动。当然，对于咨询师的促销方法也有一些专业限制。例如，管理咨询管理机构已经为咨询师制定了全面的方针，咨询师需要遵守。

3.1.3 咨询营销的主要途径

对一个咨询公司来说，必须有一些非常有效的营销途径。下面就是一些咨询公司常用的营销方式。

1. 研究

咨询公司的角色是帮助客户获得并维持竞争优势。要实现这一点，咨询公司就需要信息。咨询公司必须了解相应的行业、全球趋势将对咨询公司的专长领域产生什么样的影响。咨询公司还必须了解在其他公司中，现在正发挥作用的是什么，现在没发挥作用的是什么。

2. 举办座谈会

通过这种方式，咨询公司可以向与会代表提供在其他地方得不到的消息。这里的座

谈会(Workshop)不是专题讨论会(Seminar),因为使这种事件保持亲密性和交互性非常重要。计划不超过20人。要抓住和与会代表建立关系的机会。咨询公司要确保有四五个咨询师在场,并且在场的咨询师都有自己的目标客户。咨询公司应指派一人主持圆桌讨论,每一次发言之后,都应该有效地简单提示代表,让他们积极参与圆桌讨论。

参加座谈会的人缴纳一定的费用,可以迫使咨询公司在座谈会中为与会者提供价值,并且获得相应的收入来弥补销售成本。人们在支付了费用之后往往很可能会出席座谈会。不过,不管咨询公司收多高的费用,仍然还会有人不参加。此时,一个有效的做法是退回那些不十分满意的代表所缴纳的费用。如果有人花费时间来听讲,却感觉没有获得什么价值,与其让他们告诉同事这个座谈会枯燥乏味,让他们有一种被抢劫的感觉,还不如把钱退给他们。

有这样一个实例:一个非常不满意的与会代表,他在拿回200英镑座谈会费一周之后同举办座谈会的咨询公司签订了一个价值15万英镑的咨询合同。

当咨询公司通过座谈会做广告的时候,它实际也在宣传其专家技能。虽然现在有些人可能还不是咨询公司的顾客,但是当他们成为相应市场的客户时,他们知道应该向谁购买相应的咨询服务。

那些考虑购买咨询公司服务的人会在参加座谈会期间检验该咨询公司的水准。通常情形下,一个潜在客户向咨询公司购买咨询服务之前,往往需要一定的时间。客户寻找合适的咨询公司同咨询公司寻找客户一样会不厌其烦地进行筛选。在这种初步的"求爱"期间,他们可能参加了很多类似的座谈会。

3. 给经贸杂志撰写文章

咨询公司可以把自己和客户都可能阅读的杂志编成一个清单。把撰写的文章投稿给选定的杂志的编辑,当然所撰写的文章必须能够引起人们的普遍兴趣,而且能够反映咨询公司所提供的解决方案。

咨询公司还要注意文章的内容。杂志的编辑及其读者常常喜欢介绍方式和方法的文章,因为这种文章能够给读者提供他们可以运用的技巧,如"……的入门指导"。同样,咨询公司的研究也应该承担这项工作。

由于害怕竞争对手会从中学到什么,害怕竞争对手模仿自己的方式和方法,因此在咨询行业中人们对技术诀窍的披露都非常谨慎。实际上,如果竞争对手确实模仿了咨询公司的方式和方法,这应该是正中下怀的一件事:他们是跟随者,把昨天的秘诀透露给竞争对手,是一个鞭策咨询公司自己的绝妙途径。如果咨询公司最大限度地实现这个目标,它的文章应该重印,在专题讨论会上进行分发或者送给其客户。

Maister(1997)建议:为文章的撰写设置目标,例如,每一个专业咨询师每年必须发

表一篇文章。如果要这样做,咨询公司最好是雇请一位从事新闻杂志的人来同公司的咨询师进行文章撰写的合作。因为他们是咨询师而不是作家,没有帮助,他们就不太可能撰写出令人感兴趣的优秀文章来。

4. 会议演讲

咨询师的会议演讲目的应该是向听众中的一两个正准备使用其服务的人进行演说,咨询师所真正期望的是他们在会后与自己联系,并询问相应的服务情况。所有的营销活动都类似于"求爱",一个可以触动与会代表的方法是承诺把幻灯片或者其他重要信息复制给那些希望把业务给自己的人。

公共演讲的一个秘诀当然是讲一些令人感兴趣和重要的事情。对此,咨询师也应该借助其研究结果提供相应的素材。

绝大多数演讲者都很一般,他们所做的只是一项传递信息的工作。与会代表参加会议的目的更多的是寻求人与人之间的接触。因此,最优秀的演讲者应该是能够实现这个目的并且能够为大家带来愉悦的人。咨询师会觉得与会者的世界观令人兴奋,具有魅力而与他们合作。

如果咨询师对公共演讲没有什么经验,那么他应该找一个其所钦佩的为公众工作的人,让他来培训自己。

咨询师如果要参加巡回演讲,则应该收集所有会议邀请函。给会议的组织者写信,告诉他们自己的工作以及愿意演讲的主题。一般情况下,会议组织者将支付咨询师所发生的开销。而且,如果咨询师是一位有名的演讲者,他可以申请获得演讲费。

咨询师还要清楚地确定其出差的地域边界以及所演讲的主题。例如,被邀请到新加坡去展示自己的智慧当然是一种荣幸,但是如果咨询师对太平洋边沿地区的业务并不感兴趣,那么这种会议也就排在优先序列的后面。

5. 主办一份时事通讯或杂志

营销人员所面临的一个问题是咨询公司根本就不知道什么时候会有人准备购买其服务。咨询公司虽然可以确认自己占领的市场上的决策者是谁,但是往往不知道这些决策者什么时候会到市场上来寻找自己的服务。有时,一家公司的需求变化非常快,以至于突然就会产生某种需求。咨询公司必须不断地提醒其客户和潜在者时刻知道自身的存在,从而使他们首先想到的是自身,但是要实现这种不间断性的沟通通常很令人头疼。不过,出版一本杂志却可以使咨询公司能够为那些数据库中的人经常撰写文章。

杂志的反面效应是从第一期之后其质量往往会下降,因此,只有在能够保证不断提供令人感兴趣的文章的前提下才开始推出。最好是利用外部的出版社来做这项工作,因为咨询师可能根本就没有时间来做好这项工作。

咨询公司可以把其广告战略告诉出版社,然后让出版社在每一期的内容中反映出来,利用时事通讯来评述其客户英雄。撰写关于他们的文章,并且确保所撰写的文章能够形成客户故事的特写,确保所撰写的文章能够在客户公司内部得到流通。而且,利用时事通讯来销售自己的座谈会和调查结果,并且确保人们能够对这些项目做出回应。有时候,咨询公司把其电话号码放到背面还远远不够,因为很多人不愿意用电话做出对广告的反应,他们更喜欢诉诸文字,所以一定要在背后一页附上反馈赠券,这样可以提高大约20%的反馈率。

6. 建立宴会俱乐部

同特定咨询公司进行合作的部分乐趣可能还会来自宴会,它为咨询公司创造一方新的社会/业务天地。创建咨询公司自己的宴会俱乐部可以使其既有客户和潜在客户同它们的同行和其咨询师通过一种非正式方式会面。

组织宴会俱乐部的一个有效途径是选择一个讨论主题,邀请一位专家做演讲者,让俱乐部活跃起来。然后,让每个人都有一两分钟的自由走动时间和讨论机会。

7. 直接邮寄

直接邮寄时事通讯是咨询公司促销的一个比较有效的手段,其原因在于:咨询公司应该同市场上的个人建立持续的关系,而直接邮寄则具有定期性。当咨询公司具有重要事项提供时,可以采用直接邮寄的方式。

在讨论直接邮寄的时候,有人认为客户往往会请求得到回应费用,或者说他们所说的"行业标准回应费用"。实际上根本没有这回事,如果咨询公司提出一个"软"邀请,如:"如果您拜访我们的办公室,可以免费获得 Harrods 食篮一个",您的回应率可能就会很高。但如果咨询公司提出一个"硬"邀请,如:"除非您决心提高您的收入,除非您本年度有100万元的咨询预算,否则不要来拜访我们",它的回应率就会很低。其中的真正问题在于:直接邮寄的成本同直接邮寄在相应时期所产生的回报之间的对比。

关于广告,大量的观点都主张要为公众创造高质量的正面形象。但是实际情况却是:咨询公司必须通过所获得的回应以及创造所带来的收入来了解其广告词是否受欢迎,其他东西仅仅是一种精神上的安慰罢了。

1923年,Glaude Hopkin(当时收费最高的广告人)做了如下断言:要理解广告或学习广告入门知识,必须从正确的概念入手。广告是推销艺术,广告的原则是推销艺术的原则。成功和失败两个方面的原因都是相似的,因此,每一个广告问题都应该按照推销员的标准来回答。

把广告当做一个推销员,必须让它自圆其说。把它同其他推销员进行比较。计算它的成本和结果，不要接受推销员都不会提出的借口。这样，才不会犯错误。

最后，我们要强调的一点是：广告的唯一目的是为了实现销售。它能不能创造利润要看实际的销售。

8. 电话

《时代周刊》曾打出这样一个大幅标题："世界上最强大的商业工具就是稳坐军中帐。"确实如此，任何一个人都不会中断会议或从浴缸里出来，去接收他们的邮件或观看某个电视上的商业广告。但是，如果是一个电话，他们就会这样做。

正是因为它如此之强大，所以咨询公司必须谨慎地运用这种工具。理智电话长期以来一直是销售人员的法宝，但是如果咨询公司首先并没有把自己期望给予潜在客户的东西设计出来，咨询公司就不要给他们打这种理智电话，不要打理智电话向他们索求什么。

咨询公司可以利用电话来收集有关现实客户与潜在客户的数据。还包括其他的营销途径，如利用公共关系、因特网、免费工作以及做一些具有社会重要意义的工作等。

9. 利用咨询公司或者咨询师的网站

互联网的普及应用改变了沟通的方式和速度。互联网的管理咨询营销方式包括：咨询公司或者咨询师的网站、咨询公司的网络专题社区、咨询师或者咨询团队的博客(Blog)、网络维客(Wiki)等。这些互联网方式的应用，实现了咨询营销信息的无限度传递，但是也存在一些困难，包括访问量(点击率)和可信度的问题。因此公司的网站相对而言，其可信度更高一些，而其他的方式正在逐步验证和改进之中。

3.2 让客户接受并且认可您的咨询服务

3.2.1 顾客的认知标准

在客户与咨询师交换意见之前必须要达到以下五个标准：

(1) 客户必须意识到有问题存在；

(2) 客户必须相信问题很严重，需要引起重视；

(3) 客户必须相信问题可以得到解决；

(4) 客户必须决定依靠外界援助来解决问题；

(5) 客户可以考虑由你来做此项工作。

咨询公司在接到承办邀请之前要克服的更大的障碍是必须推销自己。

营销的目标应该是帮助客户判断是否已经达到上述这五个标准。正在尝试推广一项新服务的咨询公司可能必须从第一步开始做起，但是也有另一个极端，就是不需要咨询公司任何的促销活动，客户就已经完成了第一步到第四步。对于客户来说，接下来所需要的只不过是选择一个咨询公司来完成这一个项目而已。因此，咨询公司可以根据客户的状态，灵活地采用各种营销策略。

下面阐述的一些活动可以帮助达到以上标准。

1. 客户必须意识到有问题存在

向一个没有意识到问题的客户提供解决问题的方案就如同一个管工试图修理一个根本没坏的中央空调一样，成功的可能性非常小。

客户会在以下情况中意识到问题的存在：以前从来没有想过会出现的问题，这些问题通常会引起环境的改变。例如，关注一下公司的社会责任、企业流程外包、管理多样化、知识管理等，这些都有适应环境的特征。这就为咨询公司带来了机遇，如此，营销咨询师的任务就是引起客户对问题的注意。

客户意识到这些问题，但并不知道其企业也存在这样的问题。这时就需要咨询师利用数据进行反馈。例如，对企业部门的某些特征进行普查，以便于客户将其企业的表现与其他企业进行比较。比如客户可以向咨询公司预约，要求咨询公司对其大多数人事问题(工资、收益、劳动力、员工流动比率等)进行大量的调查。

2. 客户必须相信问题很严重

企业中充斥着许多问题，有些问题是可以规避的，或者是可以最终自行消失的。没有一个企业会有精力摆脱所有问题，因为在报酬递减曲线上有这样一个点，在这个点以下的问题就是不值得处理的问题。而对这样的问题，咨询公司要做的就是要向客户说明它们解决这一问题所带来的预期收益会比它们原本设想的还要多。

有时咨询公司为了验证问题是否应该得到公司的重视而进行免费调查，那么长此以往，咨询公司的收益从何而来？例如，擅长公共事业消费管理(水、电等)的咨询公司就需要验证，在应用它们提供的特殊技术以后能否带来消费的合理减少。

3. 客户必须相信问题可以解决

有一个虚构的故事讲的是一个独裁者，在他的桌子上放有两个托盘，一个上面刻着"将由时间来解决的问题"，另一个上面刻着"已经由时间解决的问题"。真的很难想象会有这样一个自以为是的独裁者！在企业中，大多数的人会有许多事情要做，谁都不想浪费时间去尝试那些根本不能解决的难题。

营销公司在这里的任务就是构建信用体系，如果有人来对您说："我有一个配套元件，如果将它安装到您的汽车上，可以使您的汽车每加仑汽油行驶的路程加倍。"你可能会怀疑他的话，但是如果有你很信任的人曾经使用过这一产品，由他们来向你担保，你就会信任这一产品，然后买下这一配套元件。因此好的名声对成功大有裨益。

4. 客户必须想得到外界的援助

企业往往会自己解决问题，尽管这会违反咨询师的意愿。所以，有时咨询师竞争的对象不是另外一个咨询公司，而是客户的内部员工。表 3-1 阐述了任用不同人员所带来的益处。

表 3-1　聘用外部咨询师和任用内部员工的收益对比

	聘用外部咨询师的好处	任用内部员工的好处
1	客观	了解内部政策
2	提供额外的资源	节约开支
3	有处理此类项目的经验	有处理企业问题的经验
4	如果客户不满意可以更换咨询人员	有很高的积极性来取悦客户(老板)

咨询师在推销自己这一环节上应该显示他们能够很好地解决这类问题的能力，这才是营销的目的所在。

5. 客户必须寻求你的帮助

如果客户知道你可以帮助他解决问题，他就会去寻求你的援助。营销活动的目的是通过促销活动继续保持关键人群对你所提供服务的关注。

3.2.2　咨询公司的品牌

任何一家公司，都必须决策出要因何成名。而品牌恰好集各种成名特性于一身。表 3-2 表明了咨询方案与品牌类型的相关程度。

表 3-2　咨询方案与品牌类型的相关程度

咨询方案的性质	服务 ←——→	能力
产品定位	与解决方案有关	与问题有关
品牌类型	产品型	业务型

在表 3-2 中，双箭头的一端代表咨询方案是关于服务的，表示应用研究方法要根据客户的需求定制，但这里的研究方法是已经事先确定好的。举个例子，每个行业都有专用的职位评价系统，其运作规则和所采用的方法都是标准化的，只不过会根据客户需求的不同在细节上有些变化而已。这种咨询方案是与解决方案相关的，也就是说，问题已经确定。

在这种情况下，产品应被赋予品牌，比如某某职位评价系统。

双箭头的另一端的咨询方案是关于能力的，在此定位的业务通常是为解决某一特殊问题而向客户提供综合的研究方法。这种方法是在执行任务而不属于服务这一特殊的领域。因此，在此处业务应该被赋予品牌。

一个零售的例子可以进一步阐述产品型品牌与业务型品牌之间的区别。假设你的姑妈将应邀参加一个特殊的集会，为此她需要一套新衣服。她可能会说："我不知道该穿什么，我得去哈罗德百货公司逛逛。"这相当于业务型品牌；因为姑妈去哈罗德百货公司是缘于它的良好声誉而不是已经想好了买什么。而另一种情况下，姑妈可能会说："我想我需要一件传统型的米黄色连衣裙，我得去牛津街逛逛，看看能否买到。"这种情况下就相当于产品型品牌——她知道她需要什么，什么人能向她提供她需要的东西。

在咨询业界，咨询公司可能会标榜自己是"管理变革的专家"，而没有指明所涉及的变革的类型，显然这是试图在为它们的业务打品牌。相反，另外一家咨询公司可能提供一项名为"办公室迁徙"的服务，旨在帮助客户处理搬迁过程中各方面的事务。如果公司已经决定搬到其他地方重新安置，那么它会对"办公室迁徙"这项服务更感兴趣。

但是，通常来讲，为公司业务打造品牌要比为服务打造品牌更有战略优势。潜在的客户也许并不知道咨询服务与他所面临的问题之间的联系（虽然咨询公司的销售宣传会使这两者之间的联系更加清晰化），除非咨询公司说服客户使其能够认识到服务是为了帮助他们解决问题，否则他们会拒绝咨询公司提供的服务，而更倾向于按照习惯的做法，直接去找擅长于解决某类问题的公司。就如同想吃中国菜一样，中国餐馆是最理想的去处，除此之外别无其他更好的解决方案。

咨询公司被赋予品牌之后，在处理问题的过程中还有更大的优势，就是公司会以调查分析作为开端，这有利于接下来的提出方案、实施解决方案以及扩大市场范围等工作的定位。相比之下，为了提出解决方案，客户必须做许多调查。例如，在聘请招聘顾问之前，客户必须调查公司是否需要招募新成员。

考虑到打造公司业务型品牌的益处，咨询公司都会将战略目标由产品型品牌转移到业务型品牌，那么所有提供解决方案的咨询公司的研究结果都会趋同——无论初始条件如何，都会得到相同的解决方案，就像亨利·福特说的，他们"可以提供任何颜色的车，只要它是黑色的"（殊途同归的意思）。

3.3 接触客户并了解客户需求

咨询事业若想取得成功，就必须把客户放在首位。这一原则正是咨询师工作的核心。无论从经济效益上，还是从社会关系上讲，成功地与客户打交道是一个不断丰富自我的过程,并且往往是双赢的结果。

3.3.1 谁是你的客户

咨询客户,主要是指那些主管咨询项目并支付项目费用的人。然而,如果要对此问题做出全面的回答,还需要弄清下述内容:

(1) 最初同您联系的人是不是客户?如果是,谁又是利益相关者(指在咨询项目的结果中要求或拥有既得利益的人以及那些进入项目协助项目执行的人)?

(2) 有没有必要考虑项目倡议人(指那些将赞成咨询项目或为咨询项目提供财务资源的人或部门,或咨询项目的所有者,即那些因为咨询项目的运作结果而必须从中获得知识或必须进行变革的人或部门)?

(3) 项目所有者的下属人员或上级人员会不会被包括在客户体系中?

在咨询业务的实践过程当中,客户通常是一个群体或一个组织,而不是个人。所以,咨询师在保持与该组织或群体中的关键人物即支付咨询费用的人沟通的同时,还要十分注意与整个组织的沟通。

菲利浦·萨德尔在其所著《管理咨询优绩通鉴》一书中,提出了客户咨询系统应该包括三种人,即知道相应咨询项目的人或部门、关注相应咨询项目的人或部门,以及能够执行相应工作的人或部门。

知道相应咨询项目的人或部门,以及那些知道能够提供帮助来源的人或部门,可能包括上级或人力资源部门人员,甚至在必要时还包括顾客。

关注相应咨询项目的人或部门,可能包括那些因为咨询项目的结果而受到伤害或处于不利地位的人或部门,如那些处于责任地位的人、管理人力资源和进行培训的人员、项目倡议人,甚至还包括股东。

能够执行相应工作的人或部门,应该包括那些能够为咨询项目开展一些工作的人或部门、预算主管或部门、拥有直线管理的人或部门、能够提供相应资源的人或部门,以及实现相应变革的工作群体或人员。

3.3.2 从客户角度出发

在咨询服务的销售中,唯一且最重要的技能是站在客户角度来理解购买过程。咨询师越是能从客户的角度思考问题,就越是能做到和说到关键环节,从而受到聘用。从严格的技术点来讲,完全合适的咨询师通常不止一人,但客户更青睐这样的咨询师:

(1) 他们准备并且愿意与之一起工作的咨询师;

(2) 了解他们个人的顾虑、关注什么是他们优先考虑的问题的咨询师;

(3) 真诚地想帮助他们的客户的咨询师;

(4) 能够并且愿意依赖的咨询师。

显然，客户可能采用技术和行为或心理标准来选择咨询师，所以，咨询师所使用的营销战略和方法应与此相一致。但是，为客户的每种背景都提供一个蓝本是不可能的，过分强调和客户保持良好的关系可能会被认为咨询师缺乏技术水平或计谋。客户甚至有可能通过问一些棘手的问题来考验咨询师。如果不是真正关心客户，而只是寻求报酬丰厚的项目，客户不久就会识破。客户的部分顾虑可归纳如下：

1. 不愿意承认需要咨询师

有些管理者不愿意承认他们需要咨询师的帮助，因为这可能伤害他们的自尊。通常，潜在客户担心咨询师的出现可能被别人——下属、同事、上司、股东，甚至竞争对手和顾客等视为自己承认不称职或软弱无能。

2. 怀疑咨询师的能力和品德

对于错综复杂的难题，客户管理层已经尽了很大的努力仍然一筹莫展，因此也不相信一个局外人有能力解决这些问题，这种想法是十分普遍的。也有的客户认为咨询师并不是真正去找出一条长期有效的办法，而只是简单地提供一个标准的办法。有些客户则认为咨询师爱问个没完，并且收集了太多的在将来可能被误用的信息。

3. 担心变得依赖于咨询师

有时听到这样的说法：请个咨询师容易，离开他可就难了。据说咨询师是以某种方式筹划和管理项目的，这种方式不可避免地要延长咨询师在客户机构中的时间并派生出新的任务，于是，将使客户产生对外界专家的长期依赖。在客户眼中，这可是件很危险的事情。

4. 担心收费过多

这种担心在中小型企业中十分普遍。企业所有者和管理人员有时会不明白服务费如何计算，如何证明其价位的合理性，也搞不清楚服务费该与他们收到的哪些效益相对应。他们认为大多数咨询师都极力多收费，请咨询师是他们力所不能及的奢侈。

5. 感到不自在和不安全

请咨询师来调查组织的内部事务可能带来组织内的严重不和。担心由此导致的情况无法把握，引起更大的混乱；担心已经建立的做法与和平友好的关系可能会被破坏。

3.3.3 客户选择咨询师的标准

前面已经提到了顾客的认知标准，这里再来讨论一下顾客选择咨询师的标准。

大部分客户在选择咨询师时，一般都会按照以下提到的一种或几种标准进行：

(1) 职业道德：咨询师怎样理解职业道德和行动准则。

(2) 技术能力：用于解决客户技术难题以及产生预期水平和质量效果的知识和经验。可进一步细化为区别咨询公司的总体能力和被推荐的咨询师个人(小组)的能力；强调咨询师对客户所处行业、部门的知识；在跨国咨询中，强调熟知特定国家的情况(经济的、社会政治的和文化的)。

(3) 区别硬技能和软技能：一方面是关于技术程序、方法和体系的知识和技能；另一方面是指解决人的问题和推进组织变革的能力。

(4) 强调创造性和创新：意味着少强调过去的经验。

(5) 与咨询师的关系：相互理解、信任以及客户与一个作为普通人的咨询师一同工作时所采取的态度。

(6) 任务设计：展示咨询师对特定的客户组织所存在的具体问题和情况的理解以及要采用的方法。

(7) 履约能力：咨询公司的结构、规模、财力、位置以及其他特点，表现咨询公司即使在条件改变的情形下的真实履约能力。

(8) 进一步调动资源的能力：对于需要借鉴其他公司的技术专长以及新的商务接触中的任务安排，这点是很重要的。

(9) 服务成本：收费水平和计算公式。这可能不是一个关键标准，但过多的收费要求往往可能使咨询师失去机会。

(10) 能力资格证书：有些客户要考虑咨询师个人正式的资格证书和咨询公司的素质证书，作为以上列出的标准的说明和体现。

(11) 咨询师的职业形象：这是很重要的标志。使用这一标准的客户，往往依据以前的其他咨询服务用户所做的选择、评价和经验所得，或是依据咨询师在咨询工作之外所取得的成就。

因此只有深入了解顾客选择咨询师的标准，咨询师才能更好地不断改进自身的综合素质，吸引更多的客户。

以下是麦肯锡赢得客户的主要方法，以供参考和借鉴：

麦肯锡方法的三个要点

- 营销而不是销售
    - 知识营销——专业知识与客户需求相联系

- 认知客户：理解与沟通是成功合作的基础
  - 关键在于客户的角度与咨询公司角度两者的协调
- 利导而不是逼迫与强求
  - 建立起信誉，并坚持下去，而不是上门兜售、讨价、还价，这样，客户就会明白你是真正可以满足他们需求的人，他们就会找上门来。

3.3.4 接触客户

咨询项目介入阶段并不一定会赢得每一个咨询项目，但是咨询师或咨询公司在这个阶段的行为和表现依然有着非常重要的意义，有助于同对方建立有利的关系，使之成为潜在的客户。因为这样可以提高公司的声誉，并且可能会在将来被对方邀请参加咨询项目的投标。

1. 咨询师主动接触

通常来说，咨询师很少以销售的形式和客户主动接触。事实上，咨询是一种很难用简单的推销形式就能销售出去的产品，它的营销活动更依赖于品牌和厚积薄发的市场培育行动。只有一种特殊情形是例外，就是客户公司或组织公开宣布他们即将开展的咨询项目或者咨询方面的需求，以公开招标的形式寻求咨询公司的帮助，这时候咨询师会采取主动接触的方法。

2. 客户主动接触

在大多数情况下，是客户主动接触咨询师或咨询公司。这意味着客户遇到了经营管理方面的某些问题，有些时候客户主动接触咨询师，往往是因为咨询公司卓越的服务和成功的合作给客户留下了良好的印象或者是该咨询公司服务过的公司的大力推荐。

客户可以从多种渠道得知咨询公司的信息，包括相关的行业出版物、商业黄页或者是因特网。对一个咨询公司而言，没有什么比抓住一个主动接触的客户更重要的了。通常，咨询公司会留下详细的客户信息并尽快安排初次会见。同时为所有服务过的客户建立跟踪档案，档案包括有关客户公司所有有用的信息，例如，从第一次接触到所有的会谈记录，客户公司的重要资料和联系方法，直至将来的服务记录。

3. 借助推荐和客户线索

如果咨询师能够在举荐方面下功夫，则毫无疑问大部分与新客户的接触可借助于举荐和客户线索而得以实现。这些可以各种不同方式实现：潜在客户请求会面；咨询师由业务上的朋友或熟人介绍给潜在客户；咨询师从现有客户那里得知潜在客户的名字。

咨询师曾被推荐的事实，或者利用可能影响潜在客户态度的推荐实例，会给双方业务磋商创造良好气氛。潜在客户可以通过其业务上的朋友了解许多情况，商谈会迅速地由一般情况转入具体问题。咨询师应该清楚客户已经掌握的信息有多少，以避免重复显而易见的，且忘记提供新客户所需的信息。

如果客户只想了解信息，那么咨询师就不应强迫他马上洽谈业务。例如，咨询师可以提议再做接触以便继续商谈，而且在商谈之前，咨询师可以对客户的业务资料进行免费的审阅并提出意见。或者咨询师可以提供为某些客户已完成项目的详细说明，这些客户是潜在客户了解的。这种接触后两至四周应通一次电话。如果潜在客户已不感兴趣，那么咨询师也不应该勉强。

在一般情况下，组织管理研讨会的咨询公司经常在会后同与会者保持联络，以便了解他们是否有意于某个咨询项目。在这种情况下，应采用分阶段的办法。

当咨询师与客户为某个新项目进行初次接触时，首先会想到的是让客户雇用自己来做这份工作。但在你凭经验确信这份工作十分适合你，并且你有能力与客户建立合作伙伴关系之前，你需要更多地了解你的客户和他们所面对的问题，以便客户顺利地接受你的建议。

3.4 深化与顾客的关系

一个小型家族企业的经营主管对咨询师详细描述了十年前有关他的经历。

“我父亲创业时，像许多企业家一样，很反对别人提建议。直到将要面临破产时我们第一次请了咨询师，从而使我们摆脱了当时的困境。”

“自从那以后，我们的经历变得复杂了。一个咨询师交上一份关于 BS 5750 会议报告后，这个报告相当于正常报告的四倍厚。他仅仅是把为上一个客户所做的工作复制一遍给我们，最终导致彻底的失败。下一个咨询师，看似很卖力，耗费了很多精力，但他没有告诉任何我们不知道的事情，也没有告诉我们知道的事情。”

“我们请外部人员对我们的员工进行了一些技术培训，这次培训进行得很好。我们也请了咨询师帮助我们引进一种用支票形式支付工资的方式。他们不仅这样做了，而且还提供给我们一份关于劳资关系的很有价值的报告。”

“后来，我们请了一位来自一家非常著名的公司的咨询师就我们的市场营销方面提出改进意见。我们有一些具体的问题，对此我们特别想知道答案。这个咨询师含糊不清地没有回答我们的问题。对我们的业务的唯一影响是带来了更多的烦恼。”

为了赢得一个客户，经常要付出很多的努力，但一不小心就会失去客户。推销经常被比作“求爱”行为，但在赢得客户后，就好比曾经急切追求的女朋友变成了被忽视的妻子一样，这时妻子经常抱怨说：“你再也没有给我买过玫瑰花。”有一个这样的例子，一名咨询师承诺为一个长期合作的老客户的新部门主管做一个建议书。由于其他工作的压力，这个咨询师忘了他的承诺，没有交上建议书(以我的经验这是特殊情况)。这个主管十分生气，以至于告诉他的同事以后无论什么项目都不要再找这家咨询公司。就这样，咨询师破坏了客户关系，完全失去了客户。

从这个案例可以看出，赢得客户并不是咨询营销的终点，相反，它只不过是一个开始。咨询师真正要做的是留住每一个客户，并与客户建立长期友好的合作关系。

3.4.1　客户关系的重要性

良好的客户关系比仅仅对满意客户的尊重能产生更多的效益。除此之外，与满意客户做生意会更容易、更轻松，这会带来明显的商业优势。

1. 战略利润

产品和服务以图 3-2 所示的范围为基础。一端是特殊产品，名画可能属于这类。靠近这一端的产品一定是由垄断供应商提供的。另一端是普通产品，这些产品很少根据供应商的改变而变化，对于这样的产品会有许多供应商。食品零售业是这类产品的代表：肥皂粉的特定品牌没有什么差别，只取决于你在哪个商店购买它。

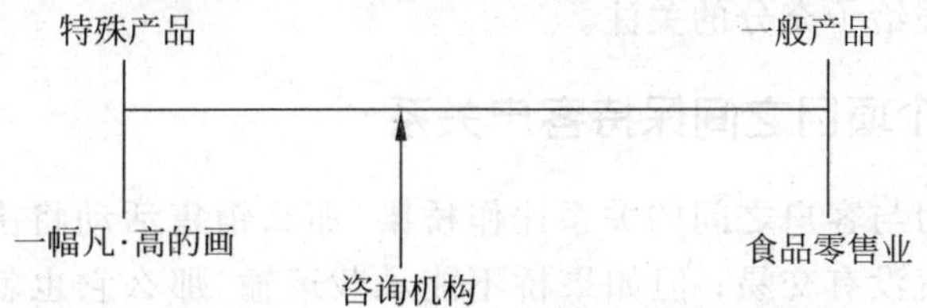

图 3-2　产品和服务的范围

很明显，当产品处于图中左边的范围时，销售人员就会更容易销售他的产品。品牌的目的是通过对于产品本身的属性附带上一些特殊的特征以使得该产品从普通产品变为特殊的产品。最常见的实现方法是有吸引力的包装，对于服务业主要通过名誉和特色来实现这一目标。

对于客户来说，咨询公司提供的服务是真正无差别的产品，因此，创造良好的声誉对于怎样交付服务是非常重要的。咨询师的声誉的好坏对于获得新业务是十分重要的。满意客户积极向该商业圈里其他人的推荐，相当于咨询师自我推销很长时间所能获得的价值。

2. 良好的关系有助于销售

上文已经表明，以前的客户可能是另外一项业务的最好资源——或者通过要求咨询师在特定的专业领域里继续提供服务，或者给该项咨询业务提供更多的服务。

然而事实相反，很少有咨询师声称自己有坚固的客户基础。正当他们想通过得到他们竞争者的客户来寻求扩大商业范围时，他们的竞争者本身也在试图做同样的事情。差的客户关系使得客户在未来的工作中会更倾向于选择其他竞争咨询公司。

3. 必须积极管理客户关系

认为客户关系的好坏仅是幸运或意外事件的结果是骗人的说法。积极地管理客户关系在某种程度上是咨询师实施技术工作的一种补充。如果咨询师是真正有能力的人，他们必须在这两方面都能做得好。

由于咨询师对咨询事业的兴趣，使他们开始从事这一领域的工作。他们的培训直接针对于技术方面的卓越，但由客户判断咨询师的好坏不仅仅在于技术方面，也取决于他们之间的相互关系等其他因素。例如，实施项目的咨询师为了达到高标准的质量，但却占用了太长时间，这样就会给客户留下不好的印象。

客户关系很少因为咨询师认为它们不重要或是他们在这方面不敏感而恶化，而是在于客户关系管理的任务经常很容易被其他活动推开，直到一些危机出现，所以强烈要求咨询师对客户关系管理给予充分的关注。

3.4.2 在各个项目之间保持客户关系

如果把咨询公司与客户之间的关系比作桥梁，那么销售活动将决定这座桥梁的运输流量。如果没有桥就没有交易；但如果桥不能承载运输，那么它也就没有价值。保持客户关系，与客户建立关系网的根本目的都是产生更多的业务交流。

图 3-3 表明了保持客户关系的价值，显示了对于不同情况下，咨询公司和客户对需要感知的反应。

我们认识到需要了吗？ \ 客户认识到需要了吗？	否	是
是	引起客户的注意	进行销售讨论
否		客户接触咨询公司

图 3-3 保持客户关系的价值

只有双方都感觉到需要时，才能进行关于销售的讨论。然而，如果双方都没有意识到需要，什么活动都将不会发生。只有其中一方意识到需要时，咨询公司的客户经理才会特别关注这些区域。

最不费力的销售形式是客户需要咨询师的帮助——他们主动和咨询师(咨询公司)签订合同，因为他们意识到需要咨询服务。只要他们意识到咨询师所做的工作和客户经理的关键作用，他们将会这样做，因此，在这方面要保持注意。做这方面工作的技巧可应用于发现新客户的促销活动，除此之外，客户经理可以通过登门拜访和参加会议保持与客户员工的联系。这样也有助于实现图 3-3 中右上方的需要——双方都意识到的需要，并为确定是否这些需要对客户是明显且重要的提供机会。

客户对于特定项目或介入模式的满意状态随着时间的推移而改变。保持联络能使咨询师知道客户是否对于一年前不感兴趣的事而现在正准备去做。

3.4.3　影响客户关系质量的因素

在咨询项目中，可能影响客户关系的因素主要有三个方面：

(1) 咨询业务的特点；

(2) 客户的性格特征；

(3) 正在着手做的项目以及它对于客户关系的影响。

假如对于这些都有充分的理解，那么咨询师就能够计划和管理客户关系并使之完善。因此接下来将对如何产生满意客户的技能和活动提供一些建议。

1. 咨询业务的特点

客户关系受到破坏的一个原因可能是咨询业务的需要和客户的需要之间的自然冲突。表 3-3 中已经列出。

表 3-3　客户与咨询机构的不同需要

客户的需要	咨询机构的需要
最合适的咨询师	用谁合适
立即关注	服务于许多客户
只对花费在工作上的时间付费	对尽可能多的时间付费
有经验的咨询师	培训没有经验的咨询师，把有经验的咨询师分散开

这种冲突主要集中体现在要同时满足不同客户需要的单个咨询师身上。咨询师经常不止有一个客户，每一个客户都有他们自己的需要，而且每个客户都在寻求这样的服务标

准：好像自己就是咨询师唯一的客户。但是咨询师也要对其他的老板和上级负责任。

因此，这些状况就使咨询师陷入两难境地，他是照顾A客户还是照顾B客户呢？对于他所了解的C客户的需求需要额外的工作吗？对于D客户他需要承担更多有用的工作吗？对于他们从事的工作或和他们打交道的客户，咨询师也有他们自己的喜好，这将影响到他们所做出的选择。咨询师能够处理需求矛盾的技能对于他们管理客户关系的能力有重要影响。

2. 客户的性格特征

不仅咨询师对客户关系的好坏有责任，客户也有责任。客户的责任不仅仅是监督咨询师提供的服务，还需要积极的合作，以促进咨询项目的进行。因此咨询师和客户之间应该是一种积极的合作关系。

与咨询师一起工作的人也有需要，如图3-4所示。有时这些需要不断变化，因此咨询师的需要也随之改变。咨询师必须对这些需要的变化做出灵活反应。

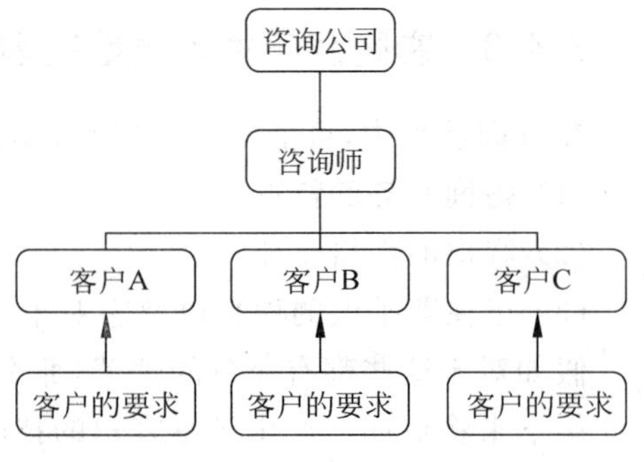

图3-4 对咨询师的冲突要求

另一个考虑的重点是客户怎样利用好咨询师。作为一个雇主不能自动地使某个人成为一个好经理。同样地，虽然客户给咨询师付了费，但这并不意味着他们在雇用咨询师方面就是专家。

一个好的客户应做什么？伊夫·宾汉(Eve Bingham)根据自己的调查，在《管理咨询》杂志上写到“好的客户带来的关系”，引用了下列观点：

(1) 对于目标结果有清晰认识，但不知怎样完成它们。

(2) 对于那些棘手的且有疑问的建议解决方法，要求表明整个行动过程是怎样完成的。

(3) 对反馈重要性的认识，以使咨询师不断得到对于他们介入的正面或负面反映结果。

(4) 对建立客户关系所花费时间的评估。建立客户关系不仅需要咨询师与客户保持联系，而且需要寻找简明且有激励性的问题和评价反馈以及在必要时重新设计项目，而这些都需要时间。

(5) 承认贡献的重要性，对咨询师作出的贡献表示感谢。

3.4.4 帮助客户成为优秀的客户

1. 怎样才能成为一名优秀的客户

首先来看一下伊夫·宾汉根据自己的研究结果在《管理咨询》杂志上发表的"怎样才能成为一名优秀的客户"的观点,他认为成为优秀的客户,需要做到:

(1) 对需要的结果有一个清晰的概念,不过并不知道如何获得这些结果。

(2) 对项目建议有一个非常严格苛刻的审查制度,要求咨询公司提供相关行动的具体方案。

(3) 认识到反馈的重要性,从而使咨询专家能够不断地了解客户干预对咨询项目究竟是产生了正面的影响还是产生了负面的影响。

(4) 能够认识到建立良好的关系需要时间。不断同咨询专家保持联系,仔细研究有关简报,鼓励有关人员不断提出问题,深入研究反馈回来的信息,甚至在必要的时候对项目进行重新界定。

(5) 充分认识到对积极的贡献表示承认,说"谢谢"的能力。

因此,要想成为一名优秀的客户,应该从这五点来努力。

2. 帮助客户成为优秀的客户

作为一名咨询专家在同客户打交道时必须深刻记住下面三个相互矛盾的准则:

(1) 客户永远是错的

最流行的说法是"客户永远是正确的"。但是,在咨询行业中,却不能这样,也不应该这样。因为在咨询行业中,咨询专家所扮演的角色是独立于客户进行思考的。所以你必须对客户在管理中设定的有关假设、目标和限制条件提出质疑:"这样合适吗?"

(2) 客户常常是正确的

在对客户做出认真、深刻的质疑之后,咨询专家往往得出结论:客户常常是对的。因此,咨询专家既要对客户思想和决策中的错误有清楚的认识,对其中的正确之处也要有清楚的认识。

(3) 从客户想要什么的角度向客户提供他们所需要的东西

对咨询专家来说,在某些情况下可能有必要采取对抗的姿态,但是在大多数情况下需要顺势做事。从这个意义上讲,同咨询客户打交道非常像柔道艺术。柔道的艺术不是同你的对手针锋相对,而是借助对手自身的力量,让他自己摔倒。同咨询客户打交道的艺术也是疏导好客户的力量,从而让客户朝着咨询专家所设想的方向发展。其中的一个技巧就是从客户所偏爱的方向出发,然后利用反馈的事实和数据来教育客户,从而让客户改变自己的观点,朝更加恰当的方向发展。

3.4.5 指导客户关系——正确处理客户抱怨

不可避免地,客户有时会抱怨项目的进展或管理工作的方式,或是工作方式对客户员工的影响。不要对客户的抱怨做出过度的反应,常常可以证明这些抱怨不是真的或根本没有事实根据。事实上,获知客户在哪些方面不满意非常有用,因为这意味着客户愿意把他们所担忧的事情告诉咨询师(团队)。通过这些使咨询师能够了解客户的想法,从而咨询师会及时发现错误,使事情能向着正确的方向发展,或改进服务。如果客户没有告诉咨询师他们不满意的地方,也就不能使项目顺利进行。

在这里处理客户的抱怨有一个有效的方法:

(1) 感谢他们把不满意告诉咨询师,给咨询师一次改进的机会。(这种方式比客户仅仅生气,致使事实不能解决好得多。)告诉客户让他们担忧,对此咨询师表示歉意,但不是因为做错事情而向客户道歉。

(2) 鼓励他们告诉咨询师所有真正的想法并注明细节问题。当客户正在发泄他们的感情时,如果咨询师坚持认为自己是正确的,就不要打断他们,也不要和他们争论,这样只能使他们更气愤。

(3) 当咨询师获得了所有信息,确认一下是否能很好地处理这些抱怨。有时问题源于误解,简单的解释可能就会化解这些误解。如果咨询师不能在这次会议上处理抱怨,但是要向客户解释抱怨并告诉他们想做什么。特别关键的是,何时对处理这些抱怨做出反应,并确保能够以行动来解决这些抱怨。

对于产品或服务供应者的一个关键检验标准是看咨询师(团队)怎样处理客户的抱怨。如果能够处理好,就能够加强客户关系。抱怨经常是由于需要咨询师和客户一起合作来解决某个问题引起的,实际上大家是共同参与解决问题的。一起合作解决问题加强了客户关系,事实上这种机制经常用在团队共同计划上。所以解决好客户的抱怨就更能强化客户关系。

处理抱怨时知道客户什么时候要求帮助很重要,尤其当抱怨是由咨询师引起的时候(当没有很好地解决抱怨问题时,或如果客户正在寻求某种商业赔偿时),这点就更重要了。

3.4.6 让客户全程参与进来

不论什么时候,只要可能,就要与客户共同制定那些对项目有极大影响的重大决策。让他们感受到自己是团队的一分子,这样就会消除抵触情绪。为此,就要鼓励客户把咨询师融入与项目有关议题的决策程序中。如此而为,可以帮助咨询师与客户建立稳固的合作伙伴关系，并且引导咨询师得到更好的项目结局和建议。

在整个项目过程中咨询师(团队)要做几件事来帮助建立良好的客户关系：

1. 在初期阶段建立客户自信心

每个项目开始时都要处理好，毕竟如果客户认为咨询师(团队)不是做这项工作的最好人选，那么他们将不会和咨询师(咨询公司)签订合同。但在初期阶段，即使已经确定的客户也将要检查公司的信誉状况，以确认是否第一印象是正确的。因此，在一个项目初期阶段建立客户的信心是特别重要的。在所有的客户会议上要快速及时并做好准备工作，可能比咨询师(团队)做其他方面的事情更有帮助。在初期阶段建立信心的一个特别好的办法是"快速成功"——超过预期完成成果。

2. 附加价值

"快速成功"的方案将要通过一个项目来完成，通过超过客户的期望尽力为客户创造附加价值。这不意味着要提供免费服务，而是要从超过咨询师(团队)的期望的工作或帮助中寻找机会让客户得到额外的好处。提供那些对客户来说很有价值但是咨询师(团队)却可以很容易得到的资源，对咨询提供方来说是很有商业优势的。一个简单的例子就是提供客户所关心的咨询业务在某一主题方面的出版物或报告。

3. 公布好消息

让客户了解咨询师在项目里所有成功完成的事例，这主要通过进展评估来做。也要在与客户员工的偶尔谈话中使他们对咨询师(团队)刮目相看。如果咨询师真是一个经验老手，他将计划一次"广播讲话"，以便于对于"项目怎样进行?"这样的问题有很好的回答。广播讲话应该由一些关于项目怎样进展的有新闻价值的评论组成。客户员工会不断传播这些消息。记住，咨询师(团队)的客户将希望他的同事放心，项目正在顺利进行。

4. 处理坏消息

如果那些很容易纠正，且不涉及客户的事情出现错误，就没有必要打扰他。如果必须通知客户，那么在问题变成危机之前告诉他们会更好。理想的情况是咨询师(团队)应该找到客户并对问题做出声明，告诉他们建议如何解决这个问题，有时还需要和他们一起工作来解决问题。客户经常要付出额外的努力来解决问题或减轻这个问题对企业的影响，从而赢得客户的同事对他们的信任。

3.5 管理咨询项目的竞标概要

项目竞标阶段,咨询公司和客户有其各自的目的:咨询公司想让客户相信自己能够给客户带来最大价值,树立自己的形象和信誉;而客户则希望挑选一个真正能为本企业做好诊断的咨询公司,从而通过实施改善方案获取经济利益。

咨询项目竞标包括问题协商、项目规划、项目建议书与演示四个阶段,如表3-4所示。

表3-4 项目竞标阶段的目的差异与契合

咨询公司的角度	客户的角度
从咨询项目中获取经济利益	从咨询介入所产生的结果中获取经济利益
理解客户所面临的真正问题	寻找同自己的理解一致的咨询公司的观点
确保咨询公司有能力提供优秀的咨询项目	了解咨询公司的能力
说服客户相信自己就是客户的选择	使自己相信相应的咨询公司就是最佳选择,能够提供所期望的价值
签订有关付费的法律合同	签订一个使咨询能够产生期望效果的法律合同
即便投标不成功也要建立公司的信誉	加强自己的判断:相应的公司就是最合适的候选对象

针对不同的竞标阶段分别展示了其独特的内容与技能要求,如表3-5所示。

表3-5 项目竞标的四个阶段及其技能要求

阶　段	必要的技能
1. 对问题的陈述及其范围达成协议	积极倾听 提问有效 理解业务 模糊情形的概念化 能够同客户和谐相处 职业销售 澄清 解决问题的技能 创造性思维 谈判(某些情形下)
2. 项目规划	形成概念 结构清晰 理解咨询公司的资源与能力 项目管理

续表

阶 段	必要的技能
3. 准备项目建议书	确定范围 估计时间和成本 项目建议书撰写 合同法
4. 演示说明项目建议书	演示技能

资料来源：丁栋虹．管理咨询．清华大学出版社，2006：58.

3.6 本章小结

1. 本章主要内容

(1) 管理咨询营销的价值。咨询公司生来就是一个以市场为导向的特殊公司。公司中大多数为高层人员，大部分咨询师每天都会与他们的客户打交道；而其他行业的公司很少会有如此多的联系。此外，咨询公司中的每个专业人员都呼吁促销，否则他们就需要再次进行市场定位来销售他所在的公司的服务。

(2) 管理咨询营销的途径包括：发布研究报告、举办座谈会、给杂志或者报刊写文章、参加行业企业会议进行演讲、举办主题俱乐部，利用咨询公司或者咨询师的网站，甚至包括免费服务等。

(3) 管理咨询营销的客户关系维护，在咨询服务的销售中，唯一且最重要的技能是：站在客户角度来理解购买过程。客户关系的好坏将取决于咨询业务的特点、客户的性格特征、正在着手做的项目以及它对于客户关系的影响。

(4) 管理咨询的项目竞标概要等。

2. 内容回顾思考

(1) 管理咨询营销的价值是什么？

(2) 管理咨询营销的基本途径有哪些？你还能发现哪些新的咨询营销途径？

(3) 管理咨询营销的客户关系如何维护？

3. 趋势发展与挑战

(1) 管理咨询营销的发展历程和趋势如何？有哪些新的特点？

(2) 管理咨询营销的基本途径，如何分析和判断它们的有效性及适应性？

(3) 管理咨询营销中的客户关系，在维护的基础上如何开拓？

B&E

第 4 章 管理咨询的规范运作程序

摘要

咨询的规范程序，是为了实现每一阶段的结果进度检查和风险控制，使项目能够顺利推进和合理结束。遵循规范的咨询程序，突出了对于每一个阶段工作的确认，以及相关工作阶段之间的承接，避免引起项目进程中知识与信息传递的遗漏、错解和冲突。通过咨询的规范程序，提供了从立项到结束整个过程的关键里程碑，特别是每一个阶段中需要稽核的内容。规范的咨询包括六个阶段，分别是：接洽咨询阶段、预备咨询阶段、正式咨询阶段、方案实施阶段、追踪完善阶段和寻求再合作阶段。第一阶段的目标和任务是明确咨询双方合作的意向和条件。第二、三、四阶段则是步步深入，了解客户的问题，帮助客户解决问题的过程。第五阶段则是对咨询成果的回顾总结阶段。第六阶段则是寻求与客户的再合作，深入和扩大项目范围。另外，根据管理咨询项目的特殊性，提供了关于工作计划、访谈、运作的基本规范建议。

“管理咨询的规范运作程序”内容结构如图 4-1 所示。

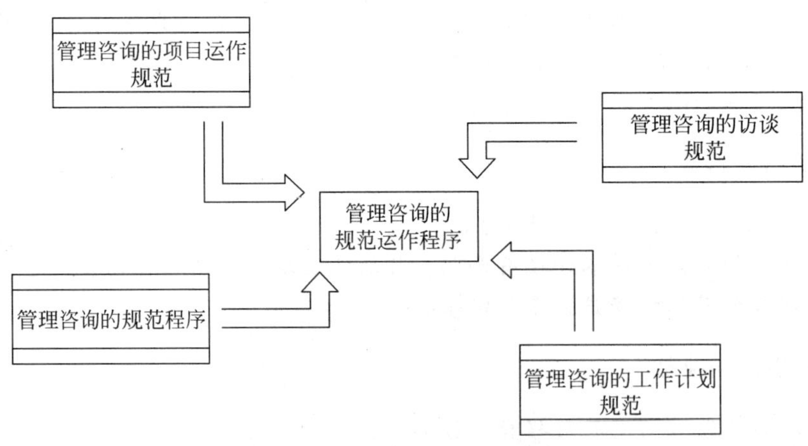

图 4-1 “管理咨询的规范运作程序”内容结构

4.1　咨询的规范程序

每个咨询项目都有一套流程，每个工作小组乃至每一次工作会议都有一套流程，对组织的变革遵循一套流程，而最终也是希望在组织内部建立一套严格的流程。

——麦肯锡

管理咨询的基本程序，包括整个咨询过程中各阶段的工作内容和方法及其相互关系。该程序按目标和任务划分为六个阶段：接洽咨询阶段、预备咨询阶段、正式咨询阶段、方案实施阶段、追踪完善阶段和寻求再合作阶段。第一阶段的目标和任务是明确咨询双方合作的意向和条件。第二、三、四阶段则是步步深入，了解客户的问题，帮助客户解决问题的过程。第五阶段则是对本阶段咨询项目成果的回顾总结阶段。第六阶段则是寻求客户的再合作阶段，如图 4-2 所示。遵循咨询的基本程序开展工作，有利于咨询双方的合作，使咨询工作有条不紊地按照其内在规律向纵深发展，并达到预期的效果。

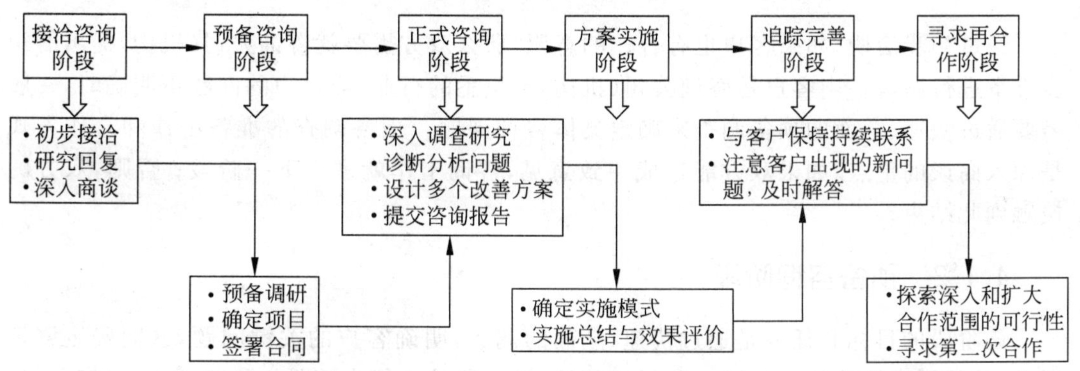

图 4-2　管理咨询的六个规范运作阶段

4.1.1　接洽咨询阶段

接洽咨询阶段是咨询的第一阶段，该阶段的目标和任务是通过洽谈和协商，明确咨询双方是否有合作的意向。该阶段的工作步骤是：初步接洽、研究回复、深入商谈。

1. 初步接洽

初步接洽是咨询双方的初次接触，可能是客户慕名而来，可能是第三方介绍的，也可能是咨询组织自荐的。只要客户的态度是积极的，咨询组织就要重视，并尽早安排正式会晤。正式会晤一般在客户厂家举行。咨询公司(机构)应派一位有丰富知识和经验的高级咨询师前往，以便在短暂的接触中理解客户的要求和意图、介绍咨询工作、树立自身形象、衡量受理能力、判断受理条件。正式会晤一般要求与客户的主要决策人进行，时间为半天至一天。为了解客户的要求，并衡量自身能力是否足够接受委托，咨询师可要求介绍企业的发展过程，提供企业的经济状况资料，陪同参观工厂，如果是制造型企业，则要了解厂房、机械配置、制造工艺流程、工人操作和机器运转情况、在制品与库存数量以及现场管理情况。这也是咨询师迅速全面了解客户情况的一个快捷手段。

2. 研究回复

为做出正确判断，咨询师除了与客户直接接触之外，还需要做一些实践调查，如客户在行业中所处的地位、财务状况、生产状况、营销状况、人力资源状况和企业信誉等。无论是否有合作意向，咨询公司（机构）都要给客户以正式答复。有合作意向时要与客户提出双方合作的初步方案，供客户考虑。

3. 深入商谈

经过初步洽谈，如果客户也有合作的意愿，那么双方需要就咨询公司（机构）提出的初步方案进行商讨。当客户是咨询公司（机构）不熟悉的行业，或客户的问题不明确时，一般需要通过快速、全面的预备调查来确定具体咨询课题。预备调查的准备工作和合作方式是深入商谈的重点，如果双方能达成一致意见，咨询工作就进入下一阶段；否则，双方的接触到此结束。

4.1.2 预备咨询阶段

该阶段的目标和任务是通过快速、全面的调查，明确客户的关键问题，共同确定咨询课题，并签署咨询协议。与第一阶段相衔接，该阶段的工作步骤是：预备调研、确定项目、签订合同。

1. 预备调研

预备调研是为了确定咨询项目而进行的一次短期的综合性调研。双方要做好相应准备并在调研中积极配合。客户要提供调研条件、调研资料，派出联络陪同人员，准备系统介绍情况；咨询公司（机构）要组建咨询调研组，选派咨询组长，拟定调研计划，必要时准备调研表格。调研过程中，调研组首先要听取企业主要领导、主要部门领导介绍各自工作、整个企业和部门现状及存在的问题。随后，参观整个企业，形成对企业的直观印象。调研结束后，咨询公司（机构）应研究企业提供的材料，包括企业概况、财务报告、生产经营统计资料等；查阅同行业的对比资料，了解企业与同行业先进水平的差距及行业市场情

况，对企业环境中的机遇、威胁，竞争中的成功关键因素，企业内部的优势和劣势以及客户的关键问题，均有基本把握。

2. 确定项目

确定咨询项目一般分两步。首先，咨询调研组根据紧迫性、可行性、实效性和收益性的原则，对客户存在的各关键问题分类排队，内部形成对咨询项目的统一认识；与客户企业领导交换意见，了解企业领导对企业存在问题的看法和对咨询诊断的要求，统一双方对关键问题及咨询项目的认识。如果咨询组认为是客户的意见不妥，一定要有充分的根据和道理，耐心说服客户领导。项目一旦确定，双方还要共同选择最适宜的咨询方式。咨询公司（机构）成立咨询项目组并在此基础上，要制定各子项目的咨询计划，包括工作方法、日程安排、咨询师人员、工作时间、预期目标、大致的费用等，并以书面形式（通常称之为项目建议书）提交客户，作为双方咨询合同商讨的基础。并明确项目经理人选。

其次，提交项目建议书。项目建议书一般包括如下内容：封面、目录表、建议的依据、表达对此项目的兴趣、对任务的阐述、对项目目标的理解、对项目采取的方法和途径、项目流程图、咨询服务范围、咨询服务的进度、交付或提供的服务的最终产品、咨询项目组成人员名单（往往包含咨询公司（机构）和客户企业双方的人员）和组织结构、公司经验或具体项目的业绩、项目经理与项目组人员的简历及业绩。

3. 签订合同

咨询双方以咨询建议书为基础商谈，在达成一致意见后，形成咨询合同书，并正式签订合同。合同中要有报酬额，并且合同条款的语言要清晰、简练、严谨，双方要就每一合同条款都达成一致意见，对于暂时未考虑的方面，要在条款中注明，一旦出现此种情况，是按照惯例还是由双方商议决定。尽可能采取书面的合同方式，一旦今后出现一方违约的情况，合同可以发挥法律效力。

4.1.3 正式咨询阶段

该阶段的目的和任务是通过深入调查分析，判断各项目领域内的问题及原因，提出系统、可行的改善方案，并为方案的实施做必要的思想和组织准备。该阶段的工作步骤是：深入调研、分析问题、拟订改善方案和提交咨询报告。

1. 深入调研

深入调研指在预备调研的基础上，围绕咨询项目展开深入调查以弄清问题的细节和各因素之间的关系。

深入调研一般包括以下三个方面的工作：

(1) 综合调研，弄清问题的细节及原因。在这个阶段，企业要配合咨询人员，确定协助部门和人员，以便落实任务和责任。召开企业情况介绍会，由企业高层领导和有关部门负责人介绍各自职能管理情况。咨询人员与企业重点部门的负责人和有关人员面谈，并索取有关资料。这里的资料包括书面材料和数字资料，咨询人员通过与企业重点部门负责人面谈，获取最真实的数据。根据需要，咨询人员可征得企业同意进行问卷调查。运用多种分析调查工具分析所掌握的资料，把分头调查到的情况汇总，将问题归类。

(2) 专题调研，探讨解决问题的可能性。咨询人员要深入企业生产和管理现场，收集第一手资料。与现场管理人员和操作人员面谈，听取他们对问题、原因及解决方案的意见和设想。因为现场管理人员和操作人员最了解一线情况，他们通常会观察到别人不可能观察到的问题，所以，他们的意见和设想是至关重要的。吸取了一线人员的意见的方案通常可行性更高。

(3) 向企业提交中间报告。中间报告可不拘形式，采取口头报告或书面报告等形式。中间报告的重点是说明问题的原因和解决问题的思路。各子项目咨询人员要分步确定调查目标、制定调查方案、界定调查范围，经咨询组长审核并协调各子项目工作关系后加以执行。项目经理负责指导各子项目的调查工作，控制调查进度等。

2. 分析问题

分析问题是要分析问题的实质以及发生问题的根本原因，同时分析解决问题的可能性与条件，为制定改善方案打下基础。分析问题的过程根据调查过程也分两步走：首先，重点分析与职能层有关的诸问题；然后，深入分析与管理职能层或运行机制有关的原因。分析工作要遵循企业的内在联系，由此及彼、由表及里地寻找产生问题的真正原因和解决问题的障碍，探索解决问题的出路。

有时在咨询过程中发现的问题，不一定都写入改进方案中，如果能同客户企业的管理人员事先协商解决，不实施公开化，反而更好。这样，最后整理出的问题，都是最重要的、亟待解决的问题。

3. 拟订改善方案

拟订方案是指在弄清问题实质及其根本原因的基础上，为解决问题制订各种改善方案，并对其可行性和实效性进行评价，对方案进行修改，使其更完善。制订改善方案时间紧迫。咨询项目组遇到这种情况，要从客户的利益出发，与客户磋商，争取更多的时间，以提供若干更完善的可行方案，供企业选择决策。拟订方案的工作一般分为四步：首先，形成总体思路。该思路应在咨询项目组内外集思广益的基础上产生，并由项目经理提出。其次，根据总体思路，各子项目分别制订具体改善方案。再次，对各方案（包括总体方案及其包含的分方案）进行评价，选择最满意的方案。最后，改进方案，其初步设想和框架要尽量征求客户企业有关领导和管理人员的意见，每个改进方案都应有预计的效果和实施的具体条件，都应是具体可行的。满意方案的最后选定，如能与客户企业领导取得一致意见则最好，但咨询人员不应随便放弃自己的客观立场。

4. 提交咨询报告

此步骤是指把正式咨询调查分析的成果及改善方案撰写成文字简练、图示清晰的咨询报告，提交给客户企业。

咨询报告分总报告和各课题报告。总报告的主要内容包括：客户概况及咨询课题；咨询目标、方针、计划和组织实施过程；咨询报告的总体思路、各课题方案之间的关系；总体方案预期的效果及实施中应注意的问题。分课题报告主要包括：课题的问题分析；课题的原因分析；课题的咨询改善方案及其预期效果；课题的改善方案在落实过程中与相关部门的关系及应注意的问题，以及列入报告附录的调查结果。

咨询报告的撰写，要在小范围内审查，听取客户有关部门的意见，检验咨询报告发表的效果，以便做最后的修改和补充。如果改善方案被企业决策者采纳，咨询报告得到最终承认，则本阶段的工作结束。如果客户企业还希望咨询人员继续帮助实施方案，咨询工作将延续到实施阶段。

4.1.4　方案实施阶段

方案实施阶段是咨询的第四阶段，该阶段的目的和任务是帮助客户企业实施改善方案，使整个咨询工作产生实效。该阶段的工作步骤是：指导实施、总结工作。指导实施是指咨询人员继续留在客户企业中，帮助实施咨询改善方案，推行管理上的变革。咨询师（团队）应提供以下帮助：制订执行计划和保证计划完成的措施；对客户负责实施咨询方案的人员提供培训和指导；指导实施方案的范围、责任、日程和方式，并在实施初期负责对实施计划进行调整和修改；检查诊断效果；巩固和完善诊断成果，具体商讨对方案实施效果的评价标准。一旦客户具备独立实施方案的能力，咨询师（团队）将适时退出。

4.1.5　追踪完善阶段

为保证方案实施的效果，在方案正式实施一段时间之后，咨询师还应该定期与客户联系，对实施过程中遇到的各种问题给予及时解答。应该注意的是，在咨询工作的整个过程中，客户领导层和全体员工的积极参与是非常重要的。为保证整个咨询过程的顺利进行和改善方案的有效实施，客户企业一般都要成立项目领导委员会和项目小组。项目领导委员会由客户最高领导人任主任，成员包括决策层人员和主要部门负责人，其主要职能是对咨询工作和项目小组的工作起指导和促进作用。项目小组由与本次咨询活动有密切关系的部门中层和基层人员组成，最好由一名企业决策层人员担任组长，负责与咨询组的联系并领导项目工作小组与咨询组配合工作。

4.1.6 寻求再合作阶段

任何一次的客户合作机会都是下一笔业务的来源目标。通过已经完成的项目所建立起来的客户关系和信任，为进一步的咨询业务合作提供了必要的基础。所以针对已经结束的咨询项目，其业务关系的温度还没有降低以前，是取得再次合作机会的重要机遇。可以通过探索客户的管理新需求，争取深入和扩大咨询合作范围。

4.2 项目工作计划规范

项目工作计划规范的目的是：保障咨询工作有序进行，便于公司对项目进行管理，使项目相关成员了解项目进行情况。计划表是项目经理对咨询人员进行考核的依据，所有参与咨询项目的成员有义务和权利充分准确了解项目工作计划。

项目工作计划规范的基本内容包括：

1. 计划时间安排

项目计划的时间安排要严格按照项目建议书进行。

2. 工作分工

工作分工时要综合考虑咨询师的咨询经验和行业背景等因素进行分工。

(1) 项目工作计划由项目经理负责制定，某些部分需要与项目顾问共同参与制定。

(2) 总体工作计划需提交高级项目经理审核。

3. 项目阶段工作计划

(1) 项目阶段工作计划需由项目经理与项目组成员共同制定，当意见不一致时，项目组成员应服从项目经理的意见。

(2) 项目组成员应人手一份项目计划书，以便项目组成员合理安排自己的工作，保证工作按时、优质完成。

4. 周工作计划

(1) 项目经理应该重视周工作计划的制定和落实执行。

(2) 周工作计划内容包括本周工作注意事项。周工作计划作为项目经理对上周的工作总结和本周工作应该注意问题的提醒，是过程控制的重要文件。

(3) 其他阶段的工作计划与应急计划，也需要项目经理以书面或者电子文档方式发放给项目组成员和客户企业相关人员。

4.3　项目访谈工作规范

项目访谈规范的主要目的是规范项目访谈提纲准备、行为规范，提高访谈质量，为项目运作正常奠定基础。所有参与项目组成员都应该遵循和执行此建议规范。

项目访谈规范的主要内容包括：

1. 访谈办公用品准备

(1) 使用公司统一文具。

(2) 带名片，递名片时要双手将名片倒拿，正面朝上递给对方。要主动递名片，不论对方是何等级别的人员。

2. 访谈提纲

(1) 访谈前一定要准备提纲。

(2) 提纲要分开放式问题和封闭式问题，封闭式问题要采用表式目录，不可遗漏。

(3) 提纲要注意问题分类，每一类问题再分小项，提纲要细致。

(4) 要制作两份提纲，一份列出主要问题，以供访谈时指导和引导提问；一份是细提纲，用于内部培训，或作为访谈提纲的说明。

(5) 提纲未必全面或准确，访谈过程中要根据情况灵活变通。

(6) 访谈提纲要在项目组内充分讨论。

(7) 访谈前要熟悉提纲内容，了解尽量多的背景资料，并沟通所有概念。

(8) 提纲作为重要过程文件，要注意存档。

3. 访谈日程安排

访谈前至少要提前三天制定日程安排表，并提前三天通知被访谈人访谈时间、访谈主要内容等。必要时，要将访谈提纲提交给被访谈人，使被访谈人可以就某些问题做充分的准备，以保证访谈工作的质量。

(1) 日程安排表内容包括访谈人、被访谈人、访谈起止时间、主要访谈内容。

(2) 对同一人的访谈尽量安排在连续时间段内。

(3) 尽量不进行重复访谈。

4. 访谈过程

(1) 访谈一般安排两人进行。在访谈过程中两人注意协调、补充。

(2) 访谈过程中由一人主要负责提问，另外一人主要负责记录，但是在访谈过程中也可以根据实际情况灵活做调整。

(3) 提问人要注意控制时间、节奏、内容。

(4) 记录人要注意配合提问人，适当参与提问，不可随意打断提问人思路。

(5) 访谈中要注意细致、准确，涉及名称、数据、过程等要精确记录，并得到确认和核实。

(6) 访谈时可根据对象情况不按提纲顺序提问，但要尽量涉及所有问题。

(7) 提纲未必包括所有问题内容，如访谈中发现提纲中未包括但很重要的内容，可加以追问，并加入提纲中。

(8) 由于工作安排需要，访谈人员安排与咨询工作分配有可能发生冲突。

5. 访谈记录

(1) 要尽量记录下对方所有观点，不建议使用电脑记录，而应该使用专用的笔记本记录。

(2) 记录人不能加入个人观点和看法。

(3) 要注意对方发表观点的背景，没有前提的观点等于没有观点。

(4) 要注意分析访谈对象的真实意思表示。

(5) 记录中要注意将重点标注出来。

(6) 记录人要尽可能记录下所有谈话内容。

(7) 提问人要尽可能记下所有问题的主要观点。

(8) 访谈总结要按照访谈总结模板进行。

6. 访谈记录整理

(1) 访谈记录要按照访谈记录模板进行整理。

(2) 访谈记录要及时加以整理(尽可能当天整理，以免遗漏没有记录下来的细节)。

(3) 访谈记录作为重要文件要予以存档。

(4) 访谈记录整理要全面,不可简单列一两条。

(5) 访谈记录输入电脑是值得鼓励的,书写整洁、条理清楚的记录也是可接受的。

7. 访谈总结

(1) 访谈结束后要注意及时总结。

(2) 每一次访谈结束后,记录人与提问人可对照彼此的感觉。

(3) 都针对当天访谈所得到的信息谈谈自己的认识。

(4) 总结会上不要复述访谈记录,要阐述自己的认识,简明扼要。

(5) 总结前认真看笔记,总结时不要看笔记,否则你是在牺牲大家和自己的时间。

(6) 专人记录每天的访谈总结会发言。

(7) 每个人要注意记录与自己负责的内容相关的发言。

(8) 对他人发言有疑问要及时提出。

(9) 对有疑问的问题要在下面的访谈中加以证实和补充。

(10) 根据访谈总结,适当调整访谈提纲。

8. 访谈技巧

(1) 正式开始前要有一个开场白,主动递上名片,介绍自己的访谈目的。

(2) 简短的题外话有助于迅速拉近彼此的距离,形成融洽、亲切的谈话氛围。

(3) 注意控制对方话题,防止对方漫无边际地泛谈,可用总结对方观点的方法打断对方,并将话题拉回来。

(4) 某些典型事例要深入了解。

(5) 不要生硬地否定对方观点,也不要随口附和对方观点,对明显荒唐的观点可以委婉地表示质疑。

(6) 有问题可阶段性间隔后重复提问,以验证对方观点。

(7) 如有必要,可留下对方的联系方式。

9. 注意事项

(1) 客户的直觉往往都是对的。

(2) 客户的观点往往都是片面的。

(3) 访谈对象的观点很重要,论据更重要,尤其是关键事件或数据要准确、细致。

10. 保密原则

(1) 访谈开始时要向对方申明保密原则,解除访谈对象的疑虑。

(2) 谈话中不得泄露其他访谈对象的观点,防止串话或误导。

(3) 总结中不要过于强调访谈者姓名。

(4) 不得向客户方任何人泄露访谈对象的个人观点。

(5) 平时开玩笑时不要引用访谈信息,以防隔墙有耳。

(6) 笔记本要妥善保存,不要随便放置,防止丢失或泄密。

4.4 项目运作工作规范

项目运作规范的目的是,规范和约束项目运作期间的项目成员行为,以保证项目组正常运作和维护咨询方与客户方的利益。所有参与项目组的成员都应该遵循和执行此建议规范。

项目运作工作规范的主要内容包括:

1. 项目组各岗位工作职责

(1) 高级项目经理(咨询方代表人)工作职责

- 负责客户需求的确认。
- 负责公司方法论的积累、完善与研究。
- 负责项目运作过程中组织项目组进行方法论的选择。
- 负责项目工作各类计划的审批,并监督、控制计划的实施。
- 负责项目经理的培养。

(2) 项目经理工作职责

- 负责项目总体工作计划、阶段工作计划、每周工作计划的制定、实施。
- 负责项目组成员各阶段的工作安排,并协调、控制各成员工作进度,审议工作成果。
- 负责对项目成员的工作绩效进行考评。
- 负责对项目期间发生的项目费用进行审核、控制。
- 负责协调项目成员之间的关系,营造和谐的工作氛围。
- 负责项目组的管理,对咨询顾问进行业务指导。
- 负责代表公司与客户进行联络,并负责各次客户沟通会议的组织、准备、协调工作。
- 负责建立良好的客户关系,控制好项目的回款和应收账款风险。

(3) 咨询顾问工作职责

- 项目报告的撰写。
- 项目各类相关资料的收集。

- 负责访谈提纲、市场调查提纲的编制。
- 负责访谈实施,并编制访谈总结。
- 负责市场调查计划的编制和实施,并出具市场调查报告。
- 完成项目经理交办的其他工作。

(4) 项目助理工作职责

- 负责项目组各类资料的分类汇总、登记及保管,确保资料完整、查找快捷。
- 按要求向公司项目运作助理和知识管理部上报所需材料。
- 负责办理项目组资料的借阅手续,并做好借阅登记。
- 负责项目期间各类会议的会议记录,整理会议纪要。
- 协助项目经理与客户接待方协调工作日程安排、生活安排等有关事宜。
- 负责项目组文具的采购、领用及保管。
- 负责项目各类咨询辅助工作。
- 负责管理项目内部费用,并负责与综合管理部协调,办理项目组费用的借支及报销手续。
- 负责项目组的考勤等其他行政事务性工作。
- 完成项目经理交办的其他工作。

2. 行为规范

(1) 项目工作期间要着正装。男士穿西服或衬衫,打领带;女士着套装、套裙等,不得穿奇装异服,仪表、仪容要整洁、端装。

(2) 举止得体,言谈文明。与客户见面时要主动递上自己的名片,介绍自己时既要自信,又不刻意自大。

(3) 小组成员有事外出或单独活动,需提前向项目经理请示,并保持通信联络。

(4) 在客户面前,项目组成员的观点必须统一,不得发生矛盾与争吵。

(5) 在公开场合或有其他人在场时(如就餐、乘车、外出等),不得谈论工作。

(6) 除有特殊情况外,不得随意更改向客户报送的代表公司意见或观点的报告。

3. 项目研讨会工作要求

(1) 研讨会应集中、紧密入座,注意营造会议氛围。

(2) 项目经理负责安排讨论议题,并提前通知项目成员做好会议准备。

(3) 所有项目成员应在会前做好充分准备,并以认真、严肃、积极的态度参加研讨会。

(4) 讨论要畅所欲言,但是必须针对与项目有关的内容。

(5) 每个人必须充分尊重项目组其他成员,不得进行人身攻击,也不得对某一问题无休止地争论。

(6) 会议发言时应面对大家,不要面对某一个人,尤其是发言中不要与某一个人讨论。

(7) 研讨会中应注意倾听他人的发言,并积极参与讨论,不得走神、开小差。

(8) 项目经理负责控制会议时间,避免出现无休止的和无关大局问题的长时间讨论。

(9) 任何人的观点都可以驳斥,任何创造性的观点都应受到鼓励。

(10) 所有项目成员必须做好会议笔记,尤其是对重要问题的讨论。

(11) 项目经理需安排专人整理研讨会会议纪要,以备高层管理委员会审查。

4. 与客户交往注意事项

(1) 与客户的交往不能太过随便,注意保持自己的职业形象。

(2) 尽量参加客户安排的各类活动,这是工作的一部分,而非私下交往。

(3) 在生活安排方面可向客户提出合理的需要,但不得提出过分的超过客户生活水平、观念的要求。

(4) 对客户安排的奢侈性活动应尽量推辞。

(5) 客户中每一个人的观点都有其片面性,我们应客观、全面地看问题,要考虑客户提出的每个观点或问题的背景和目的。

5. 项目保密要求

所有参与项目的成员必须遵守以下的基本保密准则:

(1) 保守公司的商业秘密。

(2) 保守客户的商业秘密,不得对外透露。

(3) 访谈内容不得随意向项目组以外的人透露。

(4) 项目的过程文件与资料不得随意传递和随处乱放,以免泄密。

6. 项目总结

另外需要进行项目经验的总结,在项目结束后由项目经理等负责进行正式的项目总结。形成关于本团队咨询的知识库基础。总结的内容主要包括:

(1) 项目的基本情况

- 项目范围
- 项目时间
- 项目人员

(2) 经验总结

- 技术方面

  公司技术积累的支持

  公司内部专家的指导

  项目内部讨论

  规范化、职业化运作

- 客户沟通

  取得客户信任的方法

  把握客户关键需求

  思路出台过程中与客户的沟通

  项目结束后与客户的沟通

- 团队管理

  团队的组建

  职业生涯规划

  团队成员的分工

  人员激励

  时间管理与员工休息、生活安排

(3) 存在问题

- 技术方面

  资料收集方面

  公司现有模板的适用性

  方法论的指导

- 客户沟通
- 团队管理

(4) 需要进一步解决的问题

- 技术方面
- 团队管理与队员激励
- 客户沟通方面

4.5 本章小结

1. 本章主要内容

本章概要阐述了管理咨询的规范运作程序，特别地突出了“规范”的重要性。内容主要有以下几点：

(1) 管理咨询的规范程序，系统地阐述了管理咨询项目的六个阶段，包括接洽咨询阶段、预备咨询阶段、正式咨询阶段、方案实施阶段、追踪完善阶段和寻求再合作阶段。

(2) 管理咨询项目工作计划规范的基本内容。

(3) 管理咨询项目访谈行为规范的基本内容。

(4) 管理咨询项目运作工作规范的基本内容。

2. 内容回顾思考

(1) 管理咨询的六个规范阶段是什么？

(2) 访谈规范能够从哪些方面保障获取真实的信息？

(3) 项目工作规范如何落实到行动中去？

3. 趋势发展与挑战

(1) 管理咨询的规范程序是否会约束和限制解决问题的创新性？能否把管理咨询规范作为项目团队合作的纽带？

(2) 除了本章提到的规范程序，你认为还应该有哪些规范比较重要？

(3) 如果按照我们曾经习惯的工作方式推进管理咨询项目，如何看待其优劣与效果？

第 2 篇

行 为 篇

B&E

第 5 章 项目建议书

摘要

对于咨询师来说，仅仅了解客户的需求是不够的，还必须寻求满足客户需求的途径，并通过文件的形式表达出来。项目建议书就是表达客户需求以及需求实现途径的文件，因此，具有说服力的项目建议书意味着成功的一半。撰写具有说服力的建议书是一门艺术，建议书的内容、技术水平甚至是文笔都会给客户留下深刻的印象，也是客户了解咨询师（团队）的一个途径。因此，如何撰写出好的项目建议书是咨询人员必须重视的技能。规范的项目建议书在行文和内容上都有一定的要求，同时为了使建议书易于理解且具有吸引力，还应对一些细节加以留意。本章就项目建议书的作用、行文方式、结构内容、撰写要点以及呈现技巧等做了细致的说明。

“项目建议书”内容结构如图 5-1 所示。

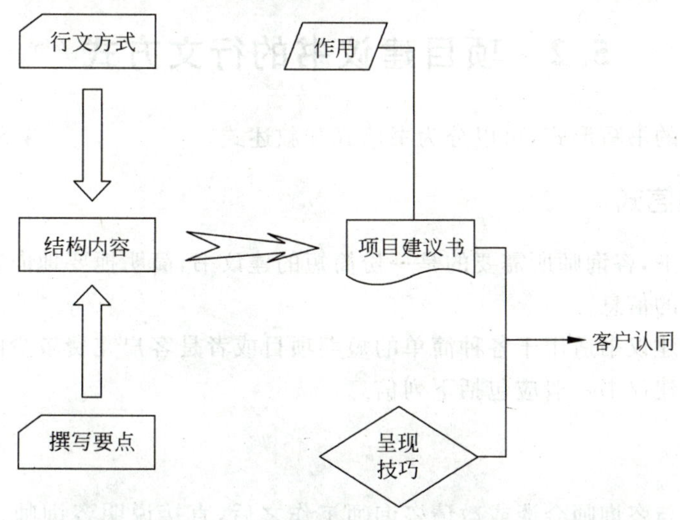

图 5-1 “项目建议书”内容结构图

5.1 项目建议书的作用

对咨询师而言，仅仅了解客户的需求并考虑解决此问题的思路是不够的，他们还必须以客户能够理解的方式通过文件表达出来。撰写具有说服力的建议书是一门艺术。项目建议书的文笔和技术质量往往会给客户留下深刻的印象，这种印象甚至可以直接影响到客户对是否接受该项咨询服务的决策。一份好的项目建议书可以起到事半功倍的效果。

通常，项目建议书具有以下作用：

(1) 记录双方在洽谈中已经达成的协议，并且使协议更加明确、完善。

(2) 陈述咨询公司对客户问题的认识，强调客户面临的核心问题。

(3) 陈述咨询公司将主要应采取哪些工具和手段来为客户提供服务以及项目的大致轮廓。

(4) 界定清楚时间跨度。

(5) 说明咨询公司获得的报酬及其方式。

(6) 为合同的签订奠定基础。

(7) 好的项目建议书能够进一步优化咨询公司在客户心中的形象，并且让客户透彻地理解能从咨询公司的服务中获得的利益。

5.2 项目建议书的行文方式

项目建议书的书写形式，可以分为书信式和叙述式。

5.2.1 书信式

在许多情况下，咨询师所需要的是一份简短的建议书，简明扼要地向客户提供他们需要了解的最重要的信息。

书信式项目建议书适用于各种简单的短期项目或者是客户花费较少的项目。

书信式项目建议书一般应包括下列信息：

1. 要点

在感谢客户与咨询师会谈或邀请咨询师工作之后，直接说明咨询师(团队)能提供的帮助。尤其要说明结果以及与咨询师和咨询公司合作的优势。

2. 有计划的项目

咨询师计划为客户做点什么？要保证建议书中包括项目的简短说明。

3. 预期的各种结果

归纳咨询师(团队)预料内的各种结果。如果咨询师打算提出一项能够为客户节省100万元的建议，要如实相告。如果打算指导客户录制一盒录像带，建议书是提出这个打算的最佳方式。

4. 行动计划

简短概括实现预期结果的各个步骤和咨询师所做出的任何假设以及客户应当了解的其他细节。

5. 价格

结尾一行，应标明整个咨询项目的合理要价。

6. 支付项目

将咨询费分成几部分，这样可以使你在项目实施的过程中，而不是在一切结束之后得到酬金。这样的支付安排不但对咨询公司(机构)的银行账户“健康”较为有益，而且有助于避免由于没有向客户移交完整项目，导致客户拒付酬金的情况。

7. 后续步骤

向客户解释他需要为开展项目和咨询工作做什么。最简单的方法是请潜在的客户接受咨询项目建议书，在末尾签上字，并寄还签好的建议书原件和项目的首付酬金。一旦客户签署并寄还建议书，咨询师(咨询公司)就拥有了一份对双方均有约束力的合同。

5.2.2 叙述式

叙述式项目建议书适用于复杂的、预计会进行很长时间的项目，或是要求客户一方大量投资的项目。制作建议书时，通常情况下需要呈递一份叙述式的建议书。在一份叙述式建议书中，其长度可以是几十页，也可以是几百页。

一份叙述式建议书的样本，可以归纳成一种书写的固定套路：

1. 封面

封面包括对预计项目的总览，同时应有咨询师的姓名、电话号码、传真号码和 E-mail 地址。对某些项目来说，也可以在封面中加上预期的效益。

2. 题目页

正如所预想的那样，题目页包括建议书的题目，同时应有日期、咨询公司(机构)名称和客户企业的名称。

3. 目录

由于叙述式的建议书是庞大的，所以客户企业需要一份有页码的目录。

4. 执行摘要

对那些由于过于繁忙而不能去阅读咨询师呕心沥血做了三个多星期，长达 75 页的建议书的客户，这个段落能将整个建议书归结为一篇 30 秒钟的快速阅读。

5. 预期结果

咨询师(团队)要在这一部分中提出预期结果。

6. 工作的详细范围

工作的范围是每个任务的一种展示，咨询师(团队)要将这些任务作为项目的一个部分来履行。

7. 日程表

在叙述式建议书中，咨询师的日程表可能要比一个简单的日程表复杂得多。"该项目将在得到客户认可的 6 个月后完成"。在复杂、长期的项目中，咨询师也许要给工作陈述中列举的每项任务安排一个开始日期、一个持续日期和一个结束日期。如果咨询工作范围内含有许多任务和附属任务，就应该将日程表的信息用图表形象地展示出来，以便于较好地理解。

8. 收费

咨询工作计划完成的任务是要向客户收取多少钱。咨询师应当首先以有利于你的方式来计划如何收费。例如，是每月结一次账还是按小时收费。如果客户提出以其他方式

支付咨询酬金，咨询师可以在稍后的时间里进行修改。在某些情况下，客户也许想在任务、结果、提交内容上找借口“杀价”。如果这样，咨询项目的报价就会马上变得非常复杂了。

9. 资质与经验

这里正是咨询师(团队)大显身手的好地方。如果咨询师以前服务过的客户和现在的客户都认可，并且也想借此增加可信度，咨询师甚至可以提及客户企业的姓名。

10. 履历

如果感觉它能够对项目建议书有所帮助，那就在建议书里加上一份包括其他与该项目有关的关键人物的履历。

11. 供参考的书信

如果咨询师的某位客户非常欣赏曾完成的工作，以至于感动到给咨询师写来感谢信或有相关内容的书面文件，而咨询师的潜在客户又要求提供这些信件，那么，也要把这些信件加到建议书里。

在提交建议书之后，对客户进行随访以保证他们收到了建议书和做出决定所需要的内容。不要忘记询问什么时候能得到回复，但也不要给客户施加太大的压力。

5.3 项目建议书的结构内容

项目建议书的目的是为了说服客户相信该咨询公司拥有相应的能力来实现客户委托的项目，也包括对过去操作过的项目做简单的介绍。但是，对同客户项目比较相近的曾经操作过的项目进行大致描述往往有比较大的价值。这一部分的内容很容易陷入空泛陈述的陷阱，最好的做法是根据项目的要求以及客户可能有的担心，陈述咨询师的能力。这种陈述可能会更加令人放心。如果客户对咨询公司处理问题的方式感到担心，也可以在这一部分得到处理。

因此，项目建议书的内容应该遵循实事求是、准确无误的原则。但是，更重要的是同项目的需要和咨询公司的能力结合起来，以帮助客户认可咨询师们将在具体环境下施展的工作技能。从而使客户认为咨询师(团队)的长处同项目非常匹配，并且促使客户去考虑其他竞标公司，看它们是不是也具有相应的能力。

在不提及竞争对手或诋毁竞争对手的前提下，这种方法能够提高咨询师的实际能力同客户需求相匹配的显著程度，而相应降低竞争对手对客户的吸引力。

通常情况下，咨询师向客户提交的项目建议书的内容应包括以下三个方面。

5.3.1 专业技术部分

此部分描述的是咨询师对问题的初步评价，咨询要达到的目的，使用的方法和需要遵循的工作计划等。值得注意的是，由于咨询师和客户对技术部分该详细和具体到什么程度有不同的认识，所以过于笼统和过于详细，都是不恰当的行为。

5.3.2 专业人员部分

此部分主要给出将要执行咨询任务的咨询师的姓名和简历。其中包括负责指导和监督任务的高级咨询师(合伙人或项目经理)。这部分用于描述咨询公司与特定客户在有关领域的经验需求和业绩。一般先概述给所有客户提供的标准信息(包括咨询师的道德标准和专业业绩)，然后以特定的部分用于说明咨询师以前承担类似委托咨询项目的背景，以此向客户证明他是最合适的人选。当然，列出以前客户的资料，必须事先征得同意，不要违背保密原则的规定。

5.3.3 财务和其他部分

这部分通常根据项目难度、给客户创造的价值、咨询公司投入的相关成本(包括人员及资料费用)，提出费用总额和阶段付款的方式和时间。有些客户愿意单独承担交通食宿费用，而另一些则希望算入总咨询费用中。

5.3.4 几种项目建议书的格式

下面提供了三种比较常见的项目建议书的结构和内容，以供参考。

1. 常见结构一：(与客户首次合作——侧重于技术与方法)

(1) 关于提交项目建议书的信函；

(2) 背景介绍；

(3) 项目目标；

(4) 研究方法与工具；

(5) 项目中可能存在的问题；

(6) 项目运作方式及时间安排；

(7) 最终成果描述；

(8) 项目报价与依据；
(9) 项目成员构成与业绩介绍(经验与能力)；
(10) 公司业绩与成功案例介绍。
附录 1：关键项目参与人员简历；
附录 2：公司客户名单及相关实例；
附录 3：对方法、技术等所做的技术说明。

2. 常见结构二：(与客户再次合作——侧重于问题的把握与解决问题的思路)

(1) 关于提交项目建议书的信函；
(2) 项目背景；
(3) 客户问题分析(主体)；
(4) 解决问题的思路与技术方法(主体)；
(5) 项目预期成果；
(6) 时间进度、项目报价与依据；
(7) 项目计划安排与资源配置。
附录 1：项目人员及其背景介绍；
附录 2：保密协议；
附录 3：项目计划书。

3. 常见结构三：(建议采用)

(1) 项目背景；
(2) 项目目标；
(3) 项目设计思路；
(4) 项目研究方法及特点；
(5) 项目流程图；
(6) 项目管理方式；
(7) 项目组成员介绍；
(8) 项目的时间安排、验收及预算；
(9) 其他事项；
(10) 管理顾问公司与成功案例介绍。

5.4 项目建议书的撰写要点

5.4.1 行文要求

1. 项目建议书应当整洁、易读

建议书终稿不宜有污渍、涂改和打印的错误。应当装订整齐但不宜过度装饰。提交正本，只有在资助者要求时才提交多份副本。文件页码、内容分段应当清晰。

2. 行文简洁准确

建议书不宜过长，能够清楚地说明申请人的意愿和理由即可。缩写和专用名词应予解释。度量衡单位必须标明。数据计算应当准确无误。建议书草稿完成之后，除了请专业人员审核外，宜请本专业以外的人士或朋友帮助阅读，看他们是否能够理解，听取他们有益的建议。

3. 避免证据不足的假设

用证据说明问题，而不要强调“我们认为”、“据公认”、“众所周知”等。资料来源应在正文中标明出处，不宜采用脚注。不要附加大量图表冲断思路，也不宜写成学位论文。

5.4.2 内容要求

对于项目建议书的内容要求来说，可分为技术、项目成果、咨询师及其背景、财务和其他部分。

1. 技术部分

技术部分描述的是咨询师对问题的初步评价，要达到的目的，使用的方法和要遵循的工作计划。

(1) 不能太笼统，也不能太具体。

- 太笼统：客户会感到咨询师并没有真正说明他们建议如何去做。
- 太具体：咨询师也许超出了任务规划的范围，似在未征得客户的允许下已经开始着手任务的执行。

(2) 所采用的技术与方法对企业的适用性及其价值。

(3) 不能在合同确定之前就随便提供专业技术文本。

2. 项目成果部分

项目建议书中要求能充分体现出咨询师的销售主张。这些"销售主张"一般要求做到以下几个方面：

(1) 具有明显的针对性

正是由于项目建议书都是根据客户的不同情况而定制的，因此针对性是成功的项目建议书不可或缺的因素。

项目建议书的针对性主要体现在三个方面：一是对客户问题的理解；二是解决方案；三是项目成果。比较简单的审核方法是看建议书中对客户需求描述的篇幅和出现客户具体情况的频率。大多数咨询公司都是有项目建议书模板的，如果只是在模板的基础上稍加改动的建议书一定不是一份优秀的建议书。

(2) 具有极强的可操作性

一般都知道给感冒的儿童不能按成人服药的剂量开方，不管这药有多名贵，病人吃下去恐怕都要出事，同样，项目建议书的可行性对项目的成功实施至关重要。

咨询项目建议书是否具有可操作性主要看其中的两个部分：解决方案和项目初步计划。在解决方案的审核上，客户一般要考虑国情、行业和自身的特点，不会盲目照搬其他企业成功的模式或追求一步到位。

(3) 突出自己的个性

项目建议书中这一部分内容往往可以给咨询公司树立一个形象。该形象不仅会影响是否能够获得相应的咨询项目，而且还会影响客户所愿意支付的咨询价格。非常明显，如果咨询公司的服务没有一点独特性，那就没有讨论的必要了。但是，各个咨询公司所采用的方法之间往往存在一定的差异，同时也就是这种差异使有些咨询公司所提供的咨询服务能够更加适合客户，而另一些咨询公司所提供的咨询服务对客户的适应性就要差一些。

(4) 充分体现客户立场

这要求项目建议书必须是站在客户的立场和角度来考虑，要求提供客户决策所需要的足够细节，要求阐明客户面临的问题与咨询项目计划之间的关系。客户的业务需求应该在行文中得到反映，这一部分的主题应该说明所咨询项目将如何有助于解决客户所面临的问题。

(5) 真诚打动相关人员

如果仍然需要说服项目发动人或发起人等相关人员，使他们相信项目进行所带来的好处，那么咨询师就应该清楚地说明项目的预期利益。即使在项目建议书阶段，咨询师可能仍然没有会见到组织中将影响购买决策的每一个人。阅读项目建议书的人可能比咨询师所知道的人员要多。因此，即使对咨询项目的执行方式已经达成了口头一致意见，仍然应该把它详细地表达出来，以便客户组织中那些不十分了解相应咨询项目，但具有购买决策权的人进行阅读。

(6) 塑造可信度

咨询师之所以可以成为企业的医生，不仅因为他们在某个领域有多年的经验，也因为咨询师在特定领域具有一定的权威性。优秀咨询公司的项目建议书无论内容还是格式都是非常专业的。内容专业性体现在建议书结构的清晰性、问题阐述的逻辑性和语言表达的可理解性等方面。格式专业性则包括排版、字体、图表和颜色等的一致性。优秀咨询公司的项目建议书甚至连措辞和标点符号都会十分注意。

3. 咨询师及其背景部分

(1) 咨询师背景部分描述咨询机构与特定客户在有关领域的经验需求和业绩。

(2) 可以有一节概述给所有客户提供的标准信息(包括咨询师的道德标准和专业业绩)，以及特定的小节用于说明咨询师以前承担类似委托任务的背景，向客户证明他是最合适的人选。

(3) 要列出以前客户的资料之前，必须事先征得他们的同意。

4. 财务和其他部分

必须做出详尽的规定。包括提供服务的费用，成本增加和偶然事件的费用，付费和报销的时间安排和其他说明，落实所有的约定。

5. 其他撰写要点

(1) 充分了解客户对项目建议书的评价标准

示例：世界银行向它们的借方提议，咨询公司的一般经验权重为10%～20%，工作计划占25%～40%，而本次任务关键承担人的情况要占40%～60%。

(2) 费用水平：坚持费用水平在能够支撑高质量的服务上的合理价格。避免"报高价，砍一刀"的暴富心态。

5.4.3 注意事项

不论项目建议书有多长或者有多大分量，它们应当易于理解、有吸引力而且简明扼要。下面是关于书写一份优质建议书的一些注意事项。

1. 对客户的需求和疑问做出直接答复

倾听客户的意见，精确断定他们的需求、疑问和忧虑是什么。在找出这些要点之后，要针对每一项找出一个解决方法。

2. 将客户的感受置于你的感受之上

在项目进行到书写建议书的阶段时，要考虑到客户的感受，而不是咨询师的感受。如果客户很明显地喜欢在建议书中加入彩色照片，而咨询师却认为这些东西有损自己的声誉而厌恶这样做，咨询师最好在建议书中大量使用彩色照片，而不去考虑个人意见。

3. 不要拖延时间

一旦决定了要写建议书，就要立即开始去做。不要把它们拖延到最后一分钟完成。在书写建议书时不仅是比较放松的，而且还提高了按时或提前完成它们的能力。

4. 花点时间再检查一遍

咨询师在写下建议书之后要留有时间再去检查一遍，然后再提交给客户。如果草率地提交了建议书，未来的客户也许会认为咨询师的工作质量也会是如此而已。

5. 不要忽视咨询师的竞争对手

咨询师的建议书应当是比较出色的，但同时还要关注咨询师的竞争对手，而且在工作过程中不要太过自满和固执。竞争无处不在，竞争也是永无止息的。要努力使建议书一份比一份好，跟上竞争对手们的创新潮流。

6. 创建一个建议书数据库

通常情况是，经过一段时间之后，5％的建议书要变成"热水器"，也就是说，它们的内容要反复使用。

项目建议书应该清楚地阐明咨询服务能给客户所带来的价值，因为客户不会被建议书中表示自我赞美的语言所打动。

客户往往会希望咨询师传达大量有关下面事项的信息：问题的解决方式；咨询师将要采用的方法体系；咨询师计划同客户接触的方式。对于复杂的咨询项目，咨询师应该提供一个流程图来说明必须完成的任务以及每一项任务所需要的准确时间。

上述内容描述的是咨询师对问题的初步评价、咨询要达到的目的、使用的方法和需要遵循的工作计划等。但是由于咨询师和客户对该部分到底该详细和具体到什么程度有不同的认识，所以过于笼统和过于详细，都是不稳妥的行为。

5.5 项目建议书的呈现技巧

在完成了建议书后，许多咨询师偏向于在会议上直接交给客户，并对报告摘要做简短的口头陈述，同时辅以投影介绍。此刻，双方对咨询前景充满热情，但并非一定有皆大欢喜的结果。许多私营单位的客户，特别是那些综合的、复杂的任务，客户会在评价了不同的建议书后，再做出选择。在这种情况下，可能需要花几个星期或几个月才能做出决定。客户也许在对使用咨询师的服务的同时，对建议书的某些部分还不满意。例如，客户希望提出不同的时间表，或者调换由咨询公司推荐的其他咨询师，这些都可以酌情进行某些改动，但都是正常的。

通常情况下，在一次咨询项目竞标活动中，有些咨询公司可能在客户接到项目建议书的时候就已经被淘汰了。而有些咨询公司可能被客户邀请参加演示说明，更进一步地同客户讨论项目建议书。一旦项目建议书提交给了客户，相应的主动权也就从咨询公司转移到客户手中了。在这个阶段中，咨询公司同客户保持比较温和的接触可能会大有益处，但是不能催之甚急。

即便是在客户已经排除了其他竞标者或者根本就没有邀请其他公司参加竞标，也有必要进行项目建议书的演示和说明。项目建议书的演示和说明往往是能否被客户采用的有机组成部分，客户往往会邀请几家咨询公司，有时是在同一周内甚至是在同一天内进行。

对于一般规模的项目，咨询师或未来的项目经理就可以准备投标；而大型的项目，也许会需要更多的人参与。项目销售人员必须确保拥有合适的人选来执行这一项目。这就意味着，要找到具有所需专业技能的咨询师来完成项目的有关投标工作。

5.5.1 项目建议书演示前应了解的事项

在进行项目建议书演示时，应该提前了解以下事项：

(1) 演示的时间和地点；

(2) 客户对演示说明的期望是什么；

(3) 是不是需要进行正式的演示说明；

(4) 正式演示说明和讨论所允许的时间；

(5) 参加演示说明的人是谁，他们各自有什么样的兴趣；

(6) 客户还邀请哪些咨询公司参加演示说明会；

(7) 演示说明会的目的是什么。

5.5.2 演示项目建议书的技巧

在进行项目建议书演示时，应该掌握以下技巧：

(1) 认真准备演示说明会；

(2) 排演演示过程，从而使您能够严格遵守时间限制；

(3) 使整个演示说明以客户为中心，强调那些对客户具有真正意义的要点；

(4) 不要照本宣科，应抓住关键点，针对具体情形做出相应变化；

(5) 确保所有的视觉辅助工具保持比较好的效果；

(6) 确定参加的人员及各自的角色；

(7) 保持灵活性；

(8) 鼓励讨论；

(9) 尽量不要使与会者感到困倦。

在演示说明阶段，可能有某些磋商的成分。例如，客户可能会整体上喜欢相应的咨询方式，但是发现价格太高，所以想了解如果其中的部分工作用不同的方式来完成是不是可以节约一些资源。

在每次的项目投标活动中，没有一个咨询师能够成为常胜将军，但不管失败还是成功，都要把这次竞标和演示机会当成一次学习的机会。如果成功了，咨询师应该同客户交流，从中发现客户组织为什么加以青睐；如果失败了，请教客户他们选择其他咨询公司的原因，自己缺乏什么。这样的分析不但可以对自己有所提高，还可以同客户建立良好的关系，同时也是一个获取竞争对手信息的良好途径。

5.5.3 调查附记——没有写入建议书的重要内容

在给客户写建议书的同时，咨询师还要对客户机构以及对所要采用的方法思路准备内部(机密)记录，有时称为调查附记。

这些记录对大型咨询公司是十分重要的，因为也许是由不同专业人员进行规划和执行任务，也可能是同一咨询公司或多种服务专业公司中的多个部门，为了不同的事由都在与同一个客户机构发生接触。

调查附记的内容包括：

(1) 会见过的经理人员的姓名及收集到的有关情况；

(2) 对组织之间的关系、管理风格、文化价值观和准则的看法；

(3) 客户组织中各种人对咨询师的态度及他们对任务可能产生的反应；

(4) 内部信息的最佳来源，什么样的来源不可信；

(5) 有关拟议中的问题的其他意见和数据；

(6) 在提出的任务中没有涉及的,而且没有与客户讨论过的其他已经确认的问题、潜在的问题,或进一步工作的领域;

(7) 已收集到的,且没有在给客户的建议书中使用的有用的背景信息;

(8) 对负责执行任务的实施小组的建议。

5.6 本章小结

1. 本章主要内容

(1) 项目建议书有以下作用

- 记录双方在洽谈中已经达成的协议,并且使协议更加明确、完善。
- 陈述咨询公司对客户问题的认识,强调客户面临的核心问题。
- 陈述咨询公司将主要应采取哪些工具和手段来为客户提供服务以及项目的大致轮廓。
- 界定清楚时间跨度。
- 说明咨询公司获得的报酬及其方式。
- 为合同签订奠定基础。
- 好的项目建议书能够进一步优化咨询公司在客户心中的形象,并且让客户透彻地理解能从咨询公司的服务中获得的利益。

(2) 项目建议书的行文形式

- 书信式:较为简短,适用于各种简单的短期项目或者是客户花费较少的项目。
- 叙述式:较长,适用于一个复杂的、预计会进行很长时间的项目,或要求客户一方大量投资的项目。

(3) 在写项目建议书时应注意的事项

对客户的需求和疑问做出直接答复、将客户的感受置于你的感受之上、不要拖延时间、花点时间再检查一遍、不要忽视你的竞争对手、创建一个建议书数据库。

(4) 演示技巧

- 排演时,注意时间限制。
- 使整个演示以客户为中心,强调客户真正在意的重点。
- 抓住关键点,适时做出相应变化。
- 确保视觉辅助工具有好的效果。
- 保持灵活性,并鼓励讨论,避免与会者感到困倦。

2. 内容回顾思考

(1) 什么是项目建议书？有何作用？

(2) 针对新客户与老客户在撰写项目建议书时，有哪些方面不同？

(3) 写下调查附记有什么意义？

3. 趋势发展与挑战

(1) 如何写好项目建议书？

(2) 项目建议书的内容构成部分，为什么要给出专业人员部分？有何意义？

(3) 试着以自己最了解的公司的竞争战略为例，写出一份项目建议书。

B&E

第6章 咨询合同

摘要

在客户确定项目建议书后，双方可进一步协商，签订正式咨询合同。签订合同的目的是使双方合作有明确的定位，且对双方利益起保护作用，它也是双方相互理解和尊重的承诺。

合同的形式包括：口头、信函和书面合同。一般来说，合同包括三个关键要素，即要约、承诺、咨询费。当以上三个要素具备时，基本上可以签订一份合同了。但是，如果出现能力不足、胁迫、形式不对、欺诈、不合法性或共同错误等情况中的任意一条，都将会影响一份合同的有效性。

有了对合同的基本认识后，如何处理签约会谈的现场、如何引导和规划也是很重要的。本章提供了一套完整的程序。每一个步骤除了内容介绍以外，还有实例辅助说明。相信按照这个程序，将会与客户之间签订一份稳定的、平衡的、切实可行的合约。另外，本章还讨论了咨询费用的问题，正确地处理好有关咨询费的问题，是咨询公司与客户关系的一个重要方面，最好和客户达成一致的共识。

签约过程中会存在一些问题。可能会出现某种很难应付的形式：客户同意了实施项目，但是咨询师知道客户的动机很微弱。如果继续实施一项他们十分不想做的项目，直线经理的表现就会很不自然，因为很可能他们是被迫同意的。可能是上司的压力，也可能是下属的要求，甚至可能是因为他们很难拒绝这个咨询师。咨询师也可能只是出于上司要求继续实施项目的压力而行动。如何处理好客户的微弱动机，如何面对无止境的协商和谈判，也是一个难题。

“咨询合同”内容结构如图6-1所示。

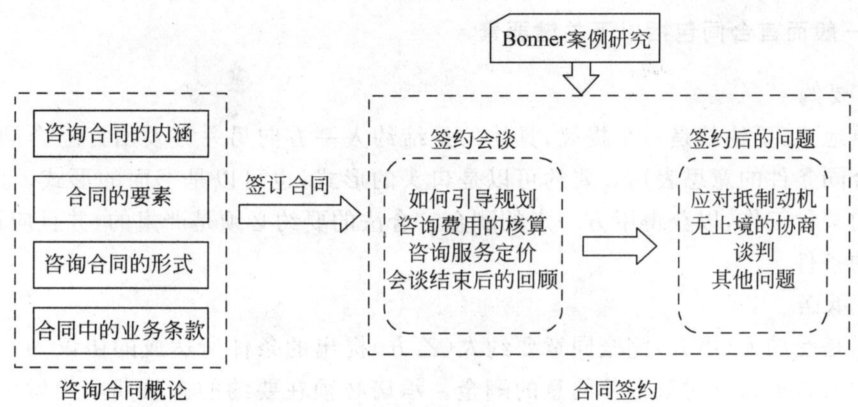

图 6-1 "咨询合同"内容结构图

6.1 咨询合同概述

在客户确定项目建议书后，双方可进一步协商，签订正式咨询合同。签订合同的目的是使双方合作有明确的定位，且对双方利益起保护作用，它也是双方相互理解和尊重的承诺。

6.1.1 内涵

合同就是在双方或多方的法人为行使某项权利(或不做某事)并需以一定价值物作为回报时所达成的协议。这种价值物被那些熟悉合同法的人称为酬金。合同可以是口头的也可以是书面的，合同的大小需根据实际情况而定，可以是简单的一纸之约，也可以是非常复杂的。合同的细节和复杂性取决于合同的性质与草拟合同时所涉及的律师的人数。

在某些情况下，口头合同与书面合同一样有效，不过书面合同比起口头合同还是有许多好处的。对咨询师来说，使用的多是书面合同。尽管有些咨询人员愿意握手就达成协议，但是很多人也知道，一些重要的事情，例如，公司的财政前景、持续健康的发展以及变动状况等，从长远的眼光来看，采取书面的形式比仅靠记忆或他人多年来的信誉来确定协约更加有利。

6.1.2 合同要素

合同的要素是什么？无论是书面的还是口头的合同都有三个关键的要素，它们在每份合同中必不可少，缺少一个，此合同将视为不合法。

1. 一般而言合同包括以下关键要素

(1) 要约

简单地说,要约就是一个提议,具体的是缔约人一方向另一方发出订立合同的提议,并提出合同条件的意思表达。要约可以是口头的形式,也可以是书面的形式。由乙方承担甲方的某种工作,以获得甲方一定的酬金。合法的要约必须是严肃的,并且应该包括一些明确的条件。

(2) 承诺

承诺是受约人(甲方)完全同意要约人(乙方)提出的条件所达成的协议,并且以口头或书面的形式承诺支付双方都同意的酬金。承诺必须在要约的有效期限内做出。假如,在做出承诺和拒约的决定前要约方已撤约,那么,可以说承诺已终止。

(3) 咨询费

咨询费是一方法人向完成一定工作或承诺完成一定工作的另一方法人所支付的酬金。合法的酬金可以是货币、商品、服务、做某些无法律义务的承诺,或者是不做某些法律权限内可做的事情的许诺等。相当的酬金,一般是双方所同意的任意金额,除非有欺诈或强迫一方的行为。当这三个要素都具备时,就可以订立一份合同。

2. 影响合同有效性的因素

合同形成以后,任何一方都可以提出一定的异议,并因此解除合同。这些异议就是对方认为有可能影响合同的有效性的因素,主要包括以下情形:

(1) 能力

能力是指签订契约性合同的每一方都必须达到法定的年龄,身心健全、神志清醒。这样的法人代表签订的合同才有效。

(2) 胁迫

禁止签订合同的一方从精神上或物质上对另一方施加压力以强迫另一方同意合同的条款。如果存在这种情况合同可能会受到破坏。

(3) 形式

合同必须以书面形式签订,以保证合同顺利履行。如果过于相信你的信誉,这些交易的口头合同可能得不到履行。

(4) 欺诈

若持合同的一方法人故意歪曲合同条款的实质,这就被认为是欺诈。合同也将因此而不能履行。另外一种常见的欺诈形式为推定性欺诈。这种欺诈发生在当持合同的一方或多方法人有意遗漏其中的一条重要信息,从而不能完整地描述关键性的事实。同样,这种情况下签订的合同也是不可履行的。

(5) 合法性

合同必须有一个合法的目的,比如一份有关走私货物的合同是不具有法律效力的。为非法目的签订的合同应属自动无效,并且不可履行。

(6) 共同错误

尽管持有合同的一方法人出现错误不一定会导致合同的失效,但假如双方法人在一个重要环节上都犯同一错误就会导致合同的双方依据的都是这份错误的合同。这样的合同也是不可履行的。

总的说来,所签订的合同都需要通过上述检验,才能成为一份正式的合法有效的合同。

6.1.3 合同形式

1. 口头协议

口头协议是客户在经过审核咨询师的书面建议书之后,口头同意的协议形式,或者客户认为该咨询师能承担任务,并且能掌握所需要的专业方法,即使没有评议建议书,也可以达成口头协议。

在管理咨询的最初十年中,口头协议是十分盛行的,但目前书面合同已成为主流。但是,那些很看重白纸黑字和法律文件的人们会吃惊地看到,即使是在当今世界,许多咨询还是基于口头协议的。

口头协议使用的条件:

(1) 咨询师和客户双方都十分精通专业。

(2) 双方绝对彼此信任。

(3) 他们互相熟悉对方的业务(客户熟知咨询师的费用,而咨询师也知道可以从客户那里得到多少报酬。例如,咨询师清楚地知道如果客户能够提前付款,或者接受每月结账一次,每次付款批准的时间要多长等)。

(4) 任务不是很大,并且不复杂(当然在这种情况下,由于没有任何正式的文件,双方将很难处理彼此之间的关系)。

(5) 相比之下,口头协议在重复业务中的使用比在新客户中的使用要多。在使用口头协议的情况下,咨询师一般对口头协议的内容要做详细记录,这个记录不仅对其本人有益,而且还可以使本公司的其他同事也能全面和正确地了解情况。除此之外,将有关信息的复印件送交给客户,也是必要的。

2. 信函协议

信函协议(亦称订约书、约定书、确认书或意向书)是专业服务合同的主要方式,广泛应用于许多国家。客户收到咨询师的建议书后,便随之发给咨询师一封信函协议,明确表示接受建议书及其建议的内容。在信中也可以提出一些新的条件来修改或者补充咨询师的建议书。在这种情况下,咨询师就要表态是否接受客户提出的这些新条件。或者先进行口头谈判,然后将结论浓缩于书面协议上。

3. 书面合同

书面合同是一种正式的和最常见的合同形式。

使用书面咨询合同的原因很多。有时是由于法律上的规定,或者是因为客户单位使用外部服务(几乎所有的公务机构、国际组织和许多私人机构都是这种情况)。

如果咨询师和客户来自不同的职业、具有不同的法律背景,可能容易对对方的意向和态度产生误解。在这种情况下,书面合同是最好的选择。特别是当涉及咨询师和客户双方各类人员的大型、复杂的任务,尽管不是绝对的必要,也最好使用书面合同。

书面合同的格式内容通常包括:

(1) 签约各方

不但要明确签署了合同的人,还要包括为工作进展、工作计划的变动及人员配置和工作结果做业务决策的人。

(2) 任务的范围

任务的范围包含要开展的工作、要达到的目标、工作进程表和工作量。虽然它是合同的核心部分,但其重要性往往被低估。

许多咨询师认为他们的目标是签合同,尽管工作范围还未完全明确,而且咨询师和客户对合同可能会有不同的看法。

甚至有些咨询师的心态是:“既然我们已经清楚地知道最后客户还会多要求点什么,干吗还去注意那些工作细节的描述和计划呢?”有这种想法是很不可取的。

(3) 工作成果及报告

合同中,应对在任务执行过程中或结束时咨询师将交给客户的具体文件和报告做详细的规定。避免使用“关于销售经理培训计划的整套文档”这类词语。

不应要求没必要的书面报告,这类报告既浪费咨询师的时间,又浪费用户的时间,而任务过程却没有任何改变。相反,在很多合同中,对经常性的、简短的、检查进度的会议需求并没有给予足够的重视。

(4) 咨询师及客户的投入

任务中咨询师的投入是在已给出的合同框架中应提供的那部分内容。它包括从执行咨询师的姓名(简介)、合伙人或其他负责管理和支持任务的高级人员的姓名、管理系统、其他将提供的专有技术和知识以及其他投入。

应明确说明哪些是已同意的费用里包括的投入,哪些是只有额外付费后才可以取得的投入。任何这类额外投入都应事先征得客户的同意。客户的投入,比如涉及技术人员在咨询任务上花费的时间或给予的支持,经常被看做理所当然的并做笼统的规定。

在执行任务时,许多咨询师并不真正坚持要求客户及时且不折不扣地兑现他们的投入承诺,这样做不但延长了任务的期限,加大了任务的费用,还会引起很多麻烦。客户该帮忙的时候不予支持,于是咨询师只好单独工作,最后只能发现客户对结果根本不满意而且也不接受。

(5) 收费及支出

在起草合同时,应明确写明采用的收费方式、预计的及已商定的总费用、费用调整的条件、需单独收费的支出等。

(6) 结账和付款程序

合同应明确说明,要求预先、中期及最后付款的前提条件,诸如要提交和接纳的报告、要提供的时间记录或出示账单的方式等。

(7) 专业责任

作为规定,咨询师应遵守咨询协会或其公司的道德和专业行为准则(合同文本中应附上这类准则)。如需要,合同中还可包括某些问题的特殊条款,如:应避免的利益矛盾或咨询师同意避免的活动。

(8) 版权

咨询师越来越多地采用受版权保护的培训材料。合同应规定客户可以使用这些材料的条件(只限于客户公司内使用、不许翻版、应付的使用费,等等)。

作为任务成果一部分的材料的版权问题有不同的处理方式,一般根据谈判而定。有些客户坚持一切由客户付费的成果版权当然属于他们,另外一些客户则希望在自己的机构里可以随意使用这些材料,但同意版权属于咨询师(尤其当材料并非是咨询师和客户共同工作的成果时)。

(9) 义务

在咨询合同中,法律义务相对来讲是新事物,许多合同文本中,就没有提及任何义务。尽管如此,义务问题还是应该给予应有的考虑,而且咨询师也愿意或有责任拿出对义务的保证。尤其是当提供的建议会对客户的商务决策产生重要影响,或者咨询师正在设计或交付的系统一旦运行会对客户的业务产生巨大影响时(在信息技术咨询业尤为典型)。

(10) 使用分包商

有些合同中授权咨询公司使用分包商,客户可能会为这类使用规定一些条件。

(11) 终止和修订

合同应对任务完成时要采取的步骤给予描述,包括双方承诺的落实、所有报告、文档的提交和接纳。

合同可能会规定客户可以在不给出理由的情况下,随时终止合同。

不过,可以发一个强制性的通告(比方说,对于简单的管理顾问任务提前一周完成,对于重要的工程咨询任务,提前 30~60 天完成),同时(或者)客户需要付给咨询师一定的补偿金(如一个月的费用或剩余费用的 20%)。

如果客户因咨询师表现不佳而希望终止合同,则应遵循精确的程序(给出书面理由,要求答复和立即行动等),这时通告可以简短些。

咨询师也应有可能在某些情况下退出合同,如客户并没有支付费用或在一段确定的时间内停止了工作。合同对咨询师应遵循的步骤有所规定。如果客户宣布破产,咨询师一般可以在不做出通知的前提下终止合同。

关于修订,合同可以规定定期修订的日期和条件,以反映变化了的环境和客户需求,并规定由任何一方提出计划外修订的程序。

(12) 仲裁

作为规定,咨询合同采用仲裁的方式解决无法通过友好的方式处理的争端,合同双方应商定仲裁规则及仲裁机构。

(13) 签字和日期

应明确客户和咨询师双方授权的代表,以签署合同及其修订本、账单、任何其他正式函件以及具有法律约束力的合同。

6.1.4 咨询合同中的业务条款

客户关系中的商业事宜往往在咨询公司的业务条款中得到充分的体现。在咨询公司的业务条款中一般应该包括下列一些事项:知识产权;支持性服务;影响咨询公司责任的各种情况;合同的意外结束问题;其他合同条款,如在项目完成之后如何终止咨询项目。

1. 知识产权

随着知识经济的兴起,知识产权变得越来越重要了。在咨询业中,这一点显得尤为明显。

在实际的咨询业务中,咨询师通常会遇到这样的情形:咨询公司为 A 客户开发一套软件,并且得到了八个月的咨询费。另一家客户 B 需要一套类似的软件,当然还需要支付八个月的咨询费,但是咨询公司就可能把为客户 A 开发出来的那套软件卖给客户 B。

对咨询公司来说，可能需要一个月的时间来改编软件，但是咨询公司却可以与客户 B 商定只以五个月咨询费的价格出售改编过的软件。客户 B 会非常满意，因为其在购买软件时获得了一定的折扣。咨询公司也会非常高兴，因为它只花费了一个月的时间和精力就获得五个月的咨询费。但是，如果客户 A 知道这种情况之后可能会不那么高兴！

当然，对咨询公司来说应坚持一定的原则：咨询师在给客户运作咨询项目时获得了相应的知识和经验，而这些所获得的知识和经验又为咨询师后来的客户带来了利益。在这种情形下，客户要保护自己的利益，它所能做的最大努力也就是同咨询公司达成一定的协议，咨询公司同客户的直接竞争对手合作咨询项目时必须有一定的限制。当然，这个问题同样适用于咨询公司所拥有的知识财产，在向客户提供这种知识财产时，同样要对相关的权利在业务条款中达成协议。

2. 支持性服务

在某些咨询项目的实施过程中，咨询师需要得到一种支持性服务，例如，办公条件、秘书工作和管理方面的支持、后勤支持、提供信息等。

这些服务通常需要行政部门有关人员给予协助。以下是咨询师需要询问的有关支持性服务的一些重要问题：

(1) 谁来提供支持性服务。

(2) 怎样获得支持性服务。

(3) 支持性服务包括哪些内容。

(4) 咨询师什么时候可以使用支持性服务。

(5) 谁来承担支持性服务的费用。

支持性服务可以由客户或咨询公司提供。有时咨询师在提供报告或介绍情况时需要一些媒介支持，有时咨询项目的实施过程需要咨询师频繁地亲临现场，此时，办公室以及文职人员的帮助就是必不可少的了。在许多咨询项目的实施过程中都需要收集和分析资料，还有些咨询项目则可能需要提供旅行和住宿安排。如果在咨询项目的开始阶段未能解决好支持性服务的问题，则很可能在以后的工作中产生误会或导致日后的支持性服务无法进行。

当然，这些支持性服务的详细内容会随着咨询项目的性质变化。例如，对于一个内部培训项目来说，咨询公司往往会要求客户承担一些责任：从管理上做出相应的安排，确保培训课程的参加人员能够准时出席；预定培训场地；复印相关的培训材料；提供放映设备和场所等。

3. 咨询争议的处理

通常，在咨询项目刚开始时就想着项目合作的失败，那么你根本不要启动这个项目。

但是,咨询公司所有的咨询服务都存在一定的风险。所以,深入地考虑一些有关事宜的安排就有着非常重要的意义。因此,在咨询合同中确立某种形式的争议处理方案和处理程序就非常重要了。

4. 咨询合同的意外结束问题

很多咨询公司都会面临这样的情况:客户所面临的环境发生了变化而导致咨询合同的取消。取消合同的情形可能会发生在项目进入运作之前,也可能会发生在项目进入运作之后的某一天。

在一方取消合同的情形下,另一方有权获得补偿。因此,在条款中,取消和终止条款必须清晰明了。

5. 其他合同条款

咨询合同中往往还包括以下一些合同条款:

(1) 咨询师聘请条款。有时客户认为咨询师必须征得客户的同意才能投入工作,对咨询师进行聘请的基础是咨询师的履历和对咨询师的面试结果。

(2) 咨询费率变动的原则。例如,在通货膨胀率高的时候,咨询公司可能希望在长期的咨询项目中定期或不定期对咨询费率进行评价和调整。

(3) 客户保密事宜。这一点通常会涉及商业伦理道德方面的问题,通常是每一个操作咨询师在咨询项目运作过程中的合同事宜。如果在业务条款中清晰地把客户保密条款写进去,客户就会感到安慰。

(4) 确立非引诱条款。不偷猎客户的职员,限制咨询公司在项目结束后的一段时间内不能给客户的直接竞争对手提供咨询服务。

(5) 咨询公司必须记录项目运作过程中的所有活动,并且在客户需要的时候随时向客户提供这些活动记录。

6.2 签约会谈

有一个笑话,讲的是年老的 David Steinberg 第一次与他的心理医生见面。他走进办公室,看到有两把椅子可以坐,就问那个心理专家:“我应该坐哪一把椅子?”心理专家说:“随便。”这个人就挑了一把椅子坐下。那个心理专家跳起来,用手指着他,吼道:“哈!其实每件事情都是有意义的!”

合约的签订也是如此。几乎每一个事件和行动都传达出有关这个项目将是什么、这个客户将会怎样等方面的信息。

咨询顾问与客户在最近签约会谈上的人际互动是表明项目将如何推进的准确指示器。如果同意这一观点，咨询师就会密切关注这些早期的会谈。事实上，签约的关键技巧就是当出现程序方面的问题时，咨询师和客户能够立刻发现并展开讨论。

签约会谈通常是通过电话召集的。通过电话，需要确定一些事情以筹集签约会谈。谁提出召开会议的要求？这将是表明责任在于哪一方的第一个信号。如果是其他人建议与直线经理的一位参谋人员面谈，这是一个应引起警觉的信号，表明直线经理可能感觉到了前进中的某些压力。要弄清楚谁将参加会议以及他们将扮演什么角色。预计会议需要多长时间，这初步表明项目对管理者的重要性。如果咨询师听到"我们有半个小时的时间"，你得到的信息就不同于从"我们有足够的时间"这句话中得到的信息。要明白人们希望通过这次会议取得什么成果。这次会议是要决定如何开始，还是决定究竟要不要开始？是否需要提出建议？即使是在会前讨论这些问题也能为咨询师的会议筹备工作提供更多的信息。这同时也向客户暗示，这很可能是双方各自承担50%的责任的建议——咨询师(团队)也要为这一过程负责，而不仅仅是作为一个提供服务的人员需要参与而已。

当然，如果客户与咨询师共同召集这次会议，所有这些事情都要比咨询师单方面提出要求容易一些。然而，如果客户希望与咨询师见面，建议咨询师提出以下问题，至少是通过电话提出。

- 你想讨论什么问题？
- 该项目的客户是谁？
- 还有谁参加会议？他们扮演什么角色？
- 你有多长时间？
- 你是否想启动某个项目，或者将要讨论究竟做不做某件事情？

6.2.1 明确客户

当咨询师与客户见面开始讨论签约的时候，关键问题是：谁是客户？大多数项目都有多个客户。与咨询师进行交谈的直线经理(Line Manager，业务线经理、直线经理)就是客户之一。还有其他一些人可能也要采取行动。签约的基本原则之一，就是咨询师不能与一个站在门外的人签约。咨询师在为一个项目立项时，如果有些重要的参与者没有到场，必须等到与他们见面，否则咨询师就不能想当然地认为他们会支持这一项目。

一般说来，项目的客户是下面这些人：

- 参加最初的规划会议的人；
- 为项目确立目标的人；
- 对将要采取的任何行动表示支持的人；
- 收到咨询师的有关工作结果报告的人。

这就意味着,客户可以是一个人、一个高层管理团队,可以是咨询师通过代表性规划群体参与其工作的整个部门,甚至可以是咨询师自己的老板。努力与那些发起这一项目的人至少会谈一次——哪怕他们出于组织中的高层。这会让咨询师了解他们希望从咨询师那里得到什么,以及咨询师所规划的东西能否满足他们的要求等。

6.2.2 引导签约会谈

与客户就合作事项达成协议,有一套完整的程序可循。图 6-2 概括了一系列步骤,遵循这些步骤,可以就合作或不合作等问题达成共识。利用这一模型,就能保障咨询师充分完成签约阶段的所有事情。通过阐述下述步骤,希望能清楚地说明需要完成的每一项任

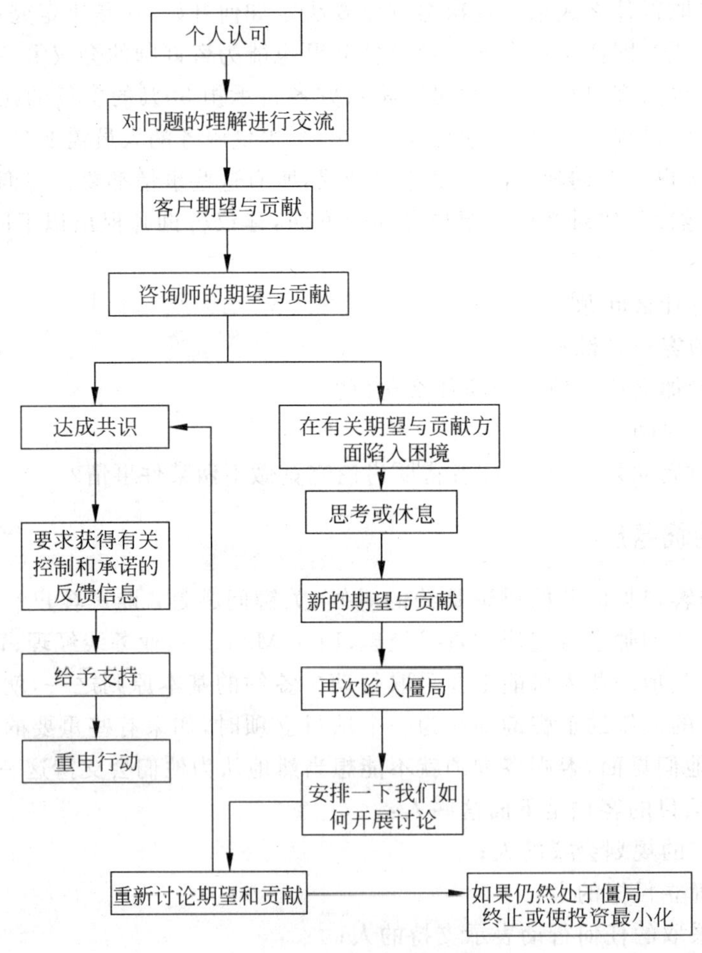

图 6-2 引导签约会谈

务以及完成这些任务的可靠方式。

这里集中讨论的焦点就是在咨询师(团队)与客户之间签订一份稳定的、平衡的、切实可行的合约。

步骤1：个人认可

不管直线经理寻求帮助的动机如何，想在组织中获得帮助是件难事。因此，签约会议议程的第一项就是做一些能够消除咨询顾问和客户之间隔阂的事情，比如讨论球赛得分情况和天气情况。这一过程越有人情味，效果就会越好。最好阐述咨询师自己对于这次会谈的感受。

实例：

"这是我没有与之合作的少数企业之一，非常高兴你邀请了我。"

"你对我们所从事的工作感兴趣，这出乎我的意料，希望我们能共同有所成就。"

"看上去你的工作很繁忙，希望这是我们合作的大好机会。"

步骤2：对问题的理解进行交流

客户通常急于向咨询师说明某一问题或一般情况。这种急切心理通常反映出管理者的一种看法：从某些具体方面看，这种情况是很独特的，这个组织实在是很特殊。直线经理也可能感到，组织中的情形如此独特，以至于咨询师如果不在组织中待上一年，就不可能完全理解。

有时，客户通过相当间接的方式说明这种特殊性——常常还伴有对咨询师能否理解这种情形的怀疑。客户会提出这样的问题：咨询师在组织中其他部门工作得怎么样；如果他们不了解，咨询师要向谁汇报；咨询师从事这种工作多长时间了；咨询师是否能够提供某些帮助等。所有这些陈述和问题的背后，隐藏着这样一种担忧：客户能否得到帮助？问题能否得到解决？毕竟，在咨询师到来之前，客户已经尽了自己最大的努力去解决所面临的问题。他们因为找不到解决方案而感到沮丧，并由此对咨询师可能会起的作用产生怀疑，这些都是可以理解的。

为了消除客户的疑虑，下面列出的这些客户关心的基本问题，需要咨询师在签约会谈的早期阶段就做出直接的回答：

"我们的情况是相当独特的。"

"问题很复杂，不可能有一个很明确的解决方案。"

"因此，作为一名外部咨询顾问，你如何能够在短时期内提供有意义的帮助呢？"

咨询师需要对问题的理解进行交流沟通：承认所面临形势的独特性；对看上去复杂的形式做出反应；针对客户害怕得不到帮助的担忧做出安慰。

下面具体说明咨询师可以如何去做。

首先，承认所面临的形势。因为每个客户都是在不同环境中工作的不同的人，因此直线经理所谓的独特性也是有一定道理的。咨询师所处地位的有利于，往往更加了解这一客户与另一个曾经合作过的客户之间的相似之处。但一开始时，重要的还是要说明这一项目的独特之处。

实例：

“你们所面临的形势有两点比较独特：你们所面临的来自上层的压力以及处在这一位置所面临的沙漠性气候。”

“你们所处的形势有几点独特性，这既令人感兴趣，又让人感到沮丧。”

其次，用自己的话重述咨询师对所处的形势的感觉。这里咨询师要表达出这样一层意思，尽管问题确实复杂，但作为咨询顾问已经开始理解它了。这是一种加强信心的行为，目的在于使客户感到他得到了理解和支持。此时，咨询师其实并不知道真正的问题是什么，因为真正的问题常常与客户最初说明的问题大不相同。作为咨询顾问所做的这一切只是为了使客户认识到，你正在用心倾听，并且拥有足够的专业知识，能迅速理解所面临的形势。

实例：

“虽然你掩饰了问题的许多因素，但我感觉似乎操作人员对设备维护的态度是最主要的问题所在。”

“你已经详细地说明了你对于优惠消费、小额现金以及应付账款的担忧，但听起来你真正担心的似乎是缺乏对某些方面的具体控制。”

“我可以看出来你对于产出速度下降、工人罢工、对财产肆意破坏等方面的担忧。但听起来你真正担心的是，在这里工作的人们没有体会到快乐。”

最后，使管理者确信，解决这种独特、复杂问题的方案是存在的，并且咨询顾问能够对其有所帮助。

咨询师的保证必须是诚恳的，陈述应当表明的是开展咨询能够帮助他们找到问题的解决方案，而并不是现在就已经知道了解决方案。咨询师所拥有的专业知识使自己清楚寻找解决方案所需要遵循的步骤，这也正是客户需要咨询顾问做的。在这一阶段，客户感到不明白的是：“可不可以依赖这个咨询顾问并且相信他能够帮助我解决问题?”作为咨询顾问可以尝试回答“是”。在这里得到什么，或者客户能够给予咨询师什么样的支持。除非知道客户的具体要求以及能够提供的支持，否则咨询师根本不知道自己是否能够取得成功。

实例：

“尽管你感到很沮丧，我能够帮助你解决问题。”

“这种情况下，通过充分利用自己的背景知识，我想我能够对你们有所帮助。”

“我对这类项目很感兴趣，最近我们做了大量这方面的工作。”

在双方就问题的理解进行交流时，使用简短、简单的句子很有帮助。许多人往往走入误区，在这一较早阶段就过分专注于对问题进行分析。这一阶段的任务只是针对人们对特殊性、复杂性以及客户对咨询顾问是否能够有所帮助等方面的潜在的担忧做出反应。咨询师（团队）的任务并不是分析问题的性质——这是以后的工作。运用短句子、较短的词语，比运用长句子、更长的词语能够更好地安抚客户的焦虑，直接陈述比运用推论更有效果。通过简单的阐述表达咨询师对问题的理解，并且提供必要的支持，但不要过度或者错误地对别人做出承诺。下一步就是具体讨论作为咨询顾问和客户真正希望从对方那里得到什么。

步骤 3：客户期望与贡献

听完有关直线经理所关心的问题之后，咨询师要用眼睛看着管理者问：“那么，你希望从我这里得到什么？”这一问题的答案就是签约过程的核心话题，必须直接提出这一问题。这是决定咨询师是否能够以及如何成功地取得该项目的关键性问题。

客户希望从项目中得到什么与客户希望从咨询师那里得到什么，这两个问题是不同的。对于希望通过项目得到什么，客户可能十分清楚——更好的成本控制、减少管理费用、减少设备故障、鼓舞团队士气、更加娴熟的一线管理者、销售报告系统得到改善。但这些并没有说明客户希望从咨询顾问那里得到什么。

一般而言，客户希望从咨询顾问那里得到的东西包括：

- 对具体业务问题的研究；
- 关于如何解决问题的建议；
- 设计并实施的培训计划；
- 个人的建议与支持；
- 对关键授权人员的评价；
- 一套安装好的设备；
- 所设计出的成本更低的程序。

这些通常都是对咨询师的服务所提出的直接要求。随着咨询师对客户期望的进一步了解，还需要了解实施项目或者项目中存在一些什么限制因素。找到限制性因素有助于尽早发现：

- 咨询师只有两周的时间，却要完成四周的工作；
- 咨询师不应当过于频繁地与人们交谈；

- 没有人知道进行这项研究的真正原因，而咨询师不应当告诉他们；
- 作为咨询顾问不应当打扰任何人；
- 项目的预算只有 1 000 元；
- 会议结束后，客户再没有更多的时间与咨询师交流。

对咨询师来说，现在就认识到下一步会遇到的限制性因素，这是至关重要的。咨询顾问将如何继续通常是合约中有待于协商的一个最困难的部分。

使这些限制性因素逐渐显露出来的技巧就是直接向客户询问：

- 对于咨询师将如何与其合作，他或她有什么看法；
- 该项目实施过程中存在什么限制性因素，包括资料收集方法、参与者、谁了解项目结果、时间安排以及项目成本。

步骤 4：咨询顾问的期望与贡献

完美的咨询中一个最关键的技巧就是作为咨询顾问直接说明为了使项目取得成功，希望客户为你提供什么。

当内部咨询顾问被告知，他们应当清楚地说明他们希望从客户那里得到什么的时候，他们常常说："我们的角色就是服务提供者，我们的工作就是满足直线经理的希望和需求。只要我们的项目取得了成功，我们的工作就完成了。我们没有资格向我们为之提供服务的人提出要求。"这种纯粹以服务为导向的想法有时会弄巧成拙。明确地说明咨询顾问希望从客户那里得到什么，是为了确保项目取得成功，而并不是要满足咨询顾问个人的兴致或愿望。

这里所讨论的咨询顾问的需求，包括对充足的完成工作的时间需求、对使用合适的人员和信息的需求、在困难时刻得到客户支持的需求、对客户组织中的人员参与项目的需求，以及对保密性、推荐方案的实施不受直线经理干扰等方面的需求。这些需求必须在签约阶段加以说明。不说明需求的风险，项目就不会取得成功，一个不成功的项目，要比根本就不实施的项目更糟糕。

咨询师们希望从客户那里得到的东西中，有些比其他的更重要。在安排签约会谈的时候，将咨询师的需求分为两类——实质性需求和理想需求。如果客户无法满足实质性需求，那么最好不要启动该项目。不同情况下，实质性需求也各不相同。

例如，咨询师的实质性需求可能是：

- 接近那些与要解决的问题有关的关键人物；
- 拥有专业化地完成该项工作所需要的足够时间；
- 就下面这一点达成共识：不会要求咨询师分别评价那些在项目中与自己共事者的绩效；
- 充足的资金；

- 得到某些记录和材料；
- 组织的高层管理者承诺继续推进项目的实施；
- 给咨询师回电话。

有过几次成功和失败的经历后，作为咨询顾问就可以认识到什么是实质性需求。在任何项目中，咨询师都不可能得到想要的一切。因此一开始，咨询师往往要迫使自己做出一点让步来启动项目。而如果咨询师在一项实质性需求方面做出让步——不管是出于对客户的渴望还是处于上司提出的"留住那个客户"的要求的压力，结果都会非常遗憾。在实质性需求方面做出让步，意味着该项目建立在相当不稳固的基础之上，咨询师将时刻面临着项目失败的风险。

如果现在签约会谈正在进行中，咨询师和客户提出的建议始终变换不定，而咨询师又必须决定自己是否赞同某件事，这时就要暂停会议，去放松一下自己。在寻找答案的同时，咨询师可以喝杯咖啡，冲个澡，随手抛几个小石子，或者做些其他的事情，为你的思考提供空间。休息的时候不必超过 3 分钟或 4 分钟，咨询师只问自己一个问题：谈判中提出的建议是否以某种方式侵犯了该项目中对咨询顾问来说是本质性的东西？如果答案是肯定的，那么就回到会议中说："你们提出的建议很有意义，但并没有为我提供在我看来对项目的成功至关重要的东西。"然后继续寻求共识。

在启动一个项目时，咨询师所能做的最好的一件事，就是确定实施该项目的要件是什么。如果咨询师已经实实在在地完成了这一工作——既没有表现出贪得无厌，也没有过于自我牺牲，那么签约过程中出现的其他情况不大可能造成真正的损失。许多情况可能使咨询师感到遗憾，但只要咨询师提出的实质性需求得到满足，项目就可能取得成功。而如果这些需求得不到满足，项目的结局只能是失败。

理想需求是指咨询师希望从客户那里得到满足。这些并不是一时想起的或多变的需求，它们将会使项目实施效果更好。但咨询师也需要知道，即使这些需求得不到满足，咨询项目也能成功。

有时内部咨询顾问过于强调满足客户的需求，以至于他们很难确定自己希望从客户那里得到什么作为回报。

下面列举的是有些内部咨询顾问希望从客户那里得到的东西：

- 对于工作性质的清楚界定；
- 共同研究问题；
- 对项目的承诺；
- 荣辱共享；
- 有所作为和有人需要的感觉；
- 对成果没有偏见；

- 对完成工作的物质需求的关注(比如穿过巴基斯坦沙漠,你需要汽车、司机和翻译);
- 在项目实施过程中对反馈意见的接纳;
- 及时被告知项目实施过程中出现的问题;
- 为咨询顾问提供其离开后的有关反馈信息;
- 向咨询顾问的上司提供反馈;
- 更多的时间;
- 希望成为一名更好的管理者的客户;
- 愿意承担更多责任的客户;
- 不做空头承诺;
- 理解;
- 容忍错误;
- 接受某些无法做到的事情;
- 做好自己分内之事;
- 宽容。

咨询师希望从客户那里得到什么,这只是第一步,下一步就要向客户阐明你的需求:

假设由于业务发展的需求,培训部门经理正在与部门主管讨论派他的一名下属参加绩效评价技巧培训的事情。他对部门主管的要求是,希望部门主管能够通过参加这一培训课程,直接参与到该项目中来。要阐明这一需求,通常有两种途径。

第一种,对希望的模棱两可的表述

培训部门经理:根据我们以往的经验,如果有一些明显的证据表明培训对工作能起到正面的推动作用,培训中的学习过程往往会被延长以使新获得的技巧得到更好利用。就你的情况来看,绩效评估课程引入完全不同的方法来评价员工所从事的重要的、富有成果的咨询活动。如果实际上没有产生正面的推动作用,那么学习的效果就可能打折扣,你的投资所产生的收益率就会大大减少。你参加过有关绩效评估的培训课程吗?

评价

在这里,培训部门经理所提出的观点都是正确的。有充足的理由要求部门主管参加培训课程,问题在于这些正当理由掩盖了这种要求。最后提出的问题可能最终也会引出让部门管理者参加该项培训课程的要求,但这是一种间接的、不必要的方法。

第二种,坦诚地说明要求

培训部门经理:希望你也能参加这次有关绩效考评的培训课程。

评价

这样做可能看上去过于简单,事实上并非如此。陈述的力量主要来自于简练,来自于所运用的日常用语。完美咨询的目标就在于使咨询师的工作产生的效应和对客户的影响

最大化,这样咨询师拥有的专业知识就得到了利用。坦诚地做事就是咨询师能做的最有说服力的事情——咨询过程中的每一阶段都是如此。

在咨询师(团队)希望从客户那里得到什么的时候,首先确定的是要求,其次就是这种要求的正当理由。咨询师希望部门管理者参加这一培训,接着就要考虑如何才能向客户说明其正当理由。刚开始往往担心该如何以惯用的语言表达出来,如何用"结果如何"加以解释,如何找到客户可以理解的语言。所有这些努力不仅是多余的,而且可能会使咨询师的要求模糊不清,成为得到我们想要的东西的障碍。

这里的技巧在于:

- 用简单的常用语表达自己的要求;
- 保持沉默,等待客户做出反应;
- 如果客户向咨询师提出问题,用两句话回答问题,并重申咨询师自己的要求;
- 保持沉默,等待被认同或拒绝。

咨询师不可能总是得到肯定的回答,生活就是这样。在简洁地说明了自己的希望后,就要保持沉默,等待客户说出自己的感受,并做出相当简短的解释,这样就做到了咨询师能做的一切。长篇大论可能会使自己感觉更好,但也会成为障碍。简单坦诚的说明最有可能清楚地表达自己的希望,同时也能更清楚地认识到咨询师与客户站在什么样的立场上。

咨询师可以这样做:取出一支笔,一张纸,将纸分成两栏——实质性需求和可取的需求。选择一个自己所关心的客户,写下相对于客户的实质性需求和可取的需求。不必考虑是否会对客户提出这些要求,仅仅是尽可能毫无保留地写出这些要求。

作为咨询顾问的贡献:除了说明对客户的希望之外,还要说明必须提供什么。这就要求对于自己能够做出什么承诺采取现实的态度。多数情况下,咨询顾问做出的承诺是,详细地描述客户组织中发生的所有事件,以及提供有关如何改善现状的建议。只有在直线经理承担起他那50%的责任的情况下,咨询顾问才能承诺使现实有所改善。有关营运状况改善的承诺只能由咨询顾问与客户共同做出,而不可能是咨询顾问单方面的承诺。如果咨询顾问为客户带来的结果仅仅是作为个人努力的成果,那么会给人留下轻诺寡信的印象。咨询顾问不能带来那些无法控制的东西,那将无法控制客户的行为或行动。如果咨询顾问听由自己的热情来做出只有客户才能做出的具体成果的承诺,结果正中客户下怀——客户总是暗地里希望静观咨询顾问带来奇迹。

下面阐述有关选择的例子。

客户:我们多久可以见到项目的成果?

不现实的咨询顾问的回答:我们将在3天之内使设备重新回到生产线。之后,你不会遇到任何麻烦。

现实的咨询顾问的回答:我们将在3天之内使设备重新回到生产线。之后,维护设备运作就是你们的责任了。

对于大多数从事咨询活动的人来说，经常需要做两件事情：

第一，清楚地说明（有时要冒过分夸张的危险）为了使项目成功，自己希望从客户那里得到什么；

第二，对于该项目中作为咨询顾问单方面提供的结果要持谨慎态度（有时要冒过分夸张的危险）。

步骤5：达成共识

与客户就咨询师的要求交换意见之后，要么双方会达成共识，要么咨询师会陷入困境。如果大家能够达成共识（多数情况下都是如此），咨询师应该暂停一会儿，仅仅体会其中的乐趣就可以了。如果感到很自豪，咨询师甚至可以对客户说："似乎我们已经就如何继续推进项目达成共识，对此我的确感到很高兴。"重述所达成的共识也是有益的。

一旦达成共识，咨询师常常表现得好像会议已经结束。实际上会议并没有结束。确保得到一份稳定的、平衡的合约，还有三个重要的步骤。

步骤6：要求获得有关控制和承诺的反馈信息

这是一个保证性步骤。多数合约的不牢靠都是源于下述两个原因之一：

第一，客户是在某些压力下达成共识的，不管这种压力多么微妙或间接；

第二，客户赞同该项目，但越来越感觉到他们对项目的进展没有足够的控制。

因此，任何项目启动之初，务必检查一下是否存在如下缺陷：

检验1

直接问客户："你是否真正希望实施该项目？对于我们所公认的项目启动方式，你是否感到满意？"

在许多方面，直线经理都可能会感到是被迫赞同该项目的：因为高层管理者建议过实施这样的项目；因为启动这样一个项目可能是组织的最新潮流；因为管理者觉得拒绝咨询师显得不明智。

询问有关客户承诺的问题并不意味着如果客户不做出承诺，咨询师就从项目中退出。咨询师提出这一问题，为的是从一开始就知道自己面临着怎样的情况。如果客户的承诺出于勉强，咨询师现在就得认识到这一点。有时候生活就是这样，持现实的态度是很重要的，这样也就不会过度投入，也不会在合约并不牢靠的情况下声称其相当牢靠。

询问有关客户承诺的问题还有一个好处：这样能够使他们必须为下面这一事实承担责任——他们在没有给予充分支持的情况下启动一个项目。有时客户承认他们的行为是出于被迫的这一事实，能够增强他们对项目的承诺。

在签约会谈即将结束的时候，对有关项目的承诺问题进行交流是很重要的。切记这样做!

检验 2

讨论了有关客户承诺问题之后,咨询师应向客户提出这样一个问题:“你们是否觉得自己对于如何推进项目有足够的控制?”

直线经理(其他人也是这样)往往把控制看得比什么都重要。如果客户开始感觉他们对形势逐渐失去控制,合约与项目就会受到威胁。正如咨询师提出的有关客户承诺的问题一样,现在想了解客户是否有不安的感觉。失去控制是导致组织成员感到不安的一个主要原因。每次客户请咨询顾问时,他们其实都放弃了一些控制,因此作为咨询顾问,自己应当考察一下这种不安的程度。

当外部咨询顾问建议内部咨询顾问提出一些有关客户承诺和控制的问题时,他们会反过来问:“呀,但我们怎么能知道会得到诚实的问答呢?客户会真诚地对待我们吗?”实际上,如果咨询师提出这个问题的方式表现出对问题的答案真正感兴趣,客户就会很直率地回答。如果咨询师用说服性或恳求的口吻询问,不太可能会得到诚实的回答。提出这些问题的目的,在于促使客户没有保留地说出他们的任何想法,不是要卖弄技巧。

即使咨询师真诚地提出问题,有时也得不到直接的回答。但向客户提出这些问题仍然有必要。

步骤 7:给予支持

针对客户愿意与咨询师共同启动该项目这一事实,给予鼓励和支持。毕竟,邀请或允许他人参与到自己的组织中来,就有关自己应当如何进一步发展的问题提出建议,这需要相当的勇气。即使客户是个能够呼风唤雨的超人,咨询顾问也通常都假定他们也希望得到帮助。

所给予的支持必须是名副其实的、具体的。下面列举了一些例子:

“启动这样一个项目你也要承担风险,非常感激你愿意与我共担风险。”

“长时间以来你一直忍受着这种情况,现在你处于对这一形势采取措施的有利时机,这太好了!”

“你对于这类问题本质的感悟力很强。这一点将大大有助于该项目的实施。”

“起初我认为你对于是否允许我介入还持怀疑态度。很高兴现在我们已经通过了这一关。”

步骤 8:重申行动

作为保证性步骤的最后一步,要确保咨询师和客户都知道下一步各自要做什么。简单的陈述即可。

如:“请你为所有的人准备一份该项目的备忘录。”

“我将在 3 月 4 日过来与你的员工面谈。”

“明天开始，我将和乔治一起回顾一下过去的记录。你和我将在星期五下午4点见面。”

就下一步的行动达成共识后，签约会谈就结束了。没有任何合约是永久性的，事实上，项目实施过程中通常要对合约进行重新协商。不过，如果咨询师已经完成了上述8个详细而貌似啰唆的步骤，你就完成了你在这一阶段所能做的事情。

补充步骤：应对和处理“期望与贡献的困境”

第四步完成以后，讨论了达成共识后该做些什么的有关问题。那么，如果协议很难确立，该怎么办？处理这种困境要经历两个阶段：

首先，咨询师必须意识到自己陷入了困境；

其次，咨询师必须对此采取措施。

步骤A1：确认陷入困境

① 认识到咨询师自己何时陷入了困境。

咨询师很可能会觉得有关项目已经和客户进行了合理的讨论，而并没有意识到正处于僵局。然而，实际操作中会有一些相当明显的迹象表明正处于困境之中。如果咨询师自己已经是第三次重新解释某件事情时，表明已陷入了困境。

咨询师第一次解释为什么希望得到什么的时候所使用的可能是专业或拙劣的语言；当第二次解释时，可能会觉得客户并没有在真正倾听；当第三次努力去用更清晰的语言来解释某件事的时候，咨询师应当承认自己已经陷入困境。

组织中的大多数交流都透露出某种信息，如表6-1所示。

表6-1 信息与暗示

如果人们的意思是	他们的表达方式可能是
我不喜欢它	我不能理解它
我不想做	我们再找一些资料吧 或者我回头再找你 或者我再与参谋人员讨论一下
你所说的我一点都不理解	没什么
按照我说的去做	为什么你不反复考虑一下，再跟我说呢
我不会让你们这样的群体接近我的组织	我们想与其他人讨论这一问题的其他解决方案，再告诉你们，等等

咨询师有必要学会理解并确认这些暗示，因为如果你与直线经理陷入僵局，这些都是警示信号。

当咨询师认为客户并没有真正理解自己所说的话时，事实可能是客户确实是真正

明白了自己所说的，但并不赞同。如果出现这种情况，不要反复解释，而应当承认自己已经陷入僵局。

② 如果注意到客户已经将同一个观点解释了三遍，咨询师就陷入了困境。

可能客户认为咨询师还没有理解，就会说："看看我能否通过另一种方式说明。"重新解释的过程就是假定所面临的问题阐述得不够清晰。如果客户是第三次这样做，就不再是表达不够清晰，而是双方缺乏共识。这说明咨询师已经陷入困境，要承认这一点。

③ 咨询师的身体将传达出你陷入僵局的清晰信息。

如果咨询师开始控制自己不要打哈欠，应把这看做一种表明会谈没有按照自己的想象进展的信号。厌倦和疲惫通常是愤怒的间接表达。对于客户表现出的抵抗情绪，咨询师可能有一点愤怒。或许咨询师从客户那里得到的恰恰就是没有任何激情的反应。随着自己逐渐变得恼怒，咨询师对自己说，不应当发怒，因此开始控制自己的怒气。控制愤怒的努力是很令人疲倦的，尤其是在无意识的情况下，更是如此。咨询师的肩膀和脖子开始发疼；开始打哈欠，并转而露出笑意；开始不断地看表，并想着自己昨天参加的网球赛。咨询师也可能注意到客户看上去也很疲倦，也将哈欠转化成一丝微笑，眼睛紧盯着窗外，或者在别人谈话的时候偷偷打盹。

所有这些，都表明谈话陷入僵局。如果大家进行得很顺利，不断走向一致，在座各位的兴致将会越来越高。如果咨询师的兴趣逐渐降低，并开始感到恼怒，这就清楚地表明并没有得到想要的东西，而是陷入了困境。

④ 咨询师的眼睛将会给出最好的暗示，说明签约过程已经陷入困境。

要相信自己所观察到的现象，相信非语言信息。

关于肢体语言人们讨论的很多——如何理解对方的不同姿势，在传递或隐藏某种信息时，该摆出什么姿势。运用肢体语言或非语言的行为来控制某种形式或者"表明"自己是错误的。如果强迫自己摆出某种能够掩饰真实感觉的姿势，在别人看来，就是在迫使自己摆出某种能够隐藏真正感觉的姿势。

如果咨询师能运用非语言的行为顺其自然地去"做"某事，或者从心理学的角度去理解其他人的非语言行为，这将是一个很有价值的信息源。

如果在签约阶段咨询师注意了非语言信号，就会知道客户正逐渐深入讨论或者正在偏离讨论。咨询师会注意到客户的手——做出向外推自己的姿势，伸向自己，像枪一样指着自己，或者手掌张开向上举着，好像在说："我只是偶然来到这里，一个无知的命运的牺牲品。面对这种形势，我们这些普普通通的人能够做些什么呢？"

只有在最直观的层次上，才能对这些姿势做出准确的解释。它们是不是意味着支持或拒绝？客户是想参与该项目还是想从中退出？谈话进展得顺利还是很糟糕？

客户的身体行为以及咨询师自己的行动仅仅是帮助认识何时陷入僵局的线索，它们并不能告诉咨询师为什么陷入僵局。不要迷恋于对具体的姿势进行阐释，一定要相信一般性的信息。

客户所说的话与其非语言行为之间往往存在着鲜明的对比。他们口头上说他们对这一项目确实感兴趣，可同时他们又背靠在墙上，双手交叉靠在脑后，好像躲在防空洞里。

如果咨询师必须在相信所说的话与相信肢体语言之间做出选择，咨询师宁愿相信肢体语言。每个人都有相当世故的口头辩护能力，但非语言的辩护能力则没有那么老练。因此更相信自己所看到的，但咨询师也仅仅将其看做一种信号，而不对他们的行为做出直接的评价。咨询师尽量控制自己不这样说："每次我建议与你的下属面谈的时候，你总是将椅子靠在墙上，头靠在胳膊上，并且直到脸憋得铁青才呼吸，为什么这样？你是否对我所提出的建议感到很不自在？"

根据他人的行为推断其动机很有攻击性，往往会导致他人的防御行为。咨询师的目的是促使客户更加直接地表达他们所保留的看法，并希望从客户那里得到单一的信息，这样就能明白事情的真相。如果咨询师得到的是双重信息，如果他们的肢体语言与他们所说的话不一致，就可以提出诸如客户对自己所讨论的问题有什么感觉这样的开放式问题。

同样，将注意力集中到非语言行为上的目的就在于建立一套早期的警示系统，收集到一些更为准确的线索，这样咨询师就能有更加现实的看法，知道客户对自己所说的有何反应。

咨询师自己的身体语言同样也能够表明对于签约会谈的真实感受。如果表面上看起来对话进展顺利，却发现自己兴致不高地瘫在椅子上，就应当反思一下，是否自己的身体正发出某些表明内心想回避的警示性信号。如果谈话的确进展顺利，摊在椅子上可能仅仅是感到累了，这也很正常。

如果咨询师感到自己已经陷入困境，该怎样做呢？

步骤 A2　思考或休息

应付困难最难的一点就是承认自己已经陷入僵局。如果咨询师承认自己已经陷入困境，要做的第一件事就是调整心理状态，把自己当成正在参加签约会谈的一个旁观者。咨询师可以继续谈话，倾听，同时还要考虑是否可以通过某种途径改变自己的立场，是否可以提出其他不同的要求来达到目标。

有时暂时休会也是明智的。咨询师可以明确指出："似乎我们在这一问题上遇到了障碍，我想用一点时间更好地思考一下。"这就使咨询师有时间重新估量：自己和客户之间是否真正存在着无法消除的差异，所面临的困难是否源于由会议本身的进展方式所造成的误解。如果能从心理上、实际上退出谈话第一线，咨询师就有时间找到一条实施项目的不同途径，或者找到一种能够达成协议的不同方法。

步骤 A3　新的期望与贡献

如果认为和客户之间的差异是可以调和的，咨询师就可以提出有关希望从客户那里

得到什么，以及可以贡献什么的新想法。随着签约会谈的推进，经常会陷入僵局。比如客户希望30天完成项目，咨询师（团队）认为需要60天，双方又都有充足的理由，就会陷入僵局。

经过思考和休会阶段，咨询师可能会认为，如果客户安排两个人与自己合作，并且同意自己所提交的最终报告可以采用概要的形式，而不必十分详细，那么就可以在30天内完成项目。

下面就是咨询师应该说的：

改变为客户提供的东西：工作可以在30天内而不是60天内完成；

改变自己的要求：安排两个人与自己一起工作，并且接受一份较简短的总结报告。

通常，提出不同的要求和提供不同的承诺值得一试。而有些情况下，这样做也可能没有什么帮助。

步骤 A4 再次陷入僵局

如果咨询师认识到改变条件、改变承诺只会导致另一个僵局的出现，那么这就到了真正改变方法的时候了。为了达成共识，已经进行了两次尝试，都没有奏效，因此就应该自问：自己与客户合作的方式以及与客户之间的关系是否出了问题。

直线经理根据他们对参与人员的感觉做出有关项目的决策。如果咨询师和客户在有关如何或是否继续协商的问题上陷入僵局，就有必要展开另外一种讨论。

步骤 A5 安排如何开展讨论

如果对话再次陷入困境，就有必要转移到会谈是如何进行的这一问题上。此时要放弃正在考虑的现实项目。有许多方法可以用来考察大家是如何进行这一讨论的。

下面列举了可以将讨论的重点转移到会议过程方面的方法。

第一，坦白地说，“我认为我们陷入了僵局。”可能这是咨询师所能做的最有力的一件事情。只要对事实做简单的、宣言式的陈述——会谈没有取得任何进展。当然，可以采用自己的语言和风格，关键是直接说明大家已经陷入僵局这一事实。如果客户执意要讨论有关项目的问题，就要重申已经陷入僵局这一事实，促使双方对为什么会陷入困境这一问题展开讨论。

第二，咨询客户对会谈进展的感受如何，提出一个开放式的问题。咨询师没有必要过于小心，可以说：“我们为了就如何推进项目达成共识做了一些事情，您的感觉如何？”如果坚持提出这一问题，很快就会发现直线经理对与自己合作有怎样的反应。直线经理有可能会担心：

- 怎样对项目保持控制；
- 咨询师看上去很强硬；
- 他们感到在多大程度上被误解了；

- 咨询师所处的集团在他们组织中的声望；
- 该项目的收益看上去不可预测；
- 咨询师所用的行话和絮絮叨叨的陈述。

如果直线经理被这类程序性的问题所困扰，咨询师想对其有所了解，简单地提出问题即可。签约会谈中出现的僵局大多数都根源于这类担忧，而不是根源于如何立项等细节问题。必须由客户和咨询师一起就这些问题展开直接讨论。一旦弄清楚这些忧虑，具体的细节就会迎刃而解。

步骤 A6　重新讨论期望和贡献

通常，通过对会议进展这一话题的讨论可以打破僵局。咨询师可以开始讨论项目的细节问题，并且通常可以达成某些共识，使自己重新回到原有轨道(达成共识)最终结束会谈。

而在有些情况下，尽管咨询师有许多技巧，也正确地按照上述步骤去做了，咨询活动没有欠缺，仍然不能摆脱困境。

步骤 A7　如果仍然处于僵局——终止或使投资最小化

尽管这些项目对咨询师来说很重要，也并不是要全部接受。重要的是要在现在——项目的早期阶段就接受，而不要指望日后出现奇迹使形势转危为安。

如果咨询师与客户陷入了无法挽救的困境中，就有必要说："我们很难达成共识；或许现在并不是做这一工作的最佳时机。"或者说："既然我们似乎不可能就如何推进项目达成共识，我建议咱们不要启动这一项目。"运用咨询师自己风格的语言，终结谈判过程，减小损失。

6.2.3　咨询费用的界定

咨询师与客户之间的关系，不可避免地要面对咨询费用的问题。作为咨询公司，对客户开展的基本上都是收费服务，鉴于咨询业的高知识密集属性，咨询的费用的确是高昂的，但也是合理的。正确地处理好有关咨询费问题，是咨询公司与客户关系的一个重要方面。

1. 直接收费的服务

如果要给客户服务收费下个准确的定义，首先就要对咨询服务进行成本计算和制定价格。一般来说，收费的服务是应个别客户要求而直接进行的，包括咨询服务的劳务费、办公费、差旅费等费用。

应收费的范围不一定指在客户的所在地开展的工作，咨询师在自己的办公室拟订咨询计划、设计咨询方案、准备培训材料，或代表客户到国外和外地出差、为咨询项目查询信息等，这些活动很显然地应该也是给定任务的一部分，其结果都应支付费用。

2. 非直接收费的服务

咨询公司的总体管理与经营、营销与促销活动以及研究开发产品、培训内部员工等，都是与个别客户的具体咨询项目不直接相关的活动。每年的假期、由于生病损失的时间以及各种时间损失，包括由于缺少客户，或者公司经营管理不善造成的损失，也与具体客户的业务无直接关系。这些都不能纳入直接收费的服务范围。

从不属于可以直接收费的活动中花掉的成本将通过经常性管理费用分散于所有客户中。时间损失也分散到所有客户中，或者作为降低咨询师收入的一种损失。

还有为客户免费服务的问题。严格地说，自负盈亏的专业咨询服务活动是没有“免费”为客户服务可言的。然而出于某些原因，如为了培育潜在客户市场，为了塑造自身的社会形象，或者是咨询师利用业余时间为客户工作而认可收入的减少，或者服务是由政府或其他渠道资助的。某个客户享受的免费服务在一般情况下都是由其他客户代付的。也就是说，给某个潜在客户的每次免费午餐都是有人支付的。

3. 合理收费的诚信原则

在某些时候，不可能保证对咨询客户收费的标价是绝对精确而客观的。在咨询费用的核算中，不确定性与主观判断的成分将永远存在。尽管计量技术与计算方法有所发展，咨询工作可以量化的指标仍然不是很多。因此专业咨询工作的标价就不可能完全是正确的、客观的、公正的。

咨询公司的收费标价，更多的是要建立在诚信原则的基础上，即要符合咨询师这一职业的行为守则和职业道德。

目前，在咨询业内，确实存在以下一些不合理收费的现象。

(1) 索价过高

关于花费的时间，或许只有咨询师本人才能确切知道完成一个咨询任务确实花费的时间。为非工作时间收费，或者为由于咨询师本身的错误而白白浪费的时间收费，都是有悖于职业道德的。即使这种事发生在一位并不计较费用的客户身上，也是一样。同样承担一项简单的任务却索要过高的费用，也是缺乏职业道德的。

(2) 双重支付

经常有一个咨询师或小组在同一时间或同一次旅行期间为两个以上客户服务，就不应当让每位客户都承担全部旅行时间和费用。

但是，也有些收费却是表面看收费过高，而实际上是公平而合理的。这就是“特殊专长的价格”。例如，某位专家能够帮助客户做出难以把握的战略决策，或者某位专家的咨询为客户避免了重大损失。通常这样的咨询任务所费时间很短，所花费用不多，但收费水平比一般咨询费用要高得多。只要客户了解并接受这样的费用，就应当被视为是公正的，因为这笔异常高的费用只是客户可能损失或收益的一小部分。

6.2.4 咨询费用的定价

1. 咨询费用的构成

咨询费用主要包括以下几部分：

(1) 工资(分为专家工资和工作人员工资)

专家工资：一是按专家技术级别确定计日工资额或计时工资额；二是按专家基本工资＋附加福利费(包括健康费、退休费和其他社会福利费)计算。上述两种计算方法可任选一种，不能以时、日计算的，可采取匡算办法。

工作人员工资：一般按基本工资计算。

(2) 行政费

行政费包括行政工作人员工资、不动产折旧、税收、租金、公用事业设备、办公用品、通信费用。咨询机构的其他管理与行政事务、工作人员的培训、专业会议、业务联系往来接待，虽然与某一项目没有直接联系，但也应按年度预算摊入所进行项目的行政费中。

(3) 项目直接费用

项目直接费用包括专家和工作人员的差旅费、食宿费、邮电费、法律公证费、实验费、资料印刷、复印费、电子计算机数据处理费、实地考察费、专家单位补偿费等。

2. 咨询费用的计算方法

咨询服务秉着服务为主的原则。凡国家有统一标准的，按国家统一标准执行；没有统一标准的，由咨询委托方和受托方协调收费标准。边远贫困地区和濒临倒闭的企业，收费标准可以适当降低，一般不提倡免费咨询。咨询收费计算方法大体有如下几种：

(1) 在咨询效益中按比例提成法

凡是可以计算经济效果的项目，可在咨询服务后一定期限内实现的增收节支效果中按一定比例提成，或一次性或分期提成。采用比例提成法时，提成比例必须等于或略高于咨询项目应收费用。一次性提成比例要高些，一般掌握在效益的10％～30％之间。

(2) 总开支加固定费用法

不易计算或者不直接体现为增收节支等经济效果的项目，可按咨询过程中的总费用开支(包括工资、行政费和直接费)，加上一定比例的咨询管理费和企业利润的办法计收咨询费。咨询管理费一般掌握在总费用开支的20％左右。

(3) 技术成果转让费法

按财政部、国家科委的关于有偿转让技术财务处理问题的规定计算费用,咨询机构加收转让费5%～10%的委托手续费(中介费)。

(4) 按投资总额百分数收费法

此法适用于已确定投资总额的工程项目。计费时,先列出工程费用和建设费用分析表,然后根据咨询工作量确定最高费用和最低费用的比例,最后确定收费百分率。在计费时,投资费用总数较大时,收费比例可适当降低。参考收费百分率:技术经济论证按总投资的1‰～3‰收费;可行性论证及编写可行性报告按总投资的5‰～8‰收费。具体设计费按国家有关规定办理。

(5) 限额性收费法

在业务内容及工作量不十分确定的情况下,对该项咨询费规定一个上限(最高报酬数额)和下限(最低报酬数额),按天计算报酬。只要项目范围不发生变化,或者在进行过程中不发生预见不到的情况,完成该项目的费用应该不突破上限。

(6) 咨询费用承包法

对咨询内容比较简单、结果容易评价、效益比较容易估算的服务项目,可由咨询机构提出报酬总额,或提出单项结算额,经与委托方协商同意执行。

(7) 一次性收取现金

对专题咨询、多客户的研究报告、方案、资料(如市场预测等),一次性调机、上机或实验等,一般采取收取现金的方法。多客户研究报告、方案、资料可向多方收费,但实行第一客户收费最高,其后依次递减的办法。

(8) 聘金

当聘请专家担任顾问或讲座授课时,聘请方应根据工时(课时)、工作量和服务范围给付报酬(含差旅费和其他直接开支),若聘请时间较长应付聘期定金。

(9) 出国咨询收费

一般按国际惯例收取,也可算出专家有效工作日工资额,公式为:

$$\text{有效工作日工资额} = \frac{\alpha + \alpha \times 30\% + \alpha \times 30\%}{220}$$

式中,α为年薪额;220为有效工作日;第一个30%为福利附加费;第二个30%为出国津贴费。然后加上利润和行政费开支。

3. 与客户沟通标价

关于服务收费及其所用的计算方法,应当适时地与客户进行沟通。国际上咨询的服务费用往往由于其极高的价值通常是昂贵的。如麦肯锡公司近几年为乐百氏、平安保险、康佳、实达等国内知名企业的咨询费,均是数百万元或上千万元。一般来讲,客户并不指望咨询公司提供高质量的服务而收费过于低廉。相反,许多客户对廉价的咨询公司存有戒心。他们没有理由怀疑付出的高昂服务费。

然而,客户有权利知道他们为什么付费。因此,咨询公司有必要及时与客户进行沟通。从某种角度上讲,决定何时以及如何与客户沟通咨询收费问题,是一种策略和机智的体现。可能表现为以下几种情况:

(1) 直接

有些客户在同咨询公司的咨询师初次会面时就会直接询问咨询费的问题,咨询公司应当给予明确的回答。

(2) 暗示

有些客户会做出暗示以表示他们的顾虑,或者显示出他们对通常的咨询费标准一无所知。那么在这种情况下,咨询师应该明确告诉客户通常的收费标准。

(3) 解释

如果客户索要更多的信息,咨询公司应该解释服务费的构成,告诉客户正常的服务收费标准,咨询公司是以何种方式对完成的工作收费的。

这样的沟通应该在双方磋商的相对较早的阶段进行,如在给客户的建议书中一般就应该包含关于服务收费的信息。特别是如果客户认为咨询师的收费标准太高,那么这应该在详细的项目建议书拟订之前,或在初步论断调查之前就使客户弄清楚。当然,在与客户讨论服务费之前,向客户展示专业才能以及表现对客户事业的精通,也许对客户接受报价是有好处的。不管选择怎样的策略,都有一个总原则:在工作开始之前,客户必须获悉收费的标准,即收费的依据。

4. 咨询费用的支付与补偿

就一般情况而言,在咨询项目合同签订的时候,客户就应把咨询费用支付给咨询公司。从现金流状况来看,这对咨询公司是再好不过了,但是对客户来说却并不是一件好事。从很大程度上来看,客户同咨询公司一样也要考虑公司的现金问题。如果将咨询费用的支付延迟到咨询项目完全结束之后,那么就可以大大改善客户的现金流状况。

因此,必须折中处理。在咨询项目的运作过程中,客户可能采取分期支付的方式。项目的付款条件一般分为首付款、项目中付款和尾款三部分。例如,一个招聘类咨询项目的咨询费用支付可能按照下面的时间安排进行:

(1) 咨询项目启动时支付咨询费用总额的 1/3。

(2) 咨询公司向客户提交候选人名单之后,再支付咨询费用总额的 1/3。

(3) 在整个项目完成之后,支付咨询费用总额的 1/3。

咨询费用的支付也可能按照咨询师每个月的具体工作时间来支付。

对于一些大型咨询项目，咨询公司的收费频率可能要快一些，如可能按周收费。不管收费的日程怎样，都应该同客户达成一致意见，并写进相应的合同条款中。

另外，如果客户取消或推迟了某个咨询项目，尤其是在一些突然的情况下，那么，咨询公司就会承担一些开支费用。例如，某咨询公司已经安排了两个咨询师完成下周的一个为期 3 天的咨询活动，但是中途客户提出要推迟项目的运作。这样一来，咨询公司就很难在这样短的时间内找到能够获得收益的工作来填补这两个咨询师的时间空白。即使该项目会继续，但是下周两个咨询师的咨询工作日也就白白流失了。

为避免以上情况的发生，咨询公司可能会在合同中加入取消条款来寻求补偿。项目取消条款或推迟条款对于限制客户在没有必要的情况下随意变动既定的项目具有很大的帮助，这种条款有助于督促客户尽量避免既定安排的变动，以免向咨询公司支付项目取消的补偿费用。

6.2.5 结束后的回顾

1. 如何度量成功

问一下咨询师和客户判断是否成功的标准是什么。这可能是一个无法回答的问题，但是至少它可以使管理者清楚地说明自己的期望，如果做得好，它可以为整个项目的设计提供良好指导。

2. 签约会谈结束前的活动

任何签约会谈结束之前，咨询师都应当要求直线经理提供有关他对该项目、签约会谈以及对咨询师本人的感觉如何的反馈信息。可问一下："你对会谈的感觉如何，有什么保留意见吗？""你对于我所说的以及我做事的方式感觉如何，有什么保留意见或需改进之处？"留出 20 分钟讨论这些问题。有可能只需要两分钟，但如果这些问题又引出新的问题，最好马上就讨论。

3. 签约会谈结束后的活动

表 6-2 是对一份合约的分析，简要介绍了一种在签约会谈中所达成共识的方法。要弄清楚客户的反应如何，可以提出下面这些问题。签约会谈是告诉咨询师(团队)项目的余下部分将如何实施的主要指示器。通过对这些问题的答案进行分析，咨询师(团队)就能认识到，还有哪些问题是有必要在项目实施过程中继续关注的。

表 6-2 对签约会谈的回顾

1. 咨询师将会如何排序？

	客户				咨询顾问
• 参与者的责任分配？	100%	________	50/50	________	100%
• 由谁发起的？	100%	________	50/50	________	100%
• 谁有控制权？	100%	________	50/50	________	100%

2. 客户表现出怎样的抵制或保留？
   - 咨询师与客户直接讨论的是什么问题？
   - 这些问题还没有讨论过吗？
3. 关于合约咨询师有什么保留意见？
   - 咨询师与客户口头表达了哪些问题？
   - 哪些问题咨询师只是间接表达了，或者根本没有表达？
4. 咨询师是如何支持客户的？
5. 客户如何表达自己所关心的问题：

   (　　)沉默？

   (　　)顺从？

   (　　)攻击？

   (　　)疑问？

   (　　)回答问题？

   (　　)直接用语言表达？
6. 咨询师观察到哪些面部语言或肢体语言？
7. 咨询师如何评价客户继续推进项目的动机？
8. 咨询师如何评价你自己继续推进项目的动机？
9. 咨询师还会有什么没有向客户说明的？
10. 回顾“引导签约会谈”部分，咨询师是否略过了某些步骤？
    - 如果是，是哪些步骤？
11. 下一次咨询师的做法会有些什么变化？

6.3 签约后的问题

签约过程中会存在一些尤为困难的问题，值得重点讨论一下。首先是一种很难应付的形式：客户同意继续实施项目，但是咨询师知道客户的动机很微弱。如果继续实施一项他们十分不想做的项目，直线经理的表现就会很不自然，因为很可能他们是被迫同意的。他们可能是迫于上司的压力，可能是出于下属的要求，甚至可能是因为他们很难拒绝这个咨询师。咨询师也可能只是出于上司要求继续实施项目的压力而行动。

6.3.1 应对抵制动机

如果遇到抵制动机的情况，图 6-3 中的模型可以为咨询师提供帮助。

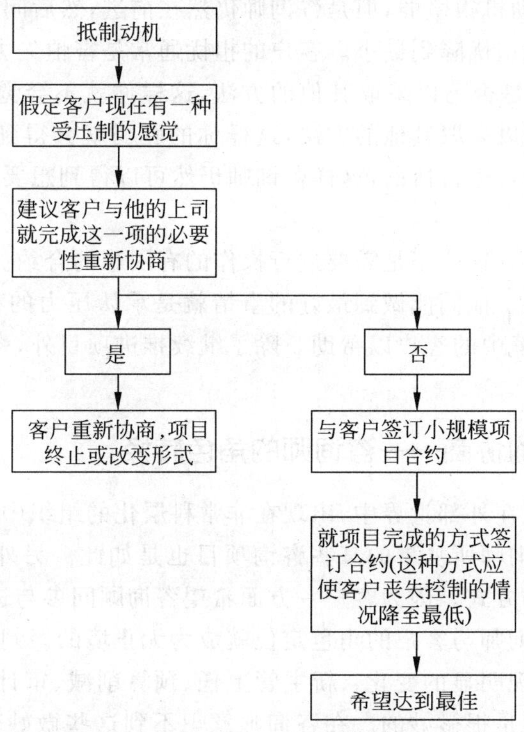

图 6-3 应对抵制动机

下面列举了一些咨询师在应对抵制动机情况下每一步行动的指南：

如果客户对于项目的实施感到精力不足，首要的选择是考虑放弃这一项目。

- 如果咨询师或客户感到无论如何，都必须实施项目

承认——至少对咨询师自己来说，项目一开始就是出于强迫。问一下客户，他或她对继续项目是否感觉到有压力。通常客户都会承认受到压力的感觉。

- 如果客户的确承认有压力

建议客户重新与那个施加压力的人见面，重新协商是否必须实施这个项目。客户可能同意要么停止该项目，要么改变其所采取的形式，这样感觉会自然一些。如果咨询顾问扮演了审计或控制的角色，这就是压力的来源，要意识到客户别无选择，只有与咨询顾问合作。

• 如果你必须面对压力继续前进

与客户就项目的一个小的组成部分签订合约。建议咨询师和客户先共同实施这一部分，让客户体验一下这一过程是否像所担心的那样糟糕。通常，如果客户在与咨询顾问合作中有一些积极的体验，这种担心就会逐渐消失。

向客户说明，尽管动机很微弱，但是咨询师仍然在前进，然后问一下客户，是否可以采取一些措施使他或她的担忧降到最小。客户的担忧通常是害怕失去控制或变得脆弱。因此，可以问一下："我们是否可以采取其他的方法，这样你就不会觉得你放弃了太多对形势的控制？我们是否可以采取其他的方法，这样你的脆弱就会得到保护？"作为咨询顾问可以就如何继续推进项目进行协商，这样咨询师仍然可以得到想要的东西，客户也不会感觉到自己像一个受害者。

向最好的方向努力。这些都是需要进行操作的有困难的合约。扮演审计角色的人员始终都要面对这种情况。他们能做到最好的事情就是承认压力的存在，帮助客户用语言表达他们的感情，给困境中的客户以帮助。除了继续推进项目外，咨询师不可能做其他的事情。

6.3.2 无止境的协商——咨询师的角色转换

咨询项目通常出现在外部世界中，出现在非常科层化的组织中，这里的人们面临的压力都在不断地变化，咨询师所从事的某些咨询项目也是如此。另外一个可能发生变化的就是客户对待咨询师的方式。因为客户一方面希望咨询顾问参与进来；一方面又希望咨询顾问离得远一点，咨询师与客户的角色定位就成为无止境的谈判过程的主题。

有时，项目中会出现明显的变化：新主管上任、预算削减、审计过程中发现了新的问题。更多情况下的变化是很微妙的。在咨询师意识不到这些微妙变化时，客户就开始以一种不同的方式来对待了。咨询师认为将被邀请参加一个会议，但却没有；客户为咨询师的会议做了安排，却失效了。这些迹象很难说出来，但可能意味着需要进行谈判协商。

6.3.3 谈判

如何进行合同的谈判呢？现实中并非所有客户都承诺咨询师提出的所有条款，所以，在每个咨询师的职业生涯中都免不了要与客户就条款进行磋商。

1. 谈判的筹划

从表面上看，无论谈判多么简单，它所涉及的时间和金额多么微不足道，咨询师事先总要考虑并筹划将要与客户谈判的有关事宜。即使简单地罗列一下项目目标或研究调查一下客户的需要，这对咨询师的工作都是有利的。咨询师在筹划谈判过程中所增长的洞察力，将在达到自己个人目标、商业目标或金融目标上处于更有利的地位。

尽管咨询师为准备一场谈判要做许多事情，但在谈判前还是应该先采取以下四个基本步骤。

(1) 确定谈判目标

如果没有目标，永远不会知道该往哪里走。目标是咨询师在谈判中为之努力要达到的最终目的。谈判前想一想目标以及它对你有多么重要。愿意放弃你的目标而达到其他目标吗？要准确地知道自己在谈判中需要达到什么目的，然后再准备达到它。

(2) 调查相关的背景资料

咨询师对客户了解多少？他们的公司或行业出版过什么刊物吗？客户和咨询师曾有过什么样的交往？这家公司是不是正处在财政年度开始之际，急于想投入大量的经费雇用咨询师？还是这家公司正处在财政年末并正在竭力节省每一分钱呢？咨询师正在计划与之谈判的公司有许多广泛的信息是可以搜索到的，例如，在因特网上可以很方便地做一些不同的调查，这些信息可以帮助咨询师谋划自己的谈判策略，以达到你的目标要求。

(3) 推测客户的意图

客户会有什么想法呢？是想延长还是想缩短履行的时间呢？会不会要求咨询顾问增加或减少为实施项目所建议的时间？设身处地地考虑一下客户，再推测他们的想法和意图。做完这些以后，再决定假如客户提出这些问题，自己该如何对待。

(4) 准备咨询师自己的要求

在进行任何谈判前，应先准备好咨询师自己要提出并将坚持的要求。这种要求是自己与谈判的另一方在磋商中想要得到的东西。它与目标的差异是：这种要求是在为达到目标的途中一些暂时的条件。例如，咨询师做某一特定的咨询项目的要价是 5 万元时，但最初的要求也许是对客户要价 6 万元。咨询师很可能已准备好了最初的要求，并在建议中将它递交给客户。尽管如此，在具体谈判前还是要为那些客户可能不会承诺你的最初要求准备一些有利的实际材料。

2. 谈判的基本准则

在谈判中，许多基本准则在百年的人类历史中不断演变。掌握了这些准则，将会成为一个真正的谈判高手，总能准确地得到想要得到的东西，生活将会充满无限的欢乐和成功。尽管如此，如果忽略了这些基本准则，或是没有有效地利用，可以肯定最终从讨价还价中得到的一定比所希望的要少。

通常，有以下 7 条基本的谈判准则。

(1) 做好准备

做好准备可让咨询师在每一场谈判中有把握地获得一些利益，这些利益在价值上远远超过自己在准备工作上所付出的时间和精力。

(2) 留有余地

没有人喜欢被限制在一个方案上。当咨询师制定了谈判目标和要求时,应留有足够的弹性空间,以便于修改、完善,直到最后满足自己和客户双方的目标。

(3) 设计多个可选择的方案

由于许多可能的原因,客户可能不同意要求中的某一条。这时,咨询师应该有一种或多种可供选择的方案,使谈判继续进行。例如,客户说不能接受一个月的交付计划,于是你可以准备另一个选择,让自己在半个月内交付完成,但是费用要增加一些,用以补偿加快工作速度的报酬。

(4) 遵守诺言

从事商业活动,有时就像生活,自己说的话就是自己的契约。谈判就是建立在相互尊重与信任的基础上的。如果不愿遵守诺言,就会立刻失去信任与尊重。犯一个诚实的错误并没有关系,但如果咨询师不遵守诺言,那你留给别人的是什么呢?

(5) 少说多听

谈判技巧中最重要的一条就是听的能力,倾听另一方的陈述。如果问对了问题,那就会促使对方说出答案。通常会发现什么能使谈判成功,什么又会使谈判搁浅。不要忘记,当自己在说的时候,你就不能听。

(6) 不要轻易退却

当自己和一个强硬的谈判老手打交道时,马上做出很大让步是要付出重大代价的,这不仅使自己看上去怯懦或有些绝望,而且还会错过对手给自己的有意义的妥协。在咨询师和客户谈判时,要从容不迫。仓促地结束谈判,对对方更有利。

(7) 要学会说"不"

对客户说"不"是许多咨询师很难学会的一种技巧,咨询师们都想对客户说"是",以促进积极的联系。尽管如此,当在进行一笔生意谈判时,如果你想达到目标,你就必须说"不"。如客户想削减一半的正常费用,咨询师当然不想这样做,这时就得说"不",但同时也要提出一个选择方案,比如减少一些费用,并将付款期限定在15天内而不是30天内。

3. 谈判结束将遇到的其他问题

当成功地结束谈判时,咨询师也就在所有条款上达成了最终协议,并签订所有应签的文件,这就是谈判的最终目的。无数的商业谈判在双方未能达成协议、未结束谈判时就失去了控制,走向失败。

结尾是一种艺术,做得越多,得到的也越多。尽管如此,学会几种新颖实用的技巧或重温以往的经验是很有必要的。为确保结束谈判的过程中不会有太多的冲突,下面列出一些实用的建议,帮助咨询师有效地结束谈判。

(1) 确定双方之间的协议

确定咨询师对最终协议的理解是否与客户的理解相一致——先从口头上,再以书面的形式。如果有什么问题,毫无疑问就会很快地听出来。

(2) 给客户提供许多说"是"的机会

提供给客户说"是"的机会越多,那他们说"是"的机会就越大。尽最大的努力找出尽可能多的原因让对方说"是",这样,咨询师会很有把握地结束很多谈判。

(3) 正确对待最后一分钟的突变

在许多谈判中,虽然双方已经达成了最终协议,可就在最后一刹那,对方提出新的要求和条件,从而不得不扔掉已达成的协议。对客户通过这种谈判的手段迫使自己让步,要有所准备。如果出现这种情况,咨询师可以平静地告诉对方,"不,这一点我们不能同意",然后要求他遵守双方已达成的协议,如果对方拒绝,可以寻找一个更可靠的谈判对象。

(4) 别忘了附一封感谢函

发送一封感谢函不仅是向雇用咨询师的公司表示感谢的一种方法,而且是建立与客户间良好关系的重要途径。毕竟,凡是成功的企业都将交易建立在与客户或未来客户的长期合作的基础上。

(5) 达不成协议,则另辟新路

有时咨询师尽了最大的努力,仍不能达成双方一致的协议。若出现这种情况,谁也没有任何办法使谈判取得满意的结果。这时,最好的办法是放弃。通过中止谈判的方式,让客户明白咨询师是认真的,这样,他们可能会做出让步,从而使谈判结束。否则,咨询师只有把精力用于开辟新的、有结果的项目,尽快与下一个客户联系。

6.3.4 将要遇到的其他问题

1. 飘浮的咨询客户

有时会发现,咨询师自己是管理咨询项目的第四位候选人了,这样的推销可能更加困难。咨询师的一个可能反映就是问管理者,做出决策为什么这么难。老是停留在选择咨询顾问的过程,通常意味着管理者希望启动一个项目,但并不希望所有的事情发生,否则,为什么要如此小心地控制这个过程?

2. 证书与曾做过的项目

问题又出现了:"你还做过什么其他项目?"或者"你有什么证书?"对这类"拷问"可以

有两种反应：一是反复练习咨询师最喜欢的实战故事并讲出来，最大的愿望就是这个故事能够说明客户所处的形势。第二个反应就是，讲完实战故事后提出问题："你担心的是我是否能够真正对你有所帮助吧？"如果管理者坦白说出他的确担心，那咨询师就不要一个人承担责任。管理者都可能认为自己是不需要帮助的，他们需要咨询师使他们相信进一步的改善是可能的，那就给他们这种保证。不要一再地复述咨询师的学位、客户、成功来维护自己的荣誉。

3. 中间人

有时，在咨询顾问和管理者之间还有一个中间人，他或者是管理者的参谋，或者来自组织中的其他部门。如果中间人过于积极或富有保护性，就会在咨询师和管理者之间树立起一道屏障。透过屏障是很难看出问题真正所在的。应迫切要求管理者参加会谈，直接与自己讨论项目的有关事宜。

4. 极端地界定问题——常见的错误

在进行咨询技巧培训的过程中，看见成百上千的咨询顾问总是在努力应付有抵制情绪的客户。这里有一个明显的错误就是：在签约会谈阶段，咨询师们花费了过多的时间来界定问题。

如果签约会谈共有一个小时，我们将用 50 分钟来理解问题，只留 10 分钟完成会谈的实质性工作——就双方的期望与要求进行协商，并处理有关失控和担心泄密的问题。之所以出现这种情况，是因为在会谈过程中，咨询师可能会被客户的困扰或固执难住。因为不能准确地知道下一步做什么，因此一再地追问有关问题，这样使咨询师和客户都感到轻松。

不要花费太多的时间来指出问题，整个咨询过程咨询师都可以做这件事。如果你不知道下一步该怎么做，或许会谈面临失败：

- 对客户说："我们还是暂停讨论这一问题。告诉我你希望从我这里得到什么？"或者……
- 面向客户发表自己的看法，说什么都可以，这会引导咨询师沿着正确的方向前进。如："看上去你对这一问题的本质还不理解"，那么，"这就是我希望从你那里得到的，并能够推动我们下一步行动的东西。"接着进一步交换相互之间的要求与希望。

要确保对问题的讨论时间不超过会谈时间的 35%。如果咨询师的确不理解客户所说的问题是什么，那么就提出一个较小的合约进行协商，以便发现更多的与问题相关的细节。如果经过 20 分钟的会谈后，还是弄不明白，那么不管再提出多少问题，咨询师都不可

能通过这次会谈弄明白了。

6.4 Bonner 案例研究

至此，已经讨论了咨询技巧的主要内容：咨询活动的阶段、签约过程的步骤、重复循环的事实以及咨询过程中保持各承担50%的责任的必要。下面是一个小型咨询项目的案例。在阅读过程中，请试着说出咨询顾问(David)与客户(Alan)是如何完成咨询过程中的导入、签约、资料收集、反馈以及决定进一步实施项目等各个阶段的。此外，还要注意David和Alan所扮演的角色之间无不间断的协商过程。

Bonner 案例

背景资料：Bonner案例涉及的是一个大型制造企业。讲的是公司的一个内部参谋人员David Bell努力对Alan Kane(公司制造实验室的主管)的要求做出反应。Alan是需要向负责制造的副总裁Tom Bonner汇报工作的6个人之一。

电话响了，是Alan Kane。对话大致如下：

Alan：David，我碰到一个问题，我想你能帮我一把。

David：怎么了，Alan？Bonner又发火了吗？

Alan：差不多。我刚参加完Bonner的参谋会议。他对我们的参谋季会感到非常不满。

Bonner每周都与其参谋人员(6个向他汇报工作的部门主管)会谈。每3个月，他还召集一次扩大的参谋会议，大约40个包括一线管理者在内的所有制造部门的管理者都要参加。他一直利用这一次扩大参谋成员会议来提供有关公司财务健康状况的信息：公司当前的业务状况、新的业务计划以及主要项目的情况，等等。

David：他们遇到了什么问题？

Alan：Bonner感到索然无味，没有任何成果。他认为一线管理者对信息的需求没有得到满足，并且当前会议的安排也偏离了目标。

David：你赞同他的看法吗？

Alan：赞同，他们的会议的确乏味。我认为引起这种紧张不安的原因就是，上一次会议上，Bonner安排了一段问答时间。参谋人员就谈论了一些困扰人们的问题，如任意增加员工造成成本超支、部门之间报酬悬殊、即将裁员的谣传，等等。Bonner认为在这些话题上存在许多误会，会议中留出一段问答时间以澄清事实的真相。结果，大家提出了一些问题——没有什么有意义的问题——接下来就是令人尴尬的沉默。对此Bonner感到很不高兴，他希望能够有所收获。

David：他告诉你他希望得到什么了吗？

Alan：没有确切地说明。我们讨论了几种想法，但没有一种被接受。我们浪费了大量时间，最终我答应在下一次会议上提出一个方案。

David：你为什么要这样做呢？

Alan：Bonner知道我一直在与你致力于改进我的参谋会议的形式。他曾问过我有关我们的工作进展情况。简单来说，我有事干了——现在我成了会议专家。

David：你召开的参谋会议和季度会议根本不是一回事。

Alan：不错。这就是我为什么要向你求助——就在今天。David，我已经把我掌握的一切信息都告诉你了，希望你能将其归纳整理，提出一个关于这一问题的方案。我现在真的是不知所措了。我要在星期三见你一面。

David：等等，Alan。我不能在什么也不清楚的情况下提出建议方案，我还需要一些资料。注意，我无法通过电话完成这一工作，你为什么不过来，我们一起谈谈呢？

Alan：David，我现在着实忙得不可开交，我已经把我所知道的全部都告诉你了。对你来说，这件事很简单。

David：Alan，如果很简单，你就不会打这个电话。我很乐意帮助你，但我们必须谈谈。

Alan：好吧，如果你一定要来，那就午饭后过来吧。

David：可以。四点半见。

David如约与Alan见面。他首先概括了一下电话里的谈话。Alan的办公室里挂着一个活动的挂图，David在简要的概述快结束的时候，走到活动挂图前写下：

目标：设计一种能够满足一线管理者对信息需求的会议模式。

David：可以用这样一句话概括我所听到的一切，对吧？

Alan：可以，正是如此。

David：那好，我们一起讨论，找到通往这一目的的途径。

他们一边讨论，David一边在活动挂图上写下每一条目。他们很快就写出了一大堆想法。接着逐个考察每个想法的可行性，时间问题是最难处理的。参谋季会为期两周，这就使他们几乎没有时间从一线管理者那里收集任何资料。但有一条是有可能的，David在活动挂图上用线画出来："就Bonner将讨论的问题，向一线主管者索要备忘录。"

David：考虑到我们所面临的时间限制，这是我们所能采用的唯一方法。你看呢？

Alan：没错。我认为我们可以做到。我喜欢这一思路，很简单：如果你想满足他们对信息的需求，最好的开端就是问一下他们需要什么样的信息。我们可以通过参谋人员的合作了解这一点——记住了吗？

David和Alan讨论了一下这种做法的利弊，认为出于下述几个原因，他们可以尝试

一下这种做法：

1. 这样可以确保他们能够满足一线管理者对信息的需求(Bonner的标准)。

2. 这样可以对Bonner认为"我们尚未满足他们对信息的需求"的看法进行充分地检验。

3. 这样做不会浪费管理者太多的时间。

4. 可以在可利用的时间内完成这一工作。

David：很好，这就是一个开始了。但我认为，为了贯彻这一主张，我们还应当考虑一下Bonner以及参谋人员必须接受的一些条件。

Alan：什么意思？

David：我的意思是说，我们可以提出一些基本的原则。例如：回答问题需要一定的时间，Bonner必须同意付出必要的时间。

Alan和David围绕这些思路继续讨论了一会儿，讨论的过程中，David一直在活动挂图上记下要点。最后列出的内容包括：

1. 参谋人员必须同意付出所需的时间。

2. 可能会遇到一些困难的问题，Bonner必须做出直接的回答。

3. 对于所谓提出的任何问题不应有所掩饰、窜改或删节。

4. 每个管理者必须承诺从他或她的员工那里收集有关记录，并在每次会议前一周交给Bonner。这必须有严格的最后期限。

至此，他们对这一问题的讨论将近一个小时了，Alan建议讨论一天。

Alan：好吧，David，我想我们讨论的已经足够了，有足够的材料供你参考了。

David：Alan，我们已经有了一个良好的开端，但我们并没有结束。我们没有时间重新讨论这一问题，对我来说，更重要的是，这一方案必须由你提出。而不是由我提出。

Alan：注意，David，你可以直接把这些写下来，按照我们刚才讨论的思路写下来，我们没有必要回头重新讨论，你可以详细记录下来，并交给参谋人员。

David：慢着！在这一问题上，我只是和你一起工作。如果由我提出，就把我放在了主要的位置上——对我来说，这是一个"不可能赢"的位置。如果你愿意，我会和你一起出席参谋会议，但我认为如果我在这件事上占了风头，是不对的。

Alan：你小题大做了。

David：可能吧，但和Bonner打交道的经历告诉我一定要谨慎。注意，我们仅仅粗线条地列出了建议方案，我们现在继续研究一下吧。

Alan：我们并没有提出任何方案，仅仅是列出了一个大纲而已。

David：没错，我建议你就把我们所列的这些提交到会上，要求某些参谋人员的参与。

Alan：这样做不是花费大量时间吗？

David：讨论需要一段时间。如果这样做像 Bonner 所说那么重要，他就不得不同意为此投入一定的时间。如果他不愿意花费时间，我们就一直等到他有时间了再说。

Alan：你在玩火！Bonner 想要的是一个建议方案——书面的。

David：我们已经有一个方案了，马上就写出来吧。

Alan：好吧，继续来。

他们写下了 5 点建议。

1. 综述；
2. 目标(他们在试图做什么)；
3. 程序(他们打算如何去做)；
4. 基本原则(需要理解并接受的条件)；
5. 后续工作(他们将如何对结果进行检测)。

他们同意由 Alan 提出列出的这些条目。这些内容将提出由参谋人员讨论，讨论后再做出决策。

Bonner 的参谋会议如期举行。参谋会议日常议程结束后，Alan 就开始了陈述。

Alan：上次会议要求我为我们的季度性参谋会议设计了一个新的模式。我邀请了 David 一起讨论这一问题，我们提出了一个建议方案供大家讨论。首先最好阐述引导我们进行思考的目标。

Alan 将第一张材料发给大家。

目标：设计一种能够满足一线管理者对信息需求的会议模式。

Alan：上次会议上我听到的就是这一点。假定像上次会议那样介绍总体规划情况需要一定的时间，比如 45 分钟，那么会议的其余时间——一个小时或更多，将用于提问和回答。

Jim：我认为我们每年根本不需要什么新的会议模式。David，你有什么证据说明我们需要一段用于提问和回答的时间？

David：没有证据。

Jim：那你为什么要提出这一建议？

David：大家对我这一项目中所扮演的角色可能有些误解。我是应邀帮助 Alan 根据这个大家都一致赞同的目标设计一种新的会议模式的。如果事实不是这样，我们有必要弄清楚这一点再继续讨论。Jim，我不知道你们是否需要一种新的会议模式。我以为你们已经就这一点达成共识了。

Bonner：讨论这个需要太多时间。Jim，关于这一点，我没有任何硬性的数据资料，我所依据的是在我们讨论时所产生的一种感觉。我想尝试一下。我认为在上次会议上，我们已经就这一点达成共识了。

几个人点头表示同意。

David：对我来说，不要把我看做变革的推动者，这是很重要的。我不是，我认为我这样做就越位了。我到这里来是要回答与我和 Alan 一起提出的提议有关的问题——这些提议是建立在上述给定目标的基础上的。关于这一点，我有必要知道你们所有人的明确想法。这是你们的目标吗？

参谋人员：是的。

Alan：那好。以此作为我们的目标，我们设计了一个程序，使人们所关心的问题能够反映到一线管理者那里。

Alan 将第二份材料分发给大家。

程序

1. 告知一线管理者，下一次会议将包括两部分：

   A 总体规划与新的业务材料

   B 提问和回答

2. 提问和回答部分的议程安排将包括由一线管理者提交的问题；

3. 对于问题的种类没有限制；

4. 所提出的问题不会被篡改或删节，将按照最初提出的原貌列入议程中；

5. Bonner 对提出的一切问题将做出回答。

Alan：关于我们提出的第一条和第二条，我认为可以这样表述：Bonner 感到有必要对一些问题进行讨论，大家也赞同这种看法。我们想为他们所关心的问题提供双向讨论的机会。

关于余下的几点内容，还有什么问题吗？

Jim：第四条可能会引起各种各样的问题。即使每个人只提两个问题，加到一起也有一百个问题了。David，你认为是这样吗？

David：是的。我们要详细讨论这些问题。事实上，讨论需要花费时间，没有什么省事的办法。这一点我们必须清楚。除非所有人都有花费必要时间的心理准备，否则我也不赞同这种提问和回答的会议模式。

Jim：David 你认为这样需要多长时间？

David：不知道。

Jim：如果所有的问题加起来需要 3 个小时的时间，那怎么办？

David：我将把这些问题交给一线管理者处理。我会对他们说："根据你们提出的问题，会议估计需要 3 个小时。如果你们做好了准备，我们就坚持到最后。"如果他们同意，当然没什么问题了；如果他们认为时间太长，那我就会问他们究竟希望我们怎么做。我应当告诉他们，这是他们的任务，他们必须为此承担一定的责任。

Bonner：我认为我们不必需要三四个小时来回答问题。如果确实出现这种情况，我们可以要求他们把问题排序。这样我们就可以尽最大可能，在一个小时左右的时间里做出回答，再安排另一次会议讨论余下的问题。Jim，我知道这里还有一些尚未考虑到的问题，但我想试一下。

Alan：我们考虑过这种做法会涉及时间问题。我认为有些问题是密切相关的，有些问题是有一些重复的，因此所需的时间还是可以控制的。

Jim：我认为我们应当对重复性的问题进行筛选。

Alan：我们讨论过有关对问题进行筛选和拒绝的问题。事实上，对问题进行筛选就意味着告诉他们，我们将对你提出的问题做出回答，但回答哪些问题将由我们决定。我们不想给他们留下这样的印象。

Jim：我赞同这一点。我的意思不是要删除任何问题。我指的是将相关的问题归类，并按照其最初提出的面目列出来。

Alan：你愿意干这种分类工作吗？

Jim：如果你愿意，我就愿意。

Alan：那好。Jim 和我将对这些问题进行考察，并将相关问题分类。

David：没有任何删节？没有修改？

Alan：是的，没有删节，没有修改。

David：你们都赞同这样修改吗？

参谋人员：同意。

Bonner：好，我们继续讨论。希望每个人在周五之前都把要提出的问题交给 Jane。收集全以后，由 Jane 交给 Jim 和 Alan，他们再做分组归类的工作。

Alan：我还想指出一点。我们已经讨论过要对他们的反应进行追踪考察，我们有必要了解一下他们是否认为这样做是有用的。

Bonner：David，完成这一工作最便捷的方法是什么？

David：我可以协助 Jim 和 Alan 准备一份简短的调查问卷，让他们在会议结束时填写。

Bonner：你们都赞同这样做吧？

参谋人员：同意。

Bonner：那好，就这样了。星期五见。

对 Bonner 案例的分析

Bonner 案例重现了一次简单的咨询活动。这一过程中有一些重要的事件值得重点回顾一下，看一看咨询活动中如何各自承担责任。

案例开始之前，已经考虑到了导入阶段的一些重要因素。David 和 Alan 已经建立了良好的工作伙伴关系，并且他们最近也有合作共事的经历。但是，Alan 提出的一些期望 David 并不想去做，并且对 David 来说，弄清楚 Alan 的期望是首要的事情。案例是以 Alan 的这句话开始的："David，我碰到一个问题，我想你能帮我一把。"

对话的第一部分是讨论"呈现出来的"问题——枯燥无味的、没有成果的参谋会议。在后面的交流过程中，David 努力进一步理解 Alan 所提出的问题——谁会参与？谁是客户？需要什么样的帮助？这就是初始的资料收集。本例中这个过程只用了 5 分钟，但在其他的情况下，咨询顾问可能需要 6 个月才能清楚地了解到底发生了什么。

事实上，当 David 要求与 Alan 见面的时候，他就决定接受这一任务，把 Alan 看做客户。"明确客户"是导入阶段的关键问题。在完成任何工作之前，咨询顾问都有必要弄明白双方的期望，并就此达成共识。正如大多数情况下所表现出的一样，David 把 Alan 确定为客户的过程也是尝试性的。在后面的谈话中再次出现这一问题，我们一会儿可以看见。

当 Alan 说："David，我已经把我所掌握的一切信息都告诉你了。我希望你能将其归纳整理，提出一个关于这一问题的方案。我现在真的是不知所措了。但我要在星期三见你一面"时，签约阶段就开始了。在这段话中，Alan 表达了自己对 David 这一角色的期望，并提出了满足这一期望的最后期限。对 David 来说，这是一个关键的决策。如果他接受了 Alan 所提出的任务，实际上他就同意了发挥助手的作用，一旦签订了这种合约，要改变它几乎是不可能的了。

David 的回答说明了他对自己角色的理解，以及他希望如何与 Alan 合作。他很清楚地指出，他不想独自一个人起草方案，他没有足够的材料。他不想在电话上进一步讨论，并且不想一直等到下星期三才开展下一步工作。

从 David 表面上不断提出的要求中，不会给人留下这样的印象：他不想参与这一项目，或者他对 Alan 满不在乎，或者他不受外在形势的影响。而当我们试图避免扮演助手的角色、对我们自己所扮演的角色相当自信的时候，这些是多数人都会产生的想象。David 同意与 Alan 一起共同解决 Alan 所面临的问题，这里虽然没有用到"合约"一词，但很清楚，一项合约已经签订了。

随着导入阶段和签约阶段的顺利进行，初步的资料收集工作的完成，他们进一步发展到反馈阶段，本例中通过一句话反映出来："目标：能够满足一线管理者对信息需求的会议模式。"这是对呈现出来的问题（没有什么收获的参谋会议）的更富于操作性的陈述。

讨论接着转向对主要事件的规划。事实上，规划的关键部分就是清楚地说明成功的线条，这就勾勒了必须与 Bonner 及其参谋人员所签订的合约的概要。

在这一阶段，David 正努力完成两件事情：

(1) 帮助 Alan 解决直接问题;

(2) 以这样一种方式提供帮助:Alan(或者是 Bonner 及其参谋人员)能够学会将来如何处理类似问题。

从中能够学到解决此类问题的哪些知识呢?首先,当你试图管理大型组织中的交流过程时,你会发现至少有50%的行动必须由那些职位较低的人控制。其次,有必要设计出某种特定的组织结构,这样人们可以自由地表达自己的担忧。为了使那些处于较低职位的人们发表自己的看法,就必须有一些明显的信号向他们表明,阐述自己的观点不仅不会受到惩罚,而且将得到奖赏。

再回到案例中,就有关行动达成共识后,David 和 Alan 发现,他们又在对有关各自扮演的角色这一问题进行协商。Alan 希望 David 把建议方案提交给参谋人员。David 反对说:"如果由我提交方案,这就使我处于主要位置——对我来说这是一个'不可能赢'的位置。" David 坚持认为 Alan 就是客户,他(David)与 Bonner 或者其参谋人员之间没有任何合约。

至于对 Bonner 采取何种立场,他们之间也存在分歧。他们能否与 Bonner 合作并与其参谋人员共同制定计划,或者为 Bonner 提供"完整的参谋的工作"?结果是,他们相互之间都做出了让步:David 写出建议方案,Alan 将方案提出来,供大家讨论并做出决策,但不是作为最终方案提出来。

在与 Bonner 会谈的过程中,"谁是客户"这一问题又出现了,因此,签约、资料收集、计划这一循环过程又开始了。当 Jim 问:"我认为我们根本不需要一种新的会议模式。David,你有什么证据表明我们需要一个提问和回答的会议模式呢?"这时就出现了关键的问题:要澄清究竟谁要为这种变革承担责任。

David 没有试图说服大家,而是把责任再次推给 Bonner——责任的所属者,因为是他首先提出的这一切。"如果事实不是这样,那么现在就是该弄清楚的时候了。"David 说明了他与 Alan 的合约,并要求进一步证实。这一问题解决后(像通常情况下只是暂时解决),讨论开始进入程序化过程。当 Jim 同意参与问题的分组归类工作时,这就是一个清晰的信号,表明合作的目标已经达到。

很明显,最初提出的问题——枯燥无味的参谋会议,已经被重新界定为 Bonner 与其参谋人员之间,以及管理者与一线管理者之间的信任问题和坦诚交流问题。Jim 一再提出的问题反映了管理者对改变他们与一线管理者之间的交流这一做法的抵制心理。Jim 是直言不讳的,他同时也得到了其他人的赞同——其他人多保持沉默。这就使我们不能把问题归结到 Jim 身上。

随着 Jim 做出让步,会议继续进行,但问题并没有消失。在某种意义上,David 将不得不提出另一个更深层次的问题,Bonner 及其参谋人员是否希望有一个能够表达问题和疑虑的工作环境。通过所呈现出来的较小的问题，通常可以发现更深层次的问题。咨询顾问的部分工作就是认识到这一点，帮助客户看到更深层次的问题并帮助他们做出选择。

6.5 本章小结

1. 本章主要内容

(1) 咨询合同的关键要素：要约、承诺、咨询费。

(2) 书面合同的格式内容：签约各方、任务的范围、工作成果及报告、咨询师及客户的投入、收费及支出、结账和付款程序、专业责任、版权、义务、使用分包商、终止和修订、仲裁、签字和日期。

(3) 合同中的业务条款：知识产权；支持性服务；咨询争议的处理；合同的意外结束问题。

(4) 咨询费用的定价包括：工资(专家和工作人员)、行政费、项目的直接费用。

(5) 谈判的七个准则：做好准备、留有余地、设计多个可选择的方案、遵守诺言、少说多听、不要轻易退却、要学会说“不”。

2. 内容回顾思考

(1) 什么是咨询合同？包含哪些重要因素？哪些情况的发生将会影响合同的有效性？

(2) 能使用口头协议的条件有哪些？

(3) 一般而言，客户都希望从咨询顾问那里得到的东西有哪些？相对的，内部咨询顾问又希望从客户那里得到哪些东西？

3. 趋势发展与挑战

(1) 请试述引导签约的步骤。

(2) 在与客户进行谈判前，应该做好哪些准备？

(3) 如何认识到自己已经陷入困境？

B&E

第 7 章

管理诊断的展开

摘要

管理诊断及诊断结果的反馈是咨询项目中的一个核心部分。有效的诊断不仅要发掘制约企业经营管理和发展的根本问题，还要透过问题找出导致问题的根本原因，以便咨询师针对问题提出改善方案。只有准确透彻的诊断，才能“对症下药”，从而“药到病除”，所以诊断不仅是管理咨询中最关键的环节，也是企业切实提高经营管理素质的必由之路。通过本章的学习，可以了解到管理诊断的科学含义及其与咨询的关系，明确管理诊断的任务和思维框架，掌握管理诊断的规范过程和诊断报告的制作规范。科学而规范的诊断环节能够帮助咨询师快速、准确而全面地了解企业的症结所在，协助咨询师和企业管理者更深入地了解企业经营管理全貌，是咨询课程学习者、咨询从业人员以及企业管理者必须掌握的技术。

管理诊断的内容结构如图 7-1 所示。

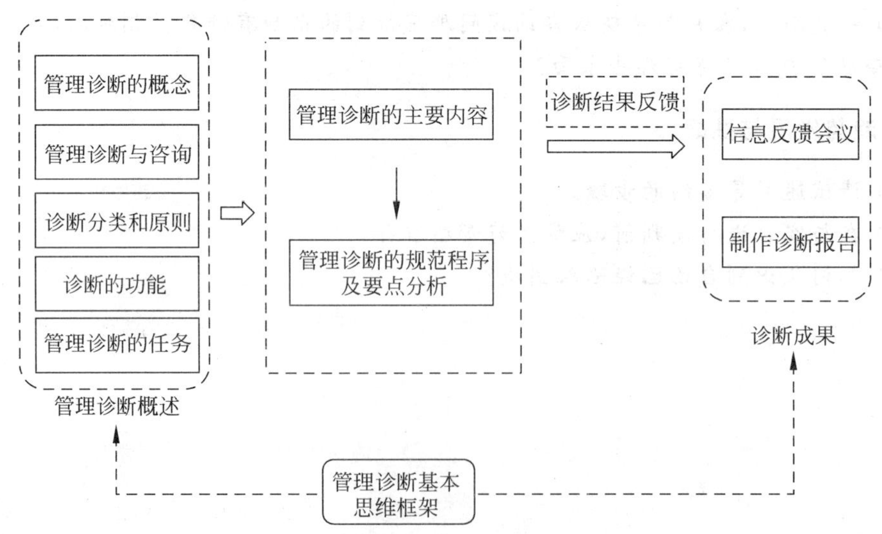

图 7-1　管理诊断的内容结构图

7.1 管理诊断概述

7.1.1 管理诊断的概念

管理诊断是一门诊治企业疾病的科学。它通过调研、与企业管理人员合作，运用各种科学方法，找出企业中存在的问题及其原因，提出改善方案并指导实施，谋求企业兴旺发达的一种经济管理活动。

企业同一切生命机体一样，在成长运营过程中，会发生各种各样的问题，即“疾病”。管理诊断是由具有丰富企业管理知识和经验的专家和咨询师，亲临企业现场，与企业经营管理人员紧密配合，运用各种科学方法，找出企业经营管理中存在的问题及其原因，提出切实可行的改善方案，并帮助指导实施，以推动企业的健康发展。企业是社会经济的细胞，是一个独立的商品生产者和有活力的经济实体，是有一定的权利义务和起诉应诉资格的法人。它必须有强健的经营素质，才能有旺盛的经营力，以适应社会经济环境的变化。人体为了改善健康状况，就要由医生进行检查，确诊病症，下方治病，以保证器官功能的正常发挥。同样，企业也会像人一样，可能出现各种各样的病态，通过管理诊断，消除企业生产经营功能中存在的各种问题，保证它能正常地进行生产经营活动，并力求降低消耗，增加盈利。

下面借助拟人化的方法，将人体病症与企业病症进行对比，将企业在管理诊断中常见的病症做了简要总结（见表7-1）。

表7-1 企业常见疾病汇总

人体患病部位	相对应的企业患病内容	企业的患病组织
脑	战略战术决策（方针模糊甚至错误、决策能力不足）	总裁、计划发展部
眼睛（近视）	信息反应（对外部环境变化的察觉与反应能力不够）	计划发展部、信息中心
消化系统（肝、肠胃）	收益能力（收益外流、资源运用闭塞、资源吸收、消化不良）	总裁、计划发展部、营销部门
神经	管理制度（信息的上传下达、策略方针的贯彻不力）	企管部
肾	人员和物资的新陈代谢（设备老化、元老阻碍等）	总裁、人力资源与行政部门
骨骼	业务组织（通过组织结构调整适应外界变化）	企管部
心脏（高血压、心律不齐）	资金周转（收支不平衡、资金调度、贷款呆账、不良资产过多）	营销部门、财务部门

从表 7-1 可见，企业管理经营中的病症可能涉及企业经营和管理的各个领域和部门，有效的诊断要求的不仅仅是考察外部环境、企业的技术和经济特性，还要深入地思考、发掘这些现象背后的原因。如：执行总裁所做出的某些决策为什么现在会成为一个错误？为什么管理者常常会忽略一些现在看起来非常重要的因素？通过这些问题的思考，可以对管理诊断有进一步认识：管理诊断是从企业管理学中派生出来的一门学科，它以如何科学地搜集诊断材料、确定诊断主题、制定改善方案和指导方案实施为自己的研究对象，通过对有关企业诊断的一系列原理、原则、行为、方法和手段进行理论上和逻辑上的研究来达到创造性地指导企业改善经营管理的特定目的。

7.1.2 诊断与咨询的联系和区别

当谈到企业诊断时，一般就会认为企业诊断就是企业咨询，两者没有多大的区别。为什么会产生这种认识？这里面存在两个方面的原因：一是我国经济体制改革初期引进企业诊断时，曾经使用过“企业诊断”这一词汇，但是，考虑到国有企业不承认本企业有病，使用“企业诊断”一词，可能会使国有企业难以接受；二是因为日本的“企业诊断”最初也是从美国引入的，而且与“企业咨询”从概念上也没有什么不同。因此，从 1982 年起决定用“企业管理咨询”代替“企业诊断”。但是现在，诊断与咨询并不完全是一回事。它们既有联系，也有明显的区别。

1. 管理诊断与管理咨询的联系

咨询的规范程序包括进入阶段、诊断阶段、提出建议和解决方案阶段以及实施阶段。诊断只是整个咨询过程中的一个阶段，但同时也是非常重要的一环。咨询师必须“对症下药”，才能“药到病除”。而诊断正是起到了寻找病症的作用，所以诊断是整个咨询过程的基础和依据。

首先，管理诊断在管理咨询过程中占了很重要的地位。从整个管理咨询工作的生命周期中可以看到大部分时间都在进行企业“疾病”的诊断。诊断工作的结束就意味着咨询工作已经告一段落了。

其次，诊断工作的成果是咨询的重要依据。确定企业病症后，咨询的主要工作就是根据“病症”为企业制定改进方案并指导实施。因此，所有的方案都是根据诊断的结论提出的。

最后，诊断工作是所有咨询工作的基础。咨询过程中的其他环节都是建立在诊断的基础之上的。咨询师要为企业提出建议和解决方案必须先准确诊断出病症，然后才能在确定病症的基础上找出治疗方法，进而督促方案的实施。所以，没有诊断就没有咨询的其他程序。

2. 管理诊断与管理咨询的区别

由于管理诊断是管理咨询中的一个环节，所以二者也存在着明显的差异。

首先，二者的最终目的不同。诊断的目的是发现问题，而咨询的目的是解决问题。诊断只是咨询工作的一个环节，除了诊断以外，咨询工作还包括提出建议和实施等环节。诊断只需要找出企业的问题，而咨询在找出问题后还要负责解决问题。

其次，管理诊断与管理咨询在工作内容和重点方面也是不同的。管理咨询是一个完整的过程，它包括深入企业现场，运用各种科学方法，找出企业存在的主要问题，进行综合分析，查明问题的根源，提出切实可行的改善方案，进而指导实施，以改进企业经营等多个环节。而管理诊断只涉及查找问题、分析问题、查明问题原因并提出初步改进建议等步骤。从工作重点方面来说，管理诊断的核心任务是找出企业的核心问题。而咨询除了要找出问题，还要分析问题并找出解决方案，同时还要监督实施，确保改善方案能够充分发挥作用。

7.1.3 管理诊断的分类和原则

管理诊断从不同角度可以划分为不同的类型。

1. 按诊断主体分类

从诊断主体的角度，管理诊断可以分为自己诊断和他人诊断。

所谓自己诊断就是受诊企业自己诊断自己；他人诊断就是受诊企业由外部人员进行诊断。自己诊断的好处是易于保守企业秘密，但由于中小企业诊断能力不足和受内部利害关系制约，企业诊断往往都求助于外部。当然对大企业来说，基于自身较强的诊断能力，一般是由自己诊断的，但随着竞争加剧也越来越多地请他人诊断。

在外部诊断中又可分为关系者诊断和第三者诊断。所谓关系者诊断是指母公司对子公司或外协工厂的经营指导，或者指银行对其交易对象所进行的经营诊断，这都是对相关企业所进行的外部诊断。关系者诊断的好处是诊断者对于受诊企业的情况比较了解，能够更快地适应环境，但是同时也存在着受其利害关系束缚有损于公正诊断的风险。至于第三者诊断，是由完全没有利害关系的第三者进行的外部诊断，易于做出公正的诊断。所以，第三者诊断通常来讲要更为公正、客观一些，同时也更为普遍。

第三者诊断还可以进一步分为社会诊断和政府诊断。在日本，社会诊断是以经营顾问的形式从战后开始发展的，多半适用于中小企业。但由于费用的关系，这种外部诊断在中小企业中往往很难进行。于是作为日本中小企业政策的一环，政府或公共团体开始对中小企业采取无偿诊断制度。既对无力支付诊断费的中小企业给予了各种形式的支援，还给这类经营顾问以应有的社会地位和经济扶助。

2. 按诊断内容分类

根据诊断内容的不同，管理诊断可以分为普通诊断与特殊诊断。

普通诊断又可以分为综合诊断、部门诊断和项目诊断。综合诊断是指对企业的所有部门进行综合地调查研究，并提出概括性的改善建议；部门诊断是指就企业的某一个部门，例如生产、销售、财务等部门所进行的调查研究，并提出改善建议。此外，研究特定经营计划是否可行，从而对其某个项目进行调查研究并得出最终结论，即所谓的项目诊断，也属于普通诊断的一种。这几种诊断并不是相互独立的，而是相互配合，相辅相成的。一般来说，在企业经营上的问题往往同企业经营的全面情况有关，通常要进行综合诊断。而为了明确问题的具体所在就必须进行部门诊断，即对经营基本部门：生产部门、采购部门、销售部门、财务部门和人力资源部门等以及某些特定项目进行诊断。

特殊诊断与普通诊断不同，其诊断对象一般是从业人员较少的小企业，这些企业的特点是经营者是由个人或家族结合的，经营各部门的管理尚未分开，会计账目没有进行整理；因而有组织的财务制度尚未推行，生产加工的方式比较简单，企业物资采购和商品销售多半依靠母公司，等等。特殊诊断就是咨询师和客户预先商定要点，在听取各方面汇报的基础上进行诊断，对此类企业以确保成本适当、销售扩大和财务稳定为重点。作为特殊诊断对象的小企业，经营上的问题主要来自企业主或创业者，这类企业的综合诊断实际上是以企业主或创业者为对象的诊断。

7.1.4 管理诊断的功能

企业在高速发展过程中存在大量剪不断理还乱的管理问题，如：绩效考核难以进行、员工执行力弱、部门壁垒森严、运作效率低下、企业凝聚力弱等，严重影响了企业抓住市场机会、快速发展的进程。因此，为了实现企业高效经营，最终达到组织整体优化的目的，企业有必要借助外部咨询师的专业知识，通过一定的诊断工具和科学规范的诊断程序，对企业的经营管理过程进行全面的诊断。除此以外，企业在培训和专项改进之前，科学、系统的管理诊断也是至关重要的，它对培训和专项改进的有效性、针对性起了很重要的作用。

具体来说，管理诊断的功能包括以下几点：

1. 为解决问题的方法提供信息依据

管理诊断就像医生为患者治病一样，必须对症下药才能"治病救人"，咨询师在提出解决方案之前，必须有充分的事实依据。管理诊断正是为制定解决方案提供信息依据的过程。咨询师通过科学的咨询工具和规范的咨询过程，能够充分地了解企业经营管理状况，并分析出这些管理问题背后的深刻原因，针对这些原因提出的解决方案会更科学、更具有可信度和可行性。

2. 使客户对变革及咨询的需求更加强烈

诊断的核心任务就是发现企业经营管理中存在的问题，并分析这些问题产生的原因。企业只有充分意识到问题的存在，才会有咨询的需要。

“不识庐山真面目，只缘身在此山中。”对企业而言，从内部往往难以全面和准确地发现问题，因此需要求助于具有较高专业素质的咨询师从外部对企业进行全面的审视，发现从其内部看不到的问题。咨询师提供的外部审视的价值既表现在用新的思维方式、观点、工具、方法去观察企业的现状，分析其存在的问题及原因，也表现在以科学的态度和创新精神，去设计切实可行又有所突破的实施方案。

3. 诊断过程是咨询师与企业管理者共同交流、激发思维、分享信息的过程

咨询师在诊断过程中，可能扮演很多角色，可能是专家或者助手，也可以是合作者。与企业内部员工相比，咨询顾问可能具有更全面的管理知识，掌握更多的诊断和咨询工具，但是企业内部员工通常比咨询师更了解企业运作和实际经营状况。所以，诊断过程应该是咨询师与企业管理者相互沟通交流的过程，结合两者的优势，使诊断结果更加有效和贴近现实。

由此可见，诊断的目的不单是解决企业当前经营难题，更重要的是促进企业改善素质和提高企业经营管理水平的问题。具体来讲，管理诊断是对企业的经营或非经营活动进行定量的或非定量的分析和综合评价，与此同时找出企业经营中存在的问题并提出改善方案和指导执行的措施，以此来对受诊企业的生存、发展、效益和稳定等方面进行诊断指导。所以，管理诊断在企业整个发展周期中都是必不可少的。

7.1.5 管理诊断的任务

管理诊断是咨询工作最重要的环节之一，其工作过程中所要完成的任务主要有三方面：

1. 深入而细致地分析客户面临的问题和咨询项目追求的目的

诊断是以问题为导向的，整个诊断的内容就围绕问题进行，因此在分析客户所面临的问题时，必须对问题的本质、问题出现的原因、重要的相关问题、客户对于问题的认识和认可以及客户解决问题的资源与能力有充分的了解。了解这些问题也是诊断的主要任务之一。

(1) 问题本质

企业中存在的管理问题是不断变化的，这是咨询问题的本质。在《麦肯锡方法》一书中曾经说："有时候，一个商业问题会摆到你的办公桌上让你去解决。问题相当清楚，但不管你要冲向哪个方向，在此之前，请你确保自己正在解决的是正确的问题——也可能它并不是先前交给你的那个问题。"管理问题会随着周围环境的变化而发生变化，也许今天摆在面前很棘手的问题，到了明天就不再是问题，所以在诊断阶段寻找企业管理问题时，要认识到问题的多变性和时效性，以便找到客户最为关注的问题。

（2）诊断中一个关键性的任务是认清问题产生的要点和因素

其目的是理解这个问题，而不是仅仅指出一个或更多的表面错误。探讨问题的原因是以对问题的初步了解或假设作为开始。然后，资料的收集和分析将主要集中在这些假设的原因上，并排除那些与情况不符的假设，同时加入和客户访谈过程中出现的或来源于其他渠道的新假设。最终，诊断应当能够在与问题有某种方面联系的多种影响因素中找出真正的原因。

（3）重要的相关问题

问题的相关性：任何问题都与其他问题交织在一起，要找到问题之间的内在逻辑联系。

问题的复杂性：存在促使问题恶化或缓和的，非直接性的原因。它们能够使问题的解决办法变得困难或容易。

问题的动态性：在解决某个问题的过程中，可能会发现或产生新的问题。常常在解决原有问题的同时会产生新的障碍。必须调查并识别出这些联系、潜在的问题和风险。

（4）客户对问题的认识以及解决问题的资源与能力

从这方面出发，咨询师需要从以下几个角度去思考客户：

客户的潜力有几个方面。发现他（她）是否拥有解决问题所需的物力、财力和技术专长是十分必要的。否则，咨询工作必须开发这些潜力并为客户提供必要的帮助。

过去的努力：客户在解决其他问题的变革过程中积累的经验是什么？就变革而论，客户组织机构的文化是什么？客户能够行动得多迅速？与待解决问题有关的客户资源中最可能的发展前景是什么？他（她）能不能动员其他资源？为解决这一问题进行过哪些尝试？过去的尝试已经失败了吗？为什么失败？

客户对待问题的态度：员工（不同层次的和不同类型的）如何理解问题？他们意识到这个问题并渴望进行变革吗？他们会被触动而去做特别的努力吗？他们准备冒险吗？是否由于他们遇到问题的时间太久而使他们自己适应了与问题共处？

2. 识别引起与影响问题的因素和要点

在企业管理过程中，问题的来源主要有以下几方面：

（1）企业的战略转型与系统变革所带来的问题；

(2) 伴随企业的不同成长阶段所带来的问题；

(3) 企业的系统运行与局部运行的矛盾所带来的问题(管理能力的缺陷与管理短板)；

(4) 企业内外部环境突变所带来的突发事件及危机。

当开始了解问题的原因和影响因素时，咨询师会对问题进行初步了解或者设定一些假设，再通过所搜集到的资料来验证假设，找到导致问题产生的根本原因。

3. 为找到解决问题的方法准备必要的信息

为了找到引起企业管理问题的原因以及影响这些问题的因素和要点，需要大量的信息作为依据，因此寻找必要信息也是管理诊断的主要任务之一。作为咨询顾问，必须掌握很多咨询工具和搜集资料的方法。这些资料的搜集方法包括访谈、抽样调查、小组座谈会、专业资料、研究文献、报刊、网络等。(注：资料的搜集方法将会在第8章管理诊断的工具和方法中详细叙述。)

7.2 管理诊断的思维框架

7.2.1 管理诊断的内容和维度

企业在每一个发展阶段都会遇到不同的管理问题，因此在每个阶段都需要对企业进行全面的诊断，以便及时发现企业现阶段的问题所在，对症下药。虽然企业遇到的问题可能千奇百怪，所应用的诊断方法可能也各不相同，但是诊断中基本的思维框架是一致的。在对企业进行综合诊断的过程中，一般都要涉及以下几个管理维度，如图7-2所示。

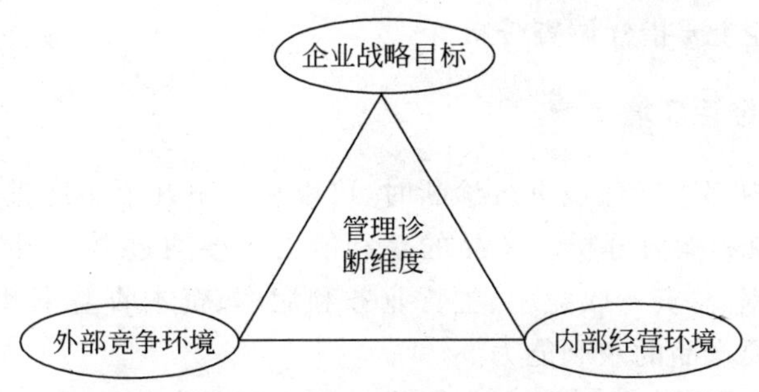

图7-2 管理诊断的内容维度

1. 企业的战略目标

(1) 明确企业总的战略目标及各职能部门的发展目标。诊断的最终目的就是要找出妨碍企业实现其战略目标的因素，并对这些因素进行改进，使其适应企业的发展，帮助企业实现其战略目标。因此,咨询师在进行企业诊断时首先要通过资料搜集以及与企业高层决策者进行交谈,来了解被诊企业的战略经营目标,然后围绕这一目标展开诊断。

(2) 检验企业的内外部经营情况是否与目标一致。企业诊断实际上就是通过一系列诊断工具和方法,找出与企业战略目标不一致的地方并加以改进的过程。

(3) 明确企业的核心竞争力。咨询师要考察公司的主要产品竞争力及可替代性,通过诊断工具帮助企业分析这些产品如何为客户和企业本身增值。

2. 企业的外部竞争环境

在对受诊企业的外部经营环境进行诊断时,主要从以下几个问题着手:

(1) 行业主要产品供求关系概要分析。

(2) 主要客户及目标市场分析。客户是最终产品的购买者以及企业利润的来源,只有当产品满足客户的需求时,企业才能获得源源不断的利润。所以,对目标客户的需求进行分析对企业至关重要,也是企业开拓市场的最大挑战。

(3) 行业中主要竞争对手分析。分析自身和竞争对手的行业地位以及竞争策略,检验企业现有竞争策略是否满足企业的战略需求。

(4) 政治、经济、政策、法律法规分析。通过外部环境诊断咨询工具了解企业的宏观经营环境,一方面,可以帮助企业及时了解政治经济环境,适应市场的发展;另一方面,可以帮助企业了解政策方针的指向,及时纠正策略上的偏差。

(5) 资源供应情况分析。通过咨询师的诊断,企业可以掌握自身资源的使用情况,避免浪费。

(6) 行业可比性主要指标调查分析。

3. 企业的内部经营环境

对受诊企业的内部经营环境进行诊断时,可以从以下几个角度进行:

(1) 主要产品获利能力分析。产品的获利能力主要通过财务指标来反映,咨询师可以透过净资产收益率、总资产收益率、主营业务利润率、资本收益率和成本费用率等财务指标来挖掘公司主要产品的获利能力。

(2) 员工满意度分析。员工是企业战略目标实现的主要支持力量,如何提高员工绩效是每一个公司都很关心的问题。管理诊断主要是寻找企业中导致员工效率低下的主要原因,并提出改进方案。

(3) 企业经营资源状况分析。咨询师可以通过资产负债率、流动比率、存货周转率、应收账款周转率等财务指标对企业的经营资源状况予以阐释,同时发现其中的问题。

(4) 体制和机制分析。主要研究企业现行的体制机制是否适应市场的需要，是否与企业战略目标的达成相一致。

7.2.2 管理诊断的思维框架

企业管理是一个极其复杂的过程，其复杂性表现在：

首先，企业管理者每天都会遇到很多不同的问题，这些问题可能涉及不同部门、不同领域；

其次，企业发展的不同时期，管理者所关注的主要问题也不同；

最后，不同行业背景、不同领域的企业，其管理也不同。

正是因为企业管理如此复杂，企业管理中所存在的问题如此纷繁，在对现代管理者提出挑战的同时，也对企业的医生——管理咨询师提出了挑战。所以，对于管理咨询行业的从业者来说，必须掌握管理诊断的基本思维框架(如图 7-3 所示)，才能在面对复杂的企业管理问题时，迅速找出企业管理中存在的问题，对症下药，提高诊断的效率。

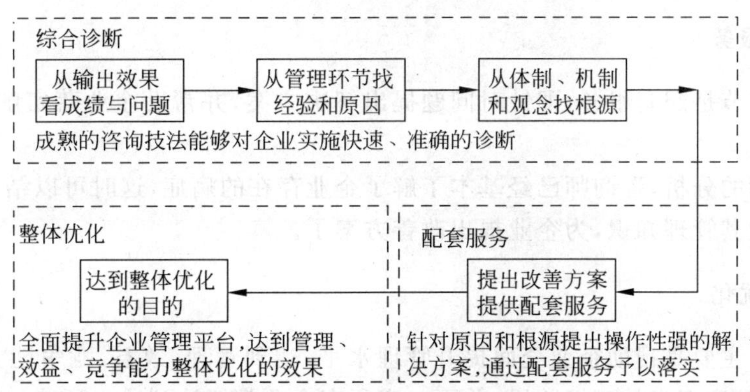

图 7-3 管理诊断思维框架示意图

企业管理咨询可以大致分为三个主要环节，即综合诊断、配套服务以及整体优化。

1. 综合诊断

这一环节主要是对企业或咨询项目范围进行全面地诊断，找出企业管理中存在的主要问题。

(1) 从输出效果看成绩与问题

从财务角度看企业输出效果。从财务角度看企业管理中存在的问题主要从四个方面进行，包括获利能力、运营能力、发展能力和贡献能力。通过对这四项指标的分析，企业的整体运营状况显得更为直观和清晰。

从满意度分析角度看企业输出效果。从满意度分析角度对企业进行诊断，主要从五方面进行：产品最终用户满意度分析、员工满意度分析、合作伙伴的满意度分析、供应商满意度分析、权益所有者满意度分析。从各方面的满意度来分析企业的运营情况，也是诊断的一种思路，但是并不一定所有方面都满意，才说明企业经营状况良好。例如，当企业在产业链上处于比较强大的地位时，可以凭借自己的强大实力，获得供应商企业的产品价格优惠，这时供应商满意度可能比较低，但是并不一定说明企业的经营情况不好。所以运用这种方式时，还需要咨询师结合企业的实际情况进行判断。

(2) 从管理环节找经验和原因

企业的每一个职能部门的职责都被分解为若干管理环节，诊断从分析职能部门的管理环节的运行状态入手，判定其是否处于正常的受控状态。

(3) 从观念、体制与机制找根源

在企业诊断过程中，不仅要从企业各管理环节找出病因，更要从机制与体制找到根源，针对企业实现战略目标存在的主要矛盾，确定专题，提出有针对性的应对方案。

2. 配套服务

第二个环节是配套服务，即针对问题提出解决方案，并帮助企业落实解决方案，解决问题的阶段。

通过前面的分析，咨询师已经基本了解了企业存在的病症，这时可以结合其本身的管理咨询知识及其管理知识，为企业提出改善方案了。

3. 整体优化

这一环节主要是帮助企业全面提升管理水平，达到管理、效益、竞争能力整体优化的目的，这也是管理咨询的高级阶段，并不一定所有企业都能达到这一环节。

管理诊断的各个环节构成了管理诊断的思路图（如图 7-4 所示）。

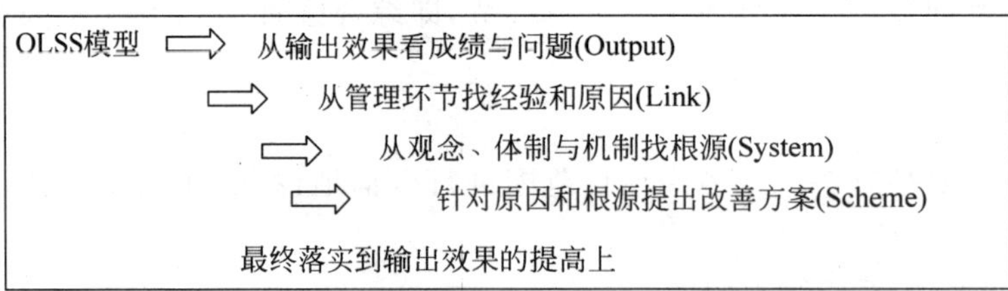

图 7-4 管理诊断思路图——OLSS 模型

7.3 管理诊断的过程

7.3.1 规范诊断程序的意义

管理诊断过程规范化是指将抽象的诊断理论和经验变成可操作的、规范的管理诊断实施流程，是将抽象理念和经验转化为可操作性的表达过程。如果没有一个规范的操作程序，将导致工作混乱无序，费力低效，不能正确地做好事情。具体来说，管理诊断程序规范化的作用和意义主要表现在以下几方面：

(1) 管理诊断程序规范化的意义之一就体现在普遍适用性和最优性上。诊断经验一旦转化为规范的程序，就不只适用于一时、一地、一事，而是适用于各时、各地、各事，不是随便采用一种流程和具体方法就可以的，而是要求和指导管理者采取最佳途径，用最低成本，做正确的事和正确地做事的流程和管理制度。

(2) 从咨询师个人角度来看，管理诊断程序规范化意味着咨询行业从业者的专业化和职业化，意味着对随意的和单凭经验的诊断方式的扬弃。这样做可以减少无效劳动，降低成本，解放常规事务，持续提升素质。

(3) 对咨询公司(机构)本身来说，通过规范化的制度、流程和标准奠定产品规范化的管理基础，便于对咨询师的工作进行评价和管理。

(4) 规范化程序可以促进员工绩效评价体系的建立。诊断和咨询工作从某种意义上讲是比较抽象的，很难对员工的实际工作绩效做出准确地评价。诊断程序的规范化使诊断工作更加具体和清晰，在员工评价方面有章可循。通过不断地积累和完善，使绩效评价更加公平合理。

(5) 诊断程序的规范化可以形成规模效益，从而降低成本，增加咨询公司(机构)的利润。

诊断程序的规范化使诊断工作朝着更加科学合理的方向发展，帮助咨询师快速形成思路，有条不紊、循序渐进地从事咨询工作，同时也有利于传播资深咨询师的企业管理诊断经验，避免咨询工作混乱低效、权责不明和相互扯皮等现象，从根本上提高诊断工作的效率和质量。

7.3.2 管理诊断的主要内容

管理诊断的主要内容包括了解企业的发展战略设想，确诊企业经营的主要问题，分析产生问题的主要原因及根源，对外部环境进行了解并做初步分析，对企业的目标、内部条件、外部环境三者进行动态平衡分析，找出为实现战略目标所存在的主要差距以及确定企业管理的主要矛盾，提出针对性强、需要改善的咨询主题或项目。

根据这些内容,可以将企业综合诊断的内容和流程用图 7-5 加以描述。

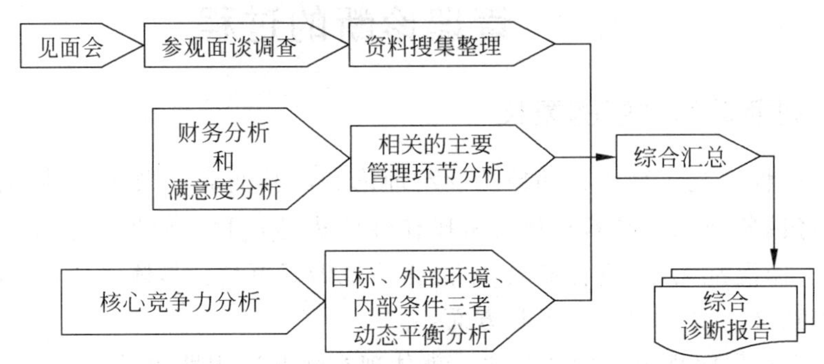

图 7-5 企业综合诊断流程示意图

7.3.3 管理诊断的规范程序及要点分析

管理诊断可视为一个系统,因此,诊断系统的策划、设计与实施十分重要。咨询诊断系统,是从咨询师接受企业委托开始,经过制定诊断计划,进行诊断,直到提出改善建议,全部诊断过程是相互联系的。诊断的全过程可划分为诊断的准备和正式诊断两个阶段,见图 7-6。

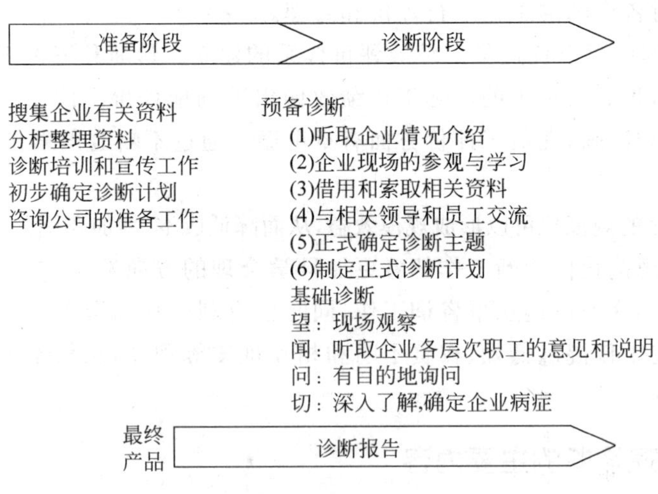

图 7-6 管理诊断规范程序示意图

1. 管理诊断的准备阶段

这是管理诊断的重要步骤,这个阶段的工作关系到诊断能否成功。如果做得不充分,

正式诊断就很难进行。诊断的准备工作一般包括以下步骤：

(1) 搜集企业有关资料。首先要参观企业，了解企业的厂址、厂房、机械配置、产品流程路线、工人操作和机器运输情况、在制品及库存数量、搬运方法及现场管理情况。还要确定受诊企业联系人。要确定负责受诊工作的联系人或部门，以便协助咨询师工作。咨询师通过受诊企业联系人了解情况，索取资料或进行各种事实性工作洽商。这一步需要确定的信息包括：企业经营概况、组织结构图、受诊重点部门的相关情况、最近几年的会计报表等。

(2) 整理资料。为了顺利地进行诊断，必须事先搜集和整理出资料数据。没有数据，就不能进行诊断。企业需要做的是资料阅读和整理、整理有关企业的内部资料、搜集并整理有关企业的外部资料。

(3) 诊断培训和宣传工作。咨询师需要亲自对经营管理人员和从业人员进行培训和宣传工作，使其掌握诊断知识，明确诊断的目的，不是单纯地找毛病，主要是帮助企业扩大发展，使他们消除顾虑，协助诊断人员搞好诊断。而咨询师不偏向于经营者或员工任何一方，从客观公正的第三者的立场出发，肯定企业经营中的成绩，提出改善方案，明确诊断后的预计效果，使受诊企业的全体人员自觉地接受诊断。

(4) 制定诊断计划。诊断计划是根据诊断目的和有关资料的数据制定的，它关系到诊断工作的成败，是诊断准备最重要的一环。在制定诊断计划时，应该拟订实现诊断目的的有效的诊断系统。因此，诊断计划的内容应该包括诊断系统计划、所需诊断人员计划、诊断费用计划和诊断日程计划。

(5) 咨询公司的准备工作。在派出较多人员进行诊断时，需要成立诊断小组。诊断所需数据由企业提供，但也有必要从企业外部搜集有关本企业和同行业的数据。对于企业提供的数据和从企业外部搜集来的资料应放在一起进行预备分析。受诊企业如对咨询师有特别的委托，对这些委托事项也应事先做好准备。

2. 正式诊断

(1) 预备诊断。和经营者协商，决定信息的来源。通常的做法是和企业主要经营者开座谈会。根据诊断企业规模、特别委托事项和周围环境的不同，参加座谈会的范围也不同，少则只限于最高管理者，多则可以包括企业中高级管理干部都参加。座谈会的目的是：对经营者进行诊断；在同经营者座谈中找出全局性问题；决定信息的来源。信息来源不单是用书面所提供的文件和数字资料，还要确定调查现场资料。通过找知情人谈话、开座谈会摸清问题，确定真实的数据。这种信息资料，在企业内部要从经营者、基层管理者和从业人员中去挖掘；同时也要从与企业有关的供应商、主要客户和银行等外单位进一步了解企业的信用情况、企业的活力和贡献以及对企业经营者的评价。通过在企业内外的调查研究，掌握了主要问题之后，必要时可以再和经营者座谈，一方面核实问题；另一方面听取员工反应。

(2) 进行基础诊断。基础诊断就是在进行单项诊断或部门诊断之前所进行的概况诊断。基础诊断的内容包括：对最高经营者、组织和基层员工的诊断，财务、战略、均衡性、劳动生产率和增长率等方面的诊断。通过诊断把这些方面的情况搞清楚，基本上也就掌握了企业的全局性问题。可以按照"望、闻、问、切"的步骤来进行。望：现场观察；闻：听取企业各层次职工的意见和说明；问：有目的地询问；切：深入了解，确定企业病症。

(3) 单项或部门诊断。这主要包括销售、产品开发、生产、人力资源、信息技术、财务等各经营职能的诊断。

(4) 汇总。这主要包括调整和对企业进行统一评价。需要对企业诊断的结果进行汇总，在汇总中如遇到不同的意见还要调整。调整有两重意思：一是把项目组各咨询师之间的不同意见统一起来；二是把咨询师与经营者之间的不同意见统一起来，然后才能对企业做出统一的评价。有时候，对在经营诊断中所发现的欠缺和问题，不一定都需要写进建议方案中去，如能同有关经营管理人员事先协商解决，不使之公开化，反而更好。这样，最后整理出的都是最重要的、亟待解决的问题。

(5) 决定改善方案。为保证提出建议的质量，在制定方案时，必须按照逻辑顺序分析问题；要把问题集中起来，深入分析；提出的改善方案要具体，避免抽象；要规定在执行中的保证措施。为便于分析比较，改善建议方案最好有两个以上，这样可以选择最佳方案。建议方案提出的形式，一般用书面写成，并通过座谈会商议制定。建议方案的内容应写明：诊断目的、主要问题、改善重点、可以实现的经济效益和所需要的费用。建议方案座谈会除最高经营者参加外，还可以邀请部、处、科室等负责人参加。在讲解建议方案时，除通过下发的书面材料，还可以广泛地利用图表和幻灯等宣传工具。

7.3.4 管理诊断的常规手续

除以竞标方式确定管理咨询公司外，当企业需要诊断时需经历以下手续：

1. 企业要向咨询公司(机构)提出诊断意向书

诊断意向书的内容包括：企业名称，所在地点，企业形态，行业类别，资金，所属团体，主要产品名称，从业人数，占地面积，最近一年的销售额和销售利润总额，业主姓名，年龄，企业组织，经营者的长处、短处和问题所在，希望诊断的事项等，企业按照上述内容向咨询公司(机构)提出诊断意向。

2. 咨询公司(机构)接受诊断意向

咨询公司(机构)是否接受诊断意向,主要考虑委托诊断的内容是什么,咨询师解决这类问题的能力如何,诊断的要求是否违反伦理规范以及受诊企业支付报酬的条件如何等。这些问题都是接受委托与否的关键。一般来说,诊断意向只要不违背咨询师的伦理规范,咨询公司(机构)也有能力接受,就不会遭到拒绝。

3. 签署委托合同

在接受委托时,要签订委托合同,合同中要有报酬额,并尽可能地采取书面的合同方式。

咨询师接受诊断委托后,必须确定明确的诊断目标,然后才能进行诊断。诊断目标的基本内容包括通过建议使企业改善经营管理,扩大产品销售额,从而增加经济收益等。当然诊断目标并不仅限于这些,还有教育、培训、提高经营管理人员的水平和改善环境等内容。

7.4　管理诊断的反馈和成果

7.4.1　向客户反馈信息的原则

管理诊断的最后阶段是对整个诊断工作的反馈和成果展示。在提出诊断报告以前,咨询师可以举行一次或多次反馈会议,去评论主要的成果。这会帮助他们识别分析中最后的差距,并且也让客户做好接受正式结论的准备。

对于客户来说,诊断的周期可能会很长并且费用较高。许多经理尽管没有深入参与这个过程,但是他们对这项任务将产生的成果还是非常感兴趣的。汇报中,咨询师应当清楚地告诉客户是如何集中进行这项工作的,诊断是否已经进一步证实了所做的这些选择,或者发现了新问题和新机会以及今后的行动方向。

咨询师对客户是否会最终接受并实施自己的办法有着极大的影响。在做出诊断结论之前,咨询师要经常地与客户沟通,向客户反馈信息,这样可以使客户的满意度和建议实施的可能性增大。向客户反馈信息应该遵循以下基本原则:

1. 做一个伟大的推销员

与客户交流建议的重点是解释组织应当为解决问题做些什么,不论这些问题是什么。不过,制定建议涉及的不仅仅如此。在大多数情况下,向某个组织提交建议的说服工作就像是推销工作。不论一家组织想要在多大程度上解决其问题,你总会遇到来自该组织中某些人的一些阻力。在提交建议的时候，要谨记这一点并且要时刻注意强调该组织和组织成员能获得的利益，咨询师的建议就很可能被接受。

2. 保持客户的充分参与

如果咨询师在整个咨询过程中一直都恰到好处地利用时机，客户就会是咨询师(团队)提交与制定建议的一部分。他们的参与是因为在与他们相遇之后，咨询师要求他们与调查结果保持齐头并进，并且要求他们给予反馈和投入。

咨询师应该在正式制定建议之前，让客户有机会参与到建议中，客户将会因此获得大量信息，通过客户的参与，所提建议会更加适合于该组织，更能为客户接受与实施。

3. 不要留下意外

所有的客户都不喜欢意外。如果咨询师的诊断建议会毁掉客户或使公司里其他核心人员受窘，导致这些意外的原因是咨询师没有能够让客户充分地参与到诊断过程中。

客户充分参与了诊断过程的一个良好标志就是客户不仅没有对建议感到意外，而且在咨询师提交之前他们已经准备好接受了。要想达到这一目的，就要保证客户在确定问题、数据收集和解决问题等各个阶段中能够密切参与。

4. 诚实和率直

尽管咨询师提出的问题总是愿意告诉客户好消息，但是咨询师本身的工作就是诚实而率直地把一切问题都摆在桌面上。一定要确保让客户得到由于咨询师的专业知识而带来的全部利益，而不是仅仅在策略上正确，或者只得到便于双方交流的那几个部分。

5. 不作空泛的评论

不要对客户公司当前的情况做出不切实际的评论，以免伤害客户的自尊，影响双方的合作。避免用"在我咨询生涯中，从来没见过像这样一团糟的企业"之类的话做提交建议的开场白。如若不然，咨询师不仅再也不会有为这家公司工作的机会，而且，所提建议很快就会被扔进废纸篓了。也许管理队伍中的确有些问题，但是，如果提交结果的方式能让客户接受，咨询师就有更好的机会给予他们帮助。

6. 支持客户

变革对任何组织来说都是艰难的，也许咨询师提交的建议能为客户组织中的剧烈变动奠定基础。机构改革、人员缩编、提高生产率和利用其他方式经常是咨询师建议的必然结论。准备好支持客户吧！既要在情感方面，又要在组织方面。与此同时，组织也正准备

面对变革的需求。

7.4.2　策划信息反馈会议

咨询师日复一日地工作，经过确定客户的问题、收集数据和解决问题，接下来的一步就是客户的信息反馈会议。在会议上，咨询师要向客户提交建议，也播撒下对自己的结论最终接受还是反对的种子。如果会议进行得顺利，客户大概就要开始实施这些建议了。如果情况不妙，建议很可能就要付诸东流。

客户的信息反馈会议是诊断工作流程中一个最重要的会议。在这个会议上，咨询师要确定议程，还要掌握建议提交的步骤和连续性。当然，咨询师要能够也应当在议程中对客户的需求许可做出某种灵活的反应，但是要保证能回到原来计划要讲的议题上来。

咨询师主持的信息反馈会议的策划一般包括五个步骤：

1. 提交项目背景与目标

咨询师的汇报工作的第一部分要有简短的项目介绍，其中应当包括需要由自己解决的问题、项目目标以及你需要为得出建议而运用的各种方法。要强调客户在解决问题和帮助获取建议这两点上所起到的作用。所有这些都必须事先得到同意。

2. 提交建议

提交建议时，咨询师要将关键建议连同原因一起交给客户。要保证有一系列可供客户考虑的备选建议（包括诸如价格低廉、实施迅速和质量较高等选项），还要解释为什么不把它们当做首选。

3. 鼓励客户发表意见

让客户讨论所提建议，这是咨询程序最关键的一个部分。咨询师要让与会者提问，挑战自己的假设，考虑备选内容，询问更多的信息，或者做任何对决定适当的行动步骤有帮助的事业。如果在提出建议后，听众沉默无语，就要询问参与者，他们是否理解所提建议以及他们是否对提交的建议有疑问，以此来鼓励他们积极地交换想法。

4. 帮助客户决定行动步骤

咨询的工作不是代替客户做决定，而是使客户从咨询师（团队）给出的数据分析中获取信息，然后自己拿主意。不过，咨询师也应当给客户一些压力，让他们做出某些决定，尤其是在帮助他们减少程序中的困难时。在项目开始后，咨询师很可能是最了解问题的人，也了解工作中最可能出现的问题，因此可以在客户决定采取任何行动步骤时给予他们大量的帮助与实际的指导。

5. 确定咨询师在将来各种活动中的作用

在通常情况下,向客户提交建议也许就是项目的最后一个步骤。而在另外一些情况下,客户也许希望能继续帮助他们实施你的建议。不论在何种情况下,咨询师都要利用客户信息反馈会议来确定在将来与项目有关的各种活动中自己会发挥什么作用。

在客户取得建议之后,剩下的工作就是要实施这些建议了。当然,生意场上到处是从来没有被实施的建议。部分实施所提建议有助于客户认识到他们对诊断建议的所有权。就像在接力赛中传递接力棒一样,需要把咨询师的建议变成客户的建议。

7.4.3 诊断报告的作用及制作

1. 诊断报告的作用

最优方案确定以后,各子项目组按所分担的专题,分别写出诊断报告。然后,由总负责人综合编写正式诊断报告书。诊断报告是对诊断阶段的工作总结,它对受诊企业以及整个咨询工作的贡献主要有以下几方面:

(1) 对历史发展及成功经验进行系统提炼与总结。

(2) 对企业所处的环境、内部运行系统、竞争对手状况、优势劣势进行系统分析。

(3) 以事实和数据为依据,深入研究,提出企业的问题。以报告的方式来阐明企业的问题。

(4) 为问题的求解提供思路。

(5) 为下一步咨询的展开提供框架。

"诊断报告"是企业诊断的"产品",是全体诊断人员辛勤脑力劳动的成果,它是被诊断部门和(或)管理工作进行整改的依据。因而,要求内容全面、言辞恳切。既能准确地反映事实现状,又能成为推动管理改进的动力。为了使受诊企业的管理者对所诊断出的问题一目了然,企业诊断报告制作的基本原则是:结论在先,论证在后。文字与图表说明相结合,用数字说话。同时,"诊断报告"应由全体诊断人员提供素材,在讨论通过"报告"框架提纲的基础上,由诊断项目经理亲自组织和执笔,完成后全组讨论、补充、通过。

2. 诊断报告的内容

正式诊断报告书的制作,因诊断内容和诊断范围而异。但一般要包括诊断概要、现状和问题、改善方案三大方面。具体内容通常可以继续细分为以下几方面:

(1) 诊断人员的构成。无论是企业领导者组织的诊断,还是咨询师组织的诊断,都必

须组成诊断组。诊断组的人员要求少而精，具体人数根据被诊对象的不同而不同，一般3～4人，最多不超过6人。诊断组成员又分为诊断项目经理和诊断人员。

诊断项目经理的人选关系到企业诊断能否取得成功。要求诊断项目经理除应具有知识面广、经验丰富、思维敏捷、反应快的特点外，还应具备善于观察、分析、归纳和正确判断的能力，并且应是诊断工作领域里的专家。而诊断人员（咨询师）应具备两方面的知识和技法：一是具有诊断工作领域相关的业务知识；二是有进行诊断调查和发现问题的技法。这些都要在诊断报告中得以反映。

(2) 诊断的目的。

(3) 诊断工作概况。概括地叙述诊断的程序，把每个程序中所作的工作、遇到的问题以及如何解决问题的过程做简单的描述。

(4) 诊断采用的方法。描述在诊断的各个步骤中用到了哪些诊断工具和方法，如何应用以及这些工具和方法的实施效果。如果在运用工具过程中进行了改进，这些改进和创新也应该列入报告内容。

(5) 诊断前的企业状况和主要问题。通过访谈、抽样调查等方法的运用，搜集并整理企业内外部资料，描述企业目前的经营管理状况以及存在的问题，当然现在所描述的这些问题主要是存在于企业中的一些现象。

(6) 主要问题的原因分析。在上一步所找出的企业问题的基础上，运用各种诊断分析工具和模型，剖析产生这些问题的根源和影响因素。这些根源和影响因素才是企业应该真正关注的东西。

(7) 改善方案。这部分主要包含改进方案内容和对方案的论证两部分。首先，针对上面找出的造成企业管理问题的原因，提出改进方案，通过咨询师团队内部以及咨询师与管理人员之间的反复讨论，最终提出适合企业的改进方案。然后，需要借助科学的论证方法来证明这些方案的有效性。

(8) 遗留问题。企业中所存在的管理问题涉及管理领域的各个方面，不可能只通过一次诊断就全部解决。一般现在解决的是企业所面临的最主要的问题或者企业亟待解决的问题。问题的本质就是问题的多变性，现在次要的问题也许将来就会变成主要问题，所以在诊断报告中有必要将这次诊断中还没有解决的，但可能对企业将来的发展产生影响的问题也列出，以协助企业管理人员的工作。

7.5 本章小结

1. 本章主要内容

本章详细论述了咨询项目中的关键环节——管理诊断的有关内容，其价值和关键内容主要有以下几点：

(1) 系统地阐述了管理诊断的科学含义，明确了诊断与咨询的关系，论述了诊断在整个咨询过程中的重要性和主要任务。

(2) 总结并勾勒出了管理诊断的思维框架图，明确了管理诊断各环节之间的逻辑关系和作用，帮助认识诊断的本质和原理，了解每个步骤的目的和作用。

(3) 根据管理诊断的思维框架图，建立了科学规范的诊断程序，全面而详细地叙述了管理诊断的主要工作内容及内部关系。

(4) 详细叙述了诊断报告的功能及编制过程，并明确提出了咨询者在诊断反馈中应遵循的原则，帮助咨询者全面、清晰、有效地将诊断结果反馈给客户，提高人际交往和沟通能力，建立稳固良好的客户关系。

由于不同的企业有不同的特点，即使同一个企业在不同的发展阶段也会有不同的特点，所以咨询师在企业管理诊断的业务中，并不一定会涉及诊断的所有内容和环节。咨询师可以根据诊断的原理和原则，结合企业的实际情况灵活地处理和取舍，直到找到企业真正的问题所在为止。除此以外，为了确保诊断工作的顺利进行，并与客户保持长期合作关系，咨询师在对企业进行诊断的过程中，要注意与企业内部工作人员保持良好的人际关系。尤其是外部咨询项目，如果遇到问题，应尽量与高层管理人员沟通，争取得到企业高层管理人员的理解和支持。避免直接参与管理，以免引起企业内部员工的反感和抵触，这样可以起到事半功倍的效果。

2. 内容回顾思考

(1) 什么是管理诊断？它与管理咨询是一回事吗？
(2) 规范的管理诊断包括哪些内容？
(3) 如何制作诊断报告？

3. 趋势发展与挑战

(1) 咨询师在企业诊断中的角色和地位如何？他们与企业管理者是什么关系？
(2) 管理诊断是否需要基于战略一体化进行系统思考？如何完成这种思考？
(3) 诊断报告与解决方案是什么关系？

B&E

第 8 章 管理诊断的工具与方法

摘要

本章介绍了管理诊断和咨询中一些常用的工具和方法。恰当的诊断工具和方法能够帮助咨询师指导全面地搜集资料、快速准确地作出判断，分析企业的内外部环境以及相应的战略定位，协助咨询师深入地剖析企业，找出企业经营中的问题及其原因。通过本章的学习，读者可以了解到企业战略综合分析工具、外部竞争环境分析工具和方法、企业内部环境分析工具、财务导向分析方法、资料搜集方法和问题分析方法等，通过观念和思维方法的介绍，帮助管理咨询师建立科学的思考方式。这些方法可以应用在咨询诊断领域、企业管理领域以及相应业务的处理过程中，其科学的思考方式甚至有助于快速周到地处理日常生活琐事。通过这些方法和工具的介绍与讨论，引导读者思考相应工具和方法的利弊，建立科学的思维习惯。

“管理诊断工具与方法”内容结构如图 8-1 所示。

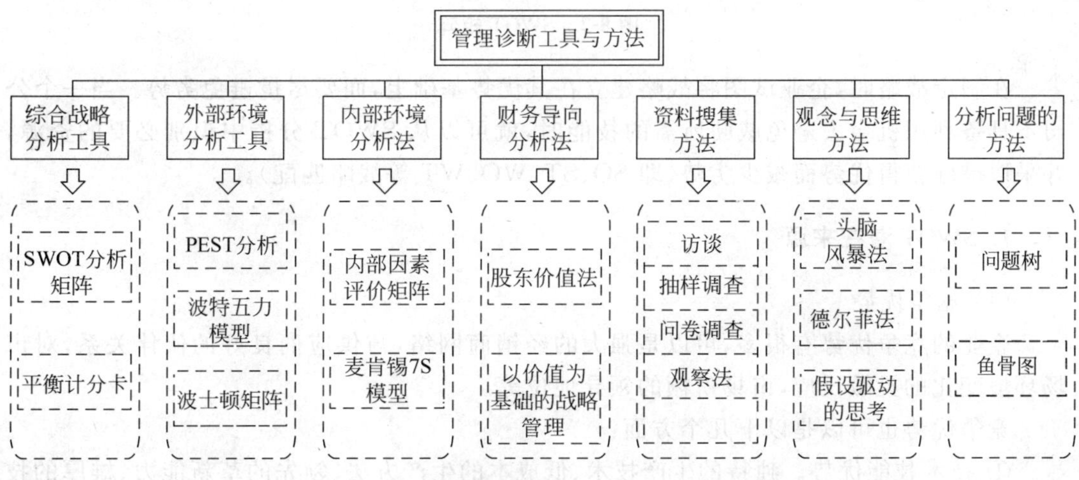

图 8-1 “管理诊断工具与方法”内容结构图

8.1 综合战略分析工具

综合战略分析工具主要可以用来帮助咨询师了解和把握企业内外部环境，从战略高度对企业进行诊断，从而对企业战略战术等方面出现的问题作出恰当的调整。

这里主要介绍了 SWOT 分析矩阵和平衡计分卡。

8.1.1 SWOT 分析矩阵

［工具介绍］战略分析过程中大量使用 SWOT 分析，它同时也是一个制定战略的有效工具。SWOT 是优势(Strengths)、劣势(Weaknesses)、机会(Opportunities)和威胁(Threats)英文单词首字母的缩写词。SWOT 分析法是将企业外部环境的机会(O)与威胁(T)，内部环境的优势(S)与劣势(W)同列在一个图表中加以对照，这样既可以一目了然地看出企业的环境情况，又可以从内部环境条件的相互联系中作出更深入的分析评价。SWOT 分析法是一种最常用的企业内外环境因素综合分析方法。图 8-2 就是一个常见的 SWOT 矩阵。

	优势——S	劣势——W
机会——O	SO 战略	WO 战略
威胁——T	ST 战略	WT 战略

图 8-2　SWOT 矩阵

在制定战略时，企业试图将战略建立在其优势基础上，而要尽量避免劣势。当一个公司不具备利用机会去避免威胁所需的技能时，就可以从 SWOT 分析中识别必要的资源，并采取措施获得优势而减少劣势(即 SO、ST、WO、WT 等战略匹配)。

1. SWOT 潜在来源

(1) 竞争优势

企业的竞争优势有很多，可以是强大的经销商网络，与供应商良好的伙伴关系，对市场环境变化的灵敏反应，市场份额的领导地位等。

竞争优势也可以是以下几个方面：

① 技术技能优势。独特的生产技术、低成本的生产方法、领先的革新能力、雄厚的技术实力、完善的质量控制体系、丰富的营销经验、上乘的客户服务、卓越的大规模采购技能，等等。

② 有形资产优势。先进的生产流水线、现代化的车间和设备、丰富的自然资源储备、吸引人的不动产地点、充足的资金、完备的资料信息，等等。

③无形资产优势。优秀的品牌形象、良好的商业信用、积极进取的公司文化，等等。

④人力资源优势。关键领域拥有专长的职员、积极上进的职员、很强的组织学习能力，等等。

⑤ 组织体系优势：高质量的控制体系、完善的信息管理系统、忠诚的客户群、强大的融资能力，等等。

(2) 竞争劣势

竞争劣势是指某种公司缺少或做得不好的东西，或指某种会使公司处于劣势的条件。可能导致内部弱势的因素有：

① 缺乏具有竞争意义的技能技术。

② 缺乏有竞争力的有形资产、无形资产、人力资源、组织资产。

③ 关键领域里的竞争能力正在丧失。

(3) 公司面临的潜在机会

市场机会是影响公司战略的重大因素。公司管理者应当确认每一个机会，评价每一个机会的成长和利润前景，选取那些可与公司财务和组织资源匹配、使公司获得竞争优势的潜力最大的最佳机会。潜在的发展机会可能是：

① 客户群的扩大趋势或产品细分市场。

② 技能技术向新产品、新业务转移，为更大客户群服务。

③ 前向或后向整合。

④ 市场进入壁垒降低。

⑤ 获得并购竞争对手的能力。

⑥ 市场需求增长强劲，可快速扩张。

⑦ 出现向其他地理区域扩张，扩大市场份额的机会。

(4) 危及公司的外部威胁

在公司的外部环境中，总是存在某些对公司的盈利能力和市场地位构成威胁的因素。公司管理者应当及时确认危及公司未来利益的威胁，做出评价并采取相应的战略行动来抵消或减轻它们所产生的影响。公司的外部威胁可能是：

① 出现将进入市场的强大的新竞争对手。

② 替代品抢占公司销售额。

③ 主要产品市场增长率下降。

④ 汇率和外贸政策的不利变动。

⑤ 人口特征，社会消费方式的不利变动。

⑥ 客户或供应商的谈判能力提高。

⑦ 市场需求减少。

⑧ 容易受到经济萧条和业务周期的冲击。

2. SWOT 分析步骤

(1) 列出 SFAS 表格

结合外部因素表(External Factors Analysis Summary,EFAS)和内部因素表(Internal Factors Analysis Summary,IFAS),分别列出影响组织制定战略的内外部因素,并按重要性将各因素压缩到 10 个左右,列出战略因素分析总结表 SFAS 表格。

(2) 分析 SWOT

在每个因素后面指出它的属性,是优势(S)、劣势(W)、机会(O),还是威胁(T)。

(3) 赋予权重

分别对每一种因素根据重要性赋予权重,权重之和等于 1。

(4) 进行评分

根据组织管理层如何应对这些措施进行评分。

(5) 算出加权分

分别根据权重和评分之积,算出各个因素的加权分。

(6) 进行战略分析

根据结果进行战略分析。从利用机会、发展优势、扭转劣势、回避威胁四个不同的角度发现战略课题和思路。

SWOT 分析为公司评估其战略地位提供了一个简单而有效的工具。当公司各层级用 SWOT 分析法时,它能够测试组织内感知的共识。由于它提供了一个自由思维的环境,而不受财务驱动型的预算规划体制的影响,所以对在业务方面进行根本性的重新评估的高级经理人十分有用。

8.1.2 平衡计分卡

[工具介绍]平衡计分卡(Balanced Score Card,BSC)是 20 世纪 90 年代美国哈佛商学院的教授卡普兰(Robert S. Kaplan)与复兴全球战略集团总裁诺顿(David P. Norton)与 12 家公司进行了为期一年的绩效管理项目研究时,提出从顾客角度、内部交流角度、学习与发展角度、财务角度这四个角度关注企业绩效。平衡计分卡提供了一个将策略如何转换成为行动方案或工作计划的思维模式,同时平衡计分卡已逐渐发展成一项战略实施与监控的管理制度,并结合战略与绩效管理协助企业实现愿景。

平衡计分卡是把企业使命和战略转化为一套绩效管理指标,作为衡量企业战略执行

状况和监控企业运作的工具。

1. 平衡计分卡的原理

传统的绩效评估关注外部财务数据，已经迅速地失去了作用，不能为信息时代的企业提供有效的规划工具。为此，卡普兰和诺顿引入四个不同的维度评估组织的活动：

- 财务维度(如何取悦股东？)
- 顾客维度(如何取悦顾客？)
- 过程维度(为了成功，应该在哪些过程领先？)
- 学习与创新维度(如何保持革新和改进的能力？)

这四个方面的因果关系如图 8-3 所示。

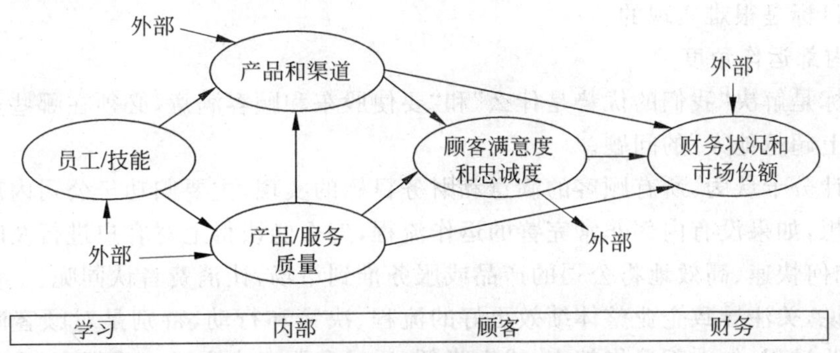

图 8-3 平衡计分卡四个方面的因果关系

2. 平衡计分卡四个维度之间的因果关系

(1) 财务角度

其目标是解决“股东如何看待我们”和“企业运作达到什么样的标准才能使股东满意”的问题。

以财务为核心，就是在业绩评价过程中，要从股东及出资人的立场出发，树立“企业只有满足投资人和股东的期望，才能取得立足与发展所需要的资本”的观念。

财务方面是其他方面的出发点和平衡点，更是战略的归宿。财务目标是平衡计分卡的焦点，它主要反映企业管理者的努力是否对企业的经济效益产生了积极的作用，企业的战略及其实施是否正确，在为最终经营结果的改善方面是否做出了贡献。

(2) 顾客角度

其目标是解决“客户如何看待我们”和“要达成财务目标，我们必须满足怎样的客户要求”的问题。

为了完成财务目标，公司应该进行有效的市场细分，找到自己的目标客户群体，针对目标客户制定适当的市场目标。关键在于明确公司的现有客户群体和潜在的客户群体，客户对产品的满意度和市场占有率的实现情况是完成公司财务目标的重要途径。

以客户为核心，就是在考核公司业绩时，应充分体现出"客户造就企业"（彼德·德鲁克，1907）的思想。因为企业成果的获得不取决于企业内部的任何人，也不取决于企业内部能够控制的任何事情，而是企业外部条件决定的。在市场经济的条件下，企业的成果取决于客户，即由客户决定企业的努力转化为成果还是白白地耗费资源。以顾客为核心设计的平衡计分卡包括以下五个方面：市场占有率、顾客的获得、顾客的保持、顾客的满意度及顾客获利能力（这是企业最后所追求的）。且每一方面都有其待定的衡量指标。顾客因素在平衡计分卡中占有非常重要的地位，因为如果无法满足或达到顾客的要求时，企业的愿景及目标是很难实现的。

（3）内部运作角度

其目标是解决"我们的优势是什么"和"要使股东和顾客满意，必须在哪些业务流程和内部运作上超越他人"的问题。

平衡计分卡认为，所有顾客的满意和财务目标的实现，主要归功于公司内部的高效和有序。试想，如果没有内部非常完善的运作流程，怎么能谈得上对客户进行及时准确的服务，以及如何快速、高效地将公司的产品或服务推到市场，让消费者认同呢？

所以说，关注导致企业整体绩效更好的流程、决策和行动，特别是对顾客满意有重要影响的企业过程，如内部运作效率，成本降低、质量和服务水平进一步提高，生产流程优化和周期缩短，新产品开发速度这些因素，将会在很大程度上决定企业在激烈的竞争中是否真正占有主导地位。

也就是说，企业通过内部的运作超越竞争对手，使自己的产品质量更高，成本更低，交期更有保证，服务更可靠，将内部整体运作绩效变为公司的核心竞争力。

（4）员工成长与学习角度

其目标是解决"我们如何提高自己的能力"和"为实现财务目标和客户需要，需要员工具备什么样的技能和知识"的问题。

企业需要根据战略要求和企业重点，随时打造符合公司的战略要求的员工队伍。通常来讲，一旦公司的战略重点发生调整，公司的运作模式组织流程就会随之发生调整，相应地，也就对员工队伍的知识结构、技能水平提出更高的要求。正所谓"兵马未动，粮草先行"。企业应该在战略调整之前就着手打造符合战略要求的员工队伍。

在这方面，公司一般会采取"两条腿走路"的方法来实现。一方面，通过内部培训、员工队伍梯队建设、核心员工管理等一系列措施，保证内部人力资源的开发达到最大化；另一方面，根据战略要求，对不符合要求的员工进行淘汰，同时补充"新鲜血液"，进而满足要求。

3. 平衡计分卡的实施过程

平衡计分卡一般在以目标、战略作为导向的企业，具有协商式或民主式领导体制的企业，成本管理水平较高的企业，以及高科技类型的企业实施效果较明显。管理者可以完善公司战略规划、考核体系以及信息化建设，逐步为平衡计分卡的实施奠定基础。在开始实施平衡计分卡的过程中，企业要注意如下问题：

(1) 对实施平衡计分卡的难度有所准备

虽然平衡计分卡模式的观念已经具有一定的普遍性与实际效果，企业通过采用平衡计分卡而脱胎换骨的例证也时有所闻，然而，想成功地实施平衡计分卡仍是一项重大挑战，需要投入相当的成本与力度。一份典型的平衡计分卡需要5～6个月去执行，另外还需几个月去调整结构，使其规则化。从而总的开发时间经常需要一年或者更长的时间。用于平衡计分卡的衡量指标有可能很难去量化，而衡量方法却又会产生太多的绩效衡量指标，确定绩效的衡量指标往往比想象的更难。当组织战略或结构变更的时候，平衡计分卡也应当随之重新调整，而负面影响也随之而来，因为保持平衡计分卡的随时更新与有效需要耗费大量的时间和资源。

(2) 努力提高企业管理信息的质量

与欧美企业相比，我国企业信息的精细度和质量要求相对偏低，这会在很大程度上影响到平衡计分卡应用的效果。因为信息的精细度与质量的要求度不够，会影响企业实施平衡计分的效果，如导致所设计与推行的考核指标过于粗糙，或不真实准确，无法有效衡量企业的经营业绩。

(3) 正确对待平衡计分卡实施时投入成本与获得效益滞后的关系

平衡计分卡的四个层面彼此是连接的，要提高财务方面首先要改善其他三个方面，要改善就要有投入，所以实施平衡计分卡首先出现的是成本而非效益。效益的产生往往滞后很多时间，使投入与产出、成本与效益之间有一个时间差，因而往往会出现客户满意度提高了，员工满意度提高了，效率也提高了，可财务指标却下降的情况。关键的问题是在实施平衡计分卡的时候一定要清楚，非财务指标的改善所投入的大量资金，在可以预见的时间内，可以从财务指标中收回，不要因为实施了6个月没有效果就没有信心了，应该将眼光放得更远些。

4. 平衡计分卡的实施步骤

一般可以概括为以下七步，如图8-4所示。

(1) 建立公司的远景与战略。确定公司的行业及发展，找到当前的位置以及未来的目标。公司的远景与战略要简单明了，使其能够采用一些业绩衡量指标。

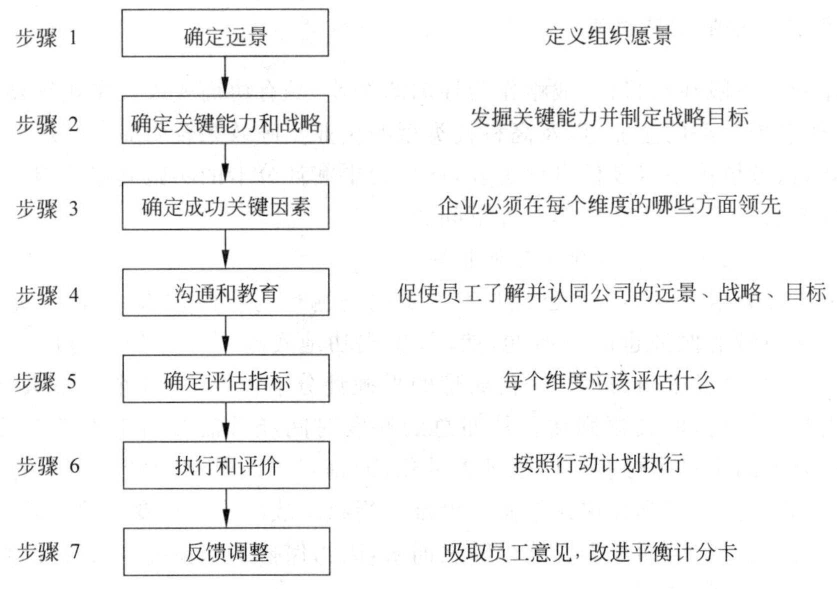

图 8-4 平衡计分卡实施过程示意图

(2) 构建或确定公司发展的关键能力，成立平衡计分卡小组去解释公司的远景和战略，并建立财务、顾客、内部业务、学习与成长四类具体的目标，当然出于战略的考虑也可以增加其他方面的目标。

(3) 确定成功的关键因素。采用系统思考的方法，充分考虑标准之间的相互影响，确保它们“平衡”地反映所需考虑的各方面。

(4) 加强企业内部沟通与教育。利用各种不同的渠道沟通各层管理人员，让企业员工知道公司的远景、战略、目标与业绩衡量指标，获得他们的认可。

(5) 制定具体业绩考核指标。确定每年、每季、每月的业绩衡量指标的具体数字，并与公司的计划和预算相结合。注意各类指标间的因果关系、驱动关系与连接关系，确保它们既包含短期目标，也包含长期目标。

(6) 执行和评价：按照行动计划的优先级加以执行，将每年的报酬奖励制度与平衡计分卡挂钩。

(7) 反馈与调整：经常采用员工意见修正平衡计分卡衡量指标，并改进公司战略。

5. 实施平衡计分卡失败的可能原因

国内很多企业一看到有新出现的管理方法和管理工具就盲目推崇，认为它们是企业的救命稻草，不加消化就拿来使用，结果往往以失败告终。究其原因，它们在使用平衡计分卡方面可能会因为以下原因而失败：

（1）仅仅把平衡计分卡作为单纯的绩效管理工具

平衡计分卡发展的初期阶段，的确是一种绩效管理的工具，但是，随着研究和实践的深入，平衡计分卡已经成为一种战略管理的工具。一些公司对平衡计分卡四个方面的考核指标进行了量化，但这四个方面考核指标的得来并没有依据企业的战略与远景，是这些公司实施平衡计分卡失败的根本原因。而国外一些成功实施平衡计分卡的公司，都是先从公司的使命和远景出发，通过分析，确定企业应该采取的战略，然后利用平衡计分卡，找出战略实施的关键成功因素，从四个方面来确定关键的绩效指标，然后再将这些指标逐步分解到每一个部门、每一位员工。

（2）缺乏相应的管理基础

平衡计分卡是与西方先进的管理水平联系在一起的。而我国企业从20世纪90年代开始实施现代企业制度，到现在也只有近二十年时间，企业普遍存在基础管理水平薄弱的缺点，管理水平还有待进一步提高。因此，国内企业在实施平衡计分卡时，首先要做的是完善企业的管理体系，做好基础管理工作，待企业的管理水平上升到一定的层次后，再引入平衡计分卡。

（3）缺乏高层管理人员的有力推动

一些公司将平衡计分卡交给人力资源部或者计划管理部来做，就会造成这些部门从本部门的职能出发，单纯为了考核而设置指标。并且在实施的过程中，由于员工对考核方案及考核结果运用的不理解，很容易产生抵触情绪，抱怨和阻碍就会不断出现。所以，单纯依靠行政力量来推行平衡计分卡是行不通的，高层管理人员的参与和推动是平衡计分卡成功实施的最重要的保证。由于牵涉整个公司的战略、各个部门、每一位员工，如果在其中任何一个点遇到障碍，平衡计分卡都会中途停顿下来，最终半途而废。因此，一定要保证高层管理人员随时扫清前进道路上的障碍。

（4）缺乏员工的主动参与

很多企业在构建平衡计分卡的过程中，忽略了对使用平衡计分卡的员工提供具体的培训，结果会造成员工的不理解和抵触，最终导致实施失败。要想成功地实施平衡计分卡，首先就要确保每一位员工了解公司的战略，并能在实际的工作中贯彻执行。成功公司的经验是：完成平衡计分卡的过程不能一蹴而就，通常需要花费几个月的时间。在这一过程中，逐步使参与其中的每位成员都清晰地了解公司的远景目标，并掌握实现这一目标的方法。

（5）没有围绕战略来整合组织

一些公司有两个部门负责监督业务单位的绩效：公司的发展部负责制定战略；财务部负责保存历史记录，编制预算和评估短期绩效。高层管理者制定出五年和十年计划，财务部制定一年预算方案，并进行短期预测，两个群体之间不存在任何联系。即使制定了平衡计分卡，也没有将二者有机地结合起来。而实际上，平衡计分卡正是在二者之间架起了一座桥梁。财务指标是在由财务部执行的传统职能的基础上建立起来的，其他三个维度的指标则使长期战略目标具有了可评估性。战略开发和财务控制的强有力结合，为管理者提供了有效的业绩衡量工具和战略执行工具。除了战略与财务的融合，平衡计分卡的目标还应以战略目标为依托，整合所有业务，使整个内部流程通畅，同时使所有员工基于业务流程参与到战略目标的实践中来。

(6) 没有建立部门、小组与个人绩效因果树

绩效因果树是将部门的经营策略、远景目标和小组、个人的工作任务结合起来，通过四个方面将各层次绩效及各层次绩效之间的因果关系体现出来。同时建立适当的指标和目标值，激励各级员工，引导他们的工作朝有利于部门业绩目标实现的方向发展。依照因果树，各小组成员可以明确自己所处的位置，以及在总体计划和目标实现中所需完成的工作内容。很多实施平衡计分卡失败的公司往往没有理清这种因果关系就盲目地制定指标，结果自然是失败。

8.2 外部导向型分析方法

外部导向型分析方法主要针对公司运作的外部环境进行分析。通过外部环境的分析，企业可以了解到目前市场上的竞争状况，企业所处的竞争地位以及其他环境因素对企业战略和经营的影响。这里将介绍三种典型的外部环境分析方法，即 PEST 分析、波特五力模型和波士顿矩阵。

8.2.1 PEST 分析

[工具介绍] PEST(Political, Economic, Social, Technological)分析是战略外部环境分析的基本工具，用于分析企业所处的宏观环境对于战略的影响，企业的宏观环境主要包括政治法律环境、宏观经济环境、社会文化环境、自然环境和技术环境。

1. PEST 分析的组成因素

(1) 政治法律环境

政治法律环境是指对企业经营活动具有实际与潜在影响的政治力量和有关的法律、法规等因素。具体来说，政治环境包括国家的政治制度与体制、政局的稳定性以及政府对外来企业的态度等因素。法律环境包括政府制定的对企业经营具有刚性约束力的法律、法规，如《反不正当竞争法》、《税法》、《环境保护法》等。政治法律环境实际上是和经济环

境密不可分的一组因素。处于竞争中的企业必须仔细研究一个政府与商业有关的政策和思路。

(2) 宏观经济环境

宏观经济环境是指一个国家的经济制度、经济结构、产业布局、资源状况、经济发展水平以及未来的经济走势等。构成经济环境的主要战略要素包括GDP的发展趋势、利率水平高低、财政货币政策的松紧、通货膨胀程度、失业率水平、居民可支配收入水平、汇率以及市场需求情况等。由于企业是处于大环境中的微观个体,经济环境决定和影响其自身的战略制定。经济全球化还带来了国家之间经济上的相互依赖性。企业在各种战略决策过程中还需要关注、搜索、监视、预测和评估本国之外的其他国家的经济状况。

(3) 社会文化环境和自然环境

企业业务涉及地区的民族特征、文化传统、价值观、宗教信仰、教育水平、社会结构、风俗习惯以及自然条件等情况。每一个社会都有其核心价值观,它们往往具有高度的持续性。这些价值观和文化传统是历史的沉淀,通过家庭繁衍与社会教育而传播延续,因此具有相当的稳定性。每一种文化都由许多亚文化组成,它们由共同的语言、共同的价值观念以及共同的生活经验或生活环境的群体所构成。不同的群体有不同的社会态度、爱好与行为,从而表现出不同的市场需求和不同的消费行为。

自然环境是指企业业务涉及的地区市场的地理、气候、资源、生态等环境。不同地区的企业由于其所处的自然环境不同,对于企业的战略会有一定影响。

(4) 技术环境

技术环境包括那些引起时代变革的发明,而且还包括与企业生产有关的新技术、新工艺、新材料的出现和发展趋势以及应用前景。

2. PEST 分析应用流程

(1) 列出环境变化分析过程中确定的关键宏观因素;

(2) 根据各因素对于企业的具体影响来确定权重,赋予各因素以权重;

(3) 按照企业现行的战略对各个关键因素进行评分;

(4) 用每个关键因素的权重乘以它的评分,得出每个因素的加权分数;

(5) 将所有因素的加权分数相加,得到企业所处的宏观环境的总的加权分数。

PEST分析主要是对企业所处的宏观环境进行分析。宏观环境又称一般环境,是指影响一切行业和企业的各种宏观力量。对宏观环境做分析,不同行业和企业根据自身特点和经营需要,分析的具体内容会有差异,但一般都应对政治(Political)、经济(Economic)、社会(Social)和技术(Technological)这四类影响企业的主要外部环境进行分析。

8.2.2 波特五力模型

[工具介绍] 波特五力模型是迈克尔·波特(Michael Porter)于20世纪80年代初提出的,对企业战略制定产生了全球性的深远影响。可用于竞争战略的分析,有效地分析客户的竞争环境。五力分别是:供应商的讨价还价能力、购买者的讨价还价能力、潜在竞争者进入的能力、替代品的替代能力、行业内竞争者现在的竞争能力。波特五力模型将大量不同的因素汇集在一个简便的模型中,以此分析一个行业的基本竞争态势。

1. 波特五力模型的原理

一种可行战略的提出首先应该包括确认并评价这五种力量,不同力量的特性和重要性因行业和公司的不同而变化,如图8-5所示。

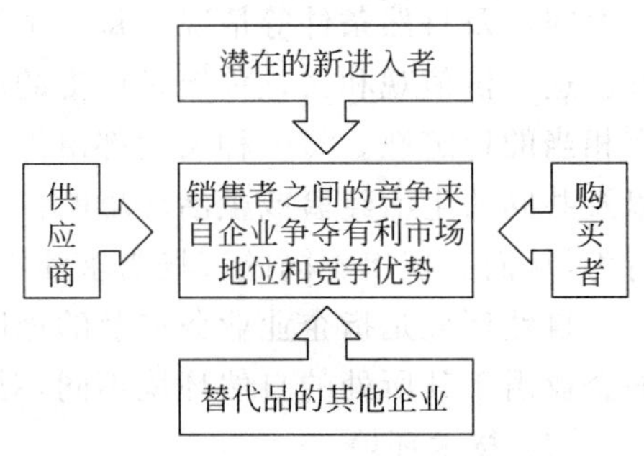

图8-5 波特五力分析模型

(1) 供应商的讨价还价能力

供方主要通过提高投入要素价格与降低单位价值质量的能力,来影响行业中现有企业的盈利能力与产品竞争力。供方力量的强弱主要取决于他们所提供给买方的是什么投入要素,当供方所提供的投入要素的价值构成了买方产品总成本的较大比例,对买方产品生产过程非常重要,或者严重影响买方产品的质量时,供方对于买方的潜在讨价还价力量就大大增强。一般来说,满足如下条件的供方集团会具有比较强大的讨价还价力量:

① 供方行业为一些具有比较稳固市场地位而不受市场激烈竞争困扰的企业所控制,其产品的买方很多,以至于每一单个买方都不可能成为供方的重要客户。

② 供方各企业的产品具有一定特色,以至于买方难以转换或转换成本太高,或者很难找到可与供方企业产品相竞争的替代品。

③ 供方能够方便地实行前向联合或一体化,而买方难以进行后向联合或一体化。

(2) 购买者的讨价还价能力

购买者主要通过压价与要求提供较高的产品或服务质量的能力,来影响行业中现有企业的盈利能力。一般来说,满足如下条件的购买者可能具有较强的讨价还价力量:

① 购买者的总数较少,而每个购买者的购买量较大,占了卖方销售量的很大比例。

② 卖方行业由大量相对来说规模较小的企业所组成。

③ 购买者所购买的基本上是一种标准化产品,同时向多个卖主购买产品在经济上也完全可行。

④ 购买者有能力实现后向一体化，而卖主不可能前向一体化。

(3) 新进入者的威胁

新进入者在给行业带来新生产能力、新资源的同时，将希望在已被现有企业瓜分完毕的市场中赢得一席之地。这就有可能会与现有企业发生原材料与市场份额的竞争，最终导致行业中现有企业盈利水平降低，甚至还有可能危及这些企业的生存。竞争性进入威胁的严重程度取决于两方面的因素，即进入新领域的障碍大小与预期现有企业对于进入者的反应情况。

① 进入障碍主要包括：规模经济、产品差异、资本需要、转换成本、销售渠道开拓、政府行为与政策(如国家综合平衡统一建设的石化企业)、不受规模支配的成本劣势(如商业秘密、产供销关系、学习与经验曲线效应等)、自然资源(如冶金业对矿产的拥有)、地理环境(如造船厂只能建在海滨城市)等方面，这其中有些障碍是很难借助复制或仿造的方式来突破的。

② 预期现有企业对进入者的反应情况，主要是采取报复行动的可能性大小，则取决于有关厂商的财力情况、报复记录、固定资产规模、行业增长速度等。总之，新企业进入一个行业的可能性大小，取决于进入者主观估计进入所能带来的潜在利益、所需花费的代价与所要承担的风险这三者的相对大小情况。

(4) 替代品的威胁

两个处于不同行业中的企业，可能会由于所生产的产品是互为替代品，从而在它们之间产生相互竞争行为，这种源自于替代品的竞争会以各种形式影响行业中现有企业的竞争战略。

① 现有企业产品售价以及获利潜力的提高，将由于存在着能被用户方便接受的替代品而受到限制。

② 由于替代品生产者的侵入，使得现有企业必须提高产品质量，或者通过降低成本来降低售价，或者使其产品具有特色，否则其销量与利润增长的目标就有可能受挫。

③ 源自替代品生产者的竞争强度，受产品买主转换成本高低的影响。

总之，替代品价格越低、质量越好、用户转换成本越低，其所能产生的竞争压力就越强。而这种来自替代品生产者的竞争压力的强度，可以具体通过考查替代品销售增长率、替代品厂家生产能力与盈利扩张情况来加以描述。

(5) 行业内现有竞争者的竞争

大部分行业中的企业，相互之间的利益都是紧密联系在一起的。作为企业整体战略一部分的各企业竞争战略，其目标都在于使自己的企业获得相对于竞争对手的优势。所以，在实施中就必然会产生冲突与对抗现象，这些冲突与对抗就构成了现有企业之间的竞争。现有企业之间的竞争常常表现在价格、广告、产品介绍、售后服务等方面，其竞争强度与许多因素有关。这些因素有：

① 行业进入障碍较低，势均力敌的竞争对手较多，竞争参与者范围广泛。

② 市场趋于成熟，产品需求增长缓慢，竞争者企图采用降价等手段促销。

③ 竞争者提供几乎相同的产品或服务，用户转换成本很低。

④ 行业外部实力强大的公司在接收了行业中实力薄弱的企业后，发起进攻性行动，结果使刚被接收的企业成为市场的主要竞争者。

⑤ 退出障碍较高，即退出竞争要比继续参与竞争代价更高。在这里，退出障碍主要受经济、战略、感情以及社会政治关系等方面的影响。具体包括：资产的专用性、退出的固定费用、战略上的相互牵制、情绪上的难以接受、政府和社会的各种限制等。

2. 波特的三个一般战略

波特的著作《竞争战略》一书中的另一个模型是公司面临三种可以执行的一般战略：

(1) 差别化。该战略以产品或者服务的差别化(通常在质量、特色、档次或者服务上)为基础，以至于客户要支付额外费用。

(2) 成本领先。该战略的基础是低成本地提供产品或者服务。质量和服务被保持在最低限度，奉行"无虚饰"的方法。

(3) 聚焦。该战略是将营销目标只集中在一个细分市场，高度专门化。

波特认为，一个公司如果夹在中间(也就是说，仅仅提供微不足道的差别化，且采取微不足道的努力来实现低成本)将会导致失败。然而这种观点受到了严重的挑战，且与经验证据不一致。例如，英国 Marks & Spencer 的目标就是适度成本服装而不是低成本服装，提供合意质量而不是卓越质量，它是英国最重要的服装、食品和金融零售商，2006 年公司营收约 86 亿英镑。

3. 波特五力模型的缺陷

实际上，关于五力模型的实践运用一直存在许多争论。目前较为一致的看法是：该模型大多是一种理论思考工具，而非可以实际操作的战略工具。

该模型的理论是建立在以下三个假定基础之上的：

(1) 制定战略者可以了解整个行业的信息，显然现实中是难以做到的。

(2) 同行业之间只有竞争关系，没有合作关系。但现实中企业之间存在多种合作关系，不一定是你死我活的竞争关系。

(3) 行业的规模是固定的，因此，只有通过夺取对手的份额来占有更大的资源和市场。但现实中企业之间往往不是通过吃掉对手而是与对手共同做大行业的蛋糕来获取更大的资源和市场。同时，市场可以通过不断的开发和创新来增大容量。

因此，要将波特的五力模型有效地用于实践操作，以上在现实中并不存在的三项假设就会使操作者要么束手无策，要么头绪万千。

波特的五力模型的意义在于，五种竞争力量的抗争中蕴含着三类成功的战略思想，那就是熟知的：总成本领先战略、差异化战略、专一化战略。

8.2.3 波士顿矩阵

［工具介绍］ 波士顿矩阵又称市场增长率—相对市场份额矩阵、波士顿咨询集团法、四象限分析法、产品系列结构管理法等。它是制定公司层战略最流行的方法之一。该方法是由波士顿咨询集团于20世纪70年代初开发的。波士顿矩阵将组织的每一个战略事业单位(Strategrc Business Units，SBUs)标在一种二维的矩阵图上，从而显示出哪个SBUs提供高额的潜在收益，以及哪个SBUs是组织资源的漏斗。波士顿矩阵的发明者、波士顿公司的创立者布鲁斯认为："公司若要取得成功，就必须拥有增长率和市场份额各不相同的产品组合。组合的构成取决于现金流量的平衡。"如此看来，波士顿矩阵的实质是为了通过业务的优化组合实现企业的现金流量平衡。

1. 波士顿矩阵的原理

波士顿咨询集团是世界著名的一流管理咨询公司，他们在1970年创立并推广了"市场成长率—相对市场份额矩阵"的投资组合分析方法。该方法从销售增长率和市场占有率两个维度将企业所有产品进行再组合。

在坐标图上，纵轴表示企业销售增长率，以10％为分界点，将市场增长率分为高、低两个区域；横轴表示市场占有率，以20％作为分界点，将市场占有率区分为高、低两个区域。由此，将整个坐标图划分为四个象限，四个象限所代表的产品类型分别是"问题型产品"、"明星型产品"、"金牛型产品"以及"瘦狗型产品"，如图8-6所示。

(1) 强竞争地位的"明星"业务

明星类产品是指那类高增长、高市场份额的业务，这个领域中的产品处于快速增长的市场中并且占有支配地位的市场份额，但是并不一定产生正现金流量，是否产生现金流取决于新工厂、设备和产品开发对投资的需要量。明星型业务是由问题型业务继续投资发展起来的，可以视为高速成长市场中的领导者，它将成为公司未来的金牛型业务。但这并不意味着明星业务一定可以给企业带来源源不断的现金流，因为市场还在高速成长，企业必须继续投资，以保持与市场同步增长，并击退竞争对手。企业如果没有明星业务，就失去了希望；但群星闪烁也可能会闪花企业高层管理者的眼睛，导致错误的决策。这时必须具备识别行星和恒星的能力，将企业有限的资源投入在能够发展成为现金牛的恒星上。

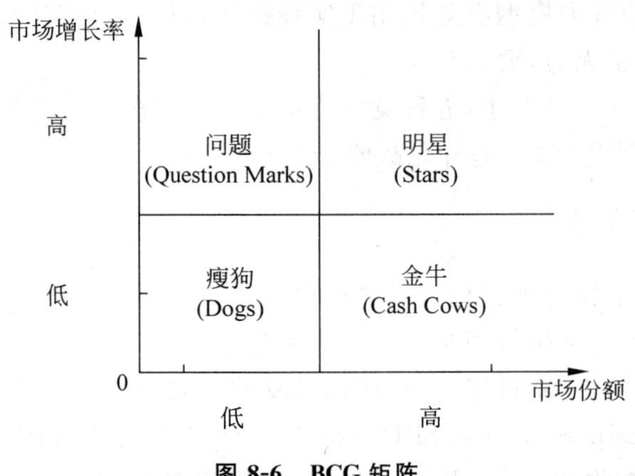

图 8-6 BCG 矩阵

(2) 低竞争地位的"问题"业务

这是一类高增长、低市场份额的业务，处在这个领域中的是一些投机性产品，带有较大的风险。这些产品可能利润率很高，但占有的市场份额很小。这往往是一个公司的新业务，为发展问题业务，公司必须建立工厂，增加设备和人员，以便跟上迅速发展的市场，并超过竞争对手，这些意味着大量的资金投入。"问题"非常贴切地描述了公司对待这类业务的态度，因为这时公司必须慎重回答"是否继续投资，发展该业务"这个问题。只有那些符合企业发展长远目标、企业具有资源优势、能够增强企业核心竞争力的业务才得到肯定的回答。

(3) 强竞争地位的"金牛"业务

金牛型业务是指那些低增长、高市场份额的业务，处在这个领域中的产品产生大量的现金，但未来的增长前景是有限的。这是成熟市场中的领导者，它是企业现金的来源。由于市场已经成熟，企业不必大量投资来扩展市场规模，同时作为市场中的领导者，该业务享有规模经济和高边际利润的优势，因而给企业带来大量现金流。企业往往用金牛业务来支付账款并支持其他三种需大量现金的业务。金牛业务适合采用战略框架中提到的稳定战略，目的是保持战略事业单位的市场份额。

(4) 弱竞争地位的"瘦狗"业务

瘦狗业务是那些低增长、低市场份额的业务，这个剩下的领域中的产品既不能产生大量的现金，也不需要投入大量现金，这些产品没有希望改进绩效。一般情况下，这类业务常常是微利甚至是亏损的，瘦狗型业务存在的原因更多的是由于感情上的因素，虽然一直微利经营，但像人养了多年的狗一样恋恋不舍而不忍放弃。其实，瘦狗型业务通常要占用很多资源，如资金、管理部门的时间等，多数时候是得不偿失的。瘦狗型业务适合采用战略框架中提到的收缩战略，目的在于出售或清算业务，以便把资源转移到更有利的领域。

2. 波士顿矩阵的作用

企业可将产品按各自的销售增长率和市场占有率的不同归入不同象限，这样将会使企业现有产品组合一目了然，同时便于对处于不同象限的产品做出不同的发展决策。其目的在于通过产品所处不同象限的划分，便于企业采取不同决策，以保证其不断地淘汰无发展前景的产品，保持“问题”、“明星”、“金牛”产品的合理组合，实现产品及资源分配结构的良性循环。

(1) 评价各项业务的前景

波士顿矩阵是用“市场增长率”这一指标来表示发展前景的。这一步的数据可以从企业的经营分析系统中提取。通常在绘制波士顿矩阵图的时候要确定纵坐标“市场增长率”的一个标准线，从而将“市场增长率”划分为高、低两个区域。确定标准线的方法常用的有两种：一种是把该行业市场的平均增长率作为界分点；另一种是把多种产品的市场增长率(加权)平均值作为界分点。需要说明的是，高市场增长定义为销售额至少达到 10%的年增长率(扣除通货膨胀因素后)。

(2) 评价各项业务的竞争地位

波士顿矩阵是用“相对市场份额”这个指标来表示竞争力的。这一步需要做市场调查才能得到相对准确的数据。计算公式是把一单位的收益除以其最大竞争对手的收益。“相对市场份额”作为波士顿矩阵的横坐标，也要确定“相对市场份额”标准线，从而将“相对市场份额”划分为高、低两个区域。BCG 的布鲁斯认为，这个分界值应当取为 2，他认为“任何两个竞争者之间，2 比 1 的市场份额似乎是一个均衡点。在这个均衡点上，无论哪个竞争者要增加或减少市场份额，都显得不切实际，而且得不偿失。这是一个通过观察得出的经验性结论”。在布鲁斯另一篇文章中，明确指出：“明星的市场份额必须是仅次于它的竞争者的 2 倍，否则其表面业绩只是一种假象。”按照布鲁斯的观点，市场份额之比小于 2，竞争地位就不稳定，企业就不能回收现金，地位难保。但在实际的业务市场上，市场领先者的市场份额是跟随其后的竞争者的 2 倍的情况极为少见。所以和上面的市场增长率的标准线确定一样，由于评分等级过于宽泛，可能会造成两项或多项不同的业务位于一个象限中或位于矩阵的中间区域，难以确定使用何种战略。所以在划分标准线的时候要尽量占有更多资料，审慎分析，这些数字范围在运用中根据实际情况的不同进行修改。而且不能仅仅注意业务在波士顿矩阵图中现有的位置，还要注意随着时间推移历史的移动轨迹。每项业务都应该回顾它去年、前年甚至更前的时候处在哪里，用以参考标准线的确定。

(3) 表明各项业务在波士顿矩阵图上的位置

具体方法是以业务在二维坐标上的坐标点为圆心画一个圆圈,圆圈的大小表示企业每项业务的销售额。

到了这一步,公司就可以诊断自己的业务组合是否健康了。一个失衡的业务组合就是有太多的瘦狗类或问题类业务,或太少的明星类和金牛类业务。例如有三项的问题业务,不可能全部投资发展,只能选择其中的一项或两项集中投资发展;只有一个现金牛业务,说明财务状况是很脆弱的,有两项瘦狗业务,这是沉重的负担。

3. 建立波士顿矩阵的基本步骤

(1) 核算企业各种产品的销售增长率和市场占有率

销售增长率可以用本企业的产品销售额或销售量增长率表示。时间可以是一年或是三年乃至更长。市场占有率,可以用相对市场占有率或绝对市场占有率表示,但使用最新资料。基本计算公式为

$$\text{本企业某种产品绝对市场占有率}=\frac{\text{该产品本企业销售量}}{\text{该产品市场销售总量}}$$

$$\text{本企业某种产品相对市场占有率}=\frac{\text{该产品本企业市场占有率}}{\text{该产品市场占有份额最大者(或特定的竞争对手)的市场占有率}}$$

(2) 绘制四象限图

以 10%的销售增长率和 20%的市场占有率为高低标准分界线,将坐标图划分为四个象限。然后把企业全部产品按其销售增长率和市场占有率的大小,在坐标图上标出其相应位置(圆心)。定位后,按每种产品当年销售额的多少,绘成面积不等的圆圈,顺序标上不同的数字代号以示区别。定位的结果即将产品划分为四种类型。

4. 波士顿矩阵的应用

波士顿矩阵法可以帮助我们分析一个公司的投资业务组合是否合理。如果一个公司没有现金牛业务,说明它当前的发展中缺乏现金来源;如果没有明星业务,说明在未来的发展中缺乏希望。一个公司的业务投资组合必须是合理的,否则必须加以调整。如巨人集团在将保健品业务发展成明星后,就迫不及待地开发房地产业务,可以说,在当时的市场环境下,保健品和房地产都是明星业务。但由于企业没有能够提供源源不断的现金支持现金牛业务,因此不得不从本身还需要大量投入的保健品中不断抽血来支援大厦的建设,导致最后两败俱伤,企业全面陷入困境。

在明确了各项业务单位在公司中的不同地位后,就需要进一步明确其战略目标。不同的业务有不同的战略目标,企业应该站在自身战略目标的角度调整业务组合。

发展。继续大量投资,目的是扩大战略业务单位的市场份额。主要针对有发展前途的问题业务和明星中的恒星业务。

维持。投资维持现状,目标是保持业务单位现有的市场份额。主要针对强大稳定的现金牛业务。

收获。实质上是一种榨取,目标是在短期内尽可能地得到最大限度的现金收入。主要针对处境不佳的现金牛业务及没有发展前途的问题业务和瘦狗业务。

放弃。目标在于出售和清理某些业务,将资源转移到更有利的领域。这种目标适用于无利可图的瘦狗和问题业务。

按照波士顿矩阵的原理,产品市场占有率越高,创造利润的能力越大;而销售增长率越高,为了维持其增长及扩大市场占有率所需的资金亦越多。如果某一产品从问题产品(包括从瘦狗产品)变成现金牛产品的移动速度太快,说明其在高投资与高利润率的明星区域时间很短,因此对企业提供利润的可能性及持续时间都不会太长,总的贡献也不会太大。但是相反,如果产品发展速度太慢,在某一象限内停留时间过长,则该产品也会很快被淘汰。通过调整产品组合使企业的产品结构实现产品互相支持、资金良性循环的局面。

8.3 内部导向型分析工具

内部导向型分析工具主要是针对企业内部组织和活动,从企业内部挖掘价值。这类分析方法基于这样的理论基础,即组织内部的动态特征会决定企业制定战略的思考范围。这部分所列举的方法有内部因素评价矩阵(IFE矩阵)和麦肯锡7S模型。

8.3.1 内部因素评价矩阵

[工具介绍] 内部因素评价矩阵(Internal Factor Evaluation Matrix,IFE矩阵)是一种对内部因素进行分析的工具,其做法是从优势和劣势两个方面找出影响企业未来发展的关键因素,根据各个因素影响程度的大小确定权数,再按企业对各关键因素的有效反应程度对各关键因素进行评分,最后算出企业的总加权分数。通过IFE,企业就可以把自己所面临的优势与劣势汇总,来刻画出企业的全部引力。

IFE矩阵实施步骤

IFE矩阵可以按如下五个步骤来建立:

(1) 列出在内部分析过程中确定的关键因素。采用10~20个内部因素,包括优势和劣势两方面。首先列出优势,然后列出劣势。要尽可能具体,要采用百分比、比率和比较数字。

(2) 给每个因素以权重,其数值范围由0(不重要)到1(非常重要)。权重标志着各因素对于企业在产业中成败的影响的相对大小。无论关键因素是内部优势还是劣势,对企业绩效有较大影响的因素就应当得到较高的权重。所有权重之和等于1。

(3) 为各因素进行评分。1分代表重要劣势；2分代表次要劣势；3分代表次要优势；4分代表重要优势。值得注意的是，优势的评分必须为4或3，劣势的评分必须为1或2。评分以公司为基准，而权重则以产业为基准。

(4) 用每个因素的权重乘以它的评分，即得到每个因素的加权分数。

(5) 将所有因素的加权分数相加，得到企业的总加权分数。

无论IFE矩阵包含多少因素，总加权分数的范围都是从最低的1到最高的4，平均分为2.5。总加权分数大大低于2.5的企业的内部状况处于劣势，而分数大大高于2.5的企业的内部状况则处于优势。IFE矩阵应包含10～20个关键因素，因素数不影响总加权分数的范围，因为权重总和永远等于1。

8.3.2 麦肯锡7S模型

[工具介绍] 20世纪70—80年代，美国Thomas J. Pieer和Robert H. Waterman，这两位斯坦福大学的管理硕士、长期服务于美国著名的麦肯锡管理顾问公司的学者，访问了美国历史悠久、最优秀的62家大公司，又以获利能力和成长的速度为准则，挑出了43家杰出的模范公司，其中包括IBM、德州仪器、惠普、麦当劳、柯达、杜邦等各行业中的优秀者。他们对这些企业进行了深入的调查研究，以麦肯锡顾问公司研究中心设计的企业组织7要素(简称7S模型)为研究的框架，总结了这些成功企业的一些共同特点。写出了《追求卓越——美国企业成功的秘诀》一书，形成了麦肯锡7S模型。该模型认为企业仅具有战略和深思熟虑的行动计划是远远不够的，因为企业还可能会在战略执行过程中失误。战略只是其中的一个要素，企业发展中还必须考虑结构、制度、风格、员工、技能、共同价值观等问题。

7S模型的组成要素

在7S模型中，将影响企业成功的因素总结为7个方面，即结构、制度、风格、员工、技能、战略、共同的价值观。其中，战略、结构和制度被认为是企业成功的“硬件”，风格、人员、技能和共同的价值观被认为是企业成功经营的“软件”。麦肯锡的7S模型提醒世界各国的经理们，软件和硬件同样重要，但是部分公司长期以来忽略的人性，如非理性、固执、直觉、喜欢非正式的组织等，这与各公司的成败息息相关，绝不能忽略。

1. 共同价值/首要目标(Shared Values/Superordinate Goals)

麦肯锡7S模型的核心为共同价值。

由于战略是企业发展的指导思想，只有企业的所有员工都领会了这种思想并用其指导实际行动，战略才能得到成功的实施。因此，战略研究不能只停留在企业高层管理者和

战略研究人员这一个层次上,而应该让执行战略的所有人员都能够了解企业的整个战略意图。企业成员共同的价值观念具有导向、约束、凝聚、激励及辐射作用,可以激发全体员工的热情,统一企业的战略目标。这就需要企业在准备战略实施时,要通过各种手段进行宣传,使企业的所有成员都能够理解它、掌握它,并用它来指导自己的行动。日本在经济管理方面的一个重要经验就是注重沟通领导层和执行层的思想,使领导层制定的战略能够顺利地、迅速地付诸实施。

2. 战略(Strategy)

对企业稀缺资源进行配置的规划,以满足企业不同时期的发展需求,实现企业既定的发展目标。

企业战略这一管理理论是20世纪50年代到60年代由发达国家的企业经营者在社会经济、技术、产品和市场竞争的推动下,在总结自己的经营管理实践经验的基础上建立起来的。战略是企业根据内外环境及可取得资源的情况,为求得企业长期稳定的发展,对企业发展目标、达到目标的途径和手段的总体谋划,它是企业经营思想的集中体现,是一系列战略决策的结果,同时又是制定企业规划和计划的基础。

3. 结构(Structure)

一个组织内部各部门的联系形式有集中化、功能化形式(自上而下)、去中心化形式、矩阵、网络化形式,等等。

战略需要健全的组织结构来保证实施。组织结构是企业的组织意义和组织机制赖以生存的基础,它是企业组织的构成形式,即企业的目标、协同、人员、职位、相互关系、信息等组织要素的有效排列组合方式。组织结构就是将企业的目标任务分解到职位,再把职位综合到部门,由众多的部门组成垂直的权力系统和水平分工协作系统的一个有机的整体。组织结构是为战略实施服务的,不同的战略需要不同的组织结构与之对应,组织结构必须与战略相协调,企业组织结构一定要适应实施企业战略的需要,它是企业战略贯彻实施的组织保证。另外,两位学者在研究中发现简单明了是美国成功企业的组织特点,这些企业中上层的管理人员特别少,常常可以见到不到一百个管理人员的公司在经营上百亿美元的事业。

4. 制度(System,也译为"系统")

组织各项任务的运作流程与操作程序:财务系统、招聘、晋升及绩效评估系统、信息系统。

企业的发展和战略实施需要完善的制度作为保证,而实际上各项制度又是企业精神和战略思想的具体体现。所以,在战略实施过程中,应制订与战略思想相一致的制度体系，要防止制度的不配套、不协调，更要避免背离战略的制度出现。如具有创新精神的3M公司的创新制度，在3M，一个人只要参加新产品创新事业的开发工作，他在公司里的职位和薪酬自然会随着产品的成绩而改变。即使开始他只是一个生产线的工程师，如果产品打入市场，就可以提升为产品工程师，如果产品的年销售额达到500万美元时，他就可以成为产品线经理，这种制度极大地激发了员工创新的积极性，促进了企业发展。

5. 员工(Staff)

组织内的员工数量、员工类型。

战略实施还需要充分的人力准备，有时战略实施的成败取决于有无适合的人员去实施。实践证明，人力准备是战略实施的关键。所以，企业在做好组织设计的同时，应注意配备符合战略思想需要的员工队伍，将他们培训好，分配给他们适当的工作，并加强宣传教育，使企业各层次人员都树立起与企业的战略相适应的思想观念和工作作风。人力配备和培训是一项庞大、复杂和艰巨的组织工作。

6. 风格(Style)

组织的文化风格以及管理人员的工作风格。

两位学者发现，杰出企业都呈现出既有中央集权又有地方分权的宽严并济的管理风格。他们一方面让生产部门和产品开发部门极端自主；另一方面又固执地遵守着几项流传久远的价值观。

7. 技能(Skills，才能)

员工的个人能力或组织作为整体所反映出来的独特能力。

在执行公司战略时，需要员工掌握一定的技能，这有赖于严格、系统的培训。松下幸之助认为，每个人都要经过严格的训练，才能成为优秀的人才。譬如在运动场上驰骋的健将们之所以能够大显身手，是因为他们惊人的体质和技术，不是凭空而来的，而是长期在生理上和精神上严格训练的结果。如果不接受训练，一个人即使有非常好的天赋，也可能无从发挥。

8.4 财务导向型方法

财务导向型方法主要依据这样的假设：任何战略评价都会产生一系列备选方案。这些备选方案可以按照财务标准来评价，从中选择能够对股东价值产生最佳的影响的一个方案。可以运用的方法和理论有许多，这里主要介绍 Rappaport 的股东价值法和

Reimann 的以价值为基础的战略管理。

8.4.1 股东价值法

［工具介绍］ 股东价值法（Shareholder Value Approach，SVA）的基本假设相当简单：股东投资购买资产，投资的真正价值是相应的资产所产生的未来现金，考虑到资金的时间价值，通过"加权平均资本成本"进行折现。

1. 股东价值法的组成要素

股东价值由 4 个部分组成，分别是按 WACC（Weighted Average Cost of Capital，加权平均资本成本）折现的未来现金流、按 WACC 折现的残值、可销售的有价证券和现金以及长期债务现值。它们之间的关系如图 8-7 所示。

图 8-7 股东价值分析法

（1）按 WACC 折现的未来现金流

要计算未来现金流，首先要确定 3 项关键因素：相应战略所产生的最合理的年度现金预测（注意：不等于现金）、预测期和未来现金流折现的利率。折现率通过计算公司的资本成本（取决于资本组合以及债务和权益的来源）得出。

（2）按 WACC 折现的残值

残值计算把预测期后产生的价值考虑进去了。残值计算有很多方法，具体的方法选择取决于对公司在预测期结束时所做的假设。若公司假设投资者退出，可以用最后一期的收入与预期的利润率相乘，或者用权益乘以预期的市场价值比率/账面价值比率。若假设公司破产，则要计算清算价值。若假设公司继续发展，就要把税后的现金流［（税后利润＋利息＋折旧）/非现金支出］转化为永续年金。无论采用哪种方法，合成的数字都使用加权平均资本成本进行折现。

（3）可销售的有价证券和现金

计算结果还要加上可销售的有价证券和企业中的现金。

（4）长期债务现值

最后还要在刚刚计算出来的结果中减去企业长期债务，得到股东价值的最终结果。

2. 股东价值法的评价

股东价值法的背后有许多值得争议的假设。它是一个数字导向型的方法，对直觉性强的"右脑型"人来说没有多大的吸引力，但是它确实是一个强大的工具。它作为一种工具的价值不仅在于计算出了绝对价值数字，更重要的是它所计算出的绝对价值数字可以同其他战略方案（用相同的股东价值法）进行比较，也可以同计算股东价值的其他方法进行比较。因此，当对几个可行途径进行决策时，它可以作为一个有用的诊断工具。

8.4.2 以价值为基础的战略管理

以价值为基础的战略管理（Value-based Strategic Management，VSM）与上文概述的股东价值法类似，用 Reimann 的 VSM 矩阵可以得到最好的描述。VSM 矩阵的变量之一是由一个特定的战略、产品或者一个公司的投资组合的一部分所产生的净现值（Net Present Value，NPV），另一个变量是投资回报率（Return on Investment，ROI）与加权平均资本成本（WACC）的比。因此第一个变量着眼于未来（净现值的结果），可以使用上文概述的股东价值法来计算。第二个变量通过比较投资回报率与加权平均资本成本，考虑了当前的状况。

VSM 矩阵（如图 8-8 所示）适用于存在收购机会或者需要不同水平投资的各种公司。

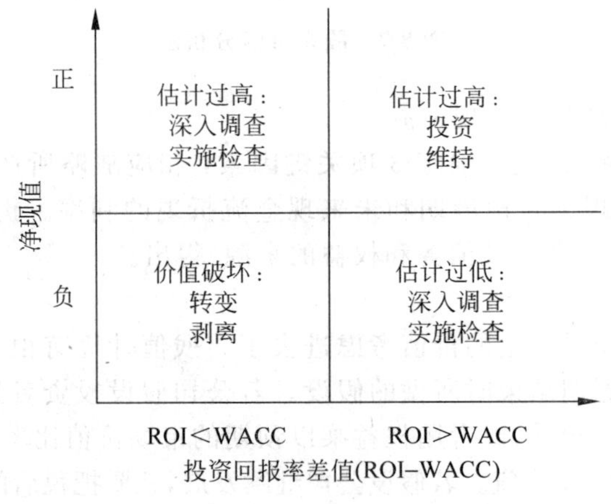

图 8-8 VSM 矩阵

8.5 管理诊断资料的搜集方法

在企业咨询过程中，咨询师需要通过相关资料的搜集来了解企业目前的经营状况以及所属行业的发展前景，因此，科学的资料搜集方法能够帮助咨询师快速准确地掌握客户资料，并起到事半功倍的效果。这部分重点介绍了访谈，抽样调查，问卷等常用的资料搜集方法。

8.5.1 访谈

[工具介绍] 访谈是咨询师获取信息、加强沟通并增加关于客户的知识和经验的一种办法，也是获取第一手资料的重要方法。对于从事管理咨询工作的人来说，访谈技巧是必须掌握的一门技能。在咨询工作过程中，经常要对客户公司的员工进行访谈，访谈的目的就是要从被访谈者那里获得尽可能多的信息。但是怎样才能让被访谈者畅所欲言而且提供的信息也正是你所需要的呢？这就要求访谈者具备一定的沟通能力与访谈技巧。

1. 有效访谈的原则

一般情况下，有效的访谈应遵循以下规则：

(1) 访谈之前

① 准备一些能够揭示希望得到的信息的问题。

② 了解被访者的职业和个性。

③ 告诉被访者讨论的目的。

(2) 访谈期间

① 开始时，对被访者做进一步的详细解释并且请求帮助解决问题。

② 在轻松和愉快的气氛中开始访谈，一定要确保在开始时由咨询师来打破冷场。

③ 提出的问题要能够引向希望得到的信息。只要不离题太远或者不过于琐碎，就应该允许被访者按照他(她)自己的思路讲下去。

④ 通过更进一步地提出问题鼓励被访者畅所欲言，做一些审慎评论去补充被访者的陈述，并且通过微笑、点头表明提供的信息确实是令人感兴趣的、新鲜的。

⑤ 除了这些鼓励性的插话外，不要打断对方的讲话。也不应对对方的现场状况表现出挑剔的样子，因为这可能引起被访者的反感。应避免争论或者过急地要求提出改进的建议。

⑥ 当问题回答得模糊时，可以采取一种不过分的和愉快的方式去寻求问题的答案，直到完全弄清为止。

(3) 访谈之后

① 通读访谈记录，列出需要进行核对的有关问题，并把可靠的信息转录进本项任务的分类资料记录中。

② 如果适合，可把打印的概要送给被访者进行核对。

③ 从一次访谈中得到的消息可为另一次访谈做准备。

2．访谈方式——非结构性与结构性访谈

（1）非结构性访谈

因为访谈在询问受试者时，并未依照一个已经规划好的问题顺序询问，故称之为非结构性访谈。其目的是引进一些初步议题，以便调研者决定可对哪些变量做进一步深入调查。

（2）结构性访谈

当一开始即得知需要何种信息时，即可采用结构性访谈。访谈人员会有一张事前决定的问题清单，可能通过面对面、电话，或个人计算机来询问受访者。此时的问题可能会着重于从非结构性访谈中发现的因素，而且与咨询主题有关。当受访者表达意见时，咨询师会加以记录，而同样的问题也会以相同的方法来询问每一个人。然而有时基于情况的迫切需求，有经验的访谈人员可能会指导受访者做答，并且询问不在访谈计划中的其他相关题项。通过这个程序可能会因为更深入的了解而确认出新的因素。然而，为了了解可能的回答，访谈人员一定要完全理解每一个问题的目的与目标。

非结构性访谈的目的是要探究与调查情境因素，其问题可能是集中的也可能是广泛的。在这个过程中，问题只不过是一个更严重且根深蒂固的问题的前兆。通过在组织中与许多人进行非结构性访谈可确认出情境中的几个重要因素，然后进一步在结构性访谈中就所确认的因素进行更深入的了解，将有助于确认主要的问题并解决问题。在企业管理应用研究中，关于问题因素的试验性理论经常都是在有非结构性与结构性访谈中获得的资料的基础上概念化而来的。

3．其他访谈方式——面对面访谈与电话访谈

访谈可通过面对面或是电话进行，目前也能借助计算机进行。虽然在咨询项目中，大部分的非结构性访谈是以面对面的方式进行的，但结构性访谈可以是面对面的或以电话为媒介的。这取决于相关议题的复杂程度、可能的访谈期间、方便性以及调查的地理区域。

（1）面对面访谈

① 优点

面对面或直接访谈的主要优点是调研者可根据需要来调整问题、澄清疑惑，并通过重述问题以确保受访者能确定理解问题，还可以从受访者身上搜集到非语言信息。

② 缺点

面对面访谈的主要缺点是在调查中会受到地理限制，假设要进行全国性或国际性的调查，则其所需资源将相当巨大。为了使由访谈员造成的偏差最小化，训练成本（如不同的询问方法、答案的释义)也非常高。另外,让受访者与访谈员进行面对面交流时,他们可能会对其回答的隐蔽性感到不安。

(2) 电话访谈

① 优点

电话访谈的主要优点,从调研者方面来看,可在一个相对较短的时间内对许多人进行访谈(如需要,可以是全国性的甚至是国际性的)。从受访者的立场来看,这或许能消除他们在面对面访谈中可能感到的不舒服,至少这样的感受可能会比面对面访谈来得少。

② 缺点

电话访谈的主要缺点是受访者可能会不经提醒或解释就挂掉电话,单方面中止访谈。然而这是可以理解的,因为没有人愿意每天受到电话营销的疲劳轰炸。为了减少这种受访者不响应的情况,最好能在进行电话访问之前先请求受访者参加调查研究,告诉他们访谈大概会进行多久,并且提出一个双方都方便的时间(最好不要将访谈延长到原本所设定的时间之后)。

4. 访谈中的文件资料

访谈过程中会形成一系列文件资料,这些资料有助于咨询师快速掌握客户的情况。

(1) 访谈提纲

对一个企业的访谈往往包括高层和一定比例的中层以及基层人员。明确不同的对象,拟出不同的访谈提纲,并且事先和他们约好会谈的时间。越是准备充分,越是能获得更多的信息和尊重。访谈提纲包括共性问题和特性问题。共性问题是指对任何访谈对象都适用的问题,如有没有明确的年度考核目标?这个目标是什么?部门中最难以解决的是什么问题?部门内员工间合作的团队意识强吗?等等。

除此以外,根据不同部门的特点,还会准备一些有针对性的特殊问题。如果被访者是市场部的员工,需要了解的特殊问题有“公司的产品是否紧跟市场需求”“公司整体品牌宣传如何”等。如果是人力资源部,需要考虑的问题有“公司内部职能规划是否合理”“人员考核结果如何”“绩效评价中存在哪些问题”等。在设计提纲时,应根据访谈目的及时间安排等情况来合理制定访谈提纲,在有效的时间内,找到最需要的信息。

(2) 访谈笔记

访谈笔记是在访谈过程中记录的访谈内容和被访人员重要观点的文件。在做访谈笔记时,要注意以下几点:

① 要尽量记录下对方所有观点,建议使用电脑记录。

② 记录人不能加入个人观点和看法。

③ 要注意对方发表观点的背景,没有前提的观点等于没有观点。

④ 要注意分析访谈对象的真实意思表示。

⑤ 记录中要注意将重点标注出来。

⑥ 记录人要尽可能记录下所有谈话内容。

⑦ 提问人要尽可能记下所有问题的主要观点。

⑧ 访谈总结要按照访谈总结模板进行。

(3) 访谈日志

访谈日志主要记录访谈中获得的关键信息,这些信息将用于支持后面的分析与结论。日志内容可能包括会议日志、关键数据、可改善领域、优势和劣势、未来计划、变化的障碍、竞争对手数据等。

8.5.2 抽样调查

1. 抽样调查的概念

抽样调查是一种非全面调查,它是从全部调查研究对象中,抽选一部分单位进行调查,并据以对全部调查研究对象做出估计和推断的一种调查方法。显然,抽样调查虽然是非全面调查,但它的目的却在于取得反映总体情况的信息资料,因而,也可起到全面调查的作用。

根据抽选样本的方法,抽样调查可以分为概率抽样和非概率抽样两类。概率抽样是按照概率论和数理统计的原理,根据随机原则从调查研究的总体中抽选样本,并从数量上对总体的某些特征做出估计推断,对可能出现的误差可以从概率意义上加以控制。在我国,习惯上将概率抽样称为抽样调查。

2. 抽样调查的特点

抽样调查有以下三个突出特点:

(1) 按随机原则抽选样本;

(2) 总体中每一个单位都有一定的概率被抽中;

(3) 可以用一定的概率来保证将误差控制在规定的范围之内。

3. 抽样调查的常用名词

在抽样调查中,常用的名词主要有:

(1) 总体

总体是指所要研究对象的全体。它是根据一定研究目的而规定的所要调查对象的全体所组成的集合,组成总体的各研究对象称为总体单位。也被称为母体、母数。

(2) 样本

样本是总体的一部分，它是由从总体中按一定程序抽选出来的那部分总体单位所组成的集合。

(3) 置信度

置信度也称为可靠度或置信水平、置信系数，即在抽样对总体参数做出估计时，由于样本的随机性，其结论总是不确定的。因此，采用一种概率的陈述方法，也就是数理统计中的区间估计法。即估计值与总体参数在一定允许的误差范围以内，其相应的概率有多大，这个相应的概率称做置信度。

(4) 抽样误差

在抽样调查中，通常以样本做出估计值对总体的某个特征进行估计，当二者不一致时，就会产生误差。因为由样本做出的估计值随着抽选的样本不同而变化，即使观察完全正确，它和总体指标之间也往往存在差异，这种差异纯粹是抽样引起的，故称之为抽样误差。

(5) 偏差

所谓偏差，也称为偏误，通常是指在抽样调查中除抽样误差以外，由于各种原因而引起的一些偏差。

(6) 均方差

在抽样调查估计总体的某个指标时，需要采用一定的抽样方式和选择合适的估计量。当抽样方式与估计量确定后，所有可能样本的估计值与总体指标之间离差平方的均值即为均方差。

(7) 置信区间

母体参数常根据样本的平均值来估计，估计值的置信区间的边界为

$$\text{估计值} \pm z\sqrt{\frac{\text{样本变异数}}{n}}$$

式中 z 为检验统计量，n 为样本容量。

4. 抽样调查的步骤

抽样调查通常可按照如下步骤进行：

步骤一：决定母体(总体)

步骤二：设计问卷

问卷的问项(明确陈述要估量的变量)

步骤三：建立抽样底册

步骤四：抽样设计并决定样本数

步骤五：建立样本名册

步骤六：进行调查

步骤七：整理资料

步骤八：分析资料

5. 常用的抽样方式

（1）简单随机抽样

简单随机抽样也称为单纯随机抽样，是指从总体 N 个单位中任意抽取 n 个单位作为样本，使每个可能的样本被抽中的概率相等的一种抽样方式。

简单随机抽样一般可采用掷硬币、掷骰子、抽签、查随机数表等办法抽取样本。在统计调查中，由于总体单位较多，前三种方法较少采用，主要运用后一种方法。按照样本抽选时每个单位是否允许被重复抽中，简单随机抽样可分为重复抽样和不重复抽样两种。在抽样调查中，特别是社会经济的抽样调查中，简单随机抽样一般是指不重复抽样。

简单随机抽样是其他抽样方法的基础，因为它在理论上最容易处理，而且当总体单位数 N 不太大时，实施起来并不困难。但在实际中，若 N 相当大时，简单随机抽样就不是很容易办到的。首先，它要求有一个包含全部 N 个单位的抽样框；其次，用这种抽样得到的样本单位较为分散，调查不容易实施。因此，在实际中直接采用简单随机抽样的并不多。

（2）分层抽样

分层抽样又称为分类抽样或类型抽样，它首先是将总体的 N 个单位分成互不交叉、互不重复的 k 个部分，我们称之为层；然后在每个层内分别抽选 $n_1, n_2, \cdots, n_k$ 个样本，构成一个容量为 k^2 个样本的一种抽样方式。

分层的作用主要有三个：一是为了工作的方便和研究目的的需要；二是为了提高抽样的精度；三是为了在一定精度的要求下，减少样本的单位数以节约调查费用。因此，分层抽样是应用最为普遍的抽样技术之一。按照各层之间的抽样比是否相同，分层抽样可分为等比例分层抽样与非等比例分层抽样两种。

实际上，分层抽样是科学分组与抽样原理的有机结合，前者是划分出性质比较接近的层，以减少标志值之间的变异程度；后者是按照抽样原理抽选样本。因此，分层抽样一般比简单随机抽样和等距抽样更为精确，能够通过对较少的样本进行调查，得到比较准确的推断结果。特别是当总体数目较大、内部结构复杂时，分层抽样常能取得令人满意的效果。

（3）整群抽样

整群抽样是首先将总体中各单位归并成若干个互不交叉、互不重复的集合，称之为

群,然后以群为抽样单位抽取样本的一种抽样方式。

整群抽样特别适用于缺乏总体单位的抽样框。应用整群抽样时,要求各群有较好的代表性,即群内各单位的差异要大,群间差异要小。

整群抽样的优点是实施方便、节省经费;缺点是往往由于不同群之间的差异较大,由此而引起的抽样误差往往大于简单随机抽样。

(4) 等距抽样

等距抽样也称为系统抽样或机械抽样,它是首先将总体中各单位按一定顺序排列,根据样本容量要求确定抽选间隔,然后随机确定起点,每隔一定的间隔抽取一个单位的一种抽样方式。

根据总体单位排列方法,等距抽样的单位排列可分为三类:按有关标志排列、按无关标志排列以及介于按有关标志排列和按无关标志排列之间的按自然状态排列。

按照具体实施等距抽样的做法,等距抽样可分为:直线等距抽样、对称等距抽样和循环等距抽样三种。

等距抽样的最主要优点是简便易行,且当对总体结构有一定了解时,充分利用已有信息对总体单位进行排列后再抽样,则可提高抽样效率。

(5) 多阶段抽样

多阶段抽样,也称为多级抽样,是指在抽取样本时,分为两个及两个以上的阶段从总体中抽取样本的一种抽样方式。其具体操作过程是:第一阶段,将总体分为若干个一级抽样单位,从中抽选若干个一级抽样单位入样;第二阶段,将入样的每个一级单位分成若干个二级抽样单位,从入样的每个一级单位中各抽选若干个二级抽样单位入样……以此类推,直到获得最终样本。

多阶段抽样区别于分层抽样,也区别于整群抽样,其优点是适用于抽样调查的面特别广,没有一个包括所有总体单位的抽样框,或总体范围太大,无法直接抽取样本等情况,可以相对节省调查费用。其主要缺点是抽样时较为麻烦,而且从样本对总体的估计比较复杂。

(6) 双重抽样

双重抽样,又称二重抽样、复式抽样,是指在抽样时分两次抽取样本的一种抽样方式。其具体方法为:首先抽取一个初步样本,并搜取一些简单项目以获得有关总体的信息;然后,在此基础上再进行深入抽样。在实际运用中,双重抽样可以推广为多重抽样。

双重抽样的主要作用是提高抽样效率、节约调查经费。

(7) 按规模大小成比例的概率抽样

按规模大小成比例的概率抽样(Sampling with Probability Proportional to Size),简

称为 PPS 抽样，它是一种使用辅助信息，从而使每个单位均有按其规模大小成比例的被抽中概率的一种抽样方式。其抽选样本的方法有汉森-赫维茨方法、拉希里方法等。

PPS 抽样的主要优点是：使用了辅助信息，减少抽样误差；主要缺点是：对辅助信息要求较高，方差的估计较复杂等。

上述各种抽样方式均为随机抽样方式。此外还有非随机抽样方式，即按照调查人员主观设立的某个标准抽选样本的抽样方式，如偶遇抽样、立意抽样、配额抽样等。

8.5.3 问卷

问卷是一种问题集合的固定格式，受试者通常会在非常相近的选项内写下这些问题的答案。当调研者完全知道什么是必要的，并且知道如何测量感兴趣的变量时，问卷调查是一个有效的资料搜集机制。问卷可以由人工发放、邮寄给受试者，或是以电子化方式分发。

1. 问卷设计的准则

有效的问卷设计原则应该注重三个方面：第一个方面是遣词造句；第二个方面是计划在收到回卷之后如何分类、测量和编码变量；第三个方面则是关于问卷的一般形式。这三个都是问卷设计上的重要问题，因为它们可将研究中的偏差最小化，如图 8-9 所示。

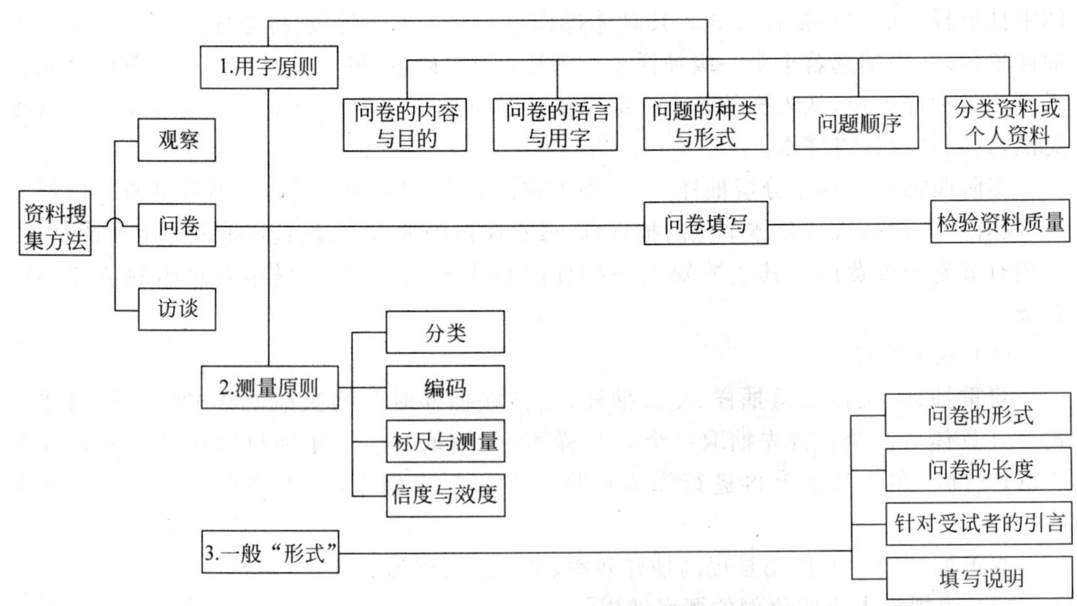

图 8-9 问卷设计原则

2. 问卷的一般样式

在问卷设计中不只是要强调语句和测量的重要,也必须注意问卷的样式。适当的引言、填答说明,以及排版良好的问题与回答选项,这样一份有吸引力且整齐的问卷会使受试者更乐于回答问题。

(1) 一个好的引言

一个适当的引言能够清楚地解释调研者身份,传达调查目的,这是绝对必要的。同时也能建立与受试者的和谐关系,并且能激励他们全心全意、热情地回答问卷中的问题。对他们所提供的资料保证其隐蔽性,有利于得到较少偏差的答案。引言部分的最后要以一个客气的表示作为结尾,以感谢受试者花费时间填答问卷。

(2) 安排问题、给予填答说明与引导,以及良好的排列

在适当的位置有逻辑地整齐地安排问题,在每一部分提供如何答题的说明,会使受试者更容易回答问题。问题要整齐排列,使受试者花费最少的时间与精力,在不耗眼力的情况下完成整份问卷的阅读及作答。

(3) 个人资料

人口统计或个人资料可以下述方式安排。要注意,年龄变量是定序标尺。

(4) 收入与其他敏感的个人信息

虽然人口统计信息可在问卷开始或是最后被询问,但是假如各种私人与个人性质的信息,如收入、健康状况等在研究中都是必需的,则应于问卷的最后询问,这样会比在一开始就询问好。而且要解释这样的信息对研究有何贡献,如此一来,受访者就不会认为这类问题有侵犯或是窥探的性质。若受访者对问题的个人性质感到困惑,将这类问题置于问卷最后会有助于降低受访者偏差。

(5) 最后的开放式问题

在问卷最后可以包含一个开放式问题,让受访者对他们所选的任何方面进行评论,并表达对受访者最诚挚的感谢。

(6) 结束问卷

问卷的结尾应该以礼貌性的语气提醒受访者确认是否完成所有题项。

8.5.4 资料搜集的其他方法

1. 观察法

(1) 观察人员组成

在搜集实地观察资料时,调研者可以扮演两种角色:非参与的观察人员或参与的观

察人员。

① 非参与的观察人员

调研者或许不用成为整个组织系统中的一分子，自己就可搜集到所需资料。

② 参与的观察人员

调研者也可扮演参与的观察人员角色。此时，调研者要进入组织或是研究环境，而且要成为工作小组中的一分子。举例来说，若调研者想要研究工作组织中的团队动态学，那么他可以成为组织中的一员来观察团队动态。

（2）观察法的优缺点

① 观察法的优点

a. 当事件在平时发生时，通过观察所搜集到的信息通常会更可信，收视者偏差较小。

b. 在观察过程中，比较容易注意到环境对待定结果的影响。

c. 某些特定群体比较适合观察，例如儿童与相当忙碌的管理者，这些群体的信息都难以用其他方式获得。

② 观察法的缺点

a. 观察人员必须亲自到实地观察，这通常需要相当长的观察时间。

b. 这种搜集资料的方法不仅缓慢，而且单调沉闷、费用昂贵。

c. 因为长时间观察研究对象，观察人员比较容易感到疲劳，因此可能会使记录出现偏差。

d. 虽然通过脸部表情与其他语言行为可以猜测到心情、感觉及态度，但无法捕捉个人的认知思考过程。

e. 必须训练观察人员，教会他们如何观察以及避免观察人员偏差的方法。

2. 利用机器的观察来搜集资料

在几种情况下，机器能将调研者感兴趣的事件记录下来作为资料，而无须调研者亲临现场，例如通过收银台上的光学扫描仪与条形码追踪产品销售的类型及品牌，可以搜集到产品的详细资料。追踪系统可以保存使用某一设备的人数或是访问某一网站的记录。依赖于电子记录装置，如摄影机也可用来记录资料。这种用机器观察的资料是无偏差的。

8.6 观念与思维方法

观念与思维方法能够帮助咨询师对问题有正确的观念和判断。这里主要介绍了头脑风暴法、德尔菲法和假设驱动的思考。

8.6.1 头脑风暴法

[工具介绍] 头脑风暴法(Brain Storming)又称智力激励法、BS法。它是由美国创造学家A.F.奥斯本于1939年首次提出,1953年正式发表的一种激发创造性思维的方法。它是一种通过小型会议的组织形式,让所有参加人员在自由愉快、畅所欲言的气氛中,自由交换想法或点子,并以此激发与会者的创意及灵感,使各种设想在相互碰撞中激起脑海的创造性"风暴"。

1. 头脑风暴法的适用范围

头脑风暴法适合于解决那些比较简单、严格确定的问题,比如产品名称、广告口号、销售方法、产品的多样化研究等,以及需要大量的构思、创意的行业,如广告业。

2. 头脑风暴法的五大原则

(1) 禁止评论他人构想的好坏;

(2) 鼓励狂热的和夸张的观点;

(3) 重量不重质,即为了探求最大量的灵感,任何一种构想都可被接纳;

(4) 鼓励利用别人的灵感加以想象、变化、组合等以激发更多更新的灵感;

(5) 不准参加者私下交流,以免打断别人的思维活动。

不断重复以上五大原则进行头脑风暴法的培训,可以使参加者渐渐养成弹性思维方式,涌现出更多全新的创意。这种培训方法也可用于个人的自我锻炼。它是咨询师的最有效工具之一。

3. 头脑风暴法的操作步骤

(1) 准备阶段

① 选定基本议题;

② 选定参加者(一般不超过10名),并事先挑选记录员1名;

③ 确定会议时间和场所;

④ 准备好海报纸或大白纸、记录笔等用于记录的工具;

⑤ 布置场所:

- 将海报纸(大白纸)贴于黑板上;
- 由于记录员应将点子记录于全体都能看见的黑板(贴上海报纸)上,故座位的安排以"凹"字形为佳。

⑥ 指导员(或会议主持人)应掌握头脑风暴法的一切细节问题,故指导员应熟读本

法，做到彻底了解本法的五大原则，实施要点等。

（2）实施阶段

① 开始头脑风暴会议，指导员首先必须向参加者简介该方法大意，应注意的问题，如五大原则；

② 让会员畅所欲言；

③ 记录员记录参加者激发出的灵感；

④ 结束会议；

⑤ 将会议记录整理分类后展示给参加者；

⑥ 从效果和可行性两个方面评价各点子；

⑦ 选择最合适的点子，应尽可能采用会议中激发出来的点子。

4. 实施方式

头脑风暴法是一种通过会议的形式，让所有参加人员在自由愉快、畅所欲言的气氛中，自由交换想法或点子，并以此激发与会者的创意及灵感，以产生更多创意的方法。具体来说：

（1）培养对象：一般员工、管理者、监督人员、领导干部都可参与，并根据需要从各阶层人员中各抽几名。

（2）培养目标：培养参加人员的创造性能力，激发他们的创造性思维，以得到创造性的构想。

（3）培训内容：根据各企业需要确定，如给产品命名、创造新产品等需要大量构想的课题均可。

（4）培训方式：会议讨论方式。

（5）培训时间：会议时间一般为 30 分钟。

5. 实施要点

（1）关于议题的选择，应注意：

① 议题的选择应从平日悬而未决的问题着手。也就是说，议题的选择，必须合乎参与者的层次和关心程度，它以参与者一直期待解决的问题为最佳。当然事先公开议题的做法也是可行的，但参加人员是否会围绕议题尽力去思考点子，仍有必要斟酌。因而将大议题细化，从接近参与者关心程度的议题开始，不失为一种好的办法。

② 议题的内涵应该明确，而不该模棱两可、似是而非。会议开始后，主持人应仔细阐述议题，以便参加者理解。

(2) 尽量利用激发出来的灵感

为了让参加者的灵感相互激励，引发灵感的连锁反应，应督促参加者在规定时间(5分钟)内将自己的灵感写下来，并要求他们在各自发言前将内容整理清晰明了，以便记录员记录在海报纸上，进而让他人看后产生更多联想，激发更多灵感。

(3) 指导员(主持人)须知

① 在参加者发言气氛显得相当热烈时，可能会出现许多违背五大原则的现象，如哄笑别人意见、公开评论他人意见等情况，此时指导员(主持人)应当立即制止。

② 当许多灵感陆续被激发出来，而参与者也呈疲惫状，灵感激发速度明显下降时，主持人可以"每人再提两个点子就结束"之类的话结束会议。

③ 为避免参加者太疲倦而产生厌恶情绪，主持人应控制好时间，一般建议控制在30分钟左右。

④ 会议结束后，主持人表示感谢并鼓励和表扬大家。

(4) 记录员须知

记录员应依照发言顺序标号记录点子，在发言内容含糊不清时，应向发言者确认，发言内容过长时，仅记录要点即可。字迹要清晰，确保每位参与者都能看清，海报纸版面应简洁整齐。

(5) 注意记录的分类整理工作

会议结束后应该对所做记录进行分类整理，并加以补充，然后交给具有丰富经验和专业知识的专家组进行筛选。筛选应从可行性、应用效果、经济回报率、紧急性等多个角度进行，以选择最恰当的点子。

此外，由于用头脑风暴法产生出来的构想，大部分都只是一种提示，绝少是可以用来直接解决问题的。因此整理和补充、完善构想这一步就显得相当重要。

(6) 注意经常使用头脑风暴法

经常使用本方法，可以提高咨询师团队和企业员工的创造能力，塑造工作现场自由轻松、相互激励的氛围，提高工作效率，取得可喜成绩。

在整理补充点子后，为了使构想更具体化，仍有继续使用该法，让构想延伸发展下去的必要。

8.6.2 德尔菲法

[工具介绍] 德尔菲法是在20世纪40年代由O.赫尔姆和N.达尔克首创，经过T. J. 戈尔登和兰德公司进一步发展而成的。德尔菲(Delphi)这一名称起源于古希腊有关太阳神阿波罗的神话。传说中阿波罗具有预见未来的能力。因此，这种预测方法被命名为德尔菲法。1946年，兰德公司首次用这种方法进行预测，后来该方法被广泛采用。

德尔菲法依据系统的程序，采用匿名发表意见的方式，即专家之间不得互相讨论，不发生横向联系，只能与调查人员发生关系。通过多轮次调查专家对问卷所提问题的看法，经过反复征询、归纳、修改，最后汇总成专家基本一致的看法，作为预测的结果。这种方法具有广泛的代表性，较为可靠。

1. 德尔菲法的实施步骤

(1) 组成专家小组。按照课题所需要的知识范围，确定专家。专家人数的多少，可根据预测课题的大小和涉及面的宽窄而定，一般不超过20人。

(2) 向所有专家提出所要预测的问题及有关要求，并附上有关这个问题的所有背景材料，同时请专家提出还需要什么材料。然后，由专家做书面答复。

(3) 各个专家根据他们所收到的材料，提出自己的预测意见，并说明自己是怎样利用这些材料并提出预测值的。

(4) 将各位专家第一次判断的意见汇总，列成图表，进行对比，再分发给各位专家，让专家比较自己同他人的不同意见，修改自己的意见和判断。也可以把各位专家的意见加以整理，或请身份更高的其他专家加以评论，然后把这些意见再分送给各位专家，以便他们参考后修改自己的意见。

(5) 将所有专家的修改意见收集起来，汇总，再次分发给各位专家，以便做第二次修改。逐轮收集意见并为专家反馈信息是德尔菲法的主要环节。收集意见和信息反馈一般要经过三四轮。在向专家进行反馈的时候，只给出各种意见，但并不说明发表各种意见的专家的具体姓名。这一过程重复进行，直到每一个专家不再改变自己的意见为止。

(6) 对专家的意见进行综合处理。

2. 对德尔菲法的评价

德尔菲法本质上是一种反馈匿名函询法。其做法是，在对所要预测的问题征得专家的意见之后，进行整理、归纳、统计，再匿名反馈给各专家，再次征求意见，再集中，再反馈，直至得到稳定的意见。其过程可简单表示如下：匿名征求专家意见—归纳、统计—匿名反馈—归纳、统计……若干轮后停止。

它有区别于其他专家预测方法的三个明显的特点。它们是：匿名性、多次反馈、小组的统计回答。

(1) 匿名性。匿名是德尔菲法极其重要的特点，从事预测的专家彼此互不知道还有哪些人参加预测，他们是在完全匿名的情况下交流思想的。

(2) 多次有控制的反馈。小组成员的交流是通过回答组织者的问题来实现的。它一般要经过若干轮反馈才能完成预测。

(3) 小组的统计回答。以往，一个小组的最典型的预测结果是反映多数人的观点，少数派的观点至多概括地提及一下。但是这并没有表示出小组的不同意见的状况。

德尔菲法同常见的召集专家开会、通过集体讨论、得出一致预测意见的专家会议法既有联系又有区别。德尔菲法能发挥专家会议法的优点。

(1)能充分发挥各位专家的作用，集思广益，准确性高。

(2)能把各位专家意见的分歧点表达出来，取各家之长，避各家之短。

同时，德尔菲法又能避免专家会议法的缺点。

(1)权威人士的意见影响他人的意见；

(2)有些专家碍于情面，不愿意发表与其他人不同的意见；

(3)出于自尊心而不愿意修改自己原来不全面的意见。

德尔菲法的主要缺点是过程比较复杂，花费时间较长。

8.6.3 假设驱动的思考

[方法介绍]假设驱动(Hypothesis-driven)的思考，是从信息较少的阶段出发，不断思考问题整体框架和结论的思考方式。具体而言，首先要想出问题的整体框架。例如，在缺乏充分分析和证据的阶段，我们就能侃侃而谈："在分析现状后，我们应该能够得到分析结果。其中，这个问题的真正原因是这个。尽管我们最终想出了几种战略，但最有效的是这种战略。"运用假设思考可以帮助我们更快速地介入到问题的解决方案上来。虽然有了整体框架，但是由于我们只搜集了极少的一部分证据，因此整体框架的大部分内容都缺乏支持，那么，我们便可以从这个缺口入手开始搜集证据。此时，我们只需要找到证据以验证自己描绘的结论即可，所以不需要再做多余的分析和信息搜集，这可以极大地提高效率。通过假设思考，从最初就组织出有一定深度的推理，然后对其正确与否展开调查。如果发现错误，就立刻修改思路，重新构思，这种方法效率极高。假设能力的训练和提高，需要经常提问"So what"(那会怎样)和"Why"(为什么)，这会促使自己不断思考现象和问题背后的原理，提高对于事物发展的判断力和预见力。

1. 构建假设

事实上，很多决策迅速、对环境变化有应对能力的企业都在运用假设思考型的工作方法。这些企业的做法是：如果用这种方法来做不行的话，就尝试其他方法，先提出假设。他们事先不会对该假设展开深入调查，而在有一些头绪的阶段提出假设，然后去执行、验证，这样做比较有效率。

假设的构建方法因人而异，没有定规。波士顿咨询集团内部的问卷调查显示，"在讨论过程中想出"是绝大多数人构建假设的来源；其次是"在访谈过程中或访谈后想出"；位居第三的是"突然灵机一动"；位居第四的是"一步一步慢慢显出"。

比如，根据访谈构建假设。咨询顾问接受了个人消费品厂商(客户)的委托："尽管我们向市场推出了好的产品，但销售额却并没有增加。因此，请你们帮我们调查原因，并给我们作战略提案。"我们假定在调查客户后了解到以下情况：

"感觉跟以前相比消费者变得不买东西了。"

"竞争对手推出的产品跟以前相比没有变化。"

客户不是因为竞争对手推出新产品而丢掉顾客的。

"客户在便利店的销售额在增长。"

尽管客户整体销售额在下降，但在便利店销售额却在提高。

"在商品流通阶段，价格竞争激化。"

在零售店和批发商等处，价格竞争激化，越是折扣店产品越是卖得好。

"因为客户对自己的产品有信心，所以没有降价。"

根据访谈所了解的信息，可以构建以下假设。

假设1：消费者的嗜好转向了其他类型的产品。

假设2：在销售终端爆发价格竞争，消费者的需求转向低价产品。

假设3：通过口碑传播，竞争对手的产品汇聚了人气。

假设4：竞争对手通过降低供货价格增加了流通商的利润。

假设5：产品的销售渠道发生了转变。

2. 验证假设

(1) 试验主导型验证

在进行新产品开发时，为了把握消费者的需求，公司一定要进行市场调查。不过，如果考虑到如今消费者需求的多样化和趋势变化的速度，那么就会发现在很多情况下市场调查起到的作用是相当有限的。特别是当公司开发市场上还没有概念的产品时，基本上是不能相信市场调查的。很多时候连消费者自己都不清楚自己想要什么。所以通过厂商向市场发出信息(基于假设构建)，刺激消费者的需求，并在观察消费者反响的同时锁定产品的基本概念，有时会更有效。这适用于能够在1～3个月内快速开发出的产品，通过开发—销售—验证—再开发的周期循环，将会成功地缩小产品范围，挑选出未来将会畅销的产品。

(2) 讨论主导型验证

讨论是验证假设的良机。虽然我们也可以自己验证自己构建的假设，不过，在尚未积累相当经验之际，这很难做到。与之相比，我们通过与他人讨论来验证假设，既节约了时间，又轻松。讨论参与者和实施地点有很多种。例如，我们可以在与团队成员、同事、上司和下属等的讨论中，试着向他们征询意见。而咨询顾问既可以直接把假设抛给客户做判断，也可以到市场上把假设抛给流通商和消费者，让他们代替我们做判断。即使客户不赞成你的假设，只要最终用户赞成，这样便可以成为强有力的说服材料。但是在咨询过程中未经

分析就将假设抛给客户是不合理的。广义而言，访谈也是讨论的一种。在做访谈的时候，只要你能在访谈的同时把事先准备的假设抛给访谈对象，便能进一步提高解决问题的速度。

(3) 分析主导型验证

以假设验证为目的的分析，其要点是快速、简单地分析最小范围内的因素，且只分析这些因素。这种分析的主要目的是说服自己。使用这种分析方法，我们能快速地对自己构建的假设是否符合实情进行验证。分析分为两种：一种是使用数据进行分析的定量分析；另一种是比起数据来更重视分析访谈中得到的意见和管理者的看法，或者更注重分析消费者和终端用户意见的定性分析。通过比较、差异、时序、分布、因素分解等方法，可以很好地进行定量数据的分析。而对于定性资料的分析，头脑风暴法和德尔菲法可以提供有效的帮助。

8.7　分析问题的方法

科学的分析问题的方法能够帮助咨询师快速发现问题本质及导致问题的原因，帮助咨询师"对症下药"。这一部分主要介绍了问题树、鱼骨图等分析方法。

8.7.1　问题树

[工具介绍]　问题树又称逻辑树、演绎树或分解树等，是一种以树状图形系统地分析存在的问题及其相互关系的方法，如图 8-10 所示。

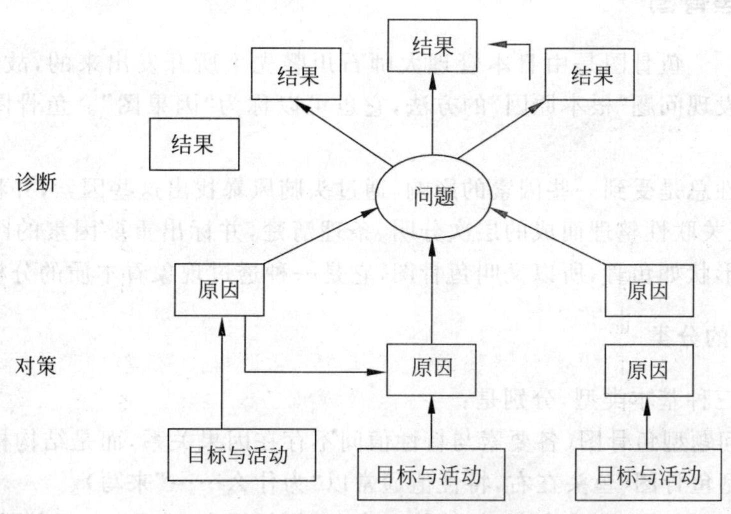

图 8-10　问题树逻辑结构示意图

1. 问题树的原理

问题树是麦肯锡公司常用的一种分析问题的方法，它的原理是将问题的所有子问题分层罗列，从最高层开始，并逐步向下扩展。

把一个已知问题当成树干，然后开始考虑这个问题和哪些相关问题或者子任务有关。每想到一点，就给这个问题(也就是树干)加一个"树枝"，并标明这个"树枝"代表什么问题。一个大的"树枝"上还可以有小的"树枝"，以此类推，找出问题的所有相关项目。逻辑树主要是帮助咨询师理清自己的思路，不进行重复和无关的思考。

逻辑树能保证解决问题的过程的完整性，它能将工作细分为一些利于操作的部分，确定各部分的优先顺序，明确地把责任落实到个人。

逻辑树是所界定的问题与议题之间的纽带，它能在解决问题的小组内建立一种共识。

2. 问题树的实施步骤

(1) 找出咨询问题中存在的"核心问题"或"起始问题"。

(2) 确定导致"核心问题"或"起始问题"的主要原因(假设：经验＋资料＋判断)。

(3) 确定"核心问题"或"起始问题"导致的主要后果。

(4) 根据以上因果关系画出问题树。

(5) 反复审查问题树，并根据实际情况加以补充和修改。

8.7.2 鱼骨图

[工具介绍] 鱼骨图是由日本管理大师石川馨先生所开发出来的，故又名石川图。鱼骨图是一种发现问题"根本原因"的方法，它也可以称为"因果图"。鱼骨图原本用于质量管理。

问题的特性总是受到一些因素的影响，通过头脑风暴找出这些因素，并将它们与特性值一起，按相互关联性整理而成的层次分明、条理清楚，并标出重要因素的图形就叫特性要因图。因其形状如鱼骨，所以又叫鱼骨图，它是一种透过现象看本质的分析方法。

1. 鱼骨图的分类

鱼骨图有三种基本类型，分别是：

(1) 整理问题型鱼骨图(各要素与特性值间不存在因果关系，而是结构构成关系)。

(2) 原因型鱼骨图(鱼头在右，特性值通常以"为什么……"来写)。

(3) 对策型鱼骨图(鱼头在左，特性值通常以"如何提高/改善……"来写)。

2. 鱼骨图的制作步骤

制作鱼骨图分两个步骤：分析问题原因/结构、绘制鱼骨图。

(1) 分析问题原因/结构

① 针对问题点，选择层别方法(如人机料法环等)。

② 按头脑风暴分别对各层别类别找出所有可能的原因(因素)。

③ 将找出的各要素进行归类、整理，明确其从属关系。

④ 分析选取重要因素。

⑤ 检查各要素的描述方法，确保语法简明、意思明确。

分析要点：

① 确定大要因(大骨)时，现场作业一般从"人机料法环"着手，管理类问题一般从"人事时地物"层别，应视具体情况决定。

② 大要因必须用中性词描述(不说明好坏)，中、小要因必须使用价值判断(如……不良)。

③ 脑力激荡时，应尽可能多而全地找出所有可能原因，而不仅限于自己能完全掌控或正在执行的内容。对人的原因，宜从行动而非思想态度方面着手分析。

④ 中要因与特性值、小要因与中要因间有直接的原因—问题关系，小要因应分析至可以直接下对策。

⑤ 如果某种原因可同时归属于两种或两种以上因素，请以关联性最强者为准(必要时考虑三现主义：即现时到现场看现物，通过相对条件的比较，找出相关性最强的要因归类)。

⑥ 选取重要原因时，不要超过7项，且应标识在最末端。

(2) 绘图过程

① 填写鱼头(按为什么不好的方式描述)，画出主骨；

② 画出大骨，填写大要因；

③ 画出中骨、小骨，填写中小要因；

④ 用特殊符号标识重要因素。

要点：绘图时，应保证大骨与主骨成60°夹角，中骨与主骨平行。

3. 鱼骨图的应用

鱼骨图是一种发现问题、解决问题的方法，可以对问题的各个侧面以及相关问题进行研究。在应用鱼骨图的时候可以按照以下步骤进行：

(1) 查找要解决的问题；

(2) 把问题写在鱼骨的头上；

(3) 召集团队或同事共同讨论问题出现的可能原因，尽可能多地找出问题；

(4) 把相同的问题分组，在鱼骨上标出；

(5) 根据不同问题征求大家的意见,总结出正确的原因;

(6) 拿出任何一个问题,分析研究为什么会产生这样的问题;

(7) 针对问题的答案再问为什么,这样至少深入五个层次(连续问五个问题);

(8) 当深入到第五个层次后,认为无法继续进行时,列出这些问题的原因,而后列出至少 20 个解决方法。

8.8 本章小结

1. 本章主要内容

为了帮助自己进行诊断分析,咨询师往往需要熟练地掌握大量久经考验的工具和方法。这种分析诊断工具有很多,本章介绍了涵盖宏观问题诊断、微观细节问题诊断甚至分析和诊断的思考方法等在内的多种经典工具和方法,其价值和关键点主要有以下几方面:

(1) 对所涉及的工具和方法进行分类,包括综合战略分析工具、内外部竞争环境分析工具和方法,分析问题和思维的方法等,便于读者快速掌握相应工具和方法的要点和用途,也便于读者有针对性地学习某一类或者某几类方法,节省读者的时间和精力。

(2) 从原理、方法的利弊、实施应用以及导致方法或工具应用失败的常见原因等多个角度对方法和工具进行说明和叙述,引导读者对每种工具和方法进行思考,帮助读者熟悉并应用每种工具和方法,建立科学的思维方式和思考习惯。

在讨论分析、数据收集以及诊断的时候把它们当作三种不同的行为,但在实践应用中,它们往往是相互交叉和重叠的。所以在学习这些工具和方法时,应该注意领会方法或工具的原理和本质,活学活用,综合应用各种工具和方法来处理实际中出现的各种问题,使这些工具和方法发挥最大的作用,甚至在已有方法的基础上发展出更新更好的工具和方法。

2. 内容回顾思考

(1) 综合战略分析工具有哪些? 各有什么特点?

(2) 简述企业内外部环境分析工具和方法。

(3) 资料搜集常用的方法有哪些? 分析问题可以用到哪些方法?

3. 趋势发展与挑战

(1) 思考的发展对诊断工具和方法有哪些影响?

(2) 管理诊断的资料搜集方法有哪些优缺点? 你认为应如何改进?

(3) 谈谈你所了解的问题分析方法,这些方法与书中所提到的相比,有哪些优缺点?

第 3 篇

结　果　篇

B&E

第 9 章 咨询报告

摘要

借助咨询师来解决企业面临的管理与经营问题是目前大部分企业寻求咨询的主要目的。事实上,大多数企业缺乏管理方面的专业人才,所以企业聘请咨询师去解决一些问题往往能起到"事半功倍"的效果。通过咨询过程中的知识传递和转移,能够培养企业解决实际问题的能力,更新企业高层领导的观念。

咨询报告是咨询师对整个咨询项目所了解的情况进行整理、分析、判断,并提出切实可行的改善方案后,归纳而成的书面材料。一般咨询报告里面包括的内容有:咨询项目概要、现状和存在的问题、改善方案等三个方面。

一般咨询报告的写作方式多用的是"金字塔写作方法",本章对此进行了详细的叙述。而在撰写咨询报告时,也有一些要点需要注意,这些要点将会直接影响咨询报告的质量和水平。

在进行报告的提交时,要根据客户的要求来选择提交方式。咨询报告分为进度报告和最终报告。进度报告主要是汇报项目最近的进展情况,不过言语尽量简短精要。最终报告主要是说明项目结果,是项目的陈列柜,它集中体现了咨询师(团队)为客户所做的努力。在许多情况下,最终报告可能是客户从咨询师那里得到的唯一产品,其重要性不可低估。

咨询项目的评价往往是企业最为关心,也是企业最为困惑的地方,本章分析了一些评价因素。不过,由于目前并没有统一的指标体系,所以本章提供一些较为常用的评价指标以供参考。

"咨询报告"内容结构如图 9-1 所示。

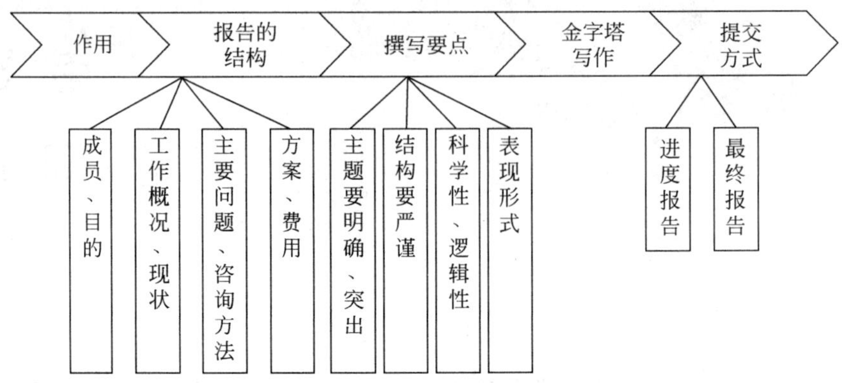

图 9-1 “咨询报告”内容结构示意

9.1 咨询的作用

随着国际化的发展,国内市场的竞争日趋激烈。如何构筑全球化企业竞争力并获得优势?如何推进管理现代化和管理变革?如何应用最新方法、智慧、成果?如何有效地获得先进的生产力?这些都是国内每个企业必须面对的迫切问题。

在当今企业竞争国际化环境下,战略、管理、经营、市场、人力、投资、资本、文化、品牌等一系列发展中必须解决的重大课题,是任何企业和机构都无法独立完成的。这就需要各种专业性咨询公司(机构)的参与,它们不仅可以提供知识、方法、工具,还可以进行企业理念层次、制度层次、文化层次的提升,最终能够使企业获得优质资源、现代管理方法和强大的竞争力。一些企业的成功实践有力地证明:合理、有效地利用外部智力资源,利用适合自身的“外脑”,是迎接新一轮竞争,并在竞争中发展的必经之路。

1. 从外部审视企业

“不识庐山真面目,只缘身在此山中。”对企业而言,从内部往往难以全面和准确地发现问题,因此需要求助于具有较高专业素质的咨询师从外部对企业进行全面地审视,发现从其内部看不到的问题。咨询师提供的外部审视的价值既表现在用新的思维方式、观点去观察企业的现状,分析其存在的问题及原因,也表现在以科学的态度和创新精神,去设计切实可行又有所突破的实施方案。

2. 解决企业实际存在的管理问题

借助咨询师来解决企业面临的管理与经营问题是目前大部分企业寻求咨询的主要目

的。事实上,大多数企业缺乏管理方面的专业人才,很多工作难以做到位。比如,如何进行全方位评估,如何确定高级管理人员的薪酬,是否应该进入一个新的领域等。咨询师可以为不同的公司提供服务,企业聘请他们去解决一些问题往往能起到"事半功倍"的效果。

3. 增强企业解决问题的能力

咨询师有自己发现和解决管理问题的方法和途径,企业领导在与咨询师交流的过程中,能够学习这些方法,有助于企业领导思维能力的提高。通过咨询过程中的知识传递和转移,能够培养企业解决实际问题的能力。

4. 更新企业高层领导的观念

咨询师与企业的"亲密接触"其实是一种帮助企业高层领导更新管理观念的捷径。特别是一些资深的咨询师,接触的企业客户多,掌握的先进的管理方式和模式也较多。通过与企业里不同层次员工的深入沟通,新的企业经营管理理念很容易得到传播。

5. 借助咨询说出自己不能说的话

对企业家而言,很多时候需要咨询是因为需要借咨询师之口来"说事"。企业内部有种种错综复杂的关系,为了企业的长远目标,企业在很多时候必须做出自己的取舍,这时候需要咨询师来替企业家说话。很多涉及组织变革方面的咨询,如组织结构调整、人事体制改革的出发点都在于此。

最后,我们可以把咨询的价值总结成通俗的四句话:

(1) 做企业家的"眼睛",看"老板"所看不到的现象。

(2) 做"老板"想做却无暇做的事,做一双执行各种复杂和困难任务的"手"。

(3) 做企业家的"外脑",想"老板"没时间想的问题。

(4) 做企业家的"嘴巴",说"老板"不能说的话,替企业家把想说但却不能说的话说出来。

9.2 咨询报告的结构

咨询报告是咨询师对整个咨询项目所了解的情况进行整理、分析、判断,并提出切实可行的改善方案后,归纳而成的书面材料。其内容会因为咨询项目内容和范围的不同而异,通常应包括咨询项目概要、现状和存在的问题、改善方案等三个方面。具体内容有:

1. 咨询项目组成员的构成情况

在咨询报告的开头,首先要公布咨询项目组成员的构成情况,介绍他们所在的单位和职务。这样做的意义是：

(1) 使客户了解咨询项目组成员情况，增加其对诊断和咨询结论的信任程度。

(2) 明确咨询的分工，增强咨询师的责任感。

2. 咨询目的

咨询目的是项目组进行工作的依据，只有明确咨询目的，咨询时才能始终抓住主要矛盾。咨询目的应根据客户的要求而定，其内容由咨询的范围和内容决定。企业概况咨询应以改善企业经营结构、经营方针和经营管理现状等为目的。部门咨询应以解决部门的主要问题为目的，如生产咨询以改善生产现状和产品结构等为目的。具体的科室、车间、班组的咨询，以解决积压所存在的问题为目的。不论全厂性咨询，还是个别部门和班组的咨询，咨询目的都必须集中、突出，切忌那种企图通过一次咨询就能解决很多问题的思想。

3. 咨询工作概况

咨询工作概况，主要包括此次咨询的对象和范围、咨询的经过、咨询内容要点、咨询的主要方法等。通过简要地介绍咨询工作概况，使客户对咨询师的工作有一个初步的了解，从而能够增加他们对咨询的信任程度，提高其落实改善方案的信心。

4. 客户的现状和主要问题

咨询的基本任务就是调查、了解分析客户的现状和主要问题，据此提出切实可行的改善方案。在咨询报告中，必须把客户的现状和主要问题作为基本内容给予详尽地介绍和说明。这一方面是因为客户的现状和主要问题是确定咨询方向、提出咨询方案的依据；另一方面又可以使客户更好地了解自己存在的问题和改善经营管理的方向，更好地理解和执行改善方案。

5. 咨询方法

在咨询报告中，还要介绍咨询所采用的方法。介绍诊断方法并说明使用这些方法的依据，使人们知道咨询是按科学方法进行的，从而可以增加人们对咨询的信任程度。

6. 提出改善方案

改善方案是咨询报告的核心内容。根据客户的基本情况和主要问题，制定出科学的改善方案是咨询的主要目的。

(1) 改善方案主要包括两部分：

① 企业改善经营管理的目标(由很多的具体经济技术指标构成)。

② 为达到这些指标的保证措施。

(2) 为保证改善方案的科学性和最优化，在拟订方案时，必须注意如下几点：

① 改善方案所提出的指标，要充分考虑客户的主、客观条件，既要看到实施方案的有利条件，又要看到不利因素。

② 改善方案的主要指标要参照同类先进企业的有关指标，但不能简单地照抄照搬。

③ 改善方案的指标应是平均先进水平，不能过高，也不能偏低。

④ 改善方案的措施要切实可行。

⑤ 改善方案实施后可能实现的利润与实施方案两者所需费用之间的关系，尽量做到增加利润，减少费用。

7. 改善方案执行后可能实现的利润

改善方案执行后可能实现的利润是客户最关心的一项内容。在咨询报告中，必须具体地列出可能达到的利润额及实现这一目标的具体途径。这样，不仅可以动员客户为实现这些利润而努力，而且可以增加客户对咨询工作的重视和兴趣。

8. 实施改善方案所需的费用

实施改善方案所需的费用也是咨询方案报告书一项不可缺少的内容。在咨询报告中，要具体地列出执行方案所需的各项费用，让客户心中有数，进而积极设法去筹措这些费用，为实施方案做好资金准备。

综上所述，在咨询方案报告书中，重点是客户存在的主要问题和改善方案两个部分。准确了解和总结出客户存在的主要问题，并根据其存在的主要问题提出科学的改善方案，是保证咨询报告书质量的关键。

9.3 咨询报告的撰写要点

咨询报告作为咨询工作的总结报告，其水平的高低，虽然主要取决于咨询工作的好坏，但与撰写水平的高低也有很大关系。为提高咨询报告的质量，在撰写时必须注意如下几点：

1. 主题要明确、突出

咨询方案报告书的主题必须明确、突出。所谓主题明确就是咨询报告中所提出的论述和回答的问题以及解决问题的措施都必须明确，不能给人以似是而非的感觉。只有问题准确、目标明确，企业改善经营管理才有方向。否则，提出的问题很分散，改善经营管理就无从做起。

所谓主题突出，就是要抓住主要矛盾，把咨询中要集中解决的一两个重点问题归纳总结好，解决好，不能眉毛胡子一把抓。只有这样，才能使咨询收到良好的效果。

2. 结构要严谨

科学而切合逻辑的文章结构是写好文章的前提。咨询报告一般由前言和正文两部分构成。在报告的前面，加一段简短的前言，明确提出咨询的结论，并对报告书的全部内容进行概括地说明是十分必要的。因为读报告书的人多半都很忙，时间十分紧，他们为了节省时间，往往先阅读前言，了解报告的大概之后，再决定是否看全文。

正文部分是报告的主体。这部分一般首先要提出结论，再按重要程度依次列举构成结论的各个要素，并进行理论概括，然后提出例证或进行适当的解释。最后对各个要素的各具体因素还要进一步论述，并以实例进行补充和说明。

3. 要有科学性

咨询报告必须具有科学性。所谓报告的科学性，就是要真实地反映客观事物的本质及其变化规律，引用的数据必须精确无误，使用的语言必须准确恰当。

为提高报告的科学性，应该做好如下几点：

(1) 深入调查。只有深入实际进行大量的调查，才能准确地掌握所要解决问题的真实情况及其产生的原因。只有掌握问题的实际情况及产生的原因，才能提出科学的解决问题的方法。

(2) 对调查来的资料要进行整理、加工，从中提取有用的东西，找出问题的规律性。

(3) 要认真思索。开动脑筋认真对构成问题的各个要素进行分析研究，是得出科学结论和解决问题方法的基本途径。

(4) 要善于借鉴。注意吸收并认真研究过去解决同类问题的实例，供自己处理问题时参考。这样做不仅可以提高报告书的科学性，而且可以少走弯路。

(5) 要解放思想。不拘泥于社会习惯和旧思想的束缚，也是提高咨询报告科学性的重要途径。

4. 要有逻辑性

好的咨询报告必须有严谨的逻辑性。报告的段与段、句与句之间的连接是否合乎逻辑，这是影响报告质量好坏的重要因素。如果段与段、句与句之间连接得不好，即使每段乃至每句都写得很好，也不能算是一篇好的报告。为加强报告的逻辑性，首先要求执笔人的思维方法要有科学性，必须按逻辑顺序分析问题。其次，在具体行文时，要层次分明，论

述有力。

5. 要注意表现形式

咨询报告的表现形式也是影响其质量的重要方面。为提高报告书的质量，增强感染力，要做好如下几点：

(1) 语言要生动、活泼，文字要简练易懂。具体行文时，要尽量以简短的句子表现丰富的内容。

(2) 行文要尽量采用条款化，以简单的条文表现复杂的事物，让人看了立刻就掌握问题的实质，给人一个清晰的印象。

(3) 要注意格式。报告书与一般文章不一样，除文字说明外，还要使用很多表格和图示。表格、图示的多少、大小和排放的位置都必须合理、恰当，使之在格式上显得美观。

(4) 注意版面修饰。为增加报告的感染力，对重要的字句要进行一定的修饰，如对非常重要的字句在下面加上红线，一般的字句在下面加上黄线等。

另外，对表格和图示也要用不同颜色加以修饰和区别。总之，报告不仅语言要生动，而且表现形式要美观，文图搭配要得体，重要标题要醒目。

需要强调的是，咨询报告可能是咨询师(团队)呈给客户的唯一可见的产品。因此，报告内容的质量及业务的质量都可以从报告的外表来做出判断。仅看封皮，可能判断不出一本报告的好坏，但看到它的外表，人们肯定能对其内容有一些想法。人们更愿意读一篇引人入胜的报告，而不是既无感召力，外表又不美观的报告。

所提供的咨询报告怎么样？是不是有条理？看起来质量低劣、装订凌乱，并匆匆在报告的一角装订了一下，订书钉还有一半未订进去，好像仍然渴望着可贵的生命；抑或咨询报告是由激光打印机打印的艺术作品，有彩色插图，用金属线或棉布线很雅观地装订的。如果咨询报告更倾向于前者，那么在最近就需要花点时间提高报告的质量。

下面是可使咨询报告更具专业特点的几点合理化建议。

(1) 精心排版及印刷。要使报告看起来具有专业特点的最简单方法就是使用全能计算机文字处理程序，然后将报告用质量上乘的激光打印机打印出来，例如由惠普公司、佳能公司及其他公司生产的打印机。

(2) 合理安排布局。不要把过多的信息都挤进一张纸里。多留出一些地方，行首空格、页边空白、标题及其他布局特征使报告对读者更具吸引力。如果确定不了怎样设计自己独具特色的报告布局，就查阅一下文字处理软件，找出标准的报告格式。比如微软文字处理软件就包括几种报告格式，其中早已制定了独具特色的字体、标题形式、行间距、图表格式及其他的布局方法。

(3) 适当插放图表。适当的时候，在报告中适当的地方插入图表，图表不仅能比文字更有效地传达信息，而且还能使读者在阅读时得到必要的间歇。图、表格、照片、插图及其他图表形式可以使报告更具吸引力，在外表上更具专业特点。

（4）选用优质的纸张与封皮。要选用质量上乘，有一定重量的纸张打印报告。一张压模的封面既可以对报告起到保护作用，也可以使人对封面一目了然。

（5）仔细装订。对于小型报告或中等规模的报告来说，使用纺梳、金属线、棉布带或特殊的方法将报告订在一起。如果自己没有装订设备，可以将报告带给任何一家印刷厂或复制商店进行装订。

（6）认真校对。在没有花时间仔细检查报告中语法错误和印刷错误之前，千万不要把报告交出去。没有什么比一份写作极差，到处都是语法错误和印刷错误的报告能更快地破坏你的信誉。

9.4 咨询报告金字塔写作方法

9.4.1 金字塔原理的概念

金字塔结构作为麦肯锡公司的公司标准，是公司理念和规范的一个重要组成部分，并进一步发展成为管理者和咨询业的实际行业标准，并在包括哈佛商学院在内的世界著名商学院传授。

金字塔原理的应用可以帮助人们以书面形式组织和表达思想，可适用于确定问题、分析问题的过程。从宏观角度说，金字塔原理可以对整个写作、思考和分析问题的过程进行指导（如图 9-2 所示）。

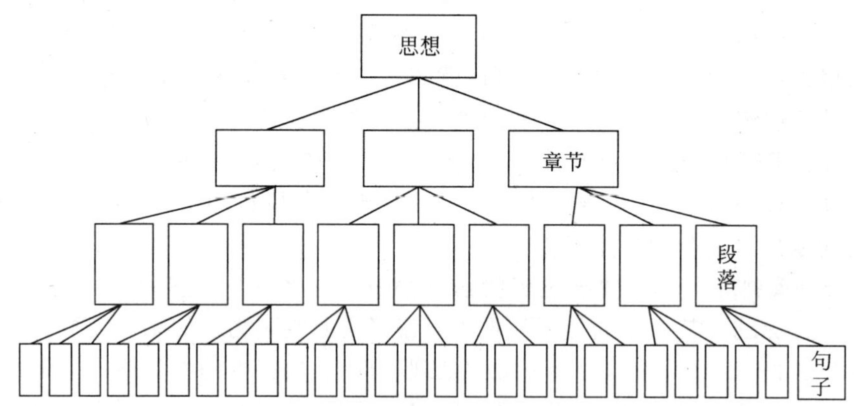

图 9-2 金字塔结构示意

在金字塔结构下，文章的结构都必须只支持一个思想，在其之下的思想越往下越详细，并且都对希望表达的主题思想起着解释和支持的作用。思维顺序从最底部的层次开始，句子间按某种逻辑顺序组织成段落，将段落组织成章节，将章节组织成文章，金字塔最顶部是全文的思想。

下面举一个非常简单的例子，看看按金字塔结构组织的思想和未经过组织的思想在表达效果上会产生多大的差别。

未经组织的思想：

约翰·科林斯来电话说他3点钟不能参加会议。哈尔·约翰逊说他不介意晚一点开会，把会放在明天开也可以，但10：30以前不行。唐克利福德的秘书说，唐克利福德明天较晚时间才能从法兰克福赶回来。会议室明天已经有人预订了，但星期四还没有人预订。会议时间定在星期四11点似乎比较合适。您看行吗？

科林斯　今天不行 约翰逊　明天11：30以后 唐克利福德　星期四以前不行	会议室明天无法预订，会议室星期四可以预订。	星期四开会可以吗？

下面改为金字塔结构的思想看看：

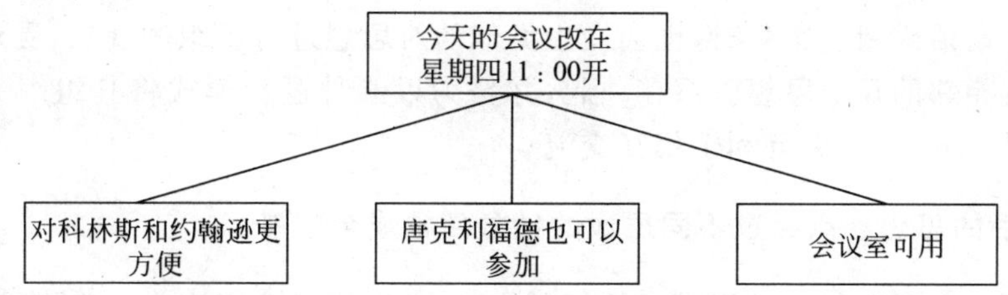

我们可以发现，应用了金字塔结构后，其表达效果发生了很大变化。

- 减少了完成最终定稿通常所需的时间；
- 增加了文章的条理性；
- 减少了文章的长度；
- 在最短的时间内写出了简明扼要、思路清晰的文章。

总之，金字塔原理是帮助写作、思考、解决问题以及演示等应用活动中的有效工具，是包括管理者、研究者、咨询师在内的所有人都应该了解的部分。

9.4.2　为什么要选择金字塔原理

如果有人希望通过阅读文章了解作者对问题的看法，那么他面临的将是一项复杂的任务，因为即使文章篇幅很短，譬如只有两页纸，文章中也会包括大约100个句子。读者必须阅读每一句话，理解每一个句子，并且将每一句话相互关联，融会贯通。但是，如果文章结构呈现金字塔形，文章的思路从金字塔顶部开始逐渐向下展开，那么读者一定会发现这样的文章比较容易读懂。之所以选择金字塔原理是因为与思维工作方式有密切的关系。

1. 为了交流方便，必须对各种思想观点进行分组

人们在很早以前就发现，大脑认为一同发生的任何事物之间都存在某种关系，并且将这些事物按照某种逻辑模式组织起来。

为了说明这一点，请阅读下面几组彼此之间通常并无关联的名词。

湖泊	糖
靴子	盘子
女孩	袋鼠
铅笔	汽油
宫殿	自行车

现在，试着设想一下可能使每两个名词发生联系的情景，并将其“组织”在一起。譬如：糖在湖水中溶解，或者靴子立在盘子上，等等。然后将右边的一列词盖住，只看左边一列词。你是否还能记起右边对应的词？大多数人都可以毫不费力地做到这一点。

当听别人说话或阅读文章时，也会发生类似的对思想进行组织的现象，受众会将同时出现的或位置相邻的几个思想联系在一起，并努力以某种逻辑模式将其组织起来。所以将思想观点进行分组，将更有利于相互交流。

2. 分组后的思想观点经过不同层次的抽象后构成金字塔

将分组后的思想以某种逻辑模式组织起来，这种逻辑模式必定是金字塔结构，因为只有金字塔结构才能满足大脑的以下要求：

(1) 仅记住 7 个以内的思想或者概念；

(2) 找出其中的逻辑关系。

人一次能够理解的思想或者概念的数量是有限的。举一个例子来说明，假设你决定出去买一份报纸，你对你的妻子说：“我想出去买份报纸，你有什么要我带的吗？”

“太好了，看到电视上那么多葡萄广告，我现在特想吃葡萄，”妻子在你走向衣柜拿外衣时说，“也许你还可以再买点牛奶。”

你从衣橱中拿出外衣，妻子则走进了厨房。

“我看看厨里的土豆够不够。对了，我想起来了，我们没有鸡蛋了。我看看，对，我们是该买一些土豆了。”

你穿上外衣向门口走去。

"再买些胡萝卜,也可以买些橘子。"

你打开房门。"还有黄油。"

你开始下楼梯。"苹果。"

你坐进汽车。"再买点酸奶油。"

"还有没有?"

"没有了,谢谢你,亲爱的。"

如果不重读一遍上面的文字,现在你还能记住妻子让你买的9样东西吗?事实上,乔治·米勒在他的论文中《神奇的数字 7±2》中提出大脑的短期记忆的数量是 7±2 个,大脑比较容易记住的是3个。这就意味着,当大脑发现其需要处理的项目数量增加到4个或者5个以上时,就会开始将其归纳到不同的逻辑范畴中,以便于记忆。在这个过程中,你会发现,你已经建立了几个在各项目之间存在逻辑关系的金字塔结构。上面这个例子的金字塔结构如图 9-3 所示。

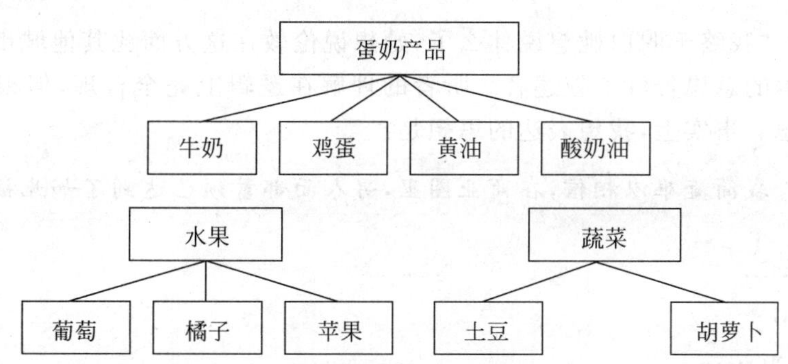

图 9-3 《神奇的数字 7±2》的金字塔结构

分类的作用不只是将一组9个概念分成三组概念,而是将其提高一个抽象层次,将大脑需要处理的9个项目变成3个项目,你只需记忆这3个项目,同时由于较高层次的思想总是能够提示其下面一层的思想,而且这种关系不像前面例子中编造的湖泊与糖的关系那样牵强,因而更容易记忆。

3. 向读者灌输思想观点的最有效途径是自上而下进行

控制表达思想的顺序是做到清晰写作的最重要的行为之一,而最清楚的顺序就是先提出总结性思想,然后再提出被总结的具体思想,即自上而下的组织思想。下面将举例说明,除了自上而下的顺序外,任何其他的顺序都可能造成误解。举例来说明。

如果你正在酒吧喝酒，我突然对你说出一串无结构的话：

上个星期我去了趟苏黎世。你知道，苏黎世是一个非常保守的城市。我们到一家室外餐馆吃午饭，你知道吗？在15分钟内我至少见到了15个留胡须或胡髭的人。

我说这番话是向你传达一个信息，但是你可能认为，“她在谈论苏黎世已变得不再保守”，或“她准备把苏黎世同其他城市进行比较”，甚至“她很迷恋男人的胡须或胡髭”。无论你做出什么反应，你的大脑都在等待关于以上话题的进一步的信息，而不管实际后续信息如何。当我看到你一脸茫然时，就接着说：

而且，如果你在任何一家纽约的办公室周围转一转，你就会发现几乎没有一个人不留短络腮胡子或胡髭。

这时你也许会认为：“也许她不喜欢男人面部蓄须；或者想比较不同办公室职员的蓄须方式；也许她对专业机构如此容忍职员蓄须感到惊讶。”我接着说下去：

当然，面部蓄须多年前已经是伦敦街头的一景了。

“噢。”你想，“我终于明白她想说什么了，她想说伦敦在这方面比其他城市发展得都更早。”于是把理解的意思告诉了叙述者。听者的理解在逻辑上完全合理，但根本不是叙述者想表达的意思。事实上，我想表达的思想是：

你知道吗？我简直难以相信，在商业圈里，男人面部蓄须已达到了如此被广泛接受的程度。

在苏黎世……

在纽约……

还有，在伦敦……

所以，为了保证读者找到的结构就是所希望他采纳的结构，作者必须提前把这种结构告诉读者。概括地说，就是读者必然会将所读到的思想进行归类概括，以便记住这些思想。如果作者传达给读者的思想事先已经过归类和概括，并按自上而下的顺序表达出来，读者就更容易理解作者所表达的思想。以上说明，条理清楚的书面文章应当具有金字塔结构，并且不断“自上而下”地向读者传达信息。

4. 条理清晰的关键，是把思想观点组织成金字塔结构，并在动笔之前用金字塔原理加以检验

要写出条理清楚的文章的关键，实际上就是在开始写作之前先将思想放入金字塔结构，并根据以上规则进行检验。如果不能符合以上任何规则，就说明作者思维上存在问题，或者思想还没有得到充分的完善，或者组织思想的方式不能立刻使读者理解所表达的信息。

这时,作者必须对自己的思想进行修正和改变,以使其能够符合金字塔原理的规则。

9.4.3 金字塔中的思想观点遵循三个原则

由于要不断地对思想进行归类和概括,直到没有可与之关联的思想可继续概括,因此所写的每一篇文章的结构都必须只支持一个思想。金字塔结构中思想的表达必须遵循三个原则:

1. 文章结构中任一层次的思想都必须是其下一层思想的概括

第一条规则说明,在思维和写作中的主要活动,就是将较具体的思想抽象概括为新的思想。正如在上文看到的,段落的主题就是对段落中各句子的概括;章节的主题也是对章节中各个段落的概括。

2. 每一组中的思想都必须属于同一范畴

如果希望将某一组思想的抽象程度提高到一个层次,那么这一组中的思想必须在逻辑上具有共同点。例如,可以符合逻辑地将苹果和梨归类概括为水果,也可以将桌子和椅子归类概括为家具。但是怎样才能将苹果和椅子放在同一组中呢?仅仅提高一个抽象层次是不够的,因为下一个抽象层次是水果和家具的范畴。因此,必须提高到更高的层次,将其概括为"物品"或"无生命的物体"。检查将思想进行分组的一个简便方法,就是是否能够用一个复数名词表示该组的所有思想。

3. 每一组的思想都必须按照逻辑顺序组织

所选择的逻辑顺序反映了在组织思想时的分析过程。如果思想的组织方式是演绎推理,那么这些思想的逻辑顺序就是论证;如果思想按因果关系组织,那么其逻辑顺序就是时间顺序;如果是对某种现有结构进行评论,那么其逻辑顺序就是结构顺序;如果按类别组织思想,那么其逻辑顺序就是重要性顺序。因为演绎推理、发现因果关系、化整为零和归纳总结是大脑可进行的仅有的四种分析活动,因此,这四种顺序也是大脑可用于组织思想的仅有的四种顺序。

所以,写出条理清楚的文章的关键,实际上就是在开始写作之前先将思想放入金字塔结构,并根据以上规则进行检验。

9.4.4 金字塔中的子结构

如前所述,条理清晰的文章所表达的各个思想之间都具有明确的逻辑关系,以便组成总体上的金字塔结构。由于金字塔的规则非常明确,如果在开始写作之前,作者就已经十分了解想要表达的思想,也就可以相对容易地将要表达的思想组织成金字塔结构。但是大多数人刚坐下来开始写作的时候，可能对所要表达的思想只有一个模糊的想法，甚至不知如何下笔。如果是这样，那么首先必须发现想要表达的思想。金字塔结构中包括的一些子结构能够加快发现思想的过程。这些子结构有：

1. 主题和子主题之间的纵向关系

通常大主题下的任何思想都同时与文章中的其他思想发生着纵向及横向的联系。在纵向方向上，各种思想观点与读者进行疑问/回答的对话。

纵向结构的应用具有很多优点。纵向结构能够很好地吸引读者的注意力。通过建立疑问/回答式的对话，从而使读者带着极大的兴趣了解作者的思维发展。同时这种纵向联系迫使读者按照作者的思想做出符合逻辑的反应。作者无须考虑所表达内容的横向逻辑关系。因此，有效使用纵向结构的原则就是必须让句子直接回答读者头脑中的某一问题，或者使读者对周围发生的事情进行短暂地思考后可能会提出的问题，否则无法吸引读者的注意力。

按照纵向结构表述时，会使读者就其逻辑性产生疑问——例如："为什么会这样?""怎样才能这样?"等。作为文章的作者，必须在该表述的下一个层次横向地对该问题做出回答。但是回答仍然是向读者传达他不知道的新信息，这又使读者产生新的疑问，于是作者又在再下一个层次对新的疑问做出回答，直到认为读者不会再对新表述提出任何疑问为止。例如：切特斯顿说，猪应该被当作宠物，读者当然会问："为什么这么说?"切特斯顿说："有两个原因，首先，猪很漂亮；其次，猪可以培育出多个品种。"读者接着问……这一纵向结构可以表示为如图 9-4 所示的金字塔纵向结构。

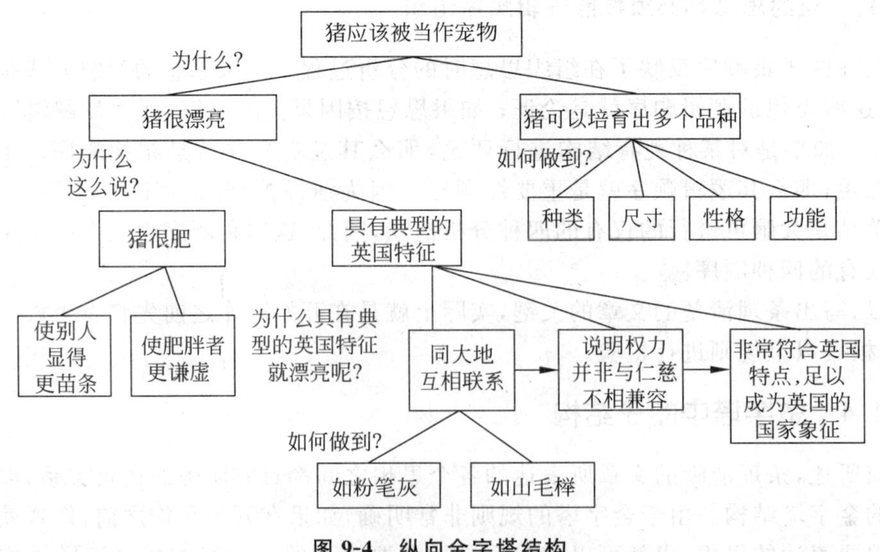

图 9-4 纵向金字塔结构

至此，很多人可能并不一定认同切特斯顿的观点，但是很明白他的论述过程，显然不需要再提出问题以进一步了解其推理过程。作者可进行另一部分论述，即猪漂亮是因为它们具有典型的英国特征。

总之，金字塔结构的巨大价值，就在于迫使作者在理清思路时，对纵向的疑问/回答式逻辑关系在视觉上清晰化，所做的每一个表述都应当引起读者的疑问，而作者也必须在这一表述以下的结构层次上横向地对读者的疑问予以回答。

2. 子主题之间的横向关系

当考虑在下一结构层次上如何表述时，必须保证表述能够回答在其上一个结构层次的表述所引起的疑问，同时还必须保证表述符合逻辑。也就是说，表述必须具有明确的归纳和演绎关系，但不可同时既具有归纳关系，又具有演绎关系。在组织思想时，归纳和演绎是仅有的两种可能的逻辑关系。

3. 序言的讲故事结构

通过前文已经了解到，金字塔结构可以使作者同读者不断地进行疑问/回答式的对话。但是除非引发这种疑问/回答式对话的句子与读者有关系，否则这种疑问/回答的对话方式也无法吸引读者的注意力。因此，为了保证报告、文章能够引起读者的注意，作者必须使其能够回答读者头脑中已经存在的某个问题，或者是读者对周围发生的事情进行短暂思考后可能会提出的问题。

报告、文章的序言部分可以通过追溯问题的起源和发展来确定这一问题。问题的起源和发展必然以讲故事的形式出现，因此也应当按照典型的讲故事的模式发展。

这种典型的讲故事式讲解——情景、冲突、疑问、回答，能够确保在引导读者了解作者思维过程之前，作者和读者就“站在了同一个地方”。这种方式还能够明确地将思想的重点放在文章的前端，这也是判断作者是否以最直接的方式传递正确信息的一种办法。为了说明这一观点，请看下面这段商业报告中常见的序言部分。

本备忘录的目的是为了进一步思考和讨论以下问题而收集观点：

- 董事会的组成及其最适宜的人数；
- 董事会和执行委员会的一般作用、具体职责及相互关系；
- 使外部董事会成员成为有效的参与者；
- 董事会成员的选举和任期的有关规则；
- 对董事会和执行委员会的运作，公司可采取的其他方式。

这时，如果作者以讲故事的模式撰写备忘录的序言部分时，读者理解该备忘录的目的和信息将会变得容易许多。

10 月份新建的机构将管理该机构两个部门的所有日常事务，这些原本都完全由两个部门的经理负责。这一举措将董事会从琐事中解脱出来，全力处理董事会独有的决策和规划等宏观事务。但是，因为董事会长期深陷于处理短期运营问题，现在无法有效地将工作重心转移到长期战略发展上来。因此，董事会必须考虑实现工作重心转移需要进行的变革。具体地说，我们认为董事会应当考虑如下变革：

- 将日常运营事务交由执行委员会处理；
- 扩大董事会编制，吸纳外部董事参与；
- 建立规范内部运作的政策和程序。

总之，序言部分以讲故事的形式向读者说明，你已经了解或预计将了解的你正在讨论的主题的一些信息。讲故事的序言部分说明了发生“冲突”的“情境”，以及“冲突”引发的“疑问”，而这个“疑问”正是你的文章中要回答的。

这三种结构(纵向结构、横向结构、讲故事式的序言结构)能够帮助作者找到构建金字塔所需的思想。如何以一种有序的方式应用以上规则？下面一节将告诉该怎样做。

9.4.5 如何构建金字塔结构

当开始写作时，常会遇到这样的情况：作者对自己要表达的东西已经大概了解了，但是不清楚如何表达。这时，可以利用已知道的这些知识自上而下或者自下而上地构建文章的金字塔结构。

1. 自上而下法

自上而下地构建金字塔结构通常较容易一些，因为作者开始思考的是最容易确定的事情，即文章的主题，以及读者对该主题的了解情况。但是，还不能一坐下来就开始写序言部分，应当先利用序言部分的结构，将头脑中的正确观点逐个理出来。

(1) 画出主题方框

这个方框就是文章的金字塔结构最顶部的方框。在方框中写出将要讨论的主题，当然前提是作者知道要讨论什么主题，否则直接跳到(2)。

(2) 确定主要问题

确定报告、建议书的客户。报告、建议书将针对什么对象？希望报告、建议书写完后能够回答客户头脑中关于该主题的什么问题？如果作者已确定了主要问题，请写出来，否则跳到(4)。

(3) 写出对该问题的回答

如果尚不清楚，请注明作者有能力回答该问题。

(4) 说明“情境”

需要证明，现阶段作者能够做出关于该主要问题和回答的最清晰表述。具体做法是：将要讨论的主题同“情境”结合起来，做出关于该主题的第一个不会引起争议的表述。

(5) 指出“冲突”

现在作者已经开始与客户进行疑问/回答式对话了。想象一下。当客户表示同意，点着头说：“对，我知道这个情况，有什么问题吗?”的时候，作者就应当考虑“情境”中发生了什么能够引起客户疑问的冲突，以致引起读者的“疑问”呢?

(6) 检查主要问题和回答

对“情境”中“冲突”的表达应当能够直接导致主要问题的提出[已在(2)中列出]。否则，应改变对“情境”中“冲突”的表述，使之能够直接导致该主要问题的提出。

进行以上这些步骤的目的是确保作者了解自己将要回答什么问题。一旦确定了主要“疑问”，其他的因素都很容易在金字塔结构中各就各位。

2. 自下而上法

很多时候作者也会发现自己考虑得还不够成熟，无法构建出金字塔结构中的顶部。譬如，有时无法准确地确定要讨论的主题，有时对读者头脑中的疑问尚不清楚，有时则无法确定读者了解什么，不了解什么。遇到这种情况时，可以采用自下而上法，从关键句层次上着手。可以按照“三步走”的过程自下而上地组织自己的思想。

(1) 列出想表达的所有思想要点。

(2) 找出各要点之间的逻辑关系。

(3) 得出结论。

举一个实例进行说明。下面的内容是一名年轻的咨询师在第一次参加工作两周后向其业务经理呈送的一篇结构混乱的备忘录。客户是英国的一家印刷厂TTW。

致：

主题：TTW

以下是对本人近两周工作成果的小结。

我们都知道，排版成本是所有新版书籍的成本中最重要的部分，约占精装本成本的40%和简装本的50%～55%。

排版成本主要包括：

机器排版　　　30%～50%

校对　　　17%～25%

初校样及校订	10%～16%
编排	10%～20%
整版及布版	10%～15%

将 TTW 与平均标准进行对比可以发现，TTW 在排版工艺上的生产力相对较低。目前排版评估员正在对我向他们提供的一些典型案例进行研究。

该企业对每一项排版工作基本都要重复相同的步骤，以保证较高的质量。这也是其在简单业务的排版上不具竞争力的原因之一。

爱斯勃雷(Aylesbury)公司对 TTW 公司的排版成本较高的原因非常感兴趣。我已经同罗伊·沃尔特、布赖恩·汤普森和乔治·肯尼迪谈过此事。肯尼迪愿意进行一项实验，以找出：

(1) 该企业的排版工序中是否有可以简化的步骤，尤其是针对某些排版任务而言；

(2) 其较低生产力的原因，即为什么低于平均标准。

TTW 公司目前的排版任务已经超负荷了。排版部门的大部分工作都无法按时完成。目前这种生产能力低下的现象在手工排版工序上尤为突出。TTW 公司支付的工资比该地区其他印刷厂都低，因而越来越难以吸纳和保留排版工人。

现在，TTW 公司正面临工会提出的一项新的要求。有两名排版工人已经离开。

该企业排版部门的员工目前少于编制，而员工的加班工作量超过了 50%。

结论：

1. 降低排版成本，可采取如下方法：

(1) 简化价格较低的排版项目的工序。

(2) 改变工作方法，提高生产效率。

2. 为了简化某些项目的工序，必须针对某些项目进行一些实验，对其整个工序进行全程跟踪，控制因改变校对次数和时机而对排版质量造成的边际效应，并观察客户对此的反应。此举节约的费用可能达到排版总成本的 10%。

我认为，第二种降低排版成本的方法需要进行细致的方法研究。TTW 目前在排字和手工排版上的效率低于平均标准 20%～50%。该企业应当能够有所改善。

3. 如果我们将 TTW 同贝尔德公司、波奈尔公司或沃特路公司进行比较，也许可以有所发现。乔治·肯尼迪和罗伊·沃尔特似乎有兴趣进行这项对比研究。但是，我已经告诉过他们，也许他们不会有很大的发现。

4. 爱斯勃雷对 TTW 公司的排版成本也存在不同的看法。格里·卡尔弗特认为 TTW 公司的排版成本肯定过高，乔治·肯尼迪则认为尚无确凿证据显示其排版成本过高，而罗伊·沃尔特认为他还无法对此下结论。他们似乎都非常愿意对此进行调查。

作者：

日期：

现在所要做的只是使年轻咨询师的文章思路更加清晰。

步骤一：列出要点

问　题	解决方案
1. 排版工作效率低	1. 简化价格便宜的排版工序
2. 对每项排版任务均采用相同的工序	2. 改变工作方法，提高生产效率
3. 对简单任务的报价不具竞争力	
4. 无法按时完成	
5. 工资偏低	
6. 人员短缺	
7. 加班过多	
8. 在排字和手工排版上的效率低于平均标准	

步骤二：找出逻辑关系，如图 9-5 所示。

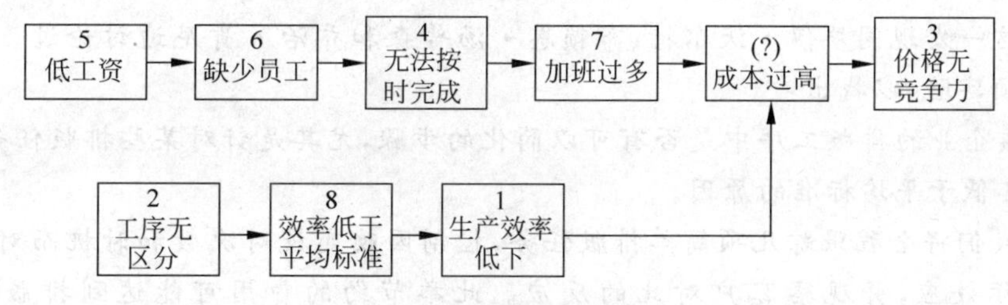

图 9-5　逻辑关系求索

步骤三：得出结论

1. 主题＝制版成本。

2. 疑问＝制版成本是否过高？

3. 回答＝是的。

4. 情境＝制版成本是总成本中最重要的一部分。

5. 冲突＝不知道制版成本占总成本的比例是否过高，但竞争力较低的事实说明可能如此。

疑问(2)＝制版成本可以被降低吗？

回答(3)＝可以。

6. 新的疑问＝如何实现？

7. 关键句＝省略制版过程中不必要的步骤，并且将工人工资提高到具有竞争力的水平。

最后我们可以得到一个条理清晰的备忘录。

致：

主题：TTW

我过去两周在爱斯勃雷公司研究排版部门的成本。我们都知道，排版成本占精装本成本的40％，占简装本成本的50％～55％。TTW公司并不知道其排版成本是否过高，但是人们认为该公司在简单排版任务上缺乏竞争力。

经过初步调查，我们认为该公司可以通过以下方法大幅降低其排版成本：

(1) 省略排版过程中不必要的步骤；

(2) 将工人工资提高到具有竞争力的水平。

省略步骤

TTW公司在排字和手工排版方面的工作效率比平均标准低20％～50％。观察其排版方法可以发现，该公司对每一项排版任务，不管是“圣经”还是“恐怖小说”，基本都采取同样的步骤以保证质量。这是该公司缺乏竞争力的部分原因。

我就这一发现同罗伊·沃尔特、布赖恩·汤普森和乔治·肯尼迪讨论过。肯尼迪愿意进行一项实验，以找出：

(1) 该企业的排版工序中是否有可以简化的步骤，尤其是针对某些排版任务而言；

(2) 其低于平均标准的原因。

下周我们将全程跟踪几项简单排版任务，控制因改变校对次数和时机而对排版质量造成的边际效应，并观察客户对此的反应。此举节约的费用可能达到排版总成本的10％。我们还将进行一项细致的方法研究，以尽量缩短该公司与平均标准的差距。

增加工资

TTW公司支付给工人的工资比该地区其他印刷厂的低，因此难以吸纳和保留排版工人。有两名排版工人刚刚辞职，使该公司排版部门的员工人数低于编制。因此，大多数排版任务都无法按时完成，工人的加班工作量也超过了50％。

该公司目前正面临着工会提出的一项新的要求，可能会被迫增加工人工资。如果这样，该公司应该能够招收适当的人员，减少加班费用。

作者：

日期：

9.4.6 序言部分的具体写法

报告、文章的序言部分通过概述读者已知的信息，与报告、文章将要回答的问题之

间建立某种联系。序言的写作目的通常是提示读者，而不是提供新信息，所以序言部分必须是讲故事的形式。也就是说，序言部分必须先引入某种读者熟悉的“情境”，说明发生的“冲突”，以及“冲突”引发的“疑问”，而这个“疑问”正是报告、文章将要“回答”的。

1. 序言部分的写作顺序

序言部分通常是向读者说明已知的信息，先说明某种“情境”，在这种“情境”中发生某种“冲突”，从而引起某种“疑问”，而整篇文章的目的就是为了回答该“疑问”。序言部分的写作通常采取情境—冲突—解决方案的结构形式，序言的基本结构为：情境(S)—冲突(C)—疑问(Q)—回答(A)，各部分的顺序可以调换，以创造文章的不同风格。序言部分的写作顺序有以下几种模式：

(1) 标准式：情境—冲突—解决方案

近几年来，本公司已经因为提供多元化研究业务而向许多客户收取了大量费用。但是，至今伦敦办事处也没有一个员工能够证明，某客户的某项收购案或并购案与本公司的工作密不可分，该办事处为庆贺第一个能够做出此项证明的员工而准备的香槟酒也一直无人开启。然而，本公司的多元化研究业务却在过去五年中增长了40%，因此，现在应该实施一项“公司发展项目”，以研究我们如何确保多元化研究业务确实能够为客户带来显著的利益。

本备忘录列举了该项目实施过程中应当解决和进行试验的主要问题和假设。

(2) 开门见山式：解决方案—情境—冲突

我们实施“公司发展项目”的首要目标，是改善我们帮助客户实施多元化的能力。仅在伦敦办事处，我们帮助客户寻找收购或并购对象的业务就在五年内增长了40%，但是，我们无法指出任何一项收购案或并购案是与我们的工作密不可分的。

(3) 突出忧虑式：冲突—情境—解决方案

据我了解，目前伦敦办事处还没有一个员工可以说，他为客户所做的多元化研究，已经为客户带来了客户自身无法达到的明显效益。这种情况非常令人吃惊，因为我们在多元化研究领域的业务在过去五年内已经增长了40%。从良心上讲，我们不能再继续为无法取得显著收益的工作而收取客户的报酬，而且这样做也难以维持我们的良好声誉。因此，我建议实施一项“公司发展项目”，研究如何能够使我们的多元化研究业务真正为客户带来显著的利益。

(4) 突出信心式：疑问—情境—冲突

我们如何才能确保多元化研究继续成为我们的一项重要业务？此项业务目前已占我们公司总业务的40%，但是，我们却难以举出几个我们为客户提供了必不可少的帮助的例子。如果不采取措施提高我们工作的价值，我们就会面临失去在该领域的发展势头的实际风险。为此，我建议立即实施一项“公司发展项目”，以研究如何改善我们在该领域的业务能力，使该项业务能够不断为客户带来显著利益。

2. 商业性文章中序言部分常见的模式

经过长期的积累，可能会发现，文章的序言部分具有某些共同模式。也可能会发现，自己写的文章通常都是回答以下四种问题之一：

(1) 我们应该做什么？

(2) 我们应该如何做(将如何做/是如何做的)？

(3) 我们是否应该这样做？

(4) 为什么会发生这种情况？

多数文章的目的都是为了告诉人们在各种情况下采取何种行为。当然，自己常用的文章模式取决于所从事的业务。在商业性文章中，最常用的模式有四种：

(1) 发号施令型(针对“我们应该做什么?”或者“我们应该如何做?”之类的问句)

“指示”是世界各地的所有商业备忘录中最常见的一种，其目的是要求或告诉某人做某事。在这种模式下，作者通常不是要提醒读者想起某个问题，而是要告诉他们某个问题。可以简单地以这种方式表示：

S＝我们打算做 X		S＝你做 X
C＝需要你们做 Y	或者	C＝必须以 Y 方式进行
Q＝我们如何做 Y		Q＝什么是 Y 方式

举个例子，假设你准备召集推销员开会，并教给他们一种在连锁杂货店中安排货架空间的新方法。但是为了收到更好的效果，你需要每一个推销员提供其所在地区一家存在问题的连锁店的有关信息。你可以这样组织你的序言：

S＝我们打算在推销会议上教会你们如何用新的空间管理方案

C＝为了收到效果，我们需要你们提供你们所在地区的一家存在问题的连锁店的相关信息

Q＝我们如何向你提供信息

在这个例子中，读者的疑问可能不会挑明，而是隐含的，因为按照作者的思路，并不一定要明确提出该疑问。但是，在开始写作前，必须为自己明确提出该疑问，否则，作者就有可能无法确定文章将要回答的问题。

在本例中，读者的疑问是“如何提供信息”，对这个问题的回答可以采取图 9-6 所示的形式。

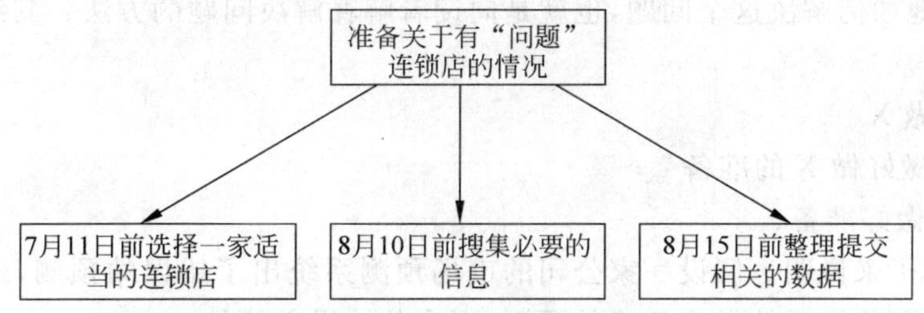

图 9-6 发号施令型的序言模式

(2) 寻求支持型(针对"我们是否应该这样做?"之类的问句)

另一种非常常见的备忘录类型就是要求批准经费。在此类备忘录中,读者的疑问必定是:"我应该批准这一要求吗?"而且此类疑问通常也是隐含的。可以用以下的结构表示:

S=我们遇到了一个问题

C=我们的解决方案需要____美元经费

Q=我应该同意吗

举一个例子来说明:

S=正如您所知道的,在过去四年中,我们部门的业绩每年都增长20%。但是根据总部的规定,我们部门的员工编制一直为14人。这造成了员工必须超时工作、周末加班,但工作仍不断积压。

C=目前我们部门积压的工作量已经达到X周,这对任何机构来说都无法接受,我们已没有再增加工作时间的余地。通过研究我们认为,购买一台价格为____美元的IBM____,既可以减少积压工作量,又可以减少超时工作的次数。

Q=我应该同意吗

以下是该文章大致的金字塔结构,如图9-7所示。

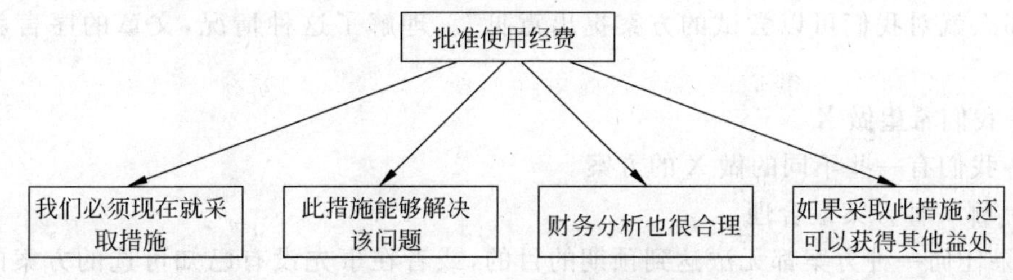

图 9-7 寻求支持型的序言模式

(3) 解释方法型(针对"我们应该如何做?"之类问句)

经常会遇到这样的问题,特别是在咨询时,咨询师写作的目的是因为某人遇到了问题，而要告诉他如何解决这个问题，也就是向读者解释解决问题的方法。其结构模式可表示为：

S＝必须做 X

C＝还未做好做 X 的准备

Q＝如何做好准备

举一个例子来说明。假设一家公司的市场预测系统出了错误的预测，他们希望咨询师告诉他们如何使该系统做出正确的预测，那么其结果必然是：

S＝你们目前的系统是 X

C＝该系统不能正常工作

Q＝如何改进，使其正常工作

建议结构如图 9-8 所示。

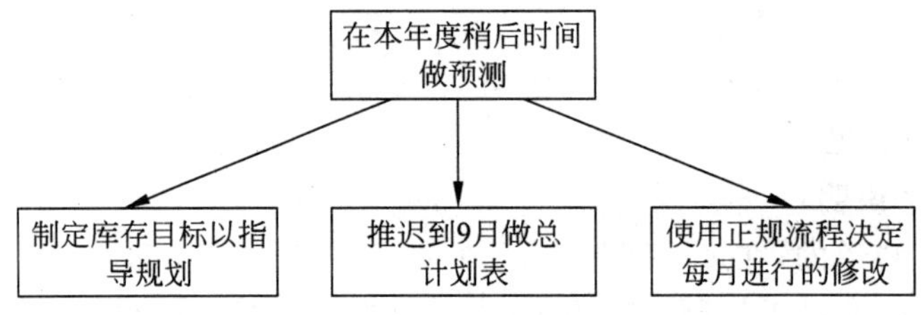

图 9-8 解释方法型的序言模式

(4) 比较选择型(针对“我们应该做什么?”之类的问句)

经理们经常会要求他们的下属就某一问题进行分析并提出解决方案，他们还会经常加上一句：“再提几种替代方案。”严格地说，如果已对问题做出了正确的界定，那么根本就没有什么替代方案。所建议的方案要么能够解决该问题，要么不能解决该问题。因此，经理们的意思，实际上可以理解为“如果提不出能够完全解决我们所界定的问题的方案，那么就对我们可以尝试的方案提出意见”。理解了这种情况，文章的序言就容易写了：

S＝我们希望做 X

C＝我们有一些不同的做 X 的方案

Q＝哪一种方案最合理

如果任何一种方案都无法达到预期的目的，或者在事先没有已知可选的方案的情况下，就无法提出能够达到所有目标的建议，那么这时的疑问或者是“哪一个”或者是“我们应该做什么”，而对此的回答如图 9-9 所示。

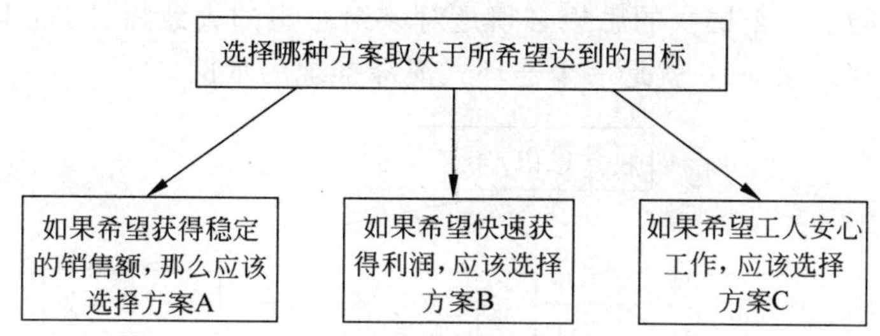

图 9-9 比较选择型的序言模式

9.4.7 演绎与归纳的区别

前面已经谈到过，条理清晰的文章必须能够准确、清晰地表现同一主题下的思想组之间的相互逻辑关系。金字塔中的思想以三种方式相互关联——向上关联、向下关联和横向关联。同一组思想之间存在某种逻辑顺序，具体的逻辑顺序取决于该组思想之间的逻辑关系是演绎关系还是归纳关系。这两种逻辑推理方式是建立思想逻辑关系仅有的两种模式。因此为了能够理清自己的思路，条理清晰地表达自己的思想，有必要了解演绎和归纳这两种逻辑推理方式的区别和应用。

演绎是一种线性的推理方式，最终是为了得出一个由逻辑词“因此”引出的结论。在金字塔结构中，位于演绎推理过程的上一层的思想是对演绎过程的概括，其重点在演绎推理过程的最后一步（即由逻辑词“因此”引出的结论）。归纳则是将一组事实或思想归结为同一类，并对其相似性做出表述（或推理）。在演绎过程中，每个思想均由前一个思想导出；而在归纳过程中则不存在这种关系。

演绎和归纳的区别其实非常明显，一旦真正理解了演绎与归纳的区别，就能够毫不费力地识别和分辨这两种推理方式。

1. 演绎推理

因为演绎推理比归纳推理更容易实现，通常人们在思维时会更多地采用演绎推理的方法。虽然演绎推理是一种有效的思维方法，但是在应用于写作时却显得比较笨拙。

首先了解一下演绎推理的过程。人们通常将演绎推理解释为具有三段论的形式——一种由一个大前提和一个小前提推导出一个结论的论述形式。可以将演绎推理的过程分为三个步骤：

(1) 对世界上某种已经存在的情况做出表述；

(2) 对世界上同时存在的某种相关情况做出表述；

(3) 说明两种情况同时存在的隐含意义。

在推理过程的上一个层次的思想必须是对该组思想的大致概括，且重点放在推理过程的最后一个步骤。图 9-10 就是一个连环式演绎推理的示例。

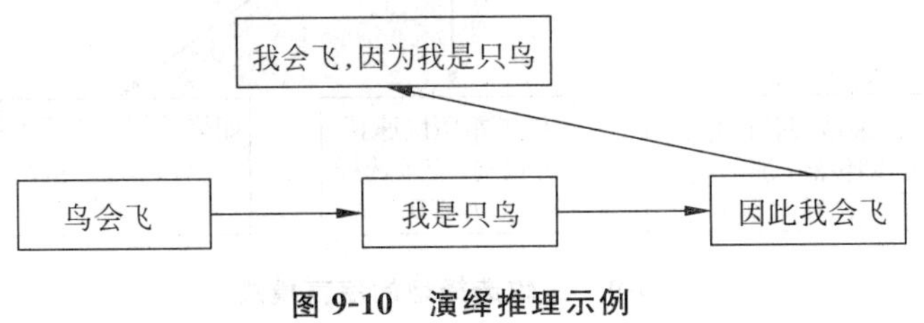

图 9-10 演绎推理示例

2. 归纳推理

归纳推理比演绎推理难得多，因为归纳推理更需要创造性的思维。在进行归纳推理时，大脑首先注意到若干不同事物具有某种共性，然后将其归类于同一个组，并说明其共性。归纳推理的过程可以分为以下几步：

(1) 首先找到可以概括各组思想的一个复数名词，如“计划”、“步骤”、“损害方式”。并且在每一组思想中，都无法找出一个与该复数名词不相配的思想。

(2) 接下来要通过自下而上地提问来检查这个推理。

图 9-11 就是一个归纳推理的示例。

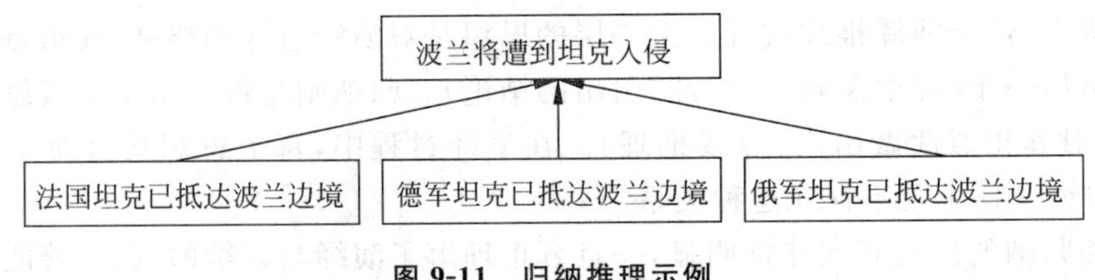

图 9-11 归纳推理示例

3. 演绎推理与归纳推理的区别

事实上，演绎推理和归纳推理之间的区别是比较明显的，当进行演绎推理时，推理过程的第二个思想必须是对第一个思想的主语或者谓语做出的评述。如果不具备这一特点，就应当用一个相同的复数名词概述这两个思想，以检验归纳分组是否恰当。

演绎推理与归纳推理的区别可以总结为如下几点：

(1) 演绎推理是一种论证，其中第二个论点对第一个论点加以评论，第三个论点说明前两个论点同时存在时的含义。

举个例子来说明：

所有的兔子都跑得很快。

有一些马跑得很快。

因此,有一些马是兔子。

很容易发现,在这个例子中,第二个思想并没有针对第一个思想进行评述,所以这些思想之间并不存在演绎关系。第二个思想的作用实际上是向第一个思想中建立的范畴(复数名词)中增加了一个组成成分。这种推理应该归为归纳推理。

(2) 对演绎论证的概括,就是把最后一个论点作为主体。

(3) 归纳推理是把一组相似的结论放在一起,根据它们之间的相似性做出推论。

举一个例子来看:

日本商人正在加大对中国市场的投资。

美国商人正在加大对中国市场的投资。

德国商人正在加大对中国市场的投资。

投资商们正在对中国市场投资。

前三句话中有一个共同点是"他们都在对中国市场加大投资",根据这一相似性,做出推论"投资商们正在对中国市场投资"。

(4) 归纳推理比演绎推理难,大脑需要把不同事物归类于同一个组,并说明其共性。

(5) 在关键句层次,使用归纳推理比演绎推理更利于读者理解。

总而言之,演绎关系的建立要求推理过程中的第二步对第一步做出评述,并导出一个推论。归纳关系则是基于句子结构。作者必须发现各个句子主语或者谓语之间的相同点,并根据这一相同点得出推论。如果句子之间没有相同点,就无法得出推论,这些句子就根本不属于这篇文章。

9.5 咨询报告提交

虽然可以选择不同的形式将信息传递给客户,也许咨询师最优先考虑的是客户的要求。如果客户要求报告简短,就必须呈交一份简短的报告。如果客户要求一篇既长又详细的报告,确保改变报告的形式以适应这种需要。写报告时,也应确保所定的咨询建议的价格合适公正。

咨询报告的形式可以分为进度报告和最终报告两种。

9.5.1 进度报告

进度报告,又称里程碑报告或项目状况报告,就像人们所设想的那样,汇报项目进展情况。一份进度报告可以是一份一页长的报告,汇报一下项目最近的进展情况,也可以是长篇大论。不论报告的长短如何,确保报告精练和切合实际。

报告的长短和形式取决于咨询双方的协商结果，但应该确保进度报告至少包括以下内容：

1. 执行概要

简要完整地概括一下报告期间项目的进度，并着重写出取得的成绩和建议。这份概要便于百忙中的客户了解项目的进展情况，而无须看整篇报告。

2. 主要成绩

客户尤其会对咨询师在项目进度中所取得的任何显著成绩感兴趣。如果这段时间里咨询师(团队)做出了什么重要的成绩，在报告中写出来，使客户了解到这些成绩。

3. 完成的工作

概括一下报告期内咨询师(团队)所完成的工作，并谈一下它与整个项目的联系。进度报告应该是在报告所记述的这段时间内活动的快速写照。

4. 完成项目的百分比

这只是对在报告期间所完成项目的百分比做一下估计。比如，差不多已完成了项目的 1/3，可以简单地注明完成了 33%。

5. 要完成的工作

简单谈谈下一步要完成的工作，它与剩下的项目有什么联系。如果能预料到任何特别显著的成绩或特别的问题，那么在这次进度报告中应给予强调，以使当事人了解这些情况。

6. 遇到的问题

如果发现了什么问题需要引起客户的注意，把问题列在报告里。在对项目的问题提呈书面报告之后，确保与客户进行私下交谈。咨询师肯定不想让客户对问题感到意外，因此，遇到具有挑战性的问题就提出来，以确保客户很快认识到这些问题。

应该每隔多长时间呈交一份进度报告呢？这取决于项目的特点、计划完成项目需要多少时间及客户的期望。如果项目需要的时间短，比如说，只需两三个星期，可能无须写进度报告。然而，如果完成项目需要一个月或更长的时间，那么进度报告很显然是必需的。虽然大多数客户和咨询师常用月度报告，但并不是说不能写星期进度报告、季度报告或其他的报告。这要符合咨询双方的需要。

9.5.2 最终报告

最终报告是用来说明项目结果的，因此，它集中体现了咨询师(团队)为客户所做的努力。根据工作的具体性质，最终报告可能是项目的陈列柜，而且可能是客户全局的变化和重建的基础。许多情况下，最终报告可能是客户从咨询师那得到的唯一产品，其重要性不可低估。

最终报告与进度报告在许多方面是不同的。最终报告应该包括以下主要内容：

1. 执行概要

客户非常忙，他们没有时间通读长篇报告。简要总结一下你在最终报告中要表明的内容，着重指出重大成绩及遇到的问题。

2. 项目背景及范围

有些人读了报告后，可能不太了解此项目，也不明白为什么选择这个咨询师(团队)来完成。因此，有必要在报告的这部分谈谈项目的性质及范围，项目是怎样产生的以及咨询师(团队)在完成项目中的作用等。

3. 问题解决方法

咨询师是怎样解决问题的？做市场调查了吗？进行统计分析了吗？查阅过文献没有？报告的读者想知道咨询师(团队)是怎样得出报告中的结果和结论的。对这些问题的正确回答会提高报告内容的可信度，强有力地证实建议的正确性。相反，对这些问题的错误回答会降低报告内容的可信度，可能也会使客户对建议的正确性产生怀疑。

4. 结果及结论

报告的这部分包括工作的结果及从调查中得到的任何结论。所有的好消息及所有的坏消息，都要写进报告的这一部分。

5. 建议

不仅仅是得出的结果和结论使读者感兴趣，咨询师(团队)的建议甚至可能是客户最感兴趣的。在报告的这一部分，要运用咨询师(团队)所有的经验开出药方治愈客户的“病症”。要确保建议简明扼要，易于理解，具有可操作性。

6. 实施指南

虽然客户可能没有要求咨询师写出实施建议的指导，但可以利用这个机会向客户表明咨询师或咨询公司(机构)的专业知识和技能是怎样使他们得到特殊好处的。向他们提供循序渐进的方法,包括时间安排及资金运算,以便将咨询建议付诸实施。这样做时,要抓住机会向客户推荐咨询师或咨询公司(机构)在实施建议中的作用、价钱和时间安排。事实上,许多咨询师就是通过这种方法得到了很多业务。

7. 总结好处

虽然报告的结果和结论及建议可能非常重要,但大多数公司需要某种刺激来改变现状,以某种方式总结一下建议的好处,向客户表明为什么他们必须执行这些建议。增加销售量,降低成本,避免纠纷,提高客户满意度,减少雇员调动等,所有这些都是执行咨询建议后受益的一部分。

9.6 本章小结

1. 本章主要内容

(1) 咨询的作用:从外部审视企业,解决企业实际存在的管理问题,增强企业解决问题的能力,更新企业高层领导的观念,借助咨询说出自己不能说的话。

(2) 咨询报告的结构:成员的构成情况、咨询目的、咨询工作概况、客户现状和主要问题、咨询方法、改善咨询方案、改善方案执行后可实现的利润、实施改善方案所需的费用。

(3) 咨询报告撰写要点:主题要明确、突出,结构要严谨、要有科学性、逻辑性,要注意表现形式。特别是应用金字塔结构来组织咨询报告的方法和常用模式。

(4) 提交方式:进度报告、最终报告以及各自的内容要素差异。

2. 内容回顾思考

(1) 如何让咨询报告看起来更专业?

(2) 进度报告与最终报告有何不同?

(3) 应用金字塔结构来组织咨询报告会有哪些挑战?

3. 趋势发展与挑战

(1) 成功公司的咨询模拟——吉利、海尔、万向、国美、联想,发现一个有价值的问题(渠道、品牌、战略……),制作模拟咨询报告。

(2) 金字塔结构对于思维方式有哪些影响?

B&E

第10章 咨询实施

摘要

实施是咨询的关键。没有实施过程,最出色的咨询解决方案也不会有多大价值。即使咨询师没有参与实施过程,他们也应该考虑到解决方案的实施问题。

在过去的40年中,同管理咨询的成长相应的是人们对它为商业领域所创造和带来的价值的担忧。其中的部分原因是:通常情况下,咨询师所集中关注的是形成和设计他们那伟大而宝贵的推荐方案,而几乎不会去考虑咨询师离去之后客户所面临的各种实施问题。

实施过程和形成过程存在一个本质的区别。推荐方案的形成过程通常建立在理性、客观事实和分析的基础之上,咨询师一般都在这个客观理性的事实基础上和分析领域进行项目的运作,并且为客户提供帮助。但是推荐方案的实施过程往往是一个有关人的过程,而人通常不具有完全的理性。因此,一项推荐方案(产生于一个理性的世界,形成过程)就被投入到了一个人的世界(通常是非理性的)中来。实施过程就是完成这项工作的过程,因而实施领域也就不同于形成领域。

实施是一个完全不同的领域,在这一领域,经验有着重要意义。客户的可靠性不仅取决于客户是不是能够强调实施过程,而且还取决于客户能不能展现实施所取得的成绩。

通过本章所重点关注的内容,咨询的实施模式及咨询实施评价,相信对于以上问题会有更加深入的理解和体会,并为付诸实践做好了准备。

咨询实施内容的结构如图10-1所示。

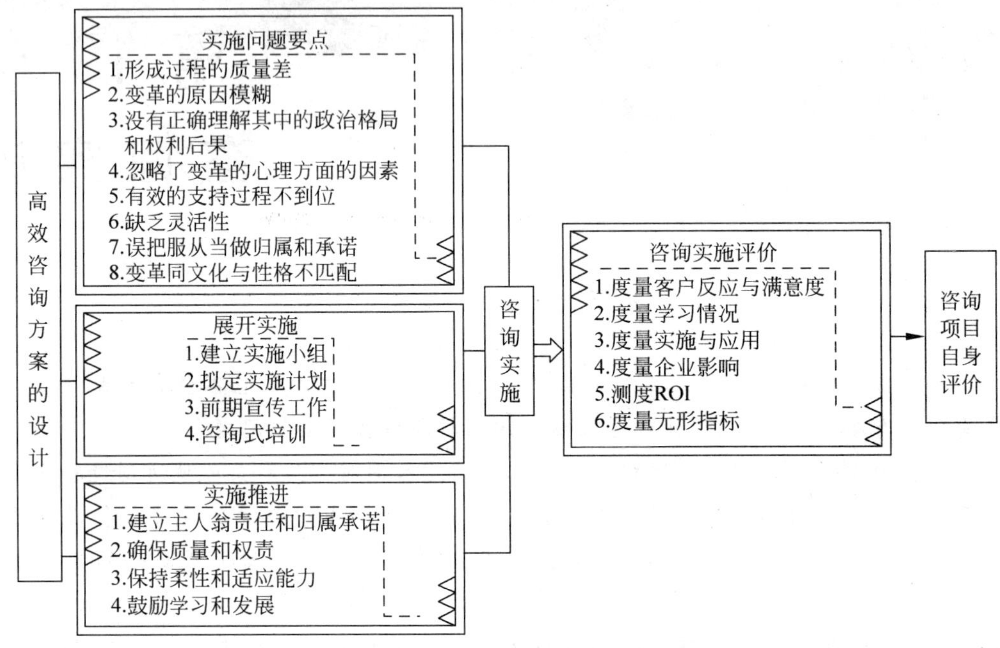

图 10-1　咨询实施内容结构示意图

10.1　高实效咨询方案的设计

很多咨询师都赞同传统的咨询模式，但这种模式严重限制了他们协作所能带来的利益。咨询师负责制定出最优的可行方案并开发出最好的工具，而客户则负责使用这些工具并实施方案，以产生改进的效益，这是人们通常期望的。这样，成功就明显取决于客户是否有能力、有动力去完成那些必须完成的工作，从而从咨询工作中获益。如果成功必需的条件和客户能够且愿意完成的工作之间有差距，那么就不能产生预期的收益。而这种差距会经常发生，也对客户和咨询师构成了巨大的成本。

10.1.1　传统咨询的缺陷

不管什么客户，不管咨询师的专业领域是什么，也不管是否请外部或公司内部的咨询师来做这项工作，传统的咨询过程一般为：

(1) 客户向咨询师说明需求。

(2) 把责任转交给咨询师，他们负责准备一份建议书，列出咨询小组将要采取的行动

以及取得的成果。

(3) 一旦客户发出开始指令，咨询师就展开工作：研究问题、进行访谈、分析组织结构、设计新的系统，以及开发新的流程或者制定变革建议书。

(4) 当咨询师递交了建议书，在建议书中详细阐述了完美的新系统时，大家都认为他们出色地完成了任务。现在，责任就是客户的了，利用咨询师开发的产品（或者在额外咨询的帮助下，或者没有）取得他们当初雇用咨询师时想取得的改进。

这种几乎通用的模式有其固有的五个特征，在此称之为"五大致命缺陷"。每个缺陷都导致失败而非成功。

缺陷 1：按照咨询师的意见定义方案

咨询方案是根据咨询师将要做的工作以及他们将要交付的"产品"来定义的，而不是根据客户希望取得的具体效益定义的。不管客户聘请咨询师时想取得的目标是什么，期望咨询方案依据实现这些目标来定义将是不可能的。更确切地说，咨询师将要开展的工作和他们将要提交的新系统、建议书或调查报告是方案的制定依据。

接受了用这种方式定义的方案，就相当于客户公司允许顾问们逃避共同承担的责任——取得可度量的绩效。咨询师只负责提交方案——一份报告、一个系统、有关商务信息或策略的一揽子建议书，或者是可以交付的、无风险的其他产品。

缺陷 2：方案的范围忽略了客户的意愿

方案的范围主要是由所要研究的主题或所要解决的问题决定的，很少考虑到客户是否愿意变革。当咨询师被要求对客户组织的某一方面进行改进时，他们就开始分析他们所要处理的系统或工序：它现在是如何工作的？运转良好指的是什么？运转不好指的又是什么？这些因素是怎样互相适应的？改进后的系统看起来会是什么样？这些问题直接促成了方案的形成，咨询师研究了某些系统、业务流程或者策略，然后建议如何加强它们。

在设计方案的时候，很少有咨询师会考虑这样一些问题：在研究结束的时候，我们提出了哪些建议？客户必须实施哪些建议才能使其生效？我们的客户有多大可能会实施那些变革以及他们有能力完成吗？只有到方案的最后阶段，咨询师在写他们的建议书的时候，客户的动机与能力问题才会得到关注。到那时，突然间许多影响实施的因素会变得显而易见，甚至可以破坏已设计好的完美的解决方案。

一些经常发生的实例是，咨询师进行了彻底的研究，制定了一份富有创意的计划书，讲述了如何实现客户所期望的目标。但是在项目开始的时候，只集中于客户所提出的问题，而没有停下来去思考客户真正愿意且能够实施什么。因而，他们耗费了好几个月的时间以及数百万美元来完成一个富有创意而实际上并没有机会实施的建议书。这种情况随时都会发生，因为咨询师在他们打算研究的商业问题上投入了太多精力，而对客户是否愿意变革关注得不够。

缺陷 3：浮夸的解决方案

项目旨在完成一个庞大的解决方案，而不是取得逐渐扩大的成功。即使是一个简单的方案，许多部门也需要进行各种不同的变革。庞大的方案也就需要进行数不清的、同时发生的、相关的变革，而客户组织经常只具有一般水平的变革能力。而且，他们允许顾问们对任何能被改进的事物进行变革，而没有要求顾问们识别出几个关键的、会带来很大成效的变革。

庞大的咨询方案设计的另一个消极结果是：咨询师从一开始递交建议书或启用新系统，直到方案结束时需要好几个月或好几年的时间。当庞大的咨询方案缓慢地向前蠕动时，日复一日有了新变化。外面的世界也在继续变化。管理的优先权会转变，而且管理层也可能变动，所有的这些转变都将影响客户的实施动机和能力。

缺陷 4：来回“踢皮球”

方案需要在客户与咨询师之间进行明确的责任划分，他们之间几乎没有合作伙伴的意义。一旦客户说明了其需求，接受了咨询公司的提议，咨询师就接手并开始工作。他们进行无数次的访谈，彼此间相互探讨问题所在，然后形成了一些有关客户企业的目标客户及其消费方式的见解。他们阐明了各类目标客户与公司销售人员之间关系的本质，提出了许多有关目标客户业务动态的见解。而且，他们设计出了许多可行方案，并彻底研究了每一个方案。最后，把这些方案浓缩成几个可行方案，这使他们非常激动。但是，客户企业的人员并没有参与这个创造性的过程。当然，咨询师递交了不定期的进展报告，但是只听听进展报告，并不等同于与客户企业交谈和合力攻关的选择。在方案的末尾，咨询团队把一套精心构思的概念融合起来，他们对这些构思胸有成竹。但是，对于客户来说，这些建议却是全新的，他们对此非常陌生，认为风险极大。

这就说明了第 4 个致命的缺陷——客户与咨询师之间明确的责任划分。在传统咨询关系中，方案的责任在双方之间被传来传去。这种来回“踢皮球”的模式还有其他一些风险。有些企业经理有着渊博的知识，或者对某些问题有着独特的见解和鲜明的观点，而这些在形成建议书时也许就不能充分发挥作用。与此类似的是，在建议书提交之后这些人才得到重视。

方案完成的时候，总会遇到一些问题。如果没有客户的紧密合作，咨询师(团队)做的工作越多，从方案开始到结束的周期越长，与客户失去联系的可能性就越大，对客户来说建议书就越难以理解，实施起来难度也就更大。

缺陷 5：咨询师的密集使用

方案促使密集地利用咨询师，而不是杠杆式使用。咨询师的密集使用这个缺陷可以说是其他四个缺陷的必然结果，咨询师团队旨在开发一个全面的方案，客户和咨询师双方都认为这需要大量的研究，并且认为由咨询师团队来完成大部分工作也是可以理解的，在这个前提下大量的咨询师参与方案就不令人惊讶了。当看到大企业的高级合作伙伴完全赞同或完全不赞同方案中的观点，但赞同客户需要配备充足的咨询师时，就没有人会觉得奇怪了。

具备了所有需要的专家，就难怪方案是咨询师密集型的。当咨询师团队不能使客户在方案中发挥主要作用，以及不能向客户传授知识时，就会发现这正是劳动密集型咨询的本质。传统模式忽略了让客户向咨询师学习，分担咨询中所付出的努力，在方案中承担更多的工作可能带来的利益。一些愤世嫉俗者指出了一个方案配备许多咨询师的经济诱因。这当然是问题的一部分，但是传统咨询的整个结构不可避免地会导致这种劳动密集型的模式。

许多咨询公司和内部顾问都认识到这不是一个有效的方法。他们甚至做出了一些尝试，让客户参与到方案工作中来。然而，大部分咨询师看起来都不愿意或者摆脱不了传统的、劳动密集型的咨询模式。客户不仅认可了这种模式，而且对以这种方式进行的活动在心理上有了依赖性。

并不是五个缺陷都会损害每一个咨询方案。然而，在大多数传统的咨询公司中，已经有无数的方案受到这些缺陷的影响，以至于许多客户最后所获得的利益少于他们支付的费用。而且方案开展的时间越长，受到影响的组织部门就会越多；进行的变革越大，方案就越有可能失败。

10.1.2 高实效咨询的成功因素

使方案得以实施、变革得以生效的能力才是组织成功的最关键因素。一个新的管理工具的诞生或者一个战略观点的出现都可以由一些比较聪明的人在相对较短的时间内完成。然而，要想真正有效地提高一个组织的改进能力，则需要许多人长期不懈的努力。

正如前面所说，传统咨询的范例并不能促进组织变革。相比之下，高实效咨询既专注于发现解决方案，又专注于实施解决方案。很明显，它旨在提供保证咨询活动成功的三个因素：专家的意见、底线收益和客户支持改进的能力。实际上，高实效咨询旨在增强客户的技巧、信心和投入到变革中的热情。

与传统的咨询方法相比，高实效咨询纠正五个致命的缺陷：

(1) 不是以咨询师的专业技能或者他们所交付的产品(方案、报告、系统，等等)来定义方案，高实效咨询是以客户期望取得的具体绩效目标来定义方案的。

(2) 不是以所要研究的客体来界定方案的范围，高实效咨询对方案范围的界定是以对客户的意愿和实施能力的评估为基础的。

(3) 不旨在制定一个周期长并且需要大量前期投资的大规模解决方案，高实效咨询把方案分成许多周期短、见效快的增值过程。

(4) 不是在客户与咨询师之间来回推卸责任，高实效咨询鼓励双方一起工作和学习，在方案开展的每一个阶段都建立良好的伙伴关系。

(5) 不是密集地利用一大群咨询师，高实效咨询均衡地利用各个咨询小组。

通过纠正传统咨询经常发生的五个致命缺陷，高实效咨询设计了一种低风险并且收效快的方案制定过程。每一个方案不仅旨在产生一些实质性的成效，而且还要提高客户和咨询师的能力，只有不断提高才能应对日益复杂的方案。

培养一个组织实施变革的能力的关键就是强化它的基本能力，高实效就是建立在这种信念之上的。如果是能很快地完成并取得快速收益的目标，就能产生一种激励。有了一个明确的目标，客户就有了一种责任感，他们就能积极地参与到方案的开发与实施中来。这样，从一开始客户和咨询师都有明确关注点并采取行动，使大家能够产生兴趣，并快速地产生效益。

简单地说，利用高实效咨询就好像是利用非正当手段取得成功。每一个方案都想在咨询师的帮助下开发客户的潜在能力，聚焦于某种具有紧迫性的真实效益，从而激发客户的能量。设计周期较短的子方案就意味着人们很快就有机会看到他们努力的成效，客户与咨询师之间的紧密合作鼓励人们共享他们创造性的思想，并且通过实验看看哪些思想产生了作用。

成功因素 1：每一个方案都以客户效益来定义

高实效的方案是以可衡量的客户效益来定义的，这些效益是客户与咨询师一致同意共同完成的。因为以前的方案是以咨询师完成的工作和所提交的产品来定义的，所以这种定义的方法就与以前几乎所有的咨询方案的定义方法形成对照。比如说，假设一个公司想请咨询师帮忙加速新产品的开发过程，高实效的咨询师就会这样定义方案：真正能减少新产品的开发时间。如果客户想进入一个新的市场，高实效咨询的目标就是帮助客户进入那个市场。如果一个公司在加工订货的过程中经常出错，而且延迟交货，那么高实效咨询的目标将是减少出错率，在某一具体的时间内使错误和延误减少到某一具体的数量。

在上述的每一个任务中，咨询师当然会告诉客户技术上该怎么做，并引进新的系统和工作方法。但是，方案绝不是以那些新的工具来定义的，它将以某种可衡量的效益来定

义，因为这些效益的实现才能标志方案的成功。一个真正以聚焦效益而定义的咨询方案，应该非常具体地表述所要实现的可度量的客户效益。

专注于取得对客户来说真实的底线收益，这给任何咨询方案都带来了不少的吸引力。不仅没有忽略使客户的努力实现期望的目标，而且方案本身就在为这一点不懈努力。因而，与那些许诺在不久的将来的某个时间将取得大效益的咨询方案比较起来，如此的关注也就产生了更多的责任心。

成功因素 2：项目的设计旨在配合客户的动机和能力

确保成功的关键是客户和咨询师能尽可能早地对客户组织可能准备、愿意并且能够实施何种变革进行评估。然后，方案在设计的时候要注意它最终所要求的变革不能超过那个估算值过多。只有这样才算是成功的设计。

在探讨一个新方案时，客户务必对顾问可能提出的可行方案进行讨论，双方都要考虑哪些可能的变革是真正可行的。

然而，在一个方案开始的时候，如果要求咨询师团队设想一下方案的可能结果，他们经常会绕开话题说："直到我们做了研究并且获得效益，我们才能预测建议书会产生什么结果。"事实上，任何有经验的咨询师即使是对新情况简单了解一下，他们也应该能够提供一系列的可行建议以及对结果的判断，做出一些基于经验的推测总是有可能的，而且客户应该坚持听一听他们的这些推测。只有当客户了解到自己企业要想从咨询工作中获益而必须要做些什么时，才能真正评定这个方案是否有可能成功。

既然客户和咨询师都强化了他们对客户行动意愿的敏感度，他们就可以仔细地设计（或再设计）方案，以使他们对变革的期望值与估计的组织的能力相一致。这个过程就改变了咨询方案的基本性质，把它从一次赌博活动变成了一种更有把握的预测。

成功因素 3：把大方案分成周期短的子方案

一个方案完成得越快，它就越有可能产生期望的效益。如果方案拖了 6～8 个月或 12 个月，客户的需求（或者是他们的看法）会随着工作进行而变化，组织中的一些关键人物也许更换了工作或权力发生了变更，市场和竞争环境也会发生变化。有时，耗费了数千万美元的庞大信息系统方案，已经持续了好几年，但是最终不得不放弃，因为他们不能及时调整以适应不断变化的客户需求。最具风险的是，当方案越来越大的时候，它就越有可能包含许多庞大的、复杂的、精细的变革，而这些变革很有可能会击垮客户组织。

把这些风险减少到最小的最可靠和最有力的方法就是把一个全面的方案分成一系列的子方案，使每一个子方案能在短期内取得成效。分成周期短的子方案能够促进组织中的刺激因素，每当有了一个明确的且看得见的短期收益时，人们就能充满热情地去实现这个目标。由于这个目标更易控制，风险也更小，所以人们感觉实行起来也更轻松。而且，因为人们已经享受到了一些成功，他们实现更大目标的决心就会更大。

把规模大、周期长的方案分成周期短的子方案经常被误解为只是战术上的变化，而非战略上的变化。那些执著追求传统咨询范例的人经常会反驳，使用这种周期短、见效快的方案只不过是“摘了最靠近地面的果子”。但是，这些短期方案的实施并不是以放弃追求长期战略目标为代价的。选择短期目标时，要求经理们确保这些目标与公司的长期战略目标相一致。

成功因素4：在客户与咨询师之间建立一种合作伙伴关系

一旦一个咨询方案旨在相对较短的时期内取得一些预定的、可衡量的改进，传统咨询的来回推卸责任的现象就消失了，因为它们已经不奏效了。客户与咨询师必须作为合作伙伴共同工作，在某些必须解决的问题上达成一致，分配好任务，一起工作直到实现期望的效益。

比如说，假设一个客户想知道一种新产品是否能获得成功。客户与咨询师也许就会决定不对所有的可能市场进行大量的研究，而是由他们共同合作，在一两个主要市场对产品进行实时测试。他们共同讨论测试应该怎样开展，也许这样，他们就能获得组织中其他一些人的观点。现在，他们分享着一个共同的、聚集效益的短期目标，深信目标是可以实现的，并且对怎样实施方案有着共同的看法。

这种从传统咨询向高实效咨询的转变，意味着方案的设计说明不再单独由咨询师来完成，然后再传达给客户。而且，既然高实效咨询的开发过程是一个合作的过程，它就只可以在双方共同开发的文件中表述。

无论是对客户还是咨询师，这种合作伙伴关系使每一个方案的开发过程都变成了一次学习的经历。在开发每一个短期子方案时，客户学会了如何明确和实现目标，学会了使用顾问们提供的专业信息，适应它们，把它们应用到工作中去。他们也学会了如何实施变革，如何组织各个不同的小组，在实施过程中相互合作。因而，所有以高实效的模式开展的咨询方案不仅给顾客带来了管理发展和组织发展上的收益，也带来了实质性的底线收益。

咨询师也学到了许多。传统咨询把顾问们假定为知识和智慧的源泉，许多咨询师被罩上了一层无所不知的光环，这能支撑他们的职业形象和自信心。然而，咨询师的学习是高实效咨询的一个非常重要的发展因素。至少有一点，组织中最初开展的方案教会了咨询师感兴趣的应该是组织目标的实现。

在短期方案的合作过程中，客户和咨询师都学到的最重要的一点就是怎样继续合作以实现下一个阶段的目标。也就是说，当客户和咨询师在方案的开始阶段一起工作时，他们就会获得一些关于怎样才能更好地合作以推进工作方面的见解。他们共同承担着寻找下一阶段目标，以及如何继续推进以实现它们的最好办法的任务。合作的模式促进了客户的责任心，而不再是只站在那儿回答咨询师的问题，等待咨询师交给他们一份最终的蓝图。

成功因素 5：起杠杆作用的咨询信息

咨询方案旨在客户积极参与下取得周期短的、可度量的收益。很自然，它与一般的劳动密集型的传统方案相比，花费的咨询时间少得多。高实效咨询的一个基本目标就是帮助客户更好地利用他们自己的才能与技巧。有了这种观点，再加上这种模式又比较重视现实效益，而较少关注完成成卷的研究报告，咨询师的工作量大大减少了，因为客户完成的要远远多于咨询师所能提供的。这就是高实效咨询又称为高影响力咨询的原因。

费用大大减少只是这种高影响力咨询模式的好处之一。咨询师和客户均衡地利用宝贵的咨询信息，使它们发挥最大效用。当他们用这种方法规划方案时，就会发现即使客户只吸收和使用一小部分咨询信息都会使他们前进一大步。

如表 10-1 所示，高实效咨询代替了传统咨询的五个致命缺陷，纠正了所有的缺陷。结果就产生了看待咨询过程的一种完全不同的方法。

表 10-1　传统咨询与高实效咨询的对比

传统咨询	高实效咨询
1. 方案的定义	
方案的目标是依据咨询师提供的解决方法、系统、建议书或技术来定义的	方案是依据在客户的底线效益中可度量的改进而定义的
2. 方案的范围界定	
方案的范围是由所要研究的系统和技术问题所决定的	方案范围的界定取决于对客户从咨询中愿意和能够吸收并实施的建议进行的评估
3. 方案的设计	
方案的规模比较大，周期比较长，需要较快的速度和高超的操作技能	方案被分成许多步骤，以便产生快速的效益，为以后的过程积累经验
4. 方案的运作	
首先，客户把问题交给咨询师，咨询师完成了工作以后，再把结果交给客户	在方案的每一个阶段，客户与咨询师作为合作伙伴一起工作
5. 调动咨询师	
大型咨询师团队做这项工作，而客户很少参与	咨询师主要给客户团队提供支持，因为客户对方案负有主要责任

续表

传统咨询	高实效咨询
结果 在所产生的价值能被估量之前,就要大量的前期投资和很长的周期;经常是高风险、低收益;也许只有很少的或者根本就没有客户学习	低风险、高收益;咨询的时间非常平均;周期短,所以在没有看到收益之前几乎没有投资;在每一个周期内,客户的能力都得到延伸

10.1.3 高实效咨询的效益驱动型架构

1. 依照客户收益而非咨询产品来定义目标

传统咨询的范例鼓励筹备优先的策略,核心就是引进新的管理工具、技术、系统或指导。

咨询业能够快速成长的一个原因就是,许多经理人员相信,只要咨询师可以发现和开展正确的有关改进的准备工作,打下正确的基础,自然而然就会取得实际的改进。但是实际上,筹备优先的传统咨询对于客户的底线效益影响甚微,甚至没有任何效果。出现这种情况的一个原因就是,咨询师开发一个这样的方案时,除了开发并以一种客户可接受的形式提交给客户外,并不承担任何其他的责任。在签订合同的时候,咨询师没有使他们的名誉冒极大的风险,也没有承诺他们会与客户合作以帮助实现具体的、可度量的改进。这样,既然咨询产品本身就是客户评估的根据,那么咨询师的工作就会基于这样一个思想:他们的方案开发得越彻底就越好。因为咨询师集中精力开发一个详尽的、正确的研究与分析报告,而忽略了帮助客户尽快取得某种效益的直接目标,所以整个过程就需要很长的周期,从而也就带来了问题。

从一开始,在高实效咨询的范例中,客户和咨询师就以取得一些切实的效益为目标。没有规划,没有新系统,没有报告,没有建议书,不开展制定更优方案的研究,也没有战略规划。所有这些都没有,除非他们本来就包含在产生某些可度量的短期底线效益之中。比如说,如果客户的目标是更低的制造成本,这就意味着方案的目标就是在制造过程中实现可度量的费用节省。只要方案能够真正降低客户的费用,不管咨询师引进何种工具或者使用何种方法,方案的目标都应能切实降低客户成本。

直接关注效益的取得,以此作为咨询活动的第一步的思想,是传统咨询范例与高实效咨询范例的最关键的区别。一个咨询方案首要和直接的目标——取得可度量的效益,就是对传统咨询的一个最根本的改变,所以客户也必须适应这一高实效的、关注效益的策略。这一点非常重要,原因是:

(1) 专注于一个明确的短期目标,能够强化前面所提到的刺激因素的作用,促使行动

的产生。因为在咨询师的帮助下，客户企业自己的员工也承担了获取效益这一明确的责任。

(2) 客户和咨询师共同承担创造真正效益的目标，这样他们就会通力合作。他们之间建立的是一种合作伙伴关系，而不像传统的咨询方法那样先让咨询师去研究，然后客户才试探着去创造效益。

(3) 把重点放在效益和明确可衡量的结果上，客户和顾问都可以确认哪些措施生效了，哪些措施没生效。

(4) 最后，取得了可度量的成功，无论是对客户还是对咨询师来说都是愉快的、记忆深刻的一次经历。这就显著区别于典型的传统咨询方案——咨询师长时间辛苦地工作，然后交给客户一大堆的任务。

虽然关注效益的咨询方案有许多优势，但是也不是实施起来一点困难都没有，许多客户和咨询师经常犹豫是否应该去尝试一下。而且由于某种非常重要的原因，即使旨在取得效益的设计方案，比开始进行研究和筹备的传统模式有许多优势，但是仍然有一些风险，使客户和顾问们又陷入到旧的模式之中，如果想真正克服这些障碍，客户和咨询师都需要了解这种心理上的陷阱。

即使为客户实现了快速的、实质性的效益并由此得到各种各样的奖励，但咨询师在心理上仍有抗拒尝试它的障碍。以下是主要的原因：

(1) 害怕失去控制。当咨询师依据他们将要完成的任务和他们将要提供的产品来定义一个方案时，对于怎样履行承诺就会充满信心。因为这样做步骤很清晰，咨询师和某种确定的成功之间没有什么障碍。但是，一旦许诺了底线利益，成功就依赖于客户和咨询师自己的行为。因为咨询师不再能控制所有的成功因素，这对他们来说就会非常不舒服。

(2) 沉溺于信息之中。咨询师往往认为，即使是一个变动范围小的、刚刚起步的目标，他们也只有在完成了所有的研究和诊断工作以后，才可以制定出具体的效益目标。

传统咨询的缺陷——咨询师只负责提交方案，客户则负责利用这些方案取得效益，为咨询师提供了一个实实在在的逃生舱。一旦由于某种原因，方案失败了，咨询师可以辩解说方案是卓越的，只是客户不能够准确地实施它。

尽管让咨询师与客户共同承担责任会减少咨询失败的风险，但是作为一个客户也许不能总感觉到对这个方法的热忱，还有其他一些原因。

(1) 规避风险。当雇用一个咨询师来完成一项专注于咨询方案的典型活动时，客户只要承担一点点风险。如果方案成功了，客户就可以获得收益。如果没有取得效益，还可以把责任归咎于咨询师的工作。一旦客户和咨询师在合同中对责任进行了明确的划分，那么如果现在不能实现，就完全陷于失败的风险之中了。

(2) 与有才能的咨询师一起工作感到舒适。还有一些令那些急躁的经理们放心的地方是，那些有能力的、充满自信的咨询师为了他们的组织，看起来好像总是忙碌不停。当这些顾问开始着手做他们的工作的时候，他们列举了以前的成功案例，指出了经理们一直担心的弱点，并且他们开始安装工具和启用一些方法，这些工具和方法看起来好像能带来巨大的改进。当客户到了所能够胜任工作的最大局限时，所有这些都可以给咨询师提供心理上的安慰，尽管实际上效益并不够好。但是，这其中却有取得效益的意图，有指导的行动，而且还是高水平的专业化指导。

(3) 从熟悉范例中感到舒适。不管是管理内部的顾问，还是雇用咨询公司来工作，大部分的高级管理者都习惯于真正传统的咨询范例，而且产生了某种依赖感。咨询师完成了咨询工作并且实施了他们的计划。除了这些，他们并没有要求咨询师承担更多。他们从没有看到过在一种以效益为导向的模式中咨询师与客户作为合作伙伴一起工作的情形，因而他们在脑子里就无法想象这种模式是如何运转的。他们期望他们的员工在一个咨询约定期间能够继续做他们自己的工作，而不要在这个方案上花费宝贵的时间。实际上，如果他们的员工与咨询师合作得非常紧密，他们还会有一点不安，害怕咨询师会揭露他们在某个领域内缺乏知识的事实。

把咨询方案的焦点放在取得具体的、可度量的效益上来，咨询师和客户的行为都能产生一个良性的转变。当咨询师真正分担实现可度量的效益的责任，分担降低费用或提高质量的责任时，他们就会付出更多的努力，寻找利用组织内的技巧和能力的途径，就会集中精力找到取得效益的捷径，就会朝着最易取得的结果而努力。而且，当咨询师分享客户的效益目标时，他们必须加强力量来实现目标，与客户合作的方式也就不像传统模式的那种明确的责任划分来得那么自然了。

2. 使方案范围与客户意愿相一致

大多数咨询师都会彻底地探究与一个新任务有关的技术上与操作上的问题，但是却不会调查一下客户真正实施他们所提出的建议书的意愿和能力，因而也就忽略了那些能够把他们导向成功的信息。

因此，在设计一个方案时要弄清楚，当真正决策和行动的时候客户可能愿意或不可能愿意做的事，能够做或者不能够做的事。手中掌握了这个信息，客户和顾问才能够使设计方案与客户的意愿和能力相匹配，这是每个方案用来避免实施差距的一种方法。

一旦客户与咨询师就一个咨询方案的总体目标达成一致，对他们来说，下一步就应该就如何评估意愿度并如何设计与那个意愿度相匹配的方案等方面取得一致意见。这就排除了方案建立在最终巨大实施差距的基础之上的可能性。如果客户期望取得远远超过组织的实施能力的收益，咨询师需要把那些想法付诸实施，开始只把重点放在实现客户目前能力范围之内的成功上，然后再探索取得真正大的收益的方法。

成功地进行意愿度评估的一个障碍就是，在方案的初期探索阶段，不管是客户经理们会见咨询师，还是咨询师拜访客户经理，他们都对对方以及他们自己的同事期望很高。这种不愿意被认为无能或者是不内行的愿望也许导致一些参与者，一般是无意识地掩盖他们的疑惑和不确定性。这种趋势毫无疑问将成为对意愿度进行精确评估的障碍。双方都不得不辛苦地工作以保证他们有能力分辨出真实的情况，并设计出一个必胜的方案，而不是尽力给对方看到他们所期望的图景。

如果一个咨询师想培养评估意愿度的技巧，他就应该从实践一些相对较少但却最有用的意愿度的问题开始，表 10-2 展示了顾问意愿度的评估。

表 10-2 顾问意愿度评估

1. 总的动机和驱动因素
• 客户开展这个方案的动机是什么？客户是热忱的、被动的、还是抵制的？在客户组织的内部各个不同的小组，动机看起来各不相同吗？
• 客户对方案的潜在收益有什么看法？
• 是谁想进行变革？谁不在乎？又是谁反对变革？
• 每个人都说方案要能反映目标，但是他们却不愿意为此而努力，那么方案要在多大程度上体现目标呢？
• 还有没有其他的动机问题？

2. 资源的分配和承诺的水平
• 客户是怎样看待时间、能力，以及实施方案时需要的支持因素的？
• 客户期望参与这份工作吗？客户准备承担全部的重担吗？
• 如果需要其他小组和人员的承诺，这已经(或者正在)得到了保证吗？
• 预算是不是很清晰明了？客户对一个合适的预算的看法是否和咨询师相同？
• 还有没有其他的资源问题？

3. 变革的环境
• 客户组织中存在何种变革的压力？它们来自哪里？
• 咨询师集中研究的某一特定问题在哪些方面与客户的关注程度相契合？这是一个优先考虑的问题，还是他们感觉到有必要处理的问题？
• 组织的环境是否支持方案所要求的各种变革？
• 还有没有其他环境方面的问题？

4. 客户的技术能力和变革管理技巧
• 客户实施变革的能力如何？有关客户是否有能力实施方案所要求的变革和改造，最近的经历有什么暗示？
• 客户所表现的接受新思想并有效地利用它们的能力如何？
• 有关方案中所关注的特殊问题，客户有什么经验？
• 还有没有其他的知识和技巧问题？

续表

5. 客户对咨询师的看法 • 客户最近有没有和咨询小组或者类似的小组合作的经历？结果如何？ • 客户对这些经历的感觉怎样？从以前的那些强化了的方案设计的经历中可以学到什么？ • 客户对于咨询师将要为新方案工作的总的态度是什么？ • 还有没有其他的关于客户与咨询师之间关系的问题？
6. 客户对方案的理解 • 客户已经明确定义了方案的结果吗？客户衡量成功的标准是什么？ • 客户理解这个为组织而做的方案的含义吗？ • 方案的具体结果或者产品是什么？谁将会利用它，以及怎样利用？所有的重要参与者的理解方式一样吗？ • 还有没有其他有关客户的理解问题？
7. 方案的范围和进度 • 客户的"方案关注跨度"有多大？客户必须多快才能看到实质性的效益？什么类型的效益？ • 客户认为什么才是方案的恰当范围和进度？对于客户来说，多大规模的方案才是合适的？何种进度才是他们追求的？ • 还有没有其他的关于进度和范围的问题？
8. 其他的成功因素 • 是否有在客户组织里受到禁止或被认为是不可接受的某种解决方案？ • 在他们使用关键的语言描述方案时，客户和顾问所指的本质含义相同吗？ • 还有没有其他没有提出的问题？
9. 历史的视角 • 现在的需要是怎样逐步发展起来的，客户要多久才能意识到这种需要？ • 直到现在客户是怎样试图处理问题的？什么生效了？什么失败了？ • 雇用咨询师的想法是怎样产生的？

对于客户和咨询师来说，另一种测试客户意愿度的有用方法就是在方案一开始提出的时候，推测一下方案实施的可能结果并展开讨论。

有时候，除了需要判断意愿度，还要采取措施影响将要和顾问合作的人们的意愿度。当然，如果只把考查意愿度看做限定方案范围的一致方法，那就会是一个错误。组织经常拥有大量未被开发的能力，所以有时考查意愿度可以发现这些能力，并且把方案引向一个更宏伟的目标。

隐藏在意愿度测试背后的一个想法就是收集信息，这些信息帮助客户和咨询师设计出有成功保证的方案。帮助他们实现目标的一个重要信息因素就是识别出所有的关键人物，这些人的意见和合作将对取得成功至关重要。

这些步骤去除了咨询工作中大量的投机成分，只有当客户和咨询师认真评估了所有

的意愿度问题时，他们才能够把自己的方案导向成功，因为这些问题可能与他们将要实施的方案相关。他们对方案进行仔细地设计，于是对于那些不得不实现方案目标的人来说，它们是明确的、可以实现的。换句话说，也就不存在实施差距了。

对意愿度的探索是一个进行中的过程，不是一次就能完成的事情。一个方案开始以后，如果方案的设计与变化中的客户意愿度之间的匹配有什么疑问发生，客户和咨询师都有责任坚持提出这些问题。如果有必要，就修改方案的设计。对于客户经理们来说，如果正在让一个咨询公司或者内部顾问小组设计任何方案，在方案设计一开始，就应该坚持和他们一起全面考虑可行方案的结果。方案的成功实施需要客户经理和员工做什么？然后仔细考虑一下是否客户经理和咨询师都很想而且能够实施那些变革。如果没有把握，那么客户经理就需要重新设计方案，直到可以确认方案所要求的事与能够完成的事相匹配。认真地进行意愿度的测试以及方案的设计要考虑到与意愿度相配合，这样做就使方案不可能受到实施差距的破坏。

3. 旨在快速取得成功以产生动力

传统咨询的目标是构想出一个全面解决方案，并与客户分享这个方案。然而这种既包含一切但又好像什么都不是的，而且是从咨询师角度制定的方法，几乎不可避免地会导致一个大规模的、长期的方案设计过程，并且这个过程经常超越客户的实施能力。在这种情况下，这样的一个方法毫无疑问必将导致一个主要的实施差距。

而高实效咨询设计的实质不是立即设计一个整体解决方案，而是把目标分成一系列周期较短的子目标来加以攻克。这种做法的一个目的就是在尽可能短的时间内为客户创造一些可度量的效益。成功的强化效应加上客户和顾问获得的知识，就为不断加速的进步打下了基础。一系列的增值改进所获得的积累收益实际上和大型方案许诺的“某天”他们可以实现的一样多(或者更多)。

许多传统咨询师声称应该尽量避免试图追求快速效益。他们说，在开展一项大的研究前就采取行动很可能会导致客户只关注战术而忽视战略，或者改进一个本该淘汰的系统，或者是当他应该朝北走的时候却往南走。

选择追求一个快速获得效益的目标并不意味着只选择策略层面上的变革，而不选择战略上的变革。在任何咨询方案中，几乎总有一些步骤可以产生效益，并且是很快地产生效益。客户应该坚持要求咨询师帮助他们从这些步骤开始工作。以下讲述的就是怎样把一个大规模的方案分成许多有意义的、多产的短期子方案。阐述这些方案不是扰乱大规模的变革战略，而是能为客户提供一些新的视角和推动力。

选择一个短期的子方案实际上并不难，对客户和咨询师来说难的是从传统咨询的模式转变过来，接受新的思想。一级或二级的子方案的选择非常关键，因为它们将成为动力创造者。客户与咨询师首先需要定义而且他们也能够定义整个方案的战略目标，然后，他们可以划分出一些短期的达到目的的子方案。有时候，可能需要组织一个研讨会，让更多的关键人物参与初始方案的酝酿和选择过程。

一个短期的方案必须关注于客户最紧迫的目标，除了目标很重要以外，其他四个标准也将有助于最初的短期方案的选择。基本上，每一次选择必须：

(1) 集中于实现可度量的效益。目标必须是以底线利益来定义的，而且必须能为客户所衡量。

(2) 与客户的意愿度相一致。对那些必须达到目标的人来说，目标确实是他们所能实现的，同时他们应该感觉到能够并且愿意实现它。

(3) 短期的。如果可能的话，效益最好能在5～6个星期内取得，至多不应超过14～15个星期。

(4) 战略上的。应该明确的是，这个目标是实现客户的整体战略目标的一个逻辑步骤。这样做是想确认现在的进步将有助于一个更长期的变革，而不仅仅是赢得一时的策略上的改进。

要取得快速成功的第一个设计挑战就是如何把大规模的、分散的目标分成增值步骤。以下列举了这样做的一些方法：

(1) 从小处着手：如果有许多方面要革新，仅从它们中的一个或几个开始。

(2) 选择你的目标：如果有许多部门要改进，仅从它们中的一个或几个开始。

(3) 做力所能及的事：如果目标是重大的再造过程，那么就从一个或几个子过程开始。

(4) 充分利用你现有的条件：让现在的系统或者技术产生更好的效益，而不是花费许多年进行革新或者替换它。

(5) 寻找一个门而不是一堵墙：如果客户组织中的小组因为某些延迟问题而不愿意继续进行，利用你的智慧去推动它。

(6) 在尝试冒险之前做一个低风险测试：当客户关注的是那些大规模的长期目标时，把它分成通向那些目标的一个个可以实现的步骤。

(7) 谋求一个结局：如果看起来不可能从方案本身分出第一个目标，那么就在相邻区域内或在相关主题上设计和实施一个短期的测试方案。

信息技术人员经常怀疑把一个大型系统的方案分成短期增值过程的可能性。其中一些原因是这些工作作为大型的外包技术方案不仅仅是咨询工作，为这个方案工作的大部分客户和咨询师都是系统专家，他们关注于系统的设计和功能，而不仅仅是它的实际功用。

这些大型的系统是庞大的、强有力的工具，但是要想达到它们的功效就需要和公司所有其他的活动整合。因而，一个新系统要想成功，那么成百上千的相关变革不得不同时进行。然而，经常是无论建造一个系统的技术人员，还是期望使用它的客户经理们都不能恰当

处理好所有的这些相关变革。结果，沿着新系统的路线进行下去就产生了许多实施差距。

比如说，一个大型的保险公司觉得为了使公司昌盛起来，需要对公司过去的运转方式——新部门的运行结构、产品的合并、新的保险方法，以及全面的自动化进行重大的变革。几个大型的综合系统将作为主要支持机制。在建造这些系统时，它们变得越来越大、越来越复杂，即使有咨询师方面的大投入、卖方的支持以及内部员工的努力，这种延迟也会逐渐威胁到整个变革的成功。

对于客户经理们来说，即使一个咨询师已经说服你开展一项大型的研究，要实现你的目标需要很长的周期且预算很高时，如果你坚持下去，也许就可以发现一种方法以分离出一个或几个小规模的短期方案。当咨询师已经准备好开展大型的研究甚至已经开展了这种研究时，那些小规模的方案仍有实施的可能。如果咨询师不愿意运用短期方案，也不要泄气，它至少可以引入一种试验模式来代替咨询师规划好的复杂计划，让咨询师必须在短期内开展可度量结果的试验。

对于咨询师来说，如果你是一个大型咨询公司的高级管理人员，在年末总结你的工作业绩中，包括你让许多顾问取得丰硕成果，短期的模式看起来也许不是太吸引人。但是，从客户角度考虑就非常有意义了，否则你也许不得不寻找其他的方法来让这一大批员工忙碌起来。它们也许在工作的后期阶段可以利用，也许在做技术研究开发时能用得上，因为这些工作会取得真正的大收益。事实上，也许大型的技术外包方案仍是必需的，但是它们不应该被看成"咨询方案"。

此外，作为咨询师，应该试图取得短期方案的成功。客户很快就能看到收益，这只是成功的一个方面。短期的方法允许客户接受顾问一次一个步骤的帮助，吸收他们能够吸收的东西，并且始终能获得产生实质性的底线收益的改进。

为了保证咨询师的贡献能在组织中起到很好的作用，必须与咨询师建议的步骤相一致地采取许多相关的变革。初始的短期方案使客户学会了怎样处理所有的变革。一连串的短期方案给客户和咨询师提供了机会，不断地向整体的实施目标推进，并且每一次实施都能取得优于上次的效益。很明显，与传统的咨询方法相比，这种方法就安全得多。

4. 学习并建立一种合作关系

客户与咨询师相互合作可以实现杰出的效益，而由他们各自独立去做是不可能取得这种成绩的。高实效咨询始终重视快速取得收益，同时也关注客户能否通过一种合作的关系学会如何取得更多的收益。

同时在整个组织内展开的学习过程能够真正使组织开展大型的战略变革。那些误解短期方案的人只是采摘最靠近地面的果子的咨询师，并没有看到这些方案的实施培养了客户组织采摘高处果子的能力。相比之下，传统咨询报告建议的大战略变革从根本上超过了客户的能力，一碰到实施差距就陷入了困境，几乎摘不到任何果子。

在这个瞬息万变的时代，组织保持进步的唯一方法就是给它们的员工提供不断学习的机会。今天，仅公司运营良好远远不够，明天的环境一定会有所不同，所以组织的领导要投入大量的精力确保员工学到他们所需要了解的东西，以便在将来能够取胜。组织学习一般可追溯为三个重叠的阶段。第一步是认识上的，组织的成员接触了新的观点，扩大了知识面，从而开始有不同的思想。第二步是行为上的，员工开始把这些新的见解变成组织的一部分，并改变他们的行动。第三步就是业绩改进，随着行为的改变所带来的可度量的收益上的改进，如优良的质量、较高的送货率、提高了的市场份额或者其他实质性的收益。

这种思考过程是建立在这样一个信念上，即认识上的变革（洞察力和知识）导致了行为上的变革，而行为上的变革进而又带来了效益。

一些有关学习型组织的文章直接就指向了目标，而且主要是以活动为基础目标。比如，“改善活动”、“纠正错误”、“改变行动以体现新思想”，等等。这个定义并没有恰当反映一个富有挑战性的目标以触发和激励学习过程的力量。虽然并不否认组织必须在长远的关键目标上投资，然而，在没有什么经验设定艰巨的目标并且利用他们的智慧和精力去实现目标的组织，很少会有学习过程发生。而这正是高实效咨询要为他们提供的，如表 10-3 所示。

表 10-3　在快速收益方案中顾问和客户的学习机会

学习领域	描　述
1. 判断客户意愿度	了解现在客户准备、愿意并且能够做什么。开发客户隐藏的创造力和动力以启动改进的尝试
2. 在大型战略框架内分成可以实现的目标	应对一个庞大的、看似覆盖一切的目标或挑战。在短期方案中把焦点放在实现效益上
3. 为实现目标提出要求	传达一种紧迫感。以一种可以表现出对员工充满信心的方式传达改进的期望。克服某些个人的抵制，号召更多的其他人参与进来
4. 通过一个以行动为导向的试验提高业绩	利用短期方案在业绩上取得逐步的提高，查明是哪些革新真正产生了效益
5. 使员工们关心业绩	学习怎样利用小组的力量取得富有创意的解决方案，并为新的工作方法建立承诺
6. 开发工作规划和方案管理技能	学习使用变革管理的基本工具：工作计划、方案跟踪工具、工序评估、指导委员会等
7. 应对冲突、挫折和失望	应对抵制，克服意想不到的困难，当最初的解决方案并不能产生基本的效益时进行重组
8. 和一位咨询人士合作	学习怎样利用咨询师这种资源，同时对方案保持领导和控制
9. 修正组织结构	确保组织结构变革的支持作用，而不能妨碍目标的实现
10. 传授咨询师的专业知识	学会怎样传达咨询师的技能，而又不会超过客户接受能力的方法

大多数的经理和咨询师也许会赞成咨询方案为客户提供了重要的学习机会，然而很少有人能理解这样一个事实——咨询师可以从工作中学到许多知识。当咨询师进入一个新客户的环境之中，他们就像人类学家在探索一个对他们来说全新的文化环境。即使一些手工制品、习俗以及着装看起来好像是相似的，但是绝没有一个人类学家只根据这些证据而没有进行仔细研究就说他理解了这个新文化。这对顾问们也一样。咨询师也许有各种各样的专业技能，但是在一个新的客户关系中，对那个特定的客户组织唯一独特的变化却知之甚少。除非建立自己的假设，否则就不能了解需要了解的有关组织实际是如何运转的信息，也不能了解组织喜欢用何种方式改进它的业绩。

咨询师需要问一些与客户组织运转以及工作所要求的意愿度有关的问题。表 10-4 列举了在进入一个新的客户环境中咨询师应该尽可能早调查的一些因素。

表 10-4　给一个新客户定位——一些关键问题

1. 在这个公司，事情到底是怎样处理的？就它的员工已经获得的而言，是什么使他们获得这些？又是什么在妨碍他们？是什么独特的力量和能力使现在的这些问题和困难可能被隐藏起来？
2. 谁是最能接受新思想和实践的人？哪里可以最快地取得最大的进展？
3. 一些关键人物和小组之间的关系是怎样的？他们工作和互动的独特方法是什么？
4. 在这里什么工作可能有效果？而什么工作又不可能有效果？

表 10-4 中列出的现实世界的问题又引发了各种各样的问题，咨询师在决定怎样和客户合作之前就需要理解这些问题，以便可以确保他们的专业技能得到充分的利用。从这些问题中得出结论应该是意愿度评估的对象之一。

一旦方案开始向前推进，还有许多咨询师需要了解的地方。咨询师越多地了解怎样与客户建立合作关系，以及客户公司是怎样运转的，他们所起到的作用将会越大。要想发挥这种洞察力，就需要与一个组织共同合作一段时间，试图一起取得进展，面对和克服困难，并从经历中学习。如果咨询师在每一个单独的方案中都努力了解这些问题，他们也就会对在组织内怎样推广大规模的变革有一个全面理解。短期方案的方法在合作关系的模式下不断重复着从开始到结束的推进过程，从而给咨询师提供了许多机会以使他们对这些重要的问题形成洞察力。带着这些补充的见解，咨询师就具备了更大的能力，更有把握规划那些附加的步骤。

咨询师学习的另一个方面就是与重要的客户员工建立有效的工作关系。过了一段时间后，咨询师就可以建立一种有助于目标设定和行动规划的合作关系。不幸的是，工作中的学习和关系的建立跟那些咨询师是不相干的，因为他们认为自己的工作只是传授一些高质量的技巧。

传统咨询公司向高实效咨询模式的最容易的转变之一就是面对了解每个客户企业情

况的需要，面对向客户的每一个部门学习的需要，并且真正重视与客户企业的员工建立合作伙伴关系。

在方案开展的过程中，应该定期举行方案的审查和评估会议，它们是有点结构化了的机制，目的是确保客户和咨询师能定期地举行会议，以及对他们的工作进度和他们所学到的东西进行评估。他们也可以花一段时间决定怎样才能从评估活动中受益，也就是说，怎样才能巩固方案以及怎样才能提高学习的效果。表 10-5 包含了客户和咨询师(团队)应该在审查会议议程上提出的一些建议性问题。

表 10-5 方案进度评估

- 方案是根据计划进行的吗？
- 是不是有什么情况突然发生，使我们应该考虑改变设计方案时假定的一些前提呢？
- 我们对自己的合作感觉如何？哪些措施是最有效的？而哪些措施欠佳？我们应该试验合作的多种方法吗？
- 我们是否仍坚持着方案开始时所设定的时间表和目标？我们仍充满信心实现我们曾说过要达成的目标吗？
- 是否有什么人没有出席这次会议，但需要约出来谈谈有关这个方案的事？有没有什么人需要向他咨询有关方案如何推进的问题？我们需要某些人的帮助，但是却不能肯定我们能得到吗？

为了充分利用这些审查，需要鼓励大家相信方案中没有任何一个方面对于检查和修正有免疫能力。会议的主持人应该尽可能地使他们坦诚和公开。客户在这种会议上对方案的真实感觉是非常重要的数据。咨询师需要尽力弄清楚并解决客户的疑问和担心，而不只是与他们争辩或者把他们搪塞过去。

然后，在每一个方案结束的时候，客户和咨询师要举行一个更大范围的会议，以便评估他们实现了多少预定的目标，既要放在当前的方案上考虑，也要从是否向着大规模的长期目标迈进这方面考虑，如表 10-6 所示。

表 10-6 方案评估清单

- 方案实现了多少预定的目标？
- 对于不断提高效益和加快进度来说，客户获得的一些主要经验是什么？
- 客户和咨询师配合得如何？他们各自的职责讲清楚了吗？人们像预想的一样履行了各自的职责吗？
- 如果重新再做一次这个方案，我们做起来会有什么不同？
- 哪些方面显示了客户的战略目标和战略方向？
- 对下一步工作最可能有用的方案是什么？在今后的方案中，能实现策略和操作上的改进吗？

客户应该就如果咨询师当初做了什么工作将会更有用而展开讨论，咨询师也是一样。

在一个方案结束的时候，客户更加精通于咨询师引进的专业信息和技术，对于怎样和咨询师合作来管理变革与改进更加老练。而咨询师对怎样有效地付出也学到了很多，就是不断提高每一个参与者的能力。

对于客户经理来说，必须面对这样一个事实：在任何对组织有重大意义的方案中，如果你在传统咨询模式下，让咨询师做他们自己的工作，而你做你自己的工作，那么你总要为此付出巨大的代价。传统模式只能带来较少的收益，而客户和咨询师反而在这种模式下感觉比较舒服的一个主要原因就是避免承担取得具体效益的承诺，然后也不得不实现承诺的风险。

作为客户经理，应该和员工研究，怎样才能和咨询师在方案中合作得最好。如果咨询师没有经历过这种类型的讨论，这种研究对于双方都会有好处，客户经理需要对自己和员工愿意投入的时间给予限制。事实上，客户经理和员工需要负责地参与的时间总可以保持在合理的水平上，客户经理在方案中的积极合作非常重要，如果想要逃避那将对自己是一种损害。如果咨询师迎合客户经理的意愿把问题都交给他们，而客户经理自己因此可以很快转向自己的"日常工作"，那就是在损害客户经理。

对于咨询师来说，即使是那些喜欢直接与客户共事的咨询师，当必须完成方案中的重大问题时，他们感觉到自己单独完成最舒服。在方案规划和建议书审查的时候，他们希望和客户交流，但是，在开发阶段，咨询师喜欢能够按照计划推进工作，做一些需要做的事。同时，客户公司的人可能被派到小组去做一些研究工作。然而，如果咨询师真想帮助客户学习和成长，将不得不和他们紧密地合作，这样他们才能从经历中学到东西。如果咨询师对客户的成败有着很强的责任感，认为每一个咨询方案对客户和自己来说都是一次重要的学习经历，那么就应该试一下建立强有力的合作关系，这是实施变革的关键。

5. 杠杆资源——利用更少的咨询师获得更大的效益

五个致命缺陷中的第五个缺陷确实是其他四个的产物，因为利用已经描述过的高实效战略可以取得更多的收益，所以可以大大减少组织里需要的咨询师。事实上，大量的咨询师不仅带来巨大的开销，而且对组织的学习过程也是一个损害。

那些对高实效咨询方法感兴趣的人经常会问，什么是最好的尝试方法？

首先，应该逐步地尝试向高实效咨询转变。客户和咨询师都应该选一些最初的关于效益的目标，而且对双方来说都是可以实现的，也应该是双方都愿意尝试的。然后，从它们开始。

其次，在早期使用一些结构化方法来应用这个方法会比较有用。以下是一些结构化方法。

（1）常见的结构化方法

①“星期模型”方案

当人们不必一定得承担实现目标的责任时，他们就会愿意选取非常有挑战性的目标。短期的、高度集中的并带有挑战性目标的方案经常能激起竞赛精神，一旦参与者有了实现他们看来不可能达成的目标的经历，即使是一个星期或是几个星期，他们也学到了许多东西，能够保持最高水平或者接近最高水平。“星期模型”特别适合这种把易于衡量的改进作为目标，比如对订货或者客户需求的快速反应、质量问题的消除以及生产率的改进。

② 突破型方案

一个突破型方案是为客户学习和成功而设计的短期的、关注效益的方案。一个突破型方案的三个关键组成部分是：a.可度量的客户效益。b.客户学习和发展。客户学习怎样去选择和组织一个关注效益的方案，学习如何促使适当的人积极参与到方案中来，学习怎样安排一个工作计划，学习如何协调实现他们的目标所需的各个步骤。每个突破型方案完成以后，客户应该更能胜任执行下一个方案。c.试验咨询师提供的见解、工具和技术。在突破型方案开展的过程中，咨询师引入了他们的思想、观念和工具。于是，客户在承担一次较大的义务之前，有机会看到它们是怎样工作的。几乎每一个大型的变革或者是有关改进的挑战都可以通过逐步地应用突破型方案来实现。

③ 通用电气“组织改进”的模式

几年前，通用电气的前 CEO 杰克·韦尔奇(Jack Welch)发现了一件怪事。经过裁员和重组，公司只有以前人员的 60%～70%，但他发现管理者仍试图以原来的方式来完成工作。所以他认为公司需要进行重大转变，转向更有效率的工作方法。1988 年，他任命了一组技术人员和顾问，帮助设计一个方案来实现这个目标，结果就是通用电气的组织改进程序。在普通的咨询帮助下，他们确定了每一个公司的业务改进所需的关键条件，经过一番仔细地规划，召集了一大批人，在 1～2 天的时间内计划怎样实现改进的目标。基本的规则要求部门的业务经理要出席最后一次会议，听取这个组的总结和建议，并且现场做决定。

如此一来，在普通的咨询信息的支持下，成千上万的公司员工能够帮助修改他们的工作过程，加快公司的进步。

组织改进的方法不仅仅对于单个的组织有用，也可以作为各组织间合作的工具。比如说，顾问们帮助通用电气照明设备公司的高级经理们组织了一场与其最大的客户——通用汽车公司的见面会。会议的目的是为了双方的利益改进他们合作的方式。在普通的咨询支持下，会议期间这些公司间的合作关系取得了重大的进展。

组织改进方法论为高实效咨询的信息提供了一份设计方案。在通用再保险公司，这

个方法被用于使员工广泛参与到公司的质量变革过程中来，这些所谓的“质量行动研讨会”是由内部的引导者支持的。

④ 试验型方案

在许多情况下，一个传统咨询师会展开一个详细的研究以评估行动方案的某些过程是否正确，而一个高实效咨询的咨询师更可能暂时放一下，说：“让我们先试一下，看看它是怎样工作的。”

所有的这些方法都可以在一种高度均衡的、高实效的、关注效益的咨询模式下应用。

(2) 走向高度均衡的咨询

无论是客户还是咨询师，要想使一个高度均衡的方法适用于自身的情况，就需要考虑下面几点关于应该怎么做的建议：

① 选择那些比较有可能成功的初始方案。鼓励经理们成为高度均衡的项目参与者的一个关键，就是向他们说明他们的员工确实可以比以前取得更多的成果，并会为激发更进一步的成功提供动力。因而在开始的时候，就从那些能提供最大的成功机会的方案开始，从那些客户最有把握的，即使是最少的努力也能完成大部分工作的方案开始。当然，咨询师的能力也将在这次的成功经历中得到加强。

② 重视客户公司员工能力的培养。除了研究或高技术含量的方案外，咨询师可以组织自己的人完成许多工作，只需要一些简单的培训和在方案进行中提供支持。许多人在生活中养成了依赖于专家们给现成答案的习惯。传统咨询的方法通过把咨询师放在高高的问题诊断和问题解决的地位上，从而又强化了这一习惯。这种对咨询师的神秘信任，经常妨碍经理们深入到方案中去。而且，如果咨询师完成了大部分的工作，他们很可能就不能取得客户组织的成员本来能够取得的成绩了。更糟糕的是，当咨询师完成了他们的工作时，他们就会带着许多有价值的见解离去，而这些见解的获得是由客户公司付费的。对比之下，在高度均衡的方案中，所有的参与者都能学到很多东西。然后，为了他们以后的事业，他们就能够应用这些技巧，并且能够更加自信地工作，而如果他们仅仅作为咨询研究和建议书的接受者是永远不可能取得进展的。

③ 培训内部的顾问或者引导者来支持工作。有许多方法可以在客户组织中选择一些人作为内部的变革引导者来支持高度均衡的模式。首先，这些人可以有助于确保变革尝试的成功，他们还可以增加客户公司在咨询上的投资回报。而且，当咨询师离开后，他们还可以在组织内无限期地应用他们的新技巧。

④ 培养一种试验型的、以行动为导向的工作模式。那些想帮助他们的客户处理一些大规模的、目标远大的战略变革方案的咨询师，需要随着许多小规模的成功经历的取得来启动那些方案。这些就是变革中的启发性试验，在开展一系列这样的试验中获得的经验

为整个集体提供了洞察力、技巧与信心，以备处理规模不断增大的战略变革。

⑤ 帮助高级人员领导变革。投入足够的时间和精力来帮助那些关键的高级人员，帮助他们在变革尝试中建立稳固的领导地位，这一点十分关键。这不仅是给他们简单介绍一下咨询师引进的特别技术。作为有着独特经历的外部人员，咨询师可以帮助优化高级经理们做出的决策，提高他们的项目管理和项目领导的能力。很有可能是这些高级经理们有最大的动力推进这个方案并产生重大的影响，激励其他人前进。

⑥ 使许多人参与。在结构化研讨会上与许多人一起工作，以专注于组织行动而完成所需要的变革，这是把一般水平的咨询信息增加到大规模变革的另一种方法。

(3) 简单的概念，根本的不同

前述章节已经概述了客户和咨询师怎样才可以从一个长期的、劳动密集型的高风险传统咨询转向高实效咨询。如何纠正传统咨询的五个经常出现的致命缺陷，并且如何把它们转化为高回报的贡献因素。当客户和咨询师进行这些转变的时候，他们就会从根本上改变共事的方式，然而客户的咨询投资回报将会增加许多倍。

而且，特别是那些经验比较少的咨询师能够培养强大的内部人员并变革管理的指导技巧，也许他们还没关注到这些技巧，或者没人鼓励他们去培养这些技巧。他们将会利用这些技能去帮助他们的客户用新的方法思考、学习和成长。所做的必须包含一个有助于管理发展和组织发展的成分，对于许多咨询师来说，这将需要一些新的学习过程。

最后，还有一些经济问题。如果是一个大型的、传统的咨询公司，并且公司的健康发展植根于这些大规模的、劳动密集型的方案，那就可以预料到转向高实效咨询所产生的不良经济后果。当然，情况也不会总是这样，如果由许多咨询师完成的工作确实对客户有用，那就没有道理不去提供这种帮助。然而，这些大型的专家组完成的工作很可能就是某种外包专家的劳动成果，而不是所说的管理咨询。事实上，咨询公司也许希望考虑明确那些真正是管理咨询师的成果，并把这个成果与为客户做外包研究或系统开发工作的一大批专家成果真正区分开来。

随着客户们越来越希望看到咨询投资和产生的收益之间的更多的显而易见的联系，以及为了真正走进这种客户和咨询师共同负责产生效益的模式，双方将不得不更加仔细、谨慎地完成他们的方案协议。咨询师将不得不更加注意高级客户经理们向他们的员工传达业绩改进的要求。而且，客户和咨询师最终将不得不学习克服他们产生忧虑的防护机制，从而更加有效地进行交流。

以下内容将讲述在双方共同合作的工作模式下，这些转变是怎样支持高实效咨询，并且产生高杠杆的效益的。这些转变将不仅有助于使咨询活动更加有效，而且将会使工作更加有趣，个人也将得到更大的满足。

10.2 咨询的实施模式

10.2.1 实施的障碍

推荐方案实施的失败可能有很多原因。下面所列出的清单就是对最常见的原因所做的一个简单描述，然而，一般来讲，"原因"可能是一系列原因，而不仅仅是一个原因。一个擅长实施的咨询师可能非常清楚其中的各种风险。通过一系列聪明的、时机把握得当的问题来进行检验，咨询师能够把其中的风险显露出来，从而进一步处理这种风险。

1. 形成过程的质量差

推荐方案形成过程的质量将在一定程度上影响实施过程的质量。形成过程存在三个陷阱：

(1) 分析的质量不高，观点太窄或主观性太强，问题界定的质量差

如果推荐方案的形成过程所建立的基础是质量不高的分析以及范围太窄或主观性太强的观点，那么就会包含实际错误，阻碍推荐方案的实施。一个典型的情形是：推荐方案的形成过程将产生非常广泛的影响，但完全是建立在中高层管理者观点的基础上。外部利益相关者(如客户和供应商)以及组织层级结构中低层地位的人却没有得到承认。实施的失败可能因为：逻辑本身存在缺陷，从而使那些在实施的过程中抵制变革的人能够有机可乘。

一个比较严格的检验就是自问一个问题：谁将受到变革的影响？他们在多大程度上得到了考虑？如果那些在实施过程中将受到影响的人没有得到考虑，那么实施失败的风险就会提高。

(2) 重点放在愿望上而不是需求上

推荐方案形成过程中的另一个典型错误是：推荐方案的重点放在客户的愿望上，而不是放在客户的需求上。一个典型的情形是：战略咨询项目，在这种项目中想得到一个新的公司战略。但是，根本的需求可能同下面的事实有密切联系：客户的团队出现了严重本位主义，各自为政，很难达成一致意见。客户也可能缺乏为自己制定战略的技能。合理的上乘战略制定过程可能会步履维艰，因为根本的需求还没有得到确认，团队的统一问题还没有得到解决。实际上，咨询师可能会成为问题本身的一个部分，而不是解决方案的一个部分。

一个应该提出的恰到好处的问题是：是什么促使客户产生了雇请咨询师的需求？这个问题的答案可能就包含那些阻碍实施的障碍。

(3) 没有详细的计划或没有考虑相应的后果

在形成阶段，咨询人员花费了大量的时间去研究客户必须采取什么行动，而很少花费时间去研究如何采取行动。其原因在于：没有详细的计划或者没有考虑相应的后果。推荐方案的形成过程花费了90%的时间去研究问题，而只花费10%的时间去研究方式。而阻碍实施过程的障碍则是90%的方式（如何做）和10%的问题（做什么）。典型的情形是：界定所必须开展的行动花费了大量的时间，最后没有时间去研究行动的实施；相应的问题刚刚得到澄清，实施过程又开始了。然而，因为没有制定和协商出清晰的计划，没有把实施过程所可能产生的后果进行研究估计，所以实施过程很快就会徘徊不前。这样，行动规划（以及相应的细节）在推荐方案的形成和实施两个过程之间悄悄地被人遗忘了。到头来，推荐方案的形成过程是时间的浪费，推荐方案的实施则成了空想，所有参与的人都感到失望。

推荐方案的形成过程非常重要，不仅是这个过程的运作方式，而且还包括这个过程的内容。然而咨询师必须小心谨慎，如果太过注重分析和规划，就可能导致实施的瘫痪。因此，必须对形成过程中的各个因素进行权衡，以便降低实施过程的风险。

2. 变革的原因模糊

上面已经提到，在推荐方案的形成过程中，花费了大量的时间去研究必须执行的行动，这一点基本完成的时候，再去研究如何执行行动。然而，将要实施的变革可能会涉及那些没有参与形成过程的人。即便这些人参与了推荐方案的形成过程，但具体情形也可能是：推荐方案设计得很好，但是却没有对变革设定一个清晰的情境，这是一个通病。

另一个通病则是：为变革设定了一个清晰的情境，但是这种情境只对设定者有说服力，却并不能说服其他人。当人们询问为什么要实施变革的时候，不要期望他们把这样一个模糊的原因当做激励自己的因素："提升股东价值"。

精心设计的规划往往会详细地考虑不实施推荐方案所产生的后果。也就是说，用那种能够抓住实施过程涉及的人的感情方式，把实施所带来的利益以及不实施所招致的痛苦都清晰地表达出来。成功的实施（往往带来大规模的改善）之前常常是某种危机，这并不是某种巧合。

因此，一定要确保在实施开始之前设定了说服力强大的清晰的情境：能够吸引那些将参与变革的人的情绪，不但包括实施所带来的利益，而且包括不实施所招致的痛苦。完成这项工作的一个方式就是填写所谓的利益/痛苦矩阵，如图10-2所示。

在图10-2所示的四种情境中，只有一个区域蕴涵着成功，其他75%的情境都是失败的温床。因此，在这个具体区域中，失败的几率大于成功的几率。认真阅读这一部分中所列举的失败的原因，就会明白为什么实施并不是一个容易的过程，也就会明白为什么那么

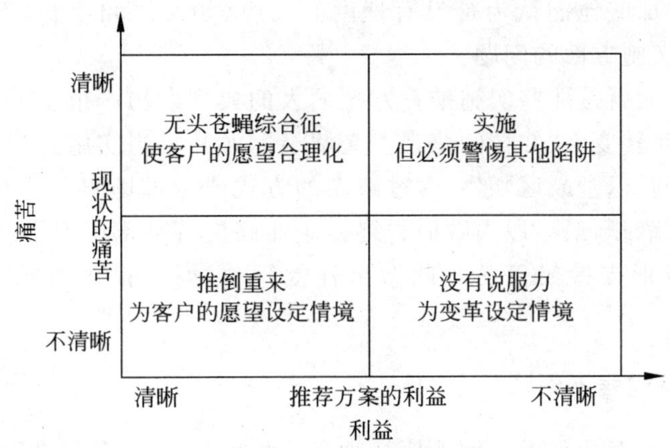

图 10-2 利益/痛苦矩阵

多的“变革”最后都失败了。

3. 没有正确理解其中的政治格局和权利后果

许多人都听说过“公司政治学”，在一些领域(尤其是那些专业从事设计/提供咨询意见的公司)能够“超越于政治冲突之外”，处于一种专业、公正的立场。对于一些公司内部的人来说，谈论这些问题常常具有很大的政治敏感性。所以，这些问题也就得不到解决，而且非常悲哀的是，这又常常是变革实施失败的原因。

公司政治问题最好在形成阶段得到解决，而不应该拖到实施阶段。解决这种问题的起点是初步估测一下，谁将成为“赢者”，谁将成为“败者”。对变革实施的抵制常常来自于这样一些人：他们认为如果实施变革方案，他们的利益将受到损害。如果不能确定这样一个人群，同时采取具体的计划来确保他们自己认识到的损失得到有效的管理和控制，使其朝积极方向发展，那么实施失败的风险就会提高。

在形成阶段，如果实施变革方案所涉及的关于人方面的后果没有得到充分的考虑，那么实施过程将会变得更加艰难。不要把这个问题看成是一个“安慰工程”，这不是一个善良与否的问题，而是一个有效与否的问题。

4. 忽略了变革的心理方面的因素

实施几乎无一例外地会意味着变革，这里简洁地概述两种对变革的反应，如果被忽略，就会导致实施的失败。

随着变革的推行，人们所做出的反应往往会从震惊到否认，到愤怒，到沮丧，最后到实现和接受。而其中实施变革方案的人所要做的就是：让它发生，而不是否认它。如果推行变革方案的人对那些他们认为是没有理由的反应(如否认和愤怒)不能做出自然的反应,就会产生很多实施方面的问题。

问题的另一方面就是那些实施推荐方案的人的典型经历。很多人的感觉会从"不知情的乐观主义情绪"转变到"知情的悲观主义情绪",尤其是当实施过程变得艰难的时候。之后,他们就进入到"退堂鼓区域":通过缺席的方式或走过场的方式开始逃避。实施的过程开始变得步履蹒跚,最后以失败而告终。企业高层管理部门对那些负责推进实施过程的人所提供的有形支持仅仅是对此做出补救行动,但是很多情况下,连补救行动都没有。

5. 有效的支持过程不到位

实施新的推荐方案几乎无一例外地会改变一些东西,要么是替换原来的,要么是为原来的提供补充。几乎在所有的情形下,不仅需要实施方面的诀窍,而且还需要新的技能和资源。通常情况下,因为重点是实施推荐方案,而忽略了上述问题。其中的一个典型问题是培训必要的新技能,而这点往往没有得到充分的注意。很多实施过程依赖于项目小组,而这些所谓的项目小组通常又是被草草拼凑起来的,然后"授权"他们进行变革,这种授权却是在没有给予恰当培训情况下的授权,如项目管理方面的培训。另一个通常被忽略的领域是群体动态学。实施的成功通常依赖于各小组的成功运作。然而,很多人几乎没有甚至完全没有得到这方面的培训。同样,当群体的动态变化阻碍实施过程的时候,实施过程本身也就会踌躇不前。

另外一个方面的因素就是适时控制必要的沟通和测量。在各个实施项目推出之后,通常没有策略体系:实施的进展如何,取得了什么成绩。目标也不具有 SMART 特性,即:具体性(Specific)、可测量性(Measurable)、可实现性(Achievable)、以结果为导向(Result-oriented)、有最后时间期限(Time deadline)。同时,时间、成本和质量之间的平衡也得不到管理和控制。因此,资源就得不到正确的配置,实施本身也会对企业的日常运作产生"漏球"影响,使实施进展陷入泥潭,最后也就偃旗息鼓了。

6. 缺乏灵活性

规划不足的另一面是拘泥于细节,以致从一开始就把灵活性排除了。缺乏灵活性也可能会导致实施失败。任何推荐方案都是一定假设基础上的预测。然而,制定详细的计划后,在实施过程中不管事先假定的是一个什么样的静态世界(这种详尽的计划就是建立在这个世界一成不变的假设基础之上),都严格遵守原计划。对实施来说显然不是一个明智的方法。实施计划所基于的很多假设迟早会发生变化。按照 20 世纪最后 10 年以及 21 世纪早期的变化速度(预计的情形)计算,假设的变化速度将会非常快。

成功的实施战略应该是可以调整的，缺乏灵活性将导致失败。虽然行动方案可能是固定的，但是行动的执行方式却应该有一定的灵活性。保证执行方式灵活性的一个方法就是在规划实施方案的时候，把规划做成权变规划或情境规划。这种做法将在规划中考虑相应的灵活性，就如同对实施过程采取灵活的思考方式一样。其中，后者比前者可能具有更重要的意义，因为许许多多的情境完全遵从现实情况。

7. 误把服从当归属或承诺

实施过程要得到坚持和遵从，参与实施的人就必须相信实施过程。这种信仰必须具有情感性，必须是建立在理性和逻辑的理解框架之上。换言之，实施过程中仅凭理智认同是不够的。实施过程要得到坚持和遵从，还必须获得情感信仰，没有情感信仰，人们很难做出承诺。那些认同但不相信的人常常会服从，但是随着时间的推移，人们的服从却未必会形成归属/承诺，因此实施过程也得不到坚持和遵从。在一个雇佣特色非常浓的组织中，人们的服从甚至是建立在害怕的基础上而不是认同的基础上。随着实施过程的展开，并不是很多组织都能够获得归属/承诺，因而变革也就得不到坚持和遵从，设想的结果也实现不了。

实施过程要取得成功，不但要能够获得理智，基于理智的认同，而且还要能够获得情感和牢靠的归属/承诺。推荐方案设计得越健全、越有逻辑性，获得理智认同的机会就越大。"为什么"和"如何"方面的工作做得越到位、越彻底，赢得信仰的机会就越大。二者缺一都会形成危险的情形，如图 10-3 所示。

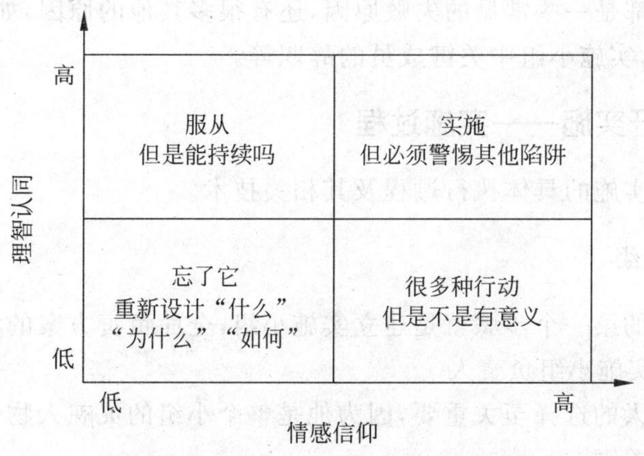

图 10-3 信仰和归属的平衡

8. 变革同文化与性格不匹配

每一个组织都有自己独特的文化，有很多不同的方式用来界定和描述文化及个人性格。这里把文化和性格联系起来的原因是：一个组织中的各种性格将影响组织文化的形成。在实施推荐方案的时候，常常会因为公司的文化因素没有得到考虑而导致失败。

例如，在一个具有企业家创新精神的分权化销售队伍中实施一个非常系统的流程，如果其中的部分流程不留出试验的空间，那就不太可能成功。实施方式必须认同当前的文化，而不能否认当前的文化。

另一个例子：一个非常愿意授权的管理主管(他是组织的新成员)，对下面的情形就会感到非常沮丧。他必须推行的变革，会让人们承担更多的责任，而这个组织又是一个自上而下的集权体制。在这样一个组织中，人们往往不太愿意那么快地承担责任，因此变革必须充分考虑文化方面的因素，采取渐变的方式。

变革方案的实施都是人来推动的，都是人来实现的。实施者所拥有的能够描述文化和性格的工具和技术越多，在实施的时候，装备就越精良。这些工具和技术能够使实施者深入地洞察问题，从而使实施者能够更加清楚地认识到组织中通常被人们所忽略却又对成功至关重要的各种微妙之处。

一旦实施过程失败了，其原因通常不仅仅是上述因素中的一个，而常常是几个因素的组合。对那些想成为实施大师的人来说，其中的秘诀就是对所发生的一切保持警觉，以便能够更加敏锐地洞悉其中的陷阱。

上面所陈述的都是一些常见的失败原因，还有很多其他的原因，如自然灾害中断了精心设计的实施计划，实施小组中关键成员的辞职等。

10.2.2 展开实施——实施过程

下面详细分析实施的具体执行过程及其相关技术。

1. 建立实施小组

方案实施阶段的第一个步骤就是建立实施小组，全面负责方案的实施工作。

(1) 确定方案实施小组负责人

实施小组负责人的选择至关重要，因为他是整个小组的灵魂人物，是带领小组成员共同推动方案实施的关键。

因此，小组负责人的选择一定要慎重。合格的小组负责人应该具备以下素质：

① 全面的知识和丰富的工作经验；

② 极强的领导能力；

③ 良好的沟通协调能力；

④ 极强的责任心；

⑤ 快速的应变能力；

⑥ 健康的身体、较强的忍耐力和适应环境的能力；

⑦ 打破僵局、化解危机的幽默感。

此外，当实施小组的规模比较小时，小组负责人可以只由一个人担任，但当实施小组的规模比较大时，可以成立实施小组的领导小组。领导小组的成员由实施小组中能力强、人际关系比较好的人构成，这样就可以利用群体智慧的力量，领导整个实施小组有效地解决问题。

(2) 选择方案小组成员

在选择小组成员时，要注意成员在知识背景、性格、能力和经验方面的互补性，这样才能在团队尽量小的同时又拥有全面、合理的人员能力结构。

同时，小组成员也要具备团队合作精神、责任感、进取心、丰富的专业知识和工作经验、极强的学习能力以及助人为乐的精神等。

选择了小组负责人和成员后，要使他们明确企业的现状、变革方案的目标、各自担当的角色、变革的整个流程以及时间安排。然后通过在工作当中不断地磨合、相互了解，最终能够在小组负责人的领导下，团结一致推进方案的实施。

(3) 建立实施小组的注意事项

实施小组的成员应该以客户为主，以咨询公司的人员为辅。因为，企业问题的解决最终要靠企业自身成员的共同努力，咨询公司只能扮演一个辅助者的角色，指导企业完成方案的实施。因此，咨询公司和企业要明确各自的角色，扮演好各自的角色，成功解决企业的问题。

2. 拟订实施计划

拟订实施计划是实施小组成立后的第一个任务，也是比较关键的一个任务。在这一阶段，可以由领导小组或实施小组负责人制定实施计划纲要，然后由实施小组成员共同制定实施计划。

实施计划通常包括以下几个部分：

(1) 行动日常安排。

(2) 实施计划要达到的总体目标和总目标分解后的分阶段目标。

(3) 每个成员担任的角色、工作范围、个人需要达到的目标。

(4) 明确每个成员的责任、权利和义务。

(5) 相关部门应该协助的事项。

(6) 出现紧急情况时的应急措施。

实施计划制定好之后,应该向全体成员正式公布。

3. 前期宣传工作

制定好实施计划之后,要做好实施前的宣传工作。前期宣传工作之所以重要,是因为:

(1) 消除变革阻力

实施改进方案对于组织来讲是一种变革,这种变革由于涉及相关人员的既得利益,没有预见到未来的趋势,组织的惯性及惰性以及对变革人员存在偏见等原因,常常会带来很大的阻力。开展前期宣传工作可以把变革的好处、企业未来发展的广阔前景展示给大家,因此,有利于消除变革的阻力。前期宣传可以采用召开实施动员大会的方式。

(2) 描述美好蓝图

前期宣传工作最重要的目的就是把企业的现状、为什么选择这个方案、方案实施所要达到的目标、方案实施的流程、实施结束后的绩效评定、奖惩机制以及方案实施后企业的发展前景等信息清楚地传递给全体成员,从而为全体成员描述一幅美好蓝图。不仅使全体成员了解整个方案实施的过程,还对全体成员形成一个强有力的激励,激励他们为企业将来更好的发展而齐心协力推动方案的实施。

(3) 到位的宣传工作能得到企业领导者的大力支持

变革方案的实施离不开企业领导者的大力支持,因此,前期宣传工作一定要把企业领导者包括在内,而且还要重点向企业领导者做好宣传工作,使他们了解变革方案的目的、流程和预期结果,以及将给企业带来的好处。这样可以得到企业领导者的大力支持和协助,从而推动方案顺利实施。

4. 咨询式培训

中国很多企业做不大是因为:第一,企业没有制定完备的游戏规则;第二,高层之间彼此达不成共识。所以在实施过程中如何帮助企业达成共识,应该说也是咨询界需要帮助企业解决的问题。

什么是咨询式培训?咨询式培训就是将咨询的技术和某些运作程序与培训相结合,以解决问题为导向,通过诊断、培训、牵引、发掘与实践辅导等步骤,全面发展企业内升力并实现企业问题的解决和业务发展的培训方法。

(1) 培训的类型一般来讲,包括

① 常规培训。仅局限于知识/技能获取和一定的思路启发与知识技能分享的需要,而达不到如何与企业的真实环境及实践相结合;解决问题的需要,即无法达到知识技能利用(解决问题)的层面。

② 咨询式培训。它的要点在于根据企业的实际情况，基于企业的现实，提出基于战略的渐进性系统解决方案之后，通过针对性的培训一步一步帮助企业达到能够自主操作的水平，走出困境。

(2) 咨询式培训的特点

① 聚焦基于战略的问题解决；

② 自始至终强调并坚持互动与参与；

③ 关注人的业务内升力(境界、能力、动力)；

④ 依据资源轻重缓急，确保实践效果；

⑤ 培训、交流/提炼、总结、实践步步为营。

(3) 咨询式培训步骤

① 解读与交流

企业发展与演变的必然逻辑是什么？促进成功的本质要素是什么？什么促使问题产生？

② 建立共识

讲解与交流：行业发展前景、行业竞争态势与竞争规则分析。

讲解与案例：解决问题可供选择的工具/方法以及边界条件，分析与展示成功标杆。

研讨：基于战略发展的问题解决需要共识。

③ 建立项目促进团队

- 团队成员(与推进小组交流)：最高层领导者或授权人；对解决现实问题承担责任的人。
- 要求。由于培训的结果最终要转化成企业能力、生产效果，所以(培训/研讨与会议)要求：提出能够表达目标的团队名称；建立明确的目标、游戏规则和推进计划；团队成员的正式承诺。

④ 提升境界(培训与辅导)

职业意识与创新思维培训：所有的问题在现有的逻辑框架下已不可能予以根本解决。必须启发思维、提高素质境界。

使大家站在整体、企业、组织而不是个人、小团体的角度看问题；使每个人成为企业上台阶的促进力量而不是消极个体。

员工生涯发展规划：借助生涯发展规划等启发个体的事业与雄心。

⑤ 提炼思路(牵引/培训、交流、研讨)

聚焦与问题解决；通过基于战略发展的逻辑框架牵引，启发团队在流程的每个环节上充分讨论，把散落在各个时期、各个主题的好的做法推导出来，总结提炼、系统梳理、标准化，形成第一步方案。

⑥ 在现行框架内推动团队改善绩效

创造氛围：而今迈步从头越（领导与培训）。过去的一切由组织负责，未来的一切由大家创造。推动第一步方案的传播推广与实施（骨干交流）。

辅导/检查——强化实施的事实与业绩数据。

⑦ 启发团队系统思考并提出系统化的思路与方案

形式：总结与交流会；跨职能的研讨与交流。

培训师与领导者：基于战略的系统假设框架牵引。

⑧ 成果固化（培训/研讨、总结）

按系统假设的框架与逻辑总结、提炼团队的思想、观点与思路。

引导团队将所涉及的观点、思路、手段、方法落实到操作层，转化为发展策略、流程、制度、表单体系、目标责任体系、计划预算体系、考核激励体系、人力资源任用发展体系等。

10.2.3 实施的推进——实施辅助

下面将讨论如何避免掉入陷阱或者如何在出现陷阱的时候绕过它们。在实施辅助阶段，咨询公司要提供相关的支持信息，辅助客户企业实施变革方案。当出现意外情况时，咨询公司应该重新审视环境变化，对既定方案进行调整，并对客户企业的相关实施人员进行指导。

在这里将简要地概述一下比较常见的工具和技术。它们在主题方面往往存在着差异，但是它们都会实现下列目的中的一个或几个：

- 建立主人翁责任和归属承诺；
- 确保质量和权责；
- 保持柔性和适应能力；
- 鼓励学习和发展。

分别考察每一个领域，来研究能够实现这些目的的工具和技术。

1. 建立主人翁责任和归属承诺

主人翁责任和归属承诺是实施成功和持续的关键，没有主人翁责任和归属承诺，实施过程很快就会崩溃。也就是说，如果人们被剥夺了为正在进行的事情做出贡献的权利，也就不要期望他们拥有主人翁的责任和归属承诺。

有很多技术工具可以促进主人翁责任和归属承诺的建立，其中包括：

(1) 沟通战略

沟通对实施的成功起着关键的作用，然而几乎没有一个实施计划包括明显的沟通战略。那些有明显沟通战略的实施计划通常会比没有沟通战略的实施计划效果好。其中一

个常见的失误就是：很多人把沟通看成把有价值的东西“沟通”给了别人。例如，一个组织的管理团队中的成员往往希望传播他们的变革，但是却几乎没有分配时间来估测相应的反应，并倾听那些接受传播的人。沟通必须是一个双向过程才能有效，成功的实施计划应该包括一个双向沟通战略。这种战略应该包括各种各样的沟通方法和手段，而不是仅仅依靠一种方法。公开对话，让那些进行沟通的人参与到行动中来，都可以建立主人翁责任和归属承诺。因此，要想实施过程取得成功，就有必要对沟通做出计划。

(2) 研讨与促进

建立主人翁责任和归属承诺的一个常见的工具是研讨，每一次研讨都必须进行精心的规划，必须把预期的结构清晰地表达出来。举办座谈会是分享推荐方案的一个非常有用的方式，而且可以通过让参加的人员详细地讨论有关细节以及相应的结果来取得人们的理解。因此，一次成功的座谈会应该留出大量的时间来让参加的人提出和讨论新的观点。

主持座谈会的人可能希望传递一些信息，但是他们必须乐于并善于接受和修正参加人员提出的观点。

成功主持座谈会的一个关键技巧是促进和鼓励。促进和鼓励是一项关键的实施技能，那些想在实施咨询领域中争取卓越成绩的人必须接受促进和鼓励方面的培训，如图 10-4 所示。

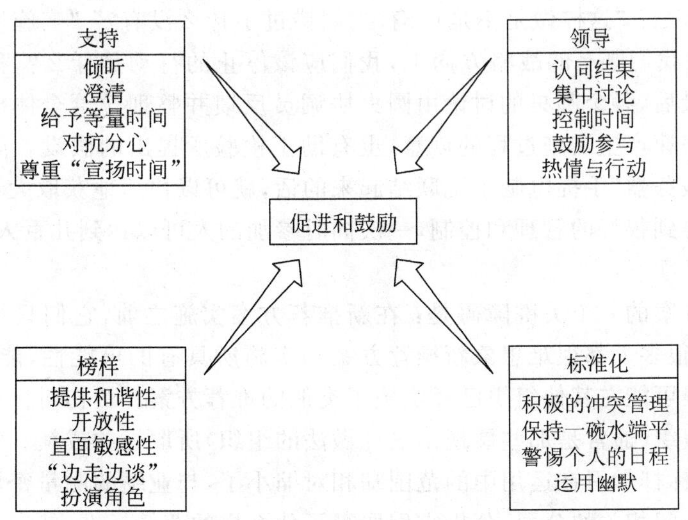

图 10-4　座谈会影响因素与克服

(3) 大规模介入技术

座谈会对人数相对比较少的情形比较有效，但是在人数很多(如多于 50 人)的情况下运用起来却有一定的难度。当然,还是存在大规模群体下的座谈会类型的介入的。大规模技术介入有三个很好的例子:开放空间技术工具,未来调查技术,圆桌技术。

在开放空间技术下,参与议程方案的是个人。首先做一次演示说明,提出主要的论题供大家讨论,然后每个人可以任意组成讨论小组。每个小组都有一个记录员,记录小组的讨论。记录员把记录递送给中心小组,由中心小组整理整个团队的讨论细节。中心小组全体成员的讨论常常会认同一些关键的行动。

由于能够让大量的人员参加讨论,所以这种技术非常有效,不过自由讨论可能会在某种程度上遮盖核心话题。

未来调查是一个稍微集中和控制的过程。这个过程需要做"整个系统"的演示说明,从而,如果某家公司要进行未来调查,那么在做相应的演示说明时,就必须让所有关键群体代表参加。如:职员、管理者、供应商、客户、社区、股东。一次未来调查所需要的时间往往会持续三天,在这三天时间内,每一个参与者都认真地回顾过去、研究现在、展望未来,从而为变革建立主人翁责任、归属承诺以及一致认同。

圆桌技术的重点是让人们参与到对话中来。这种技术的运用,通常是在开始让那些想要传达推荐方案、战略远景或变革必要性方面信息的人做演示说明。演示说明比较简短,听众围坐圆桌的周围,倾听演讲者的演示说明。每一个圆桌都有三个关键问题,这三个关键问题通常是:"这样做是不是正确,我们错过了什么没有?""实施所面临的关键障碍是什么?""在我们既有的战略方向上,我们应该停止的行动是什么?我们应该开始的行动是什么?"最后,各个圆桌的讨论由圆桌协调员反馈并整理送给全体出席的会员。这种技术有助于快速产生实施过程的创意,也有助于检验所提出的假设。如果各个圆桌通过一个"客户/服务器"手提电脑系统联结起来的话,就可以快速地获取大量的数据。如果这个过程能够得到很好的管理和控制,一次同时参加的人可以达到几百人。

(4) 标杆学习

实施推荐方案的一个关键障碍是:在新推荐方案实施之前,它们只是一种假定。换言之,组织中的很多人都很难想象新推荐方案的实施所具有的可能性,能够带来的利益。然而,事实上,很可能在其他组织已经实施了类似的推荐方案。最初对标杆学习的运用是为了研究其他组织(通常是那些展现出最优做法的组织)所取得的成绩。在成为一种常见管理工具之后,标杆学习在运用中的范围却相对缩小了,与业绩的测量密切相关。它的应用通常会涉及访问相关的公司,分析它们取得了什么样的业绩标准,然后用这些业绩标准来作为自己业绩的"标杆"。不过这种访问所提供的价值不仅仅是获得相应的业绩标准:它们不仅能够使组织知道可能实现的东西,而且还知道如何去实现。

咨询师可能很难说服组织相信可能实现的东西,但访问已经实现了相似推荐方案的公司可以作为一个非常强大的手段来帮助客户树立信心,确立承诺。把组织的管理者带到另一家公司去亲身感受那些可能实现的东西,去感受实现的途径,能够确立管理者的归属承诺。而且,通过这种方式建立起来的归属承诺往往比建立在对咨询师的理智认同基础上的归属承诺要持久得多。在标杆学习技术下,访问成功的关键是:咨询师必须非常清晰地确定要在访问中寻找答案的问题是什么。

(5) 不但重视硬的理性,而且重视价值观和软的问题

在全力建立主人翁责任和归属承诺的过程中,咨询师的绝大多数努力都是建立在理性和逻辑的基础上。因此,在座谈会和标杆学习访问所建立起来的基础上,逻辑的出发点应该是事实。但是,这种逻辑却不能拓展到其他"软"技术上去。在已经认识到一些必要的行为方式有助于实施过程实现的前提下,价值观的运用往往会有助于建立主人翁责任和归属承诺。行为方式的基础是价值观和态度。如果新推荐方案同组织努力实现的价值观紧密联系起来,它们的实施也就会变得更加容易。

然而,通常的情况却是:组织所渴望的价值观同实际存在的价值观存在出入。例如,质量和灵活性可能非常必要,但是,如果组织不能忍受现实中存在的错误,但试图改变现状的决策所依赖的仍是级别和权力,那么这种必要的质量和灵活性也就不太可能存在。当前价值观的确认/确定将有助于参与实施过程的人员分析推荐方案的匹配性。如果推荐方案同当前的价值观不匹配,但是同组织所渴望的价值观相匹配,那么就应该在实施推荐方案的同时实施相应的价值观,这样将有助于把推荐方案与价值观体系在更加具体的层次上联系起来。

(6) 内部焦点小组

自发性"对角切"焦点小组技术也是另一种建立主人翁责任和归属承诺的常见方法。"对角切"的意思是跨越层级结构和职能部门,抛开级别体系。

可以要求焦点小组研究和考察具体的实施问题,并且提出相应的推荐行动方案。促成这种小组的形成往往是一个非常清晰的服务交付(通常是为整个高层管理部门或全部职员所做的演示说明会),他们的讨论也往往有非常清晰的焦点问题。这种焦点小组能够使人们积极参与对问题的研究,而不是被动参与。同时,由于这些小组成员最接近问题本身,因此也就能够对实施问题形成实际的解决方案。焦点小组面临的一个最大的挑战是管理者必须让员工积极参与。对这一点的处理必须非常谨慎,如果处理得好,就会使组织中的人们学会管理自己的时间,学会采取最好的方式。

小结

所有这些用来建立主人翁责任和归属承诺的技术都有一个共同点:创造人们参与的机会。它们都试图建立一种创造的氛围,而不是一种消费的氛围。换言之,它们使人们能够在推荐方案的基础上进行创造和建设,而不是把推荐方案当做逝去的结论来消耗。其区别在于:一种是戏院风格的会议,高层经理苦口婆心地规诫职员做出承诺(消耗);另

一种则是交互式的研讨，能够相互对话，职员获得了一种发表自己观点的机会，职员的观点得到倾听，甚至得到董事会的采纳。

2. 确保质量和权责

对实施过程的管理必须保持一定程度的质量和透明度。目前，实现这种质量和透明度要求的常用技术工具有：

(1) 顺其自然与规划行动

推荐方案的实施大致可以分为两种类型：

- 顺其自然(Just Do It，JDI)；
- 规划行动("项目"，Projects)。

JDI 的情形是：推荐方案的实施不需要规划和协调。这种方式常常被称为"速赢"。同时，由于这种方式是成功和可信度的摇篮，所以往往能够在跨部门行动方案的实施过程中实现一些有价值的目的。在绝大多数推荐方案的实施过程中，都包括一些快速取得的成功，实施推动者应该发现、确认并利用这种快速取得的成功。然而，如果跨职能部门或更加复杂的推荐方案的实施过程是通过这种 JDI 的方式来实现的，质量就得不到保证，相应的权责也会变得模糊不清。如果出了差错，就难以确认责任归属：是谁干的，问题是什么，什么时候出现的，为什么会出现。对这种推荐方案最常见的实施方式就是通过项目的设定来实现。

大部分公司内部都会推行一些旨在改善内部运作的项目。其中，成功的秘诀就是要确保那些参与相应项目的人精通各种项目管理的技术工具。总体来说，成功的项目依赖于下面的一些关键因素。

① 角色和过程清晰明了。每一个项目都应该任命一个项目经理，负责项目的操作，管理/协调项目小组。在项目小组内部，每一项需要完成的工作都必须分配清楚，对每一个必须完成的工作都有一个清晰的期望。项目管理过程应该包括：定期的进度测量和报告，既有相应的评审又有相应的进度里程事件，也就是说，必须界定具体的日期所对应的预期行动/结果。

② 项目界定。一个项目应该有非常清晰的界定，包括具体的目标、成本与利益、完成产品、成功的测量标准、基本的假设。目标应该符合 SMART 原则，即具体性(Specific)、可测量性(Measurable)、可实现性(Achievable)、以结果为导向(Result-oriented)、有最后时间期限(Time deadline)。在项目开始之前就应该核算出相应的成本和利益，需要什么资源，在什么时候投入。完成产品应该是一些可见的东西，如：培训材料、演示说明文件、职员个人技能的提高等。成功的测量标准以及具体测量的过程都应该进行清晰的界定，从而确保能够实现计划中的利益。各种基本的假设也应该显性化并且得到监控(如果基

本假设改变了,实施本身的理论基础也应该做相应的变化)。例如:一个目标为“提高销售额”的项目就不符合SMART原则。项目所带来的利益是销售额的提高,但是项目的目标应该在措辞上具体说明应该采取什么样的行动和措施来实现销售额的提高。这种目标的一个实际例子可能是:“在第三季度之前建立一个训练有素的电话中心销售队伍。”

③ 关键路线行动计划。为了监控各项项目完成所必需的不同行动,往往有必要采用甘特图或PERT(Program Evaluation and Review Technique)图。完成相应项目所必须采取的行动必须得到规划:行动之间的相互依赖性,谁负责具体的行动,相应行动的完成所需要的时间。通过理解相应任务之间的逻辑过程以及持续的时间,项目经理就应该可以清晰地了解整个项目所需要的时间以及整个项目的关键路线。

④ 时间/成本/质量的管理和控制。在每一天工作结束的时候,任何一个项目都要进行时间、成本(包括资源)和质量的平衡。如果对项目所要实现的目标非常明确,时间/成本/质量方面的有关优先序列也清晰明了,那么项目成功的几率也就会很大。不管在项目计划中预算了多少时间,实际情形都可能发生意外。所以,项目成功的秘诀就是:对环境的变化时刻保持警觉,并且保持足够的灵活性,以便在环境发生变化的时候快速做出反应和调整。

在绝大多数情况下,很多人组成一个项目小组,负责实施某种东西。但是,他们却很少经过项目管理培训,许许多多实施项目的失败都是因为这一点。

(2) 变革小组

组建变革小组,协助管理各种跨职能部门的实施项目越来越普遍了。项目小组的重点是完成某个项目,而变革小组的角色通常不具有项目小组的这种焦点性,常常被用来协助管理公司内各种行动方案/项目的执行和运作。变革小组通常向最高层汇报,能够代表最高层协助整个公司内的实施过程。变革小组有着特别的意义,一旦实施过程进入艰难时期,项目变革小组中的成员就可以作为人才储备来协助实施过程的进展。变革小组的意义还表现在:它可以作为一种职业发展机会,因为它往往能够扩展相关成员的视野。如果一个组织需要跨过职能部门边界实施很多项目,那么变革小组(负责协作实施)的存在将大大提高成功的几率。这种小组有助于保证质量和强化权责。

(3) 沟通策略

清晰的沟通策略有助于建立主人翁责任和归属承诺。沟通对质量和权责的保证也有着非常重要的意义。有很多技术工具有助于实现这一点,对进度进行定期清晰的更新能够建立自豪感和成就感。同样,把那些在项目运作过程中实现了相应目的的人的名字提出来也有助于建立自豪感和成就感。最好避免浮夸,要真实反映进度。缺乏质量和权责的原因往往是实施过程中的实际进展缺乏透明度和清晰度,现有的沟通技术很多,我们应该充分利用现有的沟通媒体，必要的时候应该采纳新的沟通媒体。

如果同时推出了很多实施行动，设置“指战室”可能会有助于沟通，保证透明度。指战室的运用需要把进行中的行动和任务用概览图的形式张贴在墙板上，让每一个人都知道谁在做什么，对他们的期望是什么。沟通的透明度越大，缺乏权责的危险就越小。其中，需要咨询师运用自己的常识判断，如果某些项目具有特别的机密性和敏感性，那么它们的有关进度信息应该受到限制。

另一个技术工具就是给每一个实施行动一个明确的名字和识别码。这样做往往能够帮助人们确认：现在进行的是什么，参与的人包括谁，预期能够实现的是什么。如果实施过程的进行是不透明的，那么就不要期望有多大的权责清晰程度。

其他的一些沟通策略包括：在高层执行经理、职员与那些负责执行的人之间召开定期的面对面会议。这种会议应该开诚布公，让人们有机会充分发表意见。应该对事态的进展以及使人泄气的原因进行开诚布公的沟通。应该清楚：抵制开诚布公的沟通，其原因往往是因为人们害怕公开的权责，情愿提供低质量的工作或结果，以求生活的平静。沟通越公开，权责的透明度就会越高，因而成功的几率也就越高。

(4) 测量技术工具：从软的技术到硬的技术

管理咨询活动中的测量技术工具俯拾即是，但是其中的很多技术工具都集中在明显的硬性问题上，如财务、生产或后勤/物流。实施过程也包括一些硬测量指标，通常涉及任务的最后期限、进度里程碑绩效以及实施预算等。

然而，仅仅测量这些因素是不够的，实施的成功与否往往还取决于一些软因素。这些软因素包括：那些参与变革实施的人在多大程度上感觉得到了支持？组织中对变革抵制的人有多少？程度有多深？人们的感觉如何？人们的态度如何？测量这些因素并不容易，但还是能实现的。其中的技术层面相对容易一些：采用分级评分制度和问卷调查能够将这些问题很快转化成数字。例如表10-7所示的方法(采用分级评分制度向项目经理提问)就可以用来提供很多其他类似的无形因素。

表10-7　将软因素转化成硬因素的一个实例

对您正全力支持的行动，您在多大程度上感到您能得到高层管理部门的支持？									
根本没有支持		几乎没有支持		有一些支持		基本上支持		完全支持	
1	2	3	4	5	6	7	8	9	10

这种定量方法的一个关键问题是：它所测量的是人的认知，而未必是事实。然而，很多阻碍实施过程的是认知方面的问题。而且，实施小组还必须测量出相应的认知因素来保证进度的质量和参与人员的权责。这种定量方法可以用定性方法来支持，如建立一个

促动小组。关键的问题是：如何进行测量？采取多大的测量频率？更为重要的是，如何处理收集的数据？如果没有反馈环或后续的相应行动，那么测量就会完全没有意义。由于所测量的参与变革实施的人其认知本身也存在一些问题，因此必须采取相应的后续行动——从积极和支持的角度，而不是从损坏和否认的角度。没有测量，质量和权责是很难实现的。

小结

保证质量和权责取决于实施过程的精心规划。因此，对实施过程的规划仅仅考虑"什么"方面的问题是不够的，还必须考虑"如何"方面的问题。

3. 保持柔性和适应能力

如果实施过程不能按照计划（而且绝大多数情形会是这样）进行，那么有三种选择来推动事态的进展：

(1) 无为而治

首先，分析事态发展偏离计划的原因。如果问题并不大，应该考虑另外一个选择机会：无为而治。虽然这种方法同英国（盎格鲁-撒克逊）的管理风格格格不入，但问题在可以得到自行解决的情况下，应该节省精力、时间和金钱来解决可能出现的更大的问题。

(2) 改变方式

可以从三个方面着手：时间、成本、质量。时间问题可以在关键路线模型中进行研究，不过，可能不允许有拖延。下一种可能性就是投入更多的资源（人或钱），从而增加额外的成本。最后，只能拿质量开刀：不是100%的解决方案，而或许是80%的解决方案。要实现100%的解决方案，按照帕累托原则，另外的20%可能需要80%的努力，这样值吗？如果所说的质量是相关人的生活质量（而实际又常常是这样的），就需要问这样的问题：人们为什么要竭尽全力去实现一个根本就不现实的计划？计划实施所带来的痛苦真的那么大吗？其中的危险在于：实施所带来的痛苦比维持现状所产生的痛苦与成功的利益之和还要大。在这种情形下，实施过程就会徘徊不前，甚至彻底失败。

(3) 改变期望

最后一个选择就是认真考察现在正在实施的是不是实际真正所需要的。愿望可能是世界上最美好的，但关键是假设所面临的客观因素可能会使实施计划的最初形式完全没有意义。最初做出这种决策时所面临的就是一件艰难而勇敢的事情。然而，一旦做出决策，通常所选择的就是最优。在规划阶段采用情境规划模式常常能够帮助决策，因为可以进行模拟，即如果关键的假设是错误的或者发生了变化，那将出现什么情形。

小结

在考虑上述的任何一种选择之前，最好对当前的事态进展有自己的真正感受。具有透明性的定期测量大有帮助，用耳去倾听，用心去理解，也非常有帮助。在评价各种选择之前，应该首先去理解，然后才去判断。咨询师在促成这种理解的过程中扮演着非常重要的角色，抛弃那些参与者的自然倾向，让他们发泄自己的感情。

4. 鼓励学习和发展

至此，已经讨论了实施过程及其与形成过程的相互关系，并且考查了它们之间应该如何联系起来。同时，还考查了实施过程本身：实施过程的陷阱以及各种有助于实施过程成功的技术工具。不过，对实施过程而言，还有另外一个因素需要考虑，即学习。对当今和未来的组织来说，学习都是至关重要的。推荐方案的实施过程所提供的机会就是：帮助培育一种学习的文化，一种探索（学习的必要条件）的文化。这一点，可以通过下面四种方式得以实现和提高：

（1）团队学习

各个实施项目中所涉及的工作通常是由小组来执行的。这种小组成员通常来自于组织的各个不同部门，在他们各自的日常工作中可能并没有什么一起工作的机会。这样，他们就获得一种向组织其他领域学习的机会。他们所运用的技能同平时所运用的技能完全不同，这种情形也有助于提高学习。在实施过程完成实施小组得以解散之后，组织就可以获得那种在实施小组所得到的学识。这样就可以使未来的实施小组在这些学识的基础上成长起来，避免今后出现同样的失误。

（2）建立学术机构

很多大型的实施项目往往需要大量的新技能。建立组织的一个学术机构将有助于改善这个过程。新改进行动的实施可以同发生在这种学术机构中的学习活动联系起来。在这种情形下，实施过程和学习过程之间的界限就模糊了，变成了一个活动，或者更准确地说，整个系列中的不同活动都通过一个主题而联系起来了。在这种类型的组织中，实施过程变成了生活之道，而不是作为一种推进推荐方案的活动。

（3）建立JIT(Just In Time)培训

在很多情形下，建立学术机构并没有多大的意义。相反，培训却常常能够提升实施过程的质量。其中，建立JIT培训是实现这一点的有效方式。例如，如果实施小组需要项目管理方面的培训，除了对小组成员进行一般性的项目管理的教程培训之外，一个比较有效的方式可能就是在他们制定相应项目的计划时，进行项目管理方面的培训。把培训运用到实施任务的实施过程中去，这样不但可以提高实施过程的质量，而且还可以提高学习本身的质量。

（4）对失败的态度

在“保持柔性和适应能力”部分已经讨论过，很多实施计划都没有在现实生活中得以

生存下去。很多人都会把它看成是一种失败，而且被牵涉的人也会受到伤害。然而，这种态度往往形成一种紧张气氛，使人不太愿意承担风险，这样就会使实施过程变得平庸，导致有效性不高，甚至具有毁灭性。同样，参与变革实施的人可能会因为不具备成功所必需的技能，缺乏相应的能力而导致实施过程失败。

如果实施过程同学习过程联系起来，失败就会得到快速确认，而不会让它产生破坏。在这种情况下，失败被当作一个学习、提高和调整的机会。个人方面的失败就可能会获取人们的教导，而不是人们的谴责。不过，个人方面的失败一而再，再而三，那就表明此人的能力同他们所扮演的角色是不相匹配的，应该转移到一个更加合适的位置上去。

很多实施过程的失败都是因为：在失败出现的时候，人们常常忽略它，而让相应的形势拖延下去，以致到最后，所有的努力都付诸东流。不过，如果失败能够在早期得到积极的控制，把它作为一种学习、调整和提高的机会，那么相应的实施行动就会具有更大的灵活性，从而更加容易取得成功。

小结

把实施过程同学习过程联系起来是一种非常有用的技术工具，有助于避免实施行动通常会遇到的典型陷阱。这种工具确实需要做出一定的努力，但是一旦能够真正做到这一点，给组织带来的利益就不仅仅是实施过程本身所带来的利益了。

10.2.4　咨询师的检验单

在实施领域中，几乎没有什么灵丹妙药和速成秘籍，所以下面的一个检验单可作为咨询师进行调查时的一个起点，而不是设计一个固定不变的清单。如果在这个清单的问题上得了高分，就注定会成功。

(1) 推荐方案的实施在多大程度上是建立在理性的、经过深入研究和分析的客观事实的基础上的？

(2) 参与实施过程的人是不是一致认同和相信相应的推荐方案就是正确的方案？

(3) 客户的基本需求在多大程度上得到了满足？推荐方案为什么得以形成？

(4) 实施计划的详细程度如何？

(5) 那些对实施起着关键作用的因素有多少在最初的形成阶段已经得到考虑和解决？

(6) 是不是已经清晰地确认了现状所产生的痛苦？

(7) 实施将产生的利益是不是得到了清晰的确认？

(8) 痛苦和利益是不是从个人的角度进行过考虑(与其用“降低份额/降低价格”还不如用“失业”)？

(9) 是不是已经确认出了那些将遭受损失的人？有没有什么计划可以帮助他们？

(10) 有没有一个清晰一致的沟通计划,并且包含各种具体的方法?

(11) 是不是已经考虑了实施的各种备选方案,并且已经排出了清晰的优先序列?

(12) 实施过程计划中是不是包括建立主人翁责任和归属承诺的成分?

(13) 有没有清晰的权责概念?

(14) 那些参与实施过程的人是不是拥有相应的技能(如项目管理)?

(15) 如果建立了实施项目,那么是不是有质量项目计划:界定清晰、关键路线明确、最终产品清楚?

(16) 有没有透明、定期的进度和结果测量过程?

(17) 对进度测量之后,有没有相应的后续活动?

(18) 最初的推荐方案所基于的假设是不是经常变化?

(19) 那些参与实施过程的人所获得的学识是不是沉淀下来供组织中的其他人学习?

(20) 那些为实施提供支持的人是不是拥有相应的技能和经验?

这些问题可以按照答案进行打分,也可以作为讨论的基础,但是,一定要记住:这是起航,不是返航!

10.3 咨询实施评价的必要性

在过去的35年中,咨询行业取得了非常巨大的成功,它的成长速度超过了很多其他行业。绝大多数估测表明,咨询行业预计每年增长了15%～20%,不管是组织重组、系统实施、培训职员、变革操作流程、并购新公司,还是推出新的产品和服务,客户企业都会聘请咨询顾问在各个方面提供帮助和支持。各个公司都热衷于请咨询顾问提供外部观点和看法,希望他们能够提供改善公司业务的相应解决方案。不幸的是,客户往往非常失望,因为咨询师提供的产品和服务不能实现预期结果,使客户和咨询顾问对咨询项目所带来的结果都很沮丧。

有些情况是咨询项目虽然完美地做成了,咨询师提出了建议方案,主要客户(首席执行官)也很满意,但是咨询项目并没有真正实现它应该实现的结果。更为重要的是,没有实现它本来能够实现的结果。其中的问题在于整个过程的脱节,它应该是一个从咨询介入到最终实现结果的完整过程。

罗伯特·谢弗(Robert Schaffer)在他的著作《高实效的咨询》(*High Impact Consulting*)中提到:

> 绝大多数管理咨询顾问所追随的咨询模型在本质上都是有悖于成功原则的。全球各地的外部咨询顾问和内部咨询顾问都在遵循这种咨询范式:不必要的劳动密集、周期长、投资回报率低。套入这种本质上无效的运作模式的不仅包括咨询顾问,而且包括咨询客

户。在这种传统的咨询模型中，有一个非常清晰的界限把咨询顾问和客户分成了两个方面：咨询专家承担的责任是创造最佳的可能解决方案和手段，客户承担的责任是充分利用这些解决方案和工具来改善组织的绩效。然而，在绝大多数情形下，客户没有或者不能按照能够实现重大改进的方式实施咨询顾问设计的解决方案。

除了存在咨询解决方案实施与支持方面的问题之外，整个过程还存在下列问题：缺乏全面彻底的界定，缺乏对具体目标的聚焦，缺乏对实现结果的重视。虽然很多咨询项目确实产生了一定的结果，但还是没有产生重大结果，而且更多的情形是根本没有产生结果。另一方面，如果咨询项目偏离方向，往往可能带来下列五种后果：

1. 资源浪费

其中最大的后果可能就是投入咨询项目的资金。咨询项目的代价通常都非常昂贵；大型组织中，咨询项目的资金投入都耗费巨大，而且常常会没有明确责任的增长。实际上，这些资金可以用于其他更加有价值的项目，并且同样能够解决咨询项目所能解决的问题。

2. 时间浪费

咨询师侵占客户员工的宝贵时间，在咨询项目的运作过程中，往往会有几十个甚至几百个员工为咨询师工作，为咨询师提供信息。出现这种情况的假设是：客户现有员工提供信息的代价是最小的。同时，客户员工常常知道寻找信息的渠道以及对信息的解释。如果咨询介入偏离了方向，并没有创造什么结果，那么所有这些都成了客户内部时间的巨大浪费——本来可以用来投入到能够产生利润的重要活动中去。

3. 客户员工士气低沉

咨询项目对客户员工所产生的影响与时间的浪费有着非常直接的关系。很多客户员工都认为咨询顾问是从他们那里收集信息，然后把他们的建议传给经理人员。他们认为对咨询顾问所做出的贡献是非常小的。总而言之，他们对咨询顾问的看法也就是斯科特·亚当斯(Scott Adams)的连环画《迪尔伯特原则》中的角色。这并不奇怪，亚当斯指出，是他自己在这方面的亲身经历使他能够对咨询顾问作一些卡通式的描绘。

4. 有害的建议

如果咨询师提出的建议是错误的，它就会酿成毁灭性的后果。如果错误地实施了某种体制或错误地推出了某一产品系列，企业就会遭受不可挽回的损失。虽然这种结果并不司空见惯，但是它们出现的频率却足以让我们警惕。在有些时候，错误的建议所带来的毁灭性可能会使公司走向破产。而在另一些时候，错误的建议会降低公司的销售额或利润。不幸的是，常常可以在相关商业出版物中读到这样的文章，即客户企业如何把咨询顾问诉诸法律或要求咨询顾问承担错误建议的法律责任。

5. 职业生涯受损

人们认为咨询项目往往会使客户企业中那些提出或支持相应错误咨询项目的人在职业生涯方面受到损失。如果客户公司在咨询项目上的资金投入失误或者所收到的成效很小，那么相应的执行经理人员就会失去他们在公司里的信誉甚至在公司中的工作。在一些政治气氛很浓的环境下，那些反对咨询引入的人常常也会承受职业生涯方面的焦虑。聘请咨询顾问常常是客户企业的一种政治活动。

如果采取适当的措施让咨询顾问自始至终都把责任承担起来，那么就可以避免出现很多没有效果的咨询引入。

由此，可以看到进行咨询实施评价的必要性。多年以来，各种咨询活动、咨询流程和咨询进程控制都一直聚焦在活动本身或咨询投入上，即认为咨询项目的成功来自于对咨询过程的投入而不是咨询过程的结果。不过，这种形势正在变化，现在各种咨询引入和咨询过程开始把咨询结果作为基础。表 10-8 表明了从以活动为基础的咨询到以结果为基础的咨询的转变。

表 10-8　从以活动为基础的咨询到以结果为基础的咨询的转变

以活动为基础的咨询	以结果为基础的咨询
1. 对咨询引入没有商业需求	1. 咨询引入直接同具体的商业需求联系起来
2. 对绩效问题没有评估	2. 要对咨询项目的绩效和有效性进行测量
3. 对咨询建议的实施和在商业上所产生的影响没有具体的、可测量的目标	3. 对咨询建议的实施和在商业上所产生的影响有具体的目标
4. 并没有努力让利益相关者/参与者来为结果的实现做出贡献	4. 相应的结果/期望会与利益相关者/参与者进行沟通
5. 并没有努力创造一种相应的工作环境来实现相应的咨询建议	5. 创造了相应的环境支持咨询建议的实施
6. 并没有努力同关键的管理者建立合作伙伴关系	6. 与关键的管理者和客户建立了合作伙伴关系
7. 并没有对结果进行评估/并没有进行成本-收益分析	7. 要对结果进行评估/进行成本-收益分析
8. 对咨询引入所做的计划和报告主要集中在投入	8. 对咨询引入所做的计划和报告主要集中在结果上

咨询引入应该同具体的商业需求联系起来，这种具体的商业需求应该是对商业本身有着重大影响的可测量影响的变量。这种联系是全面分析的一个有机构成部分，包括：

- 不断对绩效问题和有效性进行评估，从而确定改善商业影响需求的具体原因或抑制因素。
- 不仅要建立学习需求方面的具体目标，而且要为咨询解决方案的实际实施和相应的商业影响建立具体的目标。
- 对咨询引入的预期结果，要广泛地与各个方面进行沟通，尤其是咨询引入的利益相关者与咨询引入的直接参与者。这样有助于让利益相关者切实把具体的、可测量的目标和结果牢记心中。
- 全面深入地创造一种环境来支持咨询解决方案的实施，因为咨询解决方案的实施是咨询引入成功的关键。
- 与关键的管理者和客户建立合作伙伴关系，从而赢得他们对整个过程的支持。这有助于确保他们提供资源和承担义务，使咨询项目走向成功。
- 对结果进行测量，其中包括成本-收益分析：揭示咨询项目的实际回报。
- 对咨询引入推行以结果为焦点的计划与汇报制度，说明咨询引入所能够取得的结果而不是说明需要或已经投入的资源。

咨询项目的评估中往往被人们忽略的一个重要问题，可能就是分离出咨询引入所产生的影响。在咨询引入的整个过程中，同样还存在其他因素和影响力量。其中，最重要的就是要把重点放在分离咨询引入影响的相应方法或分析工具上。至少应该引入一种方法，而且必须解决影响分离这个问题。否则，我们就无从真正知道咨询引入所产生的结果，而且影响研究的结果也就成为一种无效研究。

要全面地评价咨询项目的成功程度，必须从各个不同的资料来源、不同的时间阶段，不仅收集定性数据，而且收集定量数据。此处提出了两个类型的数据，分别是对每个咨询项目都必须收集相应数据的测量指标。其中，不仅有定量指标，而且有定性指标，如表10-9所示。

表10-9 管理咨询效果的六大测量指标

数据类型	说明
满意度/反应	测量与咨询引入直接相关的满意度和反应
学习	测量那些必须实施或支持相应过程的人在咨询引入过程中所学习到的知识与技能
实施/应用	测量咨询项目的成功度以及咨询解决方案的利用程度
业务影响	测量直接与咨询引入相关的业务影响
ROI	测量咨询引入所带来的收益与产生的成本之间的差额
无形效益	测量效益/成本公式未涵盖的重大无形收益

此外，因为客户要拨出咨询预算、为咨询项目立项、忍受咨询引入所产生的结果，因此

他们对咨询引入就有着非常浓厚的兴趣。这种兴趣主要表现在四个方面。第一，客户希望看到咨询项目实施产生的结果究竟能够带来什么变化。他们希望知道咨询顾问提出的建议方案的实施是否能够按时实现，是否能够得到相应的支持。这一点对咨询引入有着至关重要的意义。第二，客户希望知道整个过程能否会对业务单元产生影响。第三，客户希望知道相应咨询项目对公司来说是不是一次明智的投资。咨询引入带来的回报是不是合算？是不是大于咨询项目的成本？第四，咨询项目在关键的无形变量上是否能够实现突破？因为无形变量常常很难量化，但是对组织的成功却有着非常重要的意义。

客户一直对咨询引入成功程度的量化持怀疑态度。有时，咨询师可能会忽略其他一些影响或因素；没有充分计算相应的成本；或者高估了相应的收益，量化过程的建立因此遭到了很多怀疑甚至批评。虽然对投资回报(Return on Investment，ROI)的评估过程在后面的章节中进行了详尽地阐述，但是还是有必要从客户的角度来分析这种过程与方法的必要性。客户希望的过程或方法是能够产生量化结果的方法，他们希望这种方法简单明了、可信和有生命力。

相应计算和方法体系中的任何假设都应该能够反映参照体系，反映相应背景以及客户的理解水平。客户既不希望也不需要公式的罗列或复杂的模型。相反，他们希望得到某种方法过程，可以用来在必要情况下就其他方面做出解释。更为重要的是，他们希望这种方法过程能够让他们自己做出辨析和判断，具有足够的现实性，从而建立起客户的信心。

10.4 咨询实施的评价指标

10.4.1 度量客户反应与满意度

如果在一个咨询项目的整个过程中根本没有任何从参与者或者至少是客户那里得来的反馈信息，这将是很难想象的。客户的反馈是非常重要的，咨询师(团队)可以利用这些反馈信息清楚地了解整个咨询过程的运作情况，评价最终的咨询绩效。因为这个原因，每个咨询项目、方案通常都需要收集客户反馈信息。然而收集这类信息的益处不应仅仅在于了解客户满意与否，它还包含很多其他的重要问题。因此这类信息的收集就成为一项重要的工作。

在客户服务领域取得了革命性发展的今天，度量顾客的满意度十分重要。如果客户的满意度不能持续地提高，客户对咨询方案的反应也并不积极肯定，在这种情况下咨询公司将很难维持下去。有一点很重要，就是必须考虑到一个项目往往包括不同类型的客户。几乎每一个咨询项目中都包括三类客户。

第一类是直接参与项目的那些人，他们在项目实施过程中有自己的明确任务，也就是

通常所说的咨询参与者。这些人是主要的利益相关者,直接受到咨询活动的影响,他们经常不得不改变相应程序,或者对于咨询相关业务在工作上做出调整。另外,他们通常需要学习新的技能、接受新的任务、采取新的行动使咨询项目成功运作。这些参与者对于项目的成功至关重要,他们的反馈信息对于在说明或者实施项目的过程中做出必要的改进和调整决策都是十分重要的。

第二类客户处于整个咨询项目之外,没有直接参与咨询项目,但项目的开展也会在一定程度上影响其利益。这些人往往被称为支持者,他们关心项目的运作并且在某种程度上为其提供支持。他们对于项目"成功"或"可能成功"的理解也是十分重要的反馈信息,因为他们将来会影响到项目运作的很多方面。

第三类利益相关者也许是最重要的,即那些事实上为咨询项目支付报酬的客户群体。这些个人或者群体要求实施咨询项目、支持咨询方案、批准预算、分配资源,最终也是他们去享受或者承担咨询项目结果的成功或者失败。这个重要的群体必须得到完全的满足,否则按照今天咨询业的承诺,他们可以不必为咨询项目的开展掏自己的腰包。

客户的不同类型、他们的满意程度都必须及早确定(项目结束时仍需再次确定),同时也要按照具体情况做出必要的调整。总之,客户的满意度是项目成功与否的关键所在,为了保证咨询项目的成功,必须通过多种多样的途径、方法去努力获取上述信息。

数据收集的时机往往集中于与咨询活动相联系的一些特定事件。从方案运作之前的数据收集到项目的实施这一过程,任何特定的行为、执行中遇到的问题,或者重大的转折性事件都是收集数据的恰当时机。项目的时间选择计划依赖于很多因素,比如可支配的资源情况、直接从项目参与者那里获取反馈信息的需要、事件的重要性、整个项目中所安排的活动等。此外,必须做出的调整和变革也会影响时间进度。最后,在项目的运作过程中,由于必须获得相关方面的承诺和支持,并需要对这种承诺和支持进行衡量,所以,这一点也会成为确定实际时间安排的重要因素。

调查问卷可能是最常用的数据收集方式。调查问卷从短小的表格到详细的说明可以有不同的规格和多样形式。它们可以用来收集有关参与者态度的主观性数据,也同样适用于以后对咨询项目 ROI 分析数据的收集。由于这种方式功能齐全,应用广泛,如何设计问卷使其能够恰当、高效地满足多种目标,就显得极其重要。

在众多的调查问卷中,有一种特定类型的"态度调查",用来度量客户反应和满意度,以改善工作情况、政策实施、程序制定,甚至提高组织和团队的战斗力。咨询引入之前与之后的两次调查可以很好地反映出变化情况。有时,一些组织机构往往会采用这种调查方式来评价针对前述某个领域所提出的正确解决方案。然后,根据这个调查结果,就可以使咨询方案对一些需要改进的地方做出调整。

对满意度和反应的度量是一项十分复杂的任务,在这一过程中,态度状况非常关键。

事实上，要精确地度量一种态度是不可能的，因为所收集到的信息并不一定能够代表被调查者的真实感受。同时，一个人的行为方式、想法、感受等也不总是相互关联的。态度往往会随着时间的推移而发生变化，对态度形成的影响因素复杂众多。认识到对态度度量的以上这些特点，才有可能对个人态度做出合理的评估。

访谈也是一种有用的信息收集方式，尽管对它的运用并不如问卷广泛。访谈可以由咨询人员、客户或者第三方来进行。这种方式可以收集那些在成果记录中没有的，或者难以通过笔答和观察的方法收集的信息数据。并且，访谈也可以发现一些对于评估结果的交流有用的成功案例。咨询参与者们可能并不怎么乐意在问卷中描述一些东西，但他们在一个运用探查技巧的高水平访谈人员面前，可能会非常自愿地提供一些重要信息。访谈有很多功能，适合于度量客户反应和满意度以及取得应用数据，而最大的缺点就是耗费时间。同时，访谈往往还需要咨询活动或者访谈人员能够确保整个过程的一致性。

作为访谈的一个延伸，重点群体法特别有助于收集所需要的深层的反馈信息。重点群体法要求由一个经验丰富的调查员来组织和指导小组讨论。以此寻求关于既定问题或议题的定性判断。这就要求群体中的每个成员发表意见，个人的意见建立于群体意见基础之上。

与问卷、调查、访谈等方式相比，重点群体策略有几个优点。运用该方法的基本前提是：如果质的判断一般是主观的，那么几个人的判断总要优于一个人。一群人在一起互相启发是产生新的观点和假设的有效方法。这种方法成本低，计划与实施快。这种方法的灵活性使调查者有可能获得一些意想不到的结果。

尽早采取行动至关重要。要尽早洞察方案是否被接受，方案的有关人员是否关心方案的实施。这样可以确保对方案实施全过程的追踪，最终使咨询项目获得预期的成功。

主要的利益相关者——咨询活动的参与人员对于项目开展的整个过程极其重要。他们可以促成，也可以破坏任何一个项目，所以其反馈信息很重要。我们基本的原则就是要认真地倾听他们的意见和建议并做出反应。有时由于他们提供的信息中存在偏见，需要经过必要的过滤。重要的是，要倾听其反馈信息并做出恰当的反应。

10.4.2 学习情况的度量

对咨询活动中学习情况的度量看起来并没有太大的必要。毕竟如果咨询方案实施的结果能被度量，实际工作中所取得的进展也就得到了衡量。从根本上来说，当我们能够监控影响方案效果的变量时，项目的成功就水到渠成了。然而，有时候方案实施过程中的关键还在于评价客户学习的情况究竟达到怎样的层次，特别是那些存在重大的工作变动、程序调整，以及包含新工具、新步骤、新知识的项目中更是如此。对于一个咨询方案来说，其成功最重要的决定性因素可能是咨询活动参与者对他们的新工作、新步骤实际学到多少。

许多年来，一直困扰培训与发展活动的一个重要问题就是无法将咨询参与者拥有的知识转化为实际工作中的绩效。在许多情况下，所学到的东西经常无法应用于现实工作。咨询活动中的参与者可以参与多种学习活动，关键是要使这些知识能够作用于日常工作。然而，学习的收获需要尽早度量以便观察究竟取得了多大的进展，这样对于后续的知识转换问题才能够做出预期。在有些情况下，甚至可以促进知识转换的实现。

许多组织越来越关注知识、专业技术和能力的问题。许多大型的咨询项目在实施过程中，参与成员要运用前所未有的工具和技术，这本身就意味着参与成员专业技术的不断发展。随着人们对知识管理的持续关注，知识型员工了解、获取、消化吸收大量的信息，富有成效地运用它们，就十分重要了。强调员工学习知识、技能的重要性，使咨询活动在开展过程中对学习成效的度量变得相当关键。

在方案评估中，测试的运用对于学习状况的度量十分重要。项目实施前与项目实施后的对比测试是十分普遍的。通过对比，测试分数的提高说明了咨询活动参与者在技能、知识或者态度上的变化。

咨询项目中运用的测试类型有三种分类方式。第一种是以实施测试的工具为基础的划分方式。最普遍的是笔答或者键盘测试；还有绩效考察，运用模拟的工具或者实际的设备；计算机测试，运用电脑及视频设备。知识技能的测试通常运用笔答，因为绩效考查的设计和实施成本比较高。计算机测试及其他一些运用交互视频技术的测试正逐渐流行起来。在这类测试中，显示终端显示出问题或者情境，参与者可以通过键盘输入或者触摸屏幕的方式来回答。交互式视频技术测试的现实感很强。

第二种划分方式是以目的与内容为基础。这样，测试可分为能力测试和成就测试。前者是用来测试被测试者的基本技能以及已经拥有的工作和学习的能力；后者则是用来评估一个人在某一特定学科中的知识、能力。

第三种是以测试的设计为基础进行划分。最普遍的类型包括客观测试、规范参照性测试、标准参照性测试、论文测试、口试和绩效考核。客观测试的答案都基于项目的目标，是详细而准确的。这种测试并不能准确地度量出诸如态度、感受、创造力、解决问题的步骤等无形的能力。标准参照性测试是客观测试的一种更加有用的形式。口试与论文测试在咨询评估中的应用有限，它们可能在学术活动中更加有用。咨询活动中占多数的是标准参照性测试和绩效考核。

另一个度量学习成效的方法可以称为“工作模拟”，其中包括设计并实施一个程序或任务来模拟咨询活动中包含的工作。这种模拟要尽可能逼真地表现实际工作的情境。参与者要在模拟活动中试着表现自己，根据任务的完成情况对其活动进行评估。这种模拟测试的实施可以在咨询过程中期、过程末期或者后续评估期进行。

在许多情况下，完全可以仅运用一个非正式的调查活动来检验参与者所获得的技能知识或态度的变化。这种方法的运用一般以其他层次的评估存在为前提。毕竟资源是有限的,在各个层次上都进行十分综合复杂的评估是非常昂贵的。

有关学习情况的数据有多种用途,下面是几种最常见的。

(1) 反馈个人信息以树立信心。这种直接的反馈,可以进一步肯定那些正确的想法和解决方案。这也加强了咨询中的学习,为参与者提供了他们迫切需要的信息。

(2) 确保学习有所收获。有时,学习的范围、收获的程度是十分重要的。即便是非正式学习度量也能够说明一些问题。

(3) 提高咨询业务的素质。有关学习情况的信息最重要的用途可能就是提高咨询业务的自身素质。学习效果在某些方面持续的水平测量结果,可能会说明咨询活动在这个方面注意得不够。如果所有参与者的得分一直都很低,那么可能是咨询活动中的学习要求过于脱离实际或者方向错误。

(4) 评价咨询师。就像客户反应与满意度信息可以用来对咨询师做出评价一样,学习情况的度量信息也能够发挥类似的功能。咨询师有责任保证参与者获得新的知识与技能,测试正可以反映出知识技能的收获。

上述简要讨论了与学习情况的度量相关的几个问题,即使评估是非正式地进行的,也必须对学习情况进行度量,以确定咨询活动的参与者在多大程度上取得了新的知识、技能(工序、工具和程式)。如果不对学习情况进行度量,在方案的后期执行中出现问题就无法得知问题究竟出在哪里。同时,为了促进学习可以进行必要的变革。如果不是大型项目,度量的过程不一定要十分正式。一般来说,非正式的、非结构化的方法,甚至是自我评估的活动在对学习情况的度量中都是可行的。

10.4.3 度量实施与应用

度量知识技能的应用与实施是非常重要的,因为它对咨询项目总体的成功与失败起着关键性的作用。如果所学到的知识技能不能在工作中得以有效地应用,企业的运作就不可能有任何改善。也就是说,企业并没有从咨询活动中受益。

对知识技能的应用与实施的度量有多种方法,这些方法都要求丰富的数据资料。本节重点介绍几种常用的对咨询方案实施进行评估的方法。它们的范围很广,从问卷法到观察法,还包括一些具体的方法体系,如行动计划、业绩合同等。

1. 运用问卷度量应用与实施

由于问卷调查法非常灵活,成本低,而且便于实施,因此它已经成为度量应用与实施的主要信息收集工具。其中一个最困难的工作,就是确定后续性问卷中应当体现和强调的具体问题。尽管后续性问卷的内容可以与度量反应及满意度的问卷内容相同,但是后续性问卷的内容必须非常有助于获得关于咨询方案应用、实施与所产生的影响等方面的信息。

2. 运用访谈或者重点群体法来度量实施与运用

访谈法和重点群体法都可以事后运作的方式收集应用与实施方面的信息。

3. 运用观察度量应用与实施

另一种有效的数据收集方法就是在工作中对参与者进行观察，并记录他们在行为上的变化以及所采取的行动。在确切地知道咨询参与者究竟如何实际运用新的技能、知识、程序和系统显得非常重要时，这种方法尤其有用。这种对参与者进行观察的方法经常用于销售和销售支持的项目中。观察者可以是咨询师、监督人员、高层人士或者外部人员。当然，最经常也是最切合实际的观察者是咨询团队成员之一。

4. 运用行动计划和后续任务来度量实施与应用

有些情况下，后续任务可以获得应用与实施方面的数据。典型的后续任务要求咨询活动参与者在规定的时间内实现一项目标或者完成一项特定的任务。对任务完成取得成果的总结，为断定咨询活动成功与否，以及对所获得的新技能与知识运用情况的评估，提供了进一步的证据。

行动计划是后续任务步骤中最常用的一种考察类型，运用这种方法要求参与者制定行动计划，并将这一行动计划作为咨询活动的一个部分。行动计划的内容包括与咨询活动相关的达到某一具体目标的详细步骤。这一过程是有效地提高参与者对咨询项目支持度的途径之一，也可以树立起成功地实施和执行方案所必需的主人翁观念。

5. 运用业绩表现合约度量实施与应用

从本质上说，业绩表现合约是行动计划过程的一种变化形式。业绩表现合约确立的基础是目标设定的相互性原则，指的是参与者与其管理者之间的一种书面合约。咨询活动参与者同意在与咨询项目相关的并且彼此关心的领域中提高活动绩效。业绩表现合约所采取的形式是双方达成相应协议，在咨询引入完成之后，完成某个项目或实现某个目标。该合约必须清晰说明在什么时间、需要完成什么任务以及完成任务所需要取得的结果。

对绝大多数咨询项目而言，对应用与实施程度的度量都是一个关键的问题。如果没有任何迹象表明利益相关者对咨询方案的应用程度如何，就很难了解咨询项目的成功。尽管有很多种度量应用实施情况的工具、技巧，诸如问卷、观察、行动计划等，但对于不太重要的、廉价的方案而言，一种简捷的方式就是运用基础性问卷。对于一个小规模的项目来说，一份重点在于五个到六个关键环节的简易问卷就足够了。关键应当集中于实际发生的变化，如：运用工作技能方面的变化；具体的实施问题；实施成功的程度；实施中遇到的问题；项目的支持性因素。这些都是必须强调的核心问题。

另外的一种做法是，可以将有关客户反应与满意度的数据同有关应用和实施方面的数据结合起来考虑。这些问题是相互关联的，它们具有一定程度的相关性。

针对反映项目成功与否的关键问题——应用与实施的程度，上述几种对其进行度量的方法不仅仅可确定取得的成功，而且可确定哪些部分需要进一步改善，哪些环节的成功在未来仍然可以以同样的方法获得。从观察法到问卷法，还有行动计划法，我们可以运用多种方法度量应用和实施情况，但所选择的方法必须与项目开展的领域相匹配。复杂的项目需要一种综合性方法，以便度量应用和实施过程中涉及的所有问题，简易项目则可以运用不太正式的方法，仅仅通过问卷收集数据信息。

10.4.4 度量企业影响

在有些咨询顾问和客户看来，有关企业影响的数据是最重要的，因为这些数据事关企业经营单位的成功与否。

对于绝大多数咨询项目来说，企业影响数据代表着方案实施的初始驱动因素，经营状况恶化、令人不满的绩效以及企业所面临的改善经营状况的机会，通常都可以导致某项咨询方案的实施。如果经营指标所反映出的一些企业需求是咨询方案实施的驱动力，那么对咨询项目进行评估的主要指标就是企业影响数据。上述指标变化的程度是咨询方案成功与否的决定因素。

从客户的角度来说，企业影响的数据通常反映主要的收益指标，这些都是客户期望的指标，客户希望看到这些指标有所改善和提高。这些数据代表了无可争辩的事实，反映了对于企业以及经营单位来说至关重要的绩效。

对咨询项目进行评估的基本前提条件就是收集直接与咨询方案目标相关的数据。而绝大多数情况下，评估所需的数据信息已经收集完毕，咨询活动中的混乱有时起源于咨询师计划出来的活动取得的成果类型。通常，咨询活动关注咨询活动参与者在技能和行为方面取得的成果，它们能够反映出参与者在咨询活动完成之后能够做什么。有些咨询活动的成果很容易观察和评价，比如，度量一条集体操作的新装配线的速度和质量是非常容易的。然而，与管理变革相关的行为方面的成果就不是那么明显、那么容易度量的了。证明一位管理人员对工作是一位积极的变革实施者，要比证明一条生产线达到质量和数量方面的标准难得多。

为了有助于客户关注其想要的指标，从总体上将数据分为两类：硬数据和软数据。

所谓硬数据,即反映进展情况的主要指标,反映了合理的、无可辩驳的事实,这类数据通常比较容易收集。这也是人们最想收集的一类数据。度量管理有效性的最终目标就来源于这类硬数据,比如生产能力、盈利能力、成本控制和质量控制。

一般来说,硬数据易于度量和量化;相对来说易于转化为货币价值;具有客观基础;是衡量企业绩效的常用指标;对于管理目的来说,比较可信。

由于这些数据的变化通常比企业中发生的变化滞后几个月,所以在运用这些数据进行评估的同时,可以运用诸如态度、动机、满意度以及技能应用等软数据作为补充。尽管旨在提升企业素质、管理革新的咨询活动最终应当对硬数据指标产生影响,但运用软数据进行度量可能更有效。软数据比较难以收集和分析,但可以在无法获得硬数据时发挥作用。

一般来说,软数据有时难以直接度量和量化;难以转化为货币价值;在许多情况下是以主观为基础;作为业绩表现的度量指标不太可信;通常以行为为导向。

咨询评估中对硬数据运用的偏好并不能降低软数据的价值,对咨询项目进行全面评估,软数据的运用是很必要的。一个方案的总体成功,可能就体现在软数据的指标上。在绝大多数咨询活动评估中都将软、硬两种数据指标结合起来运用。

除了以软、硬来划分数据以外,有时依据其他标准对数据进行分类也是很有用的,如图 10-5 所示,可以在不同的层次上对数据进行归类。有的数据具有战略性,与一个组织的公司层级相联系;有的数据则更具有战术性,体现在业务单元层面;还有的数据在本质上和范围上更多地被看做操作性的,通常被用于运营层的活动。

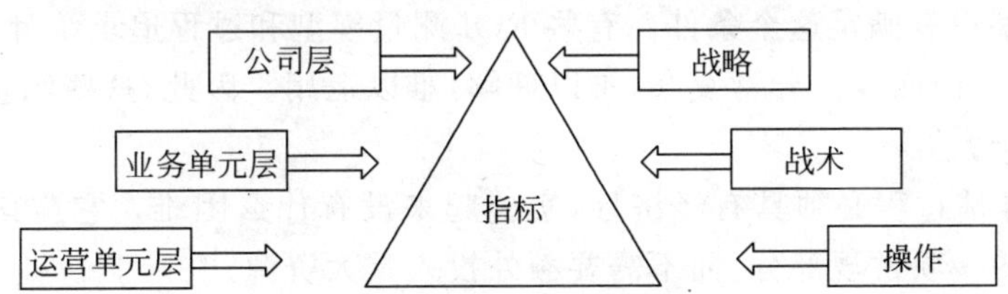

图 10-5　数据分类指标层次

每个企业都可以收集到反映企业绩效的数据。监控反映企业绩效的数据使管理者可以从产出、质量、成本、时间、工作满意度、顾客满意度等方面度量企业经营绩效。在确定评估数据来源时,首先应当考虑到现有的数据库和报告,在大多数企业中,都可以收集到合适的数据,从而对咨询活动所带来的企业绩效提高进行评估。如果收集不到必要的数据,必须另行建立记录保持系统,以便进行度量和分析。这种情况下就会出现是否经济的问题。也就是说,建立记录保持系统以满足对咨询活动进行评估的需要是否经济合算?如果耗费的成本大于咨询项目的预期回报,建立这种系统就变得毫无意义了。

对于大多数咨询项目而言,即使是那些范围很小的项目,都可以对与咨询项目相关或者看上去相关的经营指标进行监控。这些指标度量数据人所共知，并且在企业内易于获得。只需考查那些我们认为与咨询活动直接相关的指标。同时应当注意避免因为对这些指标进行考查而造成方案的过度扩展，因为这些指标可能只是偶然地与咨询方案有联系。

此外，应当将数据收集过程融入咨询项目。通过这种方法，参与者提供数据、分离咨询项目对数据的影响，并将数据转化为货币价值表现。通过将数据收集和部分分析工作与咨询活动相结合并让活动参与者对项目的开展做出承诺，咨询团队就有可能以非常小的额外成本，收集到与咨询项目直接相关的必要的数据信息。

10.4.5 测度 ROI

ROI 逐渐成为许多利益相关者，包括客户、高级管理人员所注重的关键性指标。ROI 可以被视为评估的终极层次。它以百分比的形式表示，其基础与对其他类型的投资评估的准则相同，说明了咨询项目的实际收益状况。由于 ROI 的价值明显，高层管理者对 ROI 十分熟悉，它日益成为咨询活动评估的必要工具。当 ROI 成为咨询项目的必要部分时，必须对 ROI 进行计算，否则，如果没有强制性的要求使评估活动达到这一层次，这项指标就成为可有可无的了。

要满足客户的需求，相应的 ROI 评估过程必须满足几个条件。成功的 ROI 评估过程的关键衡量标准包括：

(1) ROI 评估过程必须简洁，没有复杂的公式、冗长的方程和复杂的模型。绝大多数 ROI 测量过程都没有满足这个条件。有些 ROI 测量模型和过程追求统计上的完美，尽可能多地运用理论，因而变得异常复杂，难以理解，难以运用。因此，这些测量过程与模型也就没有得到推行。

(2) ROI 评估过程必须具有经济性，实施起来没有什么困难。它应该能够成为咨询项目运作过程的一项常规部分，而不需要额外投入重大资源。

(3) 其中所采用的各种假设、方法体系和技术必须具有可信度。要赢得员工、高层管理者和研究人员对评估过程的尊重，其中的各个步骤必须在逻辑上严谨、系统。这就需要在相应的评估过程中采取具有实用性的途径和方法。

(4) 从研究的角度看，相应的 ROI 评估过程必须在理论上可靠，建立在大家都接受的惯例之上。不幸的是，这样可能要花费大量的精力，非常复杂。理想的状况是在实践与理论之间寻求平衡，使整个过程在方法上符合实际情况，同时又有一定的理论基础。对那些已经开发和建立 ROI 评估模型的人来说，这可能就是一个最大的挑战。

(5) ROI 评估过程必须能够对其他一些影响结果的变量做出解释。人们常常最容易忽略的一个问题就是把咨询引入所产生的影响隔离出来，而这一点对于确立相应 ROI 评估过程的可信度和精确度是非常必要的。相应 ROI 评估过程必须能够准确地确定咨询引入同其他影响因素相比所做出的贡献。

(6) ROI评估过程必须能够适应各种咨询项目。有些ROI评估模型只能适应一部分咨询项目，如销售咨询或生产力咨询。理想的情况是，ROI评估过程适应所有类型的咨询引入活动，包括市场营销咨询、系统咨询、产品开发咨询以及变革咨询。

(7) ROI评估过程必须具有灵活性，不仅适应咨询引入之前，而且适应咨询引入之后。在某些情形下，我们往往需要在实际的咨询引入之前估计出一个ROI值。理想的情况是，相应ROI评估过程能够针对各种可能的时间框架进行调整。

(8) ROI评估过程必须适应各种类型的数据，包括硬数据(主要指产出、质量、成本和时间)和软数据(包括工作满意度、顾客满意度、员工的委屈和抱怨)。

(9) ROI评估过程必须包括咨询引入的成本。咨询评估的最终层次是要对获得的收益和付出的代价进行比较。虽然并不是很严格地用ROI来表示咨询引入所带来的收益，不过合理的ROI公式还是应该包括成本因素。忽略或低估其中的成本只会破坏ROI值的可靠性。

(10) ROI评估过程在各种情况下的应用都必须有成功记录。在很多情形下，ROI评估模型从来就没有成功应用过。一个有效的ROI评估过程必须经得起具体运用和实施的考验，必须能够产生预期的结果。

因为这些标准都是一些根本性的标准，所以一个ROI评估过程即便不能全部满足上述条件也必须满足绝大部分条件。

当选择测度ROI的方法时，有一点很重要，即必须注意就所运用的公式、进行决策过程中做出的假设等与目标受众相沟通。这样可以有助于避免对于如何计算ROI数据产生误解和混淆。其中有两种方法是最常用的：收益-成本比率和基本的ROI公式。

评估咨询活动所运用的最早的方法之一就是“收益-成本比率”(Benefit-Cost Ratio，BCR)。该方法用一个比率来比较咨询活动的收益和成本。用公式的形式表达出来，就是：

收益-成本比率(BCR)＝咨询收益/咨询成本

简单地说，“收益-成本比率”将咨询活动每年的经济收益与所耗费的成本相比较。运用该方法的主要优点在于，它不需要使用传统的财务指标，所以在将咨询活动投资同企业其他投资相比较时不会产生混淆。比如说，对厂房、设备、分店的投资一般都不会用收益-成本比率来评估，有些咨询公司的主管人员不太喜欢用同样的方法对咨询活动的投资回报与其他方面的投资回报进行比较。在这种情况下，咨询活动的ROI就成为评估的一种独特方法。

对咨询投资进行评估，最合适的评估方法可能就是用项目净收益除以成本。该比率通常以百分比的形式表示，即分数形式的价值乘以100%。运用这一公式来表示ROI：

$$ROI(\%)=咨询净收益/咨询成本\times 100\%$$

“净收益”指咨询收益减去成本。该 ROI 值与“收益-成本比”有关，即“收益-成本比”减“1”。例如，收益-成本比为 2.45 等于 ROI 价值的 145%（1.45×100%）。该公式同其他类型投资的 ROI 在本质上是一样的。举个例子，一家公司修建一座新厂房，ROI 就是年收入除以投资额。年收入可以同净收益相比较（年收益减去成本）。投资额可以同咨询活动总成本相比较，后者也就是对咨询活动的总投资额。

如果一项咨询活动 ROI 为 50%，意味着除了回收成本外，还有相当于成本的 50%的收入。一项咨询 ROI 为 150%，意味着成本回收后还有 1.5 倍于成本的收入。这个 ROI 公式实质上将咨询投资与运用同样的公式和相似概念进行的其他类型的投资放在了同一层次上。尽管在实践中没有普遍接受的标准，有些公司设定了一个最低的 ROI 要求。这个最低比率的基础是其他投资的预期 ROI，是由资金成本以及其他因素决定的。多数公司以 25%作为其理想的标准。

由于 ROI 程序的复杂性和敏感性，有关投资回报的数据收集、计算、分析、报告等都应采取适当谨慎的态度：

- 如果没有清晰的需求评估，ROI 程序可能会引发一些评估问题，应当在已经进行过需求评估的项目中应用 ROI 程序。
- ROI 分析应当包含一种或者更多的不同方法来分离咨询活动的作用。
- 估计必须由最可信的人员，根据最可靠的资料做出。需要进行估计时，估计必须合理并且有最可靠、最可信的材料作为基础，由那些最了解整体情况、能够提供最准确信息的人员提供。
- 采取保守的方法计算收益和成本。保守的态度一般会增加分析的准确性和可靠性。
- 谨慎地对比咨询活动的 ROI 与其他类型的财务回报。有很多方式可以计算投资和使用资产的回报，ROI 仅是其中之一。
- 把管理与计算回报的过程相结合。管理层最终确定某一 ROI 价值是否可以接受，可能的情况下，管理者应当参与设定计算参数、确定目标的过程，只有这样，咨询方案才能被看做在组织内是可以接受的。
- 谨慎地处理敏感的、有争议的问题。讨论 ROI 价值时，偶尔会出现一些敏感的、有争议的问题，最后避免争论有关“什么是可以度量的、什么不是”之类的问题，除非对争论的问题有明确的根据。
- 不要每一个咨询项目都使用 ROI。有的咨询项目成果难以量化，这时进行 ROI 计算就不太可行。运用其他的方式来说明收益可能会更合适一些。应当鼓励咨询管理者对就多大比例的项目施行 ROI 分析设定一个具体的目标。同时，还应确定实施 ROI 分析项目选择的具体标准。

10.4.6　度量无形指标

咨询活动的成果包括有形和无形两种指标。无形指标是指那些同咨询活动直接相关,而又无法或者不应该转化为货币价值表现的收益或者损失。通常在咨询活动结束后对这些指标进行监控,尽管它们仍然是评估过程的重要组成部分。无形指标的涵盖范围非常广泛,如表 10-10 所示。

表 10-10　与咨询活动相关的常见无形变量

知识基础	调职请求
工作满意度	顾客的满意/不满意程度
组织承诺	社会形象
工作氛围	投资人形象
员工的抱怨	顾客投诉
员工申诉	回复顾客时间
减轻工作强度	顾客忠诚度
员工留用期	团队工作
旷工	合作
员工流动	冲突
员工拖沓	果断性
创新	沟通

并不是所有成果都能够或者应当转化为货币价值,有些成果可能以无形指标的形式进行收集和报告。尽管它们在人们心目中的地位不如那些量化的指标重要,但在对咨询活动进行总体评估时,无形的指标是非常重要的。在有些咨询项目中,团队构建、工作满意度、沟通以及顾客满意情况等,可能比货币价值指标更重要。因此,应当把这些指标作为整体评估的一个部分,进行监控和报告。实践中,无论咨询活动的性质、范围或者内容有多大的差异,任何咨询活动都会有一些无形指标,我们所要做的是,有效地找到这些指标并对其进行合理的报告。

无形指标可能来源于咨询活动过程中不同的原始资料,出现在不同的时间,它们可能出现在需求评估这一早期阶段。这样,作为整体数据收集的一个部分,可以对这类数据的收集做出计划。例如,某咨询项目有一些硬性的度量指标,并且已经确定出有关员工满意度这一无形指标并对其进行监控,但没有将其转化为货币价值的计划。这样,该项指标从一开始就注定成为非货币收益项目,而和 ROI 成果一同报告。

第二个辨识无形指标的机会,在于同客户或者咨询活动出资人的讨论过程。客户提出能够辨识出那些他们期望的受到咨询活动影响的无形指标。

辨识无形指标的第三个机会存在于数据收集的过程中。尽管某项无形指标并未列入最初的项目设计中,它可能出现在问卷上、访谈中,或者在对重点群体的调查中显现出来。通常数据收集的问题都会涉及与咨询活动相关的成就,参与者在回答这些问题时通常会提到一些无形指标,而事先并没有计划给这些无形指标定值。

辨识无形指标的第四个机会存在于对数据的分析和报告过程中。在这一过程中,试图把各种数据转化为货币价值。如果这种转化失去可信性,在报告中就应该将这一指标作为无形收益。

对于每一项已经确定的无形指标,必须有一些证据说明这一指标与咨询活动之间的关系。然而,很多情况下,除了列表计算外,并没有具体的分析过程。有时,早期阶段试图量化无形数据的努力最终导致整个过程的失败。这样便不会再进行任何进一步的数据分析。无形数据常常反映了绩效的提高,但无论是进步的具体程度,还是这种进步与咨询相关的精确比例,都无法把握。由于这类数据的价值不包含在 ROI 计算中,无形指标一般不用于说明一项咨询活动的合理性,也不用于说明继续进行正在开展的咨询活动的合理性。所以,没有必要进行详细的分析。无形收益可以看做咨询项目成功的附加证明,也可以作为支持性的定性数据。

无形指标尽管可能不如那些以"多少美元"为尺度的指标受人瞩目,但它们的确是整体评估过程中不可或缺的部分,为了使咨询活动产生影响,必须对无形指标进行确认、考查、测度与监控。总地来说,多数咨询活动中都涉及一些无形变量,无形指标为咨询报告增加了一个独特的尺度。虽然以上提出了一些常见的无形指标,但这些不可能是全部,无形指标实际上是无限的。

10.5 不同咨询模式的比较分析

不同的咨询模式将直接影响其咨询效果和咨询的价值,这在咨询服务中是非常关键的一环。很多咨询公司(机构)在这方面做了许多积极的探索工作,其主要目的是在咨询实践基础上,如何将一些理论和概念转化成咨询产品的方法、技能和途径,从而开发自己的咨询产品和服务,为客户增加价值,提高咨询服务的质量标准,建立咨询公司(机构)的差异化战略。为此,在调查分析咨询机构服务模式的基础上,总结出了以下不同的服务类型:

1. 以结果为特征的咨询模式

这种咨询模式的特点是针对客户委托的咨询任务,比较独立地进行事实调查、收集相关资料、诊断分析、形成结论,提出咨询建议。在整个过程中与客户的沟通较少,比较注重

委托任务本身,关注于问题的解决。在这种咨询模式中比较注重咨询师的专业技能,而对咨询师的其他能力,例如沟通能力、协调能力和业务管理开发能力的要求较弱。

2. 以报告为特征的咨询模式

这种咨询服务模式的特征与结果咨询模式较为相像,其主要区别是结果的表示形式为咨询报告。有一个研究者较为形象地对这种咨询模式进行了描述,高级经理们请来咨询师,4～6名年轻气傲的MBA们组成一个小组与数十名经理进行面谈,然后在以后的6个月中上交一份很厚的报告,这份花掉数十万美元的报告,很快就被公司的决策层们抛到脑后,任凭它在架子上积满尘土。美国双子座咨询公司(Gemini Consulting)的吉尔拉特也承认:过去他们这种以咨询报告为服务方式所表达的见解有些不切实际,报告完成后可能被采用的部分仅占25%～30%。这种服务模式现在正在进行改变,咨询师与客户共同组成工作小组,他们不是写出一份报告而后束之高阁,而是共同进行实质性的工作并收到效果。

在我国,许多咨询机构仍采用这种服务模式,在服务质量和效果上打了较大的折扣,分析其主要原因是它们将咨询任务误认为是研究任务。尽管研究和咨询有许多共同之处,但是它们之间也存在着差异。一般而言,研究任务中的问题是研究人员提出的,他们较为公开地、在较为弹性的时间内探索其研究领域问题,其产品一般是新知识和新理论,从一般意义上讲,对实践有指导作用。而咨询项目中的问题一般是客户提出的,有时也是客户和咨询专家在合作的基础上提出的,他们的工作一般是较为保密的,有较为严格的时间限制,紧紧围绕着客户的问题而展开研究。研究项目一般强调其理论性和指导社会应用的广泛性,而咨询项目更强调其实践性和应用的客户单一性。我国的许多咨询机构最早承担的主要任务是来自于政府的课题,这些课题中有些是咨询项目,有些是研究项目。由于长期没有什么区分,并且是公共问题的解决,并不强化其保密性和单一性,这也导致了我国部分机构的服务模式的单一化。

3. 以过程为特征的咨询模式

该模式的主要特点是咨询师将过去提供的咨询服务的经验作为基础,但不局限于这个范围。他们认为面向客户问题的解决是一个过程,在这个过程中,咨询师与客户经理们组成共同工作小组,大家一起分析问题、探讨解决问题的各种方法。他们认为在这种工作模式中,咨询师要有超越课堂和书本知识的远见,一般具有协商、促成意见一致、分析问题和同时处理多种变化因素的能力。他们面对客户的问题,全面考察自己的才能,采用客户接受和有利于自己才能发挥的灵活方式为客户的需求服务。以这种模式提供咨询服务的咨询师更关注项目团队成员内部之间的相互作用、各类会议召开的方式和沟通效果、客户组织的决策方式以及影响咨询过程的效率和效果问题。美国的马萨诸塞州的通用咨询公司为休斯敦的坦尼科公司提供的咨询服务就采用了这种模式。由坦尼科公司职员和通用咨询公司咨询专家共同组成的咨询小组逐一检查公司的各个部门，试图预测出通用咨询公司所称的质量成本，或者说是公司的低效率和失误为公司造成的损失，它们的目标是将此成本降低到公司收入的10%以下。摩托罗拉和施乐这样的大公司都把这一指标作为经营基准，经过努力，坦尼科公司已将这一成本降低了20%。现在越来越多的咨询公司都采用这种工作方式。我国在市场经济中发展起来的咨询公司也在采用与客户共同工作，注重过程的解决问题的服务模式。

4. 以知识转移为特征的咨询模式

这类服务模式的主要特点是将问题解决的方法转移给客户，不是为客户提供直接的技术知识和建议方案，而是考虑如何教给客户解决问题的方法、方式，使客户企业可以自己诊断和解决他们自己的问题。这样可以增强客户的能力，在咨询公司离开客户以后，客户遇到类似的问题自己就可以解决了。这就要求咨询师不仅具有解决问题所必需的技巧和能力，还需要咨询师具有教练和辅导能力。在知识转移的咨询活动中，咨询师与客户组成工作小组共同工作。在密切的合作中，咨询师的主要任务是将解决问题的方法转移给客户，帮助他们解释结果并做出决策。在整个咨询活动过程中，大部分具体的工作都是由客户自己完成的，咨询师主要起辅导和辅助作用。例如，客户与咨询师一起确定调查范围，在工作中逐渐掌握咨询的工作技巧，在咨询师的帮助下，对相应的事实做出判断，提出解决问题的基本方案和做出决策。管理者的这种参与既可以节省咨询费用，又可以减少决策实施中的阻力，同时客户在此过程中也拥有了解决问题的技术和工具。但在这种服务模式中，咨询师要注意将提高客户解决问题的能力和可信性结合起来考虑。其中一个较为有效的方法是让他们融入咨询公司（机构）所派出的咨询小组中去，咨询师也要注意帮助客户开发绩效改进和培训计划。

5. 以长期合作为特征的咨询模式

这种咨询模式的主要特点是咨询公司（机构）与客户保持较为长期的合作关系，有的甚至超过10年、15年。例如通用咨询公司为坦尼科公司提供的咨询，项目结束后，通用咨询公司每年有9名咨询专家为坦尼科公司提供长期服务。咨询小组的主要负责人要参加坦尼科公司每月估测进度的工作测评会，而且通用咨询公司的主要负责人也认为，像这种咨询公司自身融入客户公司内部去执行没完没了任务的做法将会成为咨询服务的一种服务模式。但也有些观察家担心，这种长期合作的趋势将有损于咨询业的部分利益。咨询师的关键作用在于他们能以全新而公正的眼光看待客户的问题，但如果与客户的合作是数年而不是数月，那么咨询师可能就会失去洞察力，在某种程度上也会引起公司内部管理人员的一些反感。

6. 以团队接管为特征的咨询模式

这类咨询服务模式的主要特征体现在咨询师在咨询项目实施中所发挥的作用。这种模式的出现是由于现在客户遇到的问题复杂性增强，客户在咨询项目的实施过程中，风险增大，同时为了填补由削减管理人员引起的管理断层。以前由客户公司管理员工的工作，现在聘用咨询师来完成，于是咨询师就作为经验丰富的临时业务主管来代替削减掉的客户公司的业务主管或经理们。这样既可以降低咨询建议形成决策的执行风险，同时又能节约人力成本。在我国，由于企业是处于社会的转型期的巨大变革和急速发展中的组织体，历史积淀形成的传统的管理观念、管理模式和管理制度已经较难适应经济发展的需要，在短时期较难依靠企业自身的力量实现质的转变。在提供咨询服务过程中，采用何种咨询模式往往与客户的需求、咨询项目的类型、客户的文化习惯、咨询公司（机构）和咨询师的服务习惯以及咨询经验等多种因素有关，不同的咨询模式往往影响咨询师使用不同的方法和技术。但有必要了解这些咨询模式，了解它们的优势与弊端，这样就可以针对不同的情况，灵活地采用不同的咨询模式。有些咨询项目中所需的专业方法可能很少，可能更多地是依赖于咨询师在技术领域的知识深度和广度，以及在技术相关领域所需的咨询经验。这就要求咨询师在为客户提供服务时，必须知道使用什么样的咨询模式和特定技术与方法，才能为客户带来最大的价值。

10.6 咨询项目自身评价

咨询项目的评价往往是企业最为关心，也是企业最为困惑的地方。

企业在进行咨询项目之后，企业的高层管理者可能会对整个咨询的内容和企业在咨询过程中所做的工作如数家珍，并对这些工作所取得的成果做出定性的评价。但是如果想进一步知道企业进行咨询后的具体的经济收益有哪些，企业所花费的巨额咨询费用是否值得的时候，企业就很难简单地给出一个具体的量化数据了。特别是对于很多投资巨大的咨询项目，如信息化系统 ERP 的实施咨询，企业不清楚实施之后的具体应用水平如何，企业获得的哪些效益是由于实施咨询项目而获得的，如何进行区分和评估这些效益等。

面对这些困惑，企业希望能够获得第一手的数据和信息，对于咨询项目做出恰当的评价。但是由于企业缺乏评估的方法与依据，对咨询项目的客观评价也只能仅仅停留在设想这个阶段。

可见，如果让企业能够对整个咨询项目做出客观的评价，必须使企业有一套科学的评价标准和方法。

一个成功的咨询项目不论对于企业来讲，还是对于咨询公司而言，都会带来非常明显的效益，这也就是现在常被提起的“双赢”的概念。咨询公司从心底里也非常希望能够使咨询项目成功。因为一个成功的咨询项目不但可以实现咨询公司的业务收入，而且可能为咨询公司赢得新的咨询业务。这个成功的案例还可以让咨询公司成为市场推广的“标杆企业”，为咨询公司在这个行业内进一步发展业务奠定基础。此外，在咨询过程中所获得的数据和经验还丰富了咨询的资料库，并使咨询师得到锻炼和培养。

那么，咨询公司从哪些方面评价咨询项目的成败呢？

10.6.1 咨询项目的评价因素

从图 10-6 中可以知道，咨询公司对咨询项目的评价主要基于三个方面的考虑：

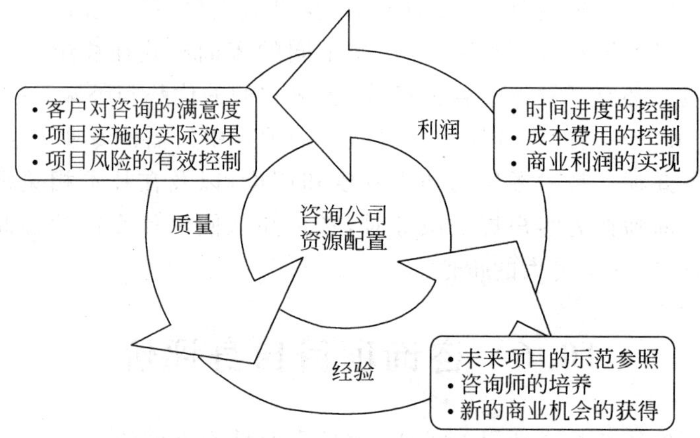

图 10-6　咨询公司对咨询项目的评价因素

（资料来源：企业资源管理研究中心（www. AMTeam. org））

1. 咨询质量是否得到有效控制

咨询公司在为客户提供咨询服务的过程中，主要的考虑因素一直是客户对于咨询项目的满意程度。所谓客户的满意程度实际上只是一个心理概念，也就是企业的高层对于此次咨询项目的满意程度。企业高层对咨询项目的认可实际上也就是对咨询顾问工作的认可，这样，咨询公司就可以有效保证咨询业务收入的实现了。

客户对于咨询项目的满意是基于多方面的，企业高层对于咨询方案的偏好、咨询师与企业高层的客户关系、咨询项目的实施效果、咨询师对于企业额外需求的满足程度、咨询

师的工作水平等都可能对于客户的满意度造成影响。因此，咨询公司为企业提供的咨询服务不仅仅是基于实施合同的，而更多的是基于客户满意度的。咨询公司将根据项目的成本费用情况，为咨询企业提供适当的咨询服务。

2. 咨询利润是否得到实现

"时间就是金钱"这句话对于咨询公司来讲是最正确不过的了。一方面，咨询项目的报价主要是基于顾问的人天费用来实现的；另一个方面，咨询公司最不愿意看到的就是项目没有按期完成。项目计划的任何延误都将导致整个咨询项目成本的上升，这直接影响了咨询公司商业利润的实现。

然而在实际的咨询项目中，如何有效地管理客户需求，同时又获得比较高的客户满意度的确是非常困难的。由于在很多咨询项目的实施过程中，企业的需求不断变化，再加上企业在咨询项目的实施过程中缺乏相应的支持和配合，势必导致咨询项目不能按计划完成，导致项目成本的上升。这就使咨询公司不得不变相降低项目成本，如减少派驻高级别顾问的数量和天数，降低项目的承诺以尽快完成项目计划等。因此，在确保商业利润的前提下，如何有效地满足客户的需求已经成为咨询公司最大的挑战。

现在很多咨询公司在参与咨询项目的竞标过程中，不断通过降低咨询价格来获得企业的青睐。但是企业和咨询公司如果不能对这种项目进行有效地控制，使项目不能按原定计划完成，将直接影响项目的实施质量。

3. 是否获取了相关咨询经验

在确保一定商业利润的前提下，获得较高的客户满意度实际上只是咨询公司评价一个咨询项目成功的基本要求。而通过咨询项目达到积累经验，培养咨询师队伍，并进一步获得新的咨询业务则是咨询公司完成项目的高级目标。

考虑到咨询公司持续发展和人员更新的问题，咨询公司会不断借助咨询项目来锻炼咨询队伍。这样也就出现了企业经常所提到的"在与企业最初的接洽阶段，咨询公司派出的都是一些经验非常丰富的专家；而到真正实施的时候，咨询公司派驻企业的顾问不少都是缺乏经验的新手"的情况。

实际上，一般的咨询项目顾问团队的组成都是由不同级别和资历的咨询师组合而成的。如果派驻企业的全部顾问都为经验丰富的资深顾问，对于咨询公司而言显然成本过高。而派驻过多缺乏经验的顾问势必影响项目质量的控制和获得较高的客户满意度。因此，咨询公司希望组成的咨询师团队既能有效地完成咨询项目，确保一定的客户满意度和利润收益，同时还能达到锻炼队伍的目的。

咨询公司对咨询项目的成功与否的评价主要是基于咨询项目的质量控制、咨询利润和咨询经验的获得三个方面的。但是对于企业而言，评价项目成败的标准与咨询公司的标准相比却不尽相同。很多咨询公司自诩为“成功的案例”实际上对于企业而言并不成功。

案例　咨询项目的评价

B公司为了准备进行一次业务流程优化的咨询项目，邀请了几乎国内外所有的著名咨询公司参与投标。在方案讲解过程中，一家著名的咨询公司为B公司的高层领导讲解了该咨询公司对B公司需求的理解，而且向B公司的领导介绍了自己在国内的诸多项目经验和成功案例。B公司的领导听了方案和案例介绍之后感觉到非常满意。因为该咨询公司曾经咨询过的企业很多都是国内相关行业中的领先企业。该咨询公司能够在这些企业的咨询项目中取得成功说明了咨询公司的实力。于是B公司领导决定派调研小组到这些企业进行一下实地调研，详细地听取一下这些公司的实施经验和变革思路，为明确自己的项目目标和变革方向提供参考。

但是调研小组到这些咨询企业的调研结果与该咨询公司所言的情况却是大相径庭。咨询公司过分地夸大了咨询项目的效果和自身的作用，而且也绝口不提企业对于咨询公司的抱怨。B公司的高层领导面对调研的结果感到暗自庆幸，觉得幸亏没有仓促决定选择实施合作伙伴。

B公司的案例反映出，咨询公司在和客户接洽的过程中，可能会过分夸大自身的作用和项目经验，而且，企业和咨询公司对于同一个项目所做的评价也是完全不同的。

这主要是因为咨询公司关注的是项目的成本控制与利润的实现，而企业更为关注咨询项目对企业产生的效果。

企业评判咨询项目的时候，首先考虑的就是咨询项目的投资“值”与“不值”的问题。企业高层管理人员关心的是通过咨询是否改变了企业经营中出现的问题，是否给企业带来了明显的经济效益，企业的员工观念是否有所更新、技能是否有所提高，企业的管理流程和管理制度是否提高了运作效率，企业对外界变化的应变能力是否得到提高，等等。如果企业通过咨询项目在某些方面得到显著改善，那么企业领导就会认为对此次咨询项目的投资是值得的，反之则是不值的。

但是，实际上企业对这些方面的评价与咨询公司对项目的评价相比而言要困难得多，考虑的因素也更为复杂。因为咨询项目对于企业产生的效果一部分是可以量化的，如市场份额的增加、流程效率的提高、库存的降低、流动资金占用的减少，等等。但是还有一部分是不可以量化的，如员工技能的增加、企业文化的转变，等等。尽管咨询项目的一部分影响是可以量化的，但是这些指标是受到多种因素的共同作用而产生的，企业的咨询项目对这些指标究竟产生了多大的影响是更加难以估量的，而且在不同的时间内这些影响的作用也不相同。所以，企业很难在项目实施之后的短期内得到具体的数据来对项目进行论证。

因此,企业对于咨询项目的评价因素更多的是基于以下两点:咨询项目是否达到了企业的心理预期程度和企业面临的管理问题是否得到改善。

(1) 咨询项目是否达到了企业方面的心理预期程度

在咨询项目的实施过程中,企业的管理层都对咨询项目寄予自己的期望。如:咨询方案对于企业高层管理困惑的减少程度,咨询方案是否符合企业高层的经营思路,咨询项目对企业员工观念的转变、知识、技能等方面的影响等。这些期望有些通过项目目标反映出来,有些则通过管理层与咨询顾问的交流和讨论反映出来。因此咨询项目的实施对于企业的心理预期满足程度也是企业评判项目成败的重要因素。

企业的管理层会通过多个方面的"感觉"来判断咨询项目是否符合自己的预期。如果企业的管理层认为通过咨询服务,在某些方面有较大的收获,那么企业也会认为所花的钱是值得的。

(2) 企业面临的管理问题的实际改善程度

企业寻求咨询服务的目的就是解决企业面临的经营问题,这些问题得到改善和解决的程度是企业评判项目成败与否的重要参考,同时也是对整个咨询项目进行一些评价的量化指标。这些指标包括:满意度指标、实施应用指标、经营影响指标、间接影响指标,等等。

10.6.2 咨询项目的评价指标

有关咨询项目的评价,可以从四方面进行,如图 10-7 所示。

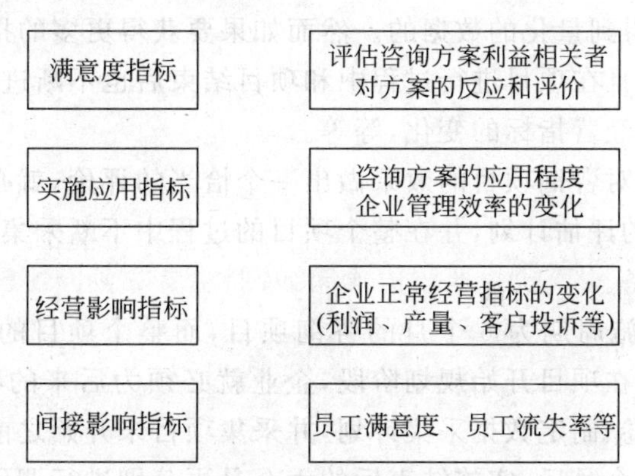

图 10-7 咨询项目的若干评价指标

(资料来源:企业资源管理研究中心(www.AMTeam.org))

1. 满意度指标

实际上是衡量和评估咨询项目的利益相关者对咨询方案的反应和评价。如咨询方案的可用性、咨询方案与当前紧迫问题的相关性、咨询方案的经济性、咨询方案理解的难易程度、方案学习的难易程度、方案执行的难易程度、方案维持的难易程度、员工对方案的支持程度、方案所必需的资源需求，等等。

2. 实施应用指标

主要是衡量和测度咨询方案的应用程度和应用后企业内部管理效率的变化。

3. 经营影响指标

主要是衡量和评估企业在进行咨询后，企业的主要经营指标(如利润、成本、市场占有率等)发生的变化。

4. 间接影响指标

主要是衡量和评估企业咨询后员工对于现状的满意程度和员工流失情况。

企业通过对这些指标的测量和计算，就可以进一步测算咨询项目的投资回报率(ROI)了。

尽管企业可以从这些方面衡量咨询项目的收益，但是如何获取这些方面的数据仍然是一件复杂而困难的事情。这些指标中的一部分，如员工满意度，是可以通过在企业开展员工问卷调研的形式得到量化的数据的。然而如果要获得更多的指标就要求企业在项目没有进行之前准备，而且在项目进行过程中和项目结束后也不断进行跟踪和监测，如企业管理效率的变化、企业经营指标的变化，等等。

可见，如果企业要对咨询项目的效果做出一个恰当的评价，就必须在项目规划的时候制定一个与项目同步的评估计划，并在整个项目的过程中不断采集整理数据，为项目结束之后的分析评估做准备。

图 10-8 是一个实施周期为 6 个月的咨询项目，而整个项目的评估周期却在一年左右。从图中可以看到，在项目开始规划阶段，企业就必须为后来的项目评估进行准备，包括制定标准的调研问卷、制定数据采集计划，并采集项目未开始之前的企业数据。在项目实施一个月后、实施四个月后、实施结束后的六个月再分别进行调研和数据采集。而在项目结束之后的六个月再进行企业运营指标的分析和员工满意度的调查，可以更加客观真实地反映咨询对于企业的作用。这些数据将全面反映项目开展各个阶段企业的内在变化，为有效、真实地评估项目的咨询效果提供科学的依据。

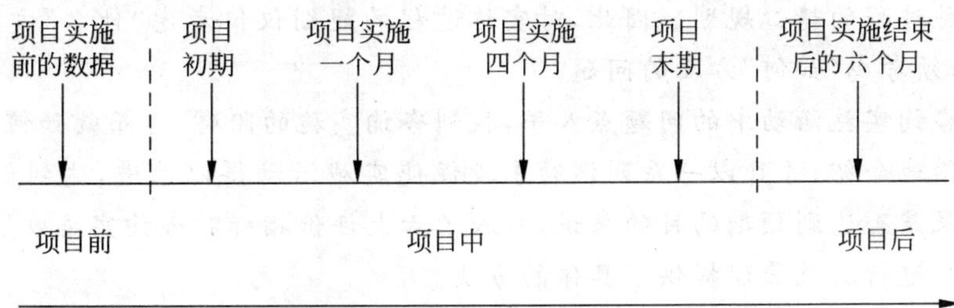

图 10-8 咨询项目评估数据的采集计划

(资料来源：企业资源管理研究中心(www.AMTeam.org))

尽管企业可以对咨询项目做出各种评价，但是咨询项目就像是一件艺术品一样，不论成功与否都是带有“遗憾色彩”的。企业咨询的过程也是一个不断认识、不断学习、不断突破的历程。而对咨询项目进行评价不仅仅在于判断企业对于咨询项目的投资是否恰当，更为重要的是发现今后改进的方向。

10.7 本章小结

1. 本章主要内容

大部分咨询开展的方案中都会出现“实施差距”的现象，这个差距存在于

(1) 为了从咨询师的工作中获益，客户公司不得不完成的所有事情；

(2) 实际上，客户公司能够做到的事情。

无论咨询师的分析和建议多么明智和富于创造力，只有当客户为了获益做了必须完成的工作以后，他们才能真正从中获益。但是，这个过程并没有包括咨询实践方法以及保证咨询师的建议和客户的反应达到最紧密配合的步骤。许多咨询方案也就是因为实施差距而不能达到应有的效果，许多方案实际上都没有产生持久的效益。本章从对传统咨询的思考模式入手，分析出其潜在的缺陷，进而突破传统思维的定式，引入高实效咨询的思维方式，并分别站在咨询师和客户的角度对如何从优秀做到卓越提供了一系列的策略和方法。

咨询公司是以自己的知识、智慧和长期积累的经验帮助别人成功的，它的产品不同于实物形态产品，客户付款后和咨询报告的提交并不等于工作的完成。咨询公司还要跟踪服务，有时根据企业需求共同实施咨询方案。咨询公司和客户应该建立合作伙伴关系，共同解决问题，而非“替”客户解决问题。所以，咨询的结果必须面向实施。而保证质量和权

责取决于实施过程的精心规划。因此,对实施过程的规划仅仅考虑“什么”方面的问题是不够的,还必须考虑“如何”方面的问题。

本章从咨询实施活动中的问题点入手,找到咨询实施的阻碍,进而就如何展开实施活动进行了简单地介绍,并且以一系列辅助手段促使实施活动得以推进,达到最好的效果。就实施的结果是否达到预期的目的来讲,引入了六大评价指标对咨询实施效果予以衡量,并对咨询项目进行有效管理提供了具体的方法。

2. 内容回顾思考

(1) 高实效咨询的关键成功因素有哪些?
(2) 如何实现高实效咨询的突破?
(3) 咨询实施的问题点在哪里?
(4) 管理咨询绩效评估的必要性及方法有哪些?
(5) 怎样推进咨询的实施?
(6) 如何评价实施项目本身?

3. 趋势发展与挑战

(1) 如何减少或消除咨询中出现的“实施差距”现象?
(2) 如何进行管理咨询的后续服务?
(3) 如何对咨询实施过程进行科学管理?
(4) 在企业的不同发展阶段,企业咨询实施应该注意的问题有哪些?

第 11 章 咨询业务的经营管理

摘要

本章将从公司运营的角度，对咨询业务的经营管理进行介绍。首先成功的经营管理，在某种程度上来说，正是由于咨询公司寻找到了正确的业务定位和合理的战略发展方向，充分发挥了经营管理的手段对咨询业务运营的积极影响。因而讨论成功经营模式的前提是明确咨询公司的业务特点。其次，归纳能够促使管理咨询成功的主要因素。虽然不同咨询公司的成功因素受空间、时间和内部环境的影响而有所差异，但通过本章中的比较，将发现这些成功咨询公司的共同特点。更重要的是，这些成功因素构成了咨询公司的核心竞争力。再次，体现这些成功因素在管理经营过程中的具体表现形式，即将在本章第三节具体论述的重要管理议题——咨询公司的人力资源管理、项目管理和知识管理。最后，把视野拓展到国际咨询公司的经营管理上，思考跨国咨询业务的开展所面临的挑战与应对方法，这是成功经营模式扩张的必由之路。

“咨询业务的经营管理”的内容结构如图 11-1 所示。

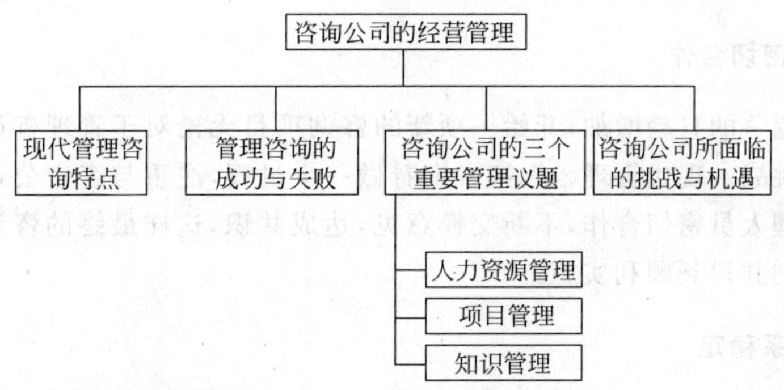

图 11-1 “咨询业务的经营管理”的内容结构示意

11.1 现代管理咨询的特点

作为当代知识经济中的一个重要组成部分，现代管理咨询业与其他行业一样遵循市场规律和品牌效应。

11.1.1 现代管理咨询的特点

1. 高度职业化

在管理咨询的过程中，咨询人员将不可避免地涉及客户的机密信息，从而为准确全面的咨询分析奠定基础。这就要求管理咨询人员严守客户公司及相关人员的商业秘密，从而赢得客户的信任，使现代管理咨询业逐步成为高度职业化的行业。

2. 客观性和真实性

管理咨询人员必须保证咨询报告的客观性与真实性。这是管理咨询行业的一项重要准则。因为管理咨询报告不仅关系到客户公司能否做出正确的决策，并且影响到管理咨询公司的行业信誉以及生存发展。

3. 针对性

管理咨询强调的是根据每一个客户的具体情况制定一对一的管理咨询方案，即量体裁衣。因为不同的客户公司，发展环境不同，面临的问题也不同，必须有针对性地提出一套解决问题的办法才能保证咨询质量，赢得市场。

4. 与客户密切合作

随着行业竞争的日趋增加，开始一项新的咨询项目无论对于管理咨询公司还是客户公司都是新的挑战。现代管理咨询把咨询看做一个过程，注重与客户公司的管理层人员尤其是高层管理人员密切合作，不断交换意见，达成共识，这样最终的咨询报告或咨询建议就容易被采纳并得到顺利实施。

5. 客户关系稳定

客户资源是各家管理咨询公司争夺的对象。而挖掘一家新客户的成本往往远高于留住一家老客户的成本。因此，许多西方国家的大型管理咨询公司，均与它们的老客户保持着十几年，甚至几十年的业务关系。

管理咨询公司为了保持与客户的长期稳定关系，通常需要做好以下几方面的工作：

(1) 对客户公司有所选择

管理咨询公司应注重与实力雄厚、知名度较高的大型公司建立长期业务关系。这将使管理咨询公司从两方面受益：第一，这些知名公司中的管理人员有着良好的综合素质和管理能力，能够较好地实施咨询建议。第二，为大型知名公司提供咨询服务，在一定程度上表明了咨询质量，有利于提高管理咨询公司自身的知名度。

(2) 对项目有所选择

目前，现代管理咨询已经成为一个高度专业化的行业，一家管理咨询公司很难在所有的咨询领域都做得非常出色。因此，根据公司的自身优势，明确特定的咨询领域，即市场定位，是管理咨询公司的必然选择。并且在实际竞争中，管理咨询公司往往还会将信誉与特定领域的咨询技能紧密结合在一起，实现管理咨询的成功实践。

(3) 发展与客户的私人关系

客户是购买产品的个人或集体。对于管理咨询公司，客户购买的是管理咨询方案，并且客户有权决定采纳和实施最终的咨询建议。如果在管理咨询过程中，双方高层决策人员通过相互了解建立了较好的私人关系，那么不仅能够提高客户信任，而且有利于管理咨询公司与客户保持长期业务关系。

(4) 咨询人员培训

管理咨询属于智力型工作，只有拥有高素质的咨询人员才能提供高质量的咨询服务。高素质主要是指较强的分析技能、交际技能、推销技能、计算机应用技能等。这些技能结合相关咨询经验后将使咨询人员为客户提供巨大的附加价值，帮助客户迅速解决面临的复杂问题。然而招聘到具备所有技能的优秀咨询人才往往很难，这就要求管理咨询公司为咨询人员提供有关咨询技巧和分析方法的系统化培训，从而提高公司的咨询质量。

(5) 开发新的咨询方法与管理理论

管理咨询的分析框架与具体实践都是以管理理论为基础形成的一套咨询方法。新的管理理论和咨询方法将导致新的解决问题的手段与思路，这些也是管理咨询服务价值的主体部分。咨询方法与管理理论的创新能力体现了管理咨询公司的发展潜力。国际著名的管理咨询公司就是通过不断发表理论研究成果，在特定管理领域中树立了权威性，从而加强了公司的竞争优势。

与传统管理咨询相比较，现代管理咨询不再仅仅局限于企业单个管理环节的局部管理改善，而是更加关注企业业务处理流程的整体改善和IT在咨询服务中的全面应用。

11.1.2 传统管理咨询和现代管理咨询的区别

1. 企业管理方法

传统咨询为了适应工业经济时代企业管理的需要，主要是对企业"科层制"管理模式中各单一管理环节进行局部改善和优化。随着知识经济时代的来临，以及企业组织结构扁平化的改革，现代咨询管理打破了过去传统"科层制"的理念。管理咨询公司采用"系统论"的思想，对企业管理实施整体优化，形成了面向企业业务处理流程的咨询服务，从而适应客户与市场的快速变化。

2. 咨询服务的范围

现代信息技术和通信技术快速发展，并为企业提高工作效率和提升自身价值做出了卓越贡献。因此，如何充分利用信息技术和通信技术提高企业的管理绩效，成为了现代管理咨询的一个重要服务领域。而传统的管理咨询较少涉及计算机信息技术处理手段在企业管理中的整合，特别是忽略了管理手段在提升企业竞争力方面的重要作用。

3. 管理理论基础

从传统咨询业到现代管理咨询，管理理论经历了一个由定性到定性、定量和定量与定性相结合的过程。所谓定性化的管理理论主要是指传统的管理理念、企业战略、市场策略、管理模式等。而现代咨询业更加偏重量化分析的管理理论，并且融入了IT技术理论，处于不断发展和完善的过程中。

4. 咨询顾问的职业素质要求

在传统咨询业中，MBA和具有丰富管理实践经验的人占据了咨询人员的大部分比例。但随着咨询问题复杂程度的提高，咨询顾问的职业素质面临着新的挑战。一名优秀的现代管理咨询顾问不仅需要具备先进的管理理论基础和丰富的管理实践经验，还要精通IT技术及其应用。由此可见，现代管理咨询更需要的是跨学科的复合型人才。

5. 咨询管理公司的经营形式

在咨询行业未形成一定的产业规模之前，大多数传统咨询公司采用的是合伙制经营。公司的成长壮大依靠的是咨询队伍的不断发展和市场容量的增长，以及客户企业对于咨询价值的逐步认可。相比之下，现代咨询企业也较多地采用股份公司的形式，通过紧密融合现代管理理论和IT技术，形成了知识与技术双密集型的经营体系。不仅

更加容易形成产业规模，而且有利于咨询产业的快速成长与相关职业规范的建立。

11.2 管理咨询的成功与失败

11.2.1 管理咨询公司的成功因素

影响管理咨询公司的成功因素有很多，总体可以归纳为四个方面：企业价值观、市场定位与品牌、内部机制和创新能力，如图 11-2 所示。这四个方面中的任何一个或多个方面都可能构成公司的核心竞争力，并且相互作用，共同决定着一个咨询公司的未来发展。

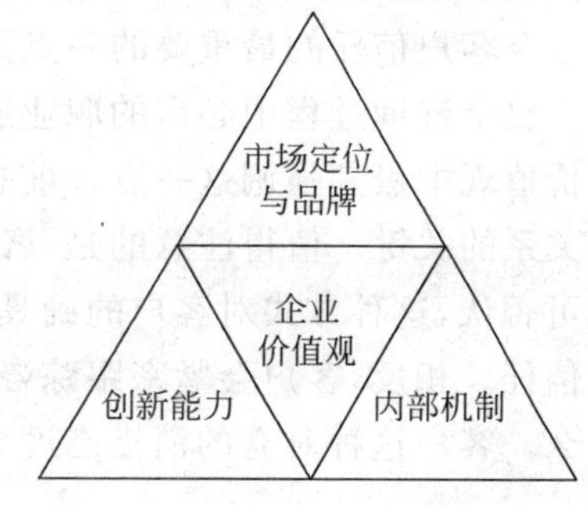

图 11-2 管理咨询公司的成功因素

1. 企业价值观

企业价值观是管理咨询公司经营管理理念的集中反映，也是四个方面中最为核心的部分。许多著名的咨询公司，例如麦肯锡，就是凭借独特的企业价值观塑造了它在咨询行业长久的生命力和市场竞争力。每一个咨询管理公司的价值观各不相同，但成功的咨询公司所坚守的价值观有许多相似之处。下面看一看麦肯锡的价值观是怎样的，如图 11-3 所示。

为提高客户全面业绩提供根本性的咨询服务	以价值为导向管理自我
• 对客户问题的解决、实施和能力建设起到整合作用 • 与客户建立长期信任的合作关系 • 追求高质量的服务	• 坚持合作、参与和信任的合伙人原则 • 在自我管理和相互责任明确的情形下享受行动自由
为每一位客户提供公司最佳服务	**发展一个有利于使用才能的环境**
•职业伦理、专业水准、责任心和独立判断意识 •以最有效的方式管理客户资源 •发展和传播最优管理实践	•体现对每个人的关怀 •履行发表不同意见的义务 •营造开放的工作环境

图 11-3 麦肯锡的企业价值观

图 11-3 表明：第一，麦肯锡的企业价值观十分强调客户的利益，并将客户价值整合到企业价值提升的过程中。第二，麦肯锡咨询服务的发展理念，不仅仅局限于客户发展，

还关注到企业内部人员的个人发展，实现了公司与客户的双向促进作用。第三，麦肯锡将客户的信任看作企业的资本，也是为客户提供全面支持的前提。正如麦肯锡前任总裁Marvin Bower所言："管理咨询师应该在社会上得到如同医生和律师一样的信任和尊重。管理咨询这一行和会计师及律师最大的不同在于，我们为总裁提供的服务常常是他们认为自己能够而且应该自己来完成的。甚至在咨询师被邀请开始工作后，如果不能确保管理层的真正合作与支持，我们不能创造任何价值。因此，我们必须提供给客户(合同之外)其他的超值服务。无论是解决问题的能力和方法、经验、技术、独立性或立场，让客户真正信任我们，而且相信我们不会对组织结构产生不必要的损伤。"

令客户信任的最重要的一点是严守客户的秘密，即具备保持沉默的品质。这不仅仅是在整个咨询过程中必需的职业道德，也是咨询完成后所应当遵循的原则。麦肯锡在企业价值观中极其强调这一点。前总裁Marvin Bower认为严守客户秘密是麦肯锡处理客户关系的关键。值得注意的是，咨询公司绝不能以直接或间接承诺效果的方式拉拢客户。不可否认，这种方式对客户的确具有很高的诱惑力，但这样的合作关系并不代表真正的客户信任。相反，客户会紧密跟踪咨询顾问的具体行动，看看许了愿的咨询公司到底能做些什么。客户这种对立的消极态度无疑会为管理咨询带来负面的影响。

2. 市场定位与品牌

咨询作为一种服务产品，同样存在着市场定位与品牌的问题。一方面，咨询师需要明确自己与目标客户的关系，以及自己最善于提供哪一特殊领域的咨询产品，即特定的客户服务群和项目领域。另一方面，管理咨询行业的行规和特性决定了公司品牌在市场推广中占据了重要角色。可以说，咨询公司的市场定位与品牌宣传既是一门科学也是一门艺术。

(1) 市场定位

对于客户定位来说，定位过程主要包括以下几点：

① "真正"客户的确认与审查；

② 客户的立场和地位；

③ 客户的开放性程度；

④ 客户研究相关问题的意愿；

⑤ 客户雇请咨询顾问的经历；

⑥ 客户对所提供的咨询服务的误解；

⑦ 客户问题陈述的清晰程度。

对于项目领域定位来说，由于一家管理咨询公司很难在所有的咨询领域都做到最佳水平，因此有选择地开发特定领域的咨询优势是企业优化资源配置的重要手段。同时这也带来了一个问题，就是选择开发哪些特定领域的咨询服务。这里的选择开发不是指专攻某几个咨询领域而放弃其他咨询服务,而是指明确服务项目的边界与包装。比如,可以将所有项目分为核心项目、成长项目和未来项目分别涵盖的领域,并在公司不同的发展阶段确定开发的重点,如图 11-4 所示。

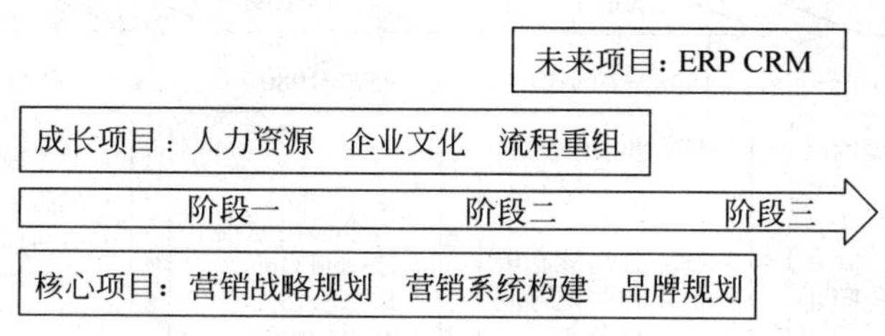

图 11-4　服务项目定位

(2) 品牌

管理咨询业的市场营销具有一定的特殊性,比如很少有管理咨询公司在公众媒体上打广告。这是保守客户秘密的行规所决定的。因为依据与客户签订的协议,公司不可能将咨询项目公开,造成宣传缺乏实际的产品支持。这种产品的"虚无性"客观上增加了市场营销的难度。在如今的激烈行业竞争中,各咨询公司更加依靠品牌效应提高市场份额,并且这种方式逐渐形成了管理咨询业营销的传统习惯。

那么一家管理咨询公司的品牌效应主要受哪些方面的影响呢?首先,较长的经营历史在很大程度上反映了公司的生命力,如同人们平时谈及的"老字号"一样,时间持续的过程也正是品牌形成的过程。其次,公司的规模。虽然这一点与公司历史的长短有关,但更加取决于企业的资金和人员的投入。当企业达到一定规模时,一方面其市场影响力也会随之提升;另一方面,单纯地追求规模与数量也会给品牌经营带来商业风险。比如安达信公司在规模迅速扩大时期,由于经常大胆预计咨询项目的经济效益,但在实际实施过程中又无法兑现对客户的许诺,而与客户发生了激烈争执,甚至被客户上诉到法庭,严重影响了安达信公司的品牌形象。最后,案例与口碑。在公开市场宣传受到限制的条件下,客户的评价是对管理咨询公司服务质量的最具有说服力的证明。大量成功的咨询案例不仅有利于公司与老客户保持良好的合作关系,也使老客户愿意为公司宣传,达到一种高层次的营销。从而提高咨询公司的品牌知名度,赢得新客户的信赖。另外,有时候咨询公司的文章著作也可能给咨询公司带来意想不到的声誉。尤其是对咨询方法的革新,往往会使公司成为行业的先行者和被竞争对手效仿的典范,以至于影响整个咨询行业的发展。

下面来看看著名咨询公司麦肯锡是如何创立自己的品牌并实现关系营销的。从 1926 年至今,麦肯锡公司经过了 88 年的发展,完成了注重长期客户关系的市场定位。这种稳健的营销风格,加之对企业价值观的强化,形成了麦肯锡独特的品牌文化,使其在全球管理咨询的市场中一直占据领先地位。麦肯锡品牌的建立与发展主要经历了以下四个阶段：开创期、基础期、扩张期、维持期，如图 11-5 所示。

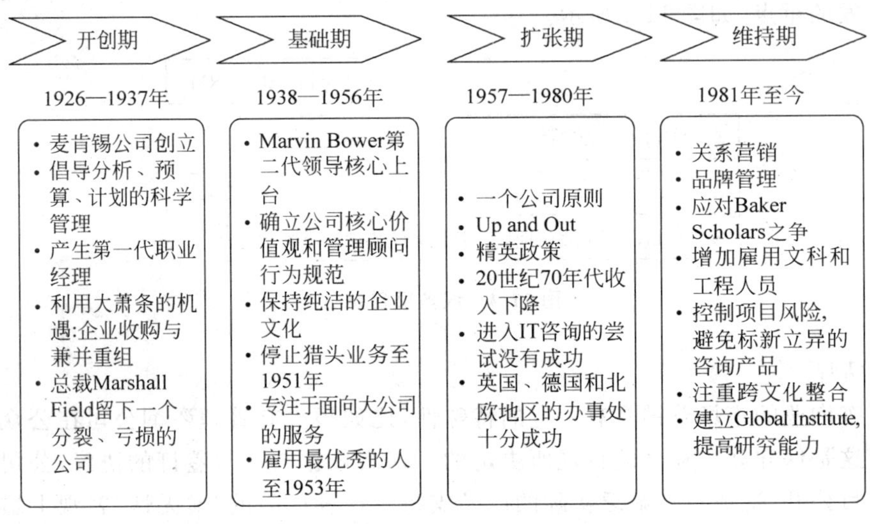

图 11-5　麦肯锡品牌的建立与发展

麦肯锡的市场定位针对最高层决策者。起初，麦肯锡通过组织商界的午餐聚会和企业研讨会来扩大自己的影响。同时麦肯锡还在《哈佛商业评论》等知名学术杂志上发表文章，陈述对企业问题诊断的看法，引发了许多目标客户——企业总裁的注意。更关键的是，一些公司管理者通过订阅《麦肯锡高层管理季刊》或麦肯锡研究部门的其他出版物，提高了本企业的经营绩效。就这样，麦肯锡以公司品牌为核心，达到了向目标客户宣传咨询服务的目的。它并不强调自己是否专长某一类功能或某一行业，从而克服了咨询行业发展周期的问题，使公司能及时适应不同时期的客户需求。因此，麦肯锡的营销方式是公司品牌的驱动。

随着品牌的逐步建立，品牌管理在咨询公司的运营中起到了越来越重要的作用。除了创立品牌，咨询公司更需要懂得如何维护品牌。品牌维护不仅是保持优质的服务，也是一种及时弥补咨询失误的能力。只有让客户感到“物有所值”，咨询公司才能在咨询市场上保持良好声誉并占有市场。因此品牌也往往是咨询服务质量的社会化评价，是咨询公司的“有形”资产。

麦肯锡成功的企业价值理念为当今许多的管理咨询公司所借鉴，奠定了咨询行业的职业规范与企业发展基础。

3. 内部机制

任何一个咨询公司的运转都遵循一定的规律，即内部机制。良好的内部机制能够提高管理咨询公司的服务效率，提高客户的满意程度和企业的竞争能力。一般意义上的内部机制往往包括管理架构、合伙人自我管理约束激励机制、知识管理等多个组成部分。每一个部分都是不能脱离内部机制这个整体而单独存在的。

将内部机制分解为若干组成部分的意义在于，这不仅仅可以使复杂问题简单化，同时也为改善内部机制提供了突破点。因为内部机制作为一个庞大的企业运营系统，如果想要从整体上统一改善，往往需要十分复杂的过程，以及大量的成本投入，这样反而会限制企业的发展。

4. 创新能力

创新能力是顶尖管理咨询企业的共同特点之一。早在 20 世纪 80 年代以后，麦肯锡在竞争对手的压力下推出了一系列新的概念和咨询产品，如 7S 模型、核心流程重组(Core Process Reengineering，CPR)等。而安达信则建立了与 IT 技术紧密相连的业务解决方案，如图 11-6 所示。这种解决方案的创新之处就是不再出售项目咨询的时间，而是出售集成的职能软件和硬件产品给客户，攻打咨询市场的边界。它使安达信的核心业务具备了特殊的竞争优势，在此后的短短十年内，安达信咨询公司的收入增加了两倍，从 1989 年的 2.3 亿美元增加到 1998 年的 8.3 亿美元，员工也由 25 000 名迅速扩张为 65 000 名。可见，创新为管理咨询企业带来了增长的活力。

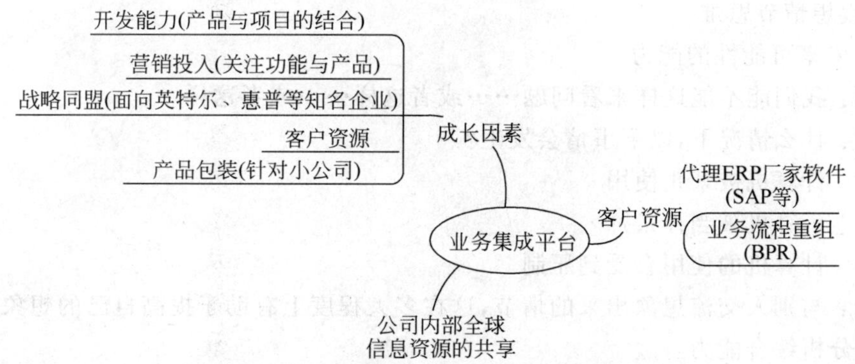

图 11-6　安达信基于 IT 的业务解决方案

注：ERP＝Enterprise Resource Planning；BPR＝Business Process Reengineering；SAP 是世界上最大的管理软件厂商

创新能力不等于创造能力。创新的产物不一定必须是产生某种与过去完全不同的咨询方法或理论，但必须是对客户有价值的。否则，新的理论与咨询方法也就失去了实践的意义与目的。另外，即使是原有的方法，如果能够创新性地使用也是创新能力的体现。

创新能力强调咨询顾问的思维技能。而较强的思维技能并不是少数天才的专利，而往往是咨询顾问和咨询团队在不断的思维训练中培养出来的。下面举了几个培养创新性思维的练习：

(1) 思维发散

能产生许多不同想法的能力

问题：有没有别的办法来……

练习：一分钟内写出尽可能多的以下物体的用处

一块砖

一个棒球拍

小组讨论：你能确认多少种用处？

你计划如何提高自己的思维发散能力？

(2) 可能性思维

找出不同的解决问题的办法的能力

问题：……有哪些可能性？

练习：你能在一分钟内找出从所在地到美国纽约的所有路径吗？

小组讨论：有多少人是根据地理方位列出的途径？

有多少人是根据交通方式列出的途径？

有多少人是根据上述两种方法外的其他角度列出的途径？

(3)假想情节思维

构想未来可能性的能力

问题：我们能不能这样来看问题……或者这样……或者这样

练习：什么情况下，以下事情会发生？

计算机被禁止使用

计算机被当神崇拜

计算机的使用会受到压制

讨论：与别人交流想象出来的情节，这在多大程度上有助于提高自己的想象力？

(4) 分析综合能力

在似乎无关联的物体及想法之间看出它们之间联系的能力

问题：……与……有哪些相似之处？

练习：如果“上”、“内”和“下”能够用“关闭的”这个词来连接，那么你认为以下几组词用哪个词连接合适？

鱼，切割，奶油
学徒工，领导，战争
棒球，钓鱼，裤子

讨论：你是如何将这几组词联系起来的？
团队讨论对你得出答案有多大帮助？

(5) 挑战性技能

能够并愿意挑战传统思维或传统的做事方式

问题：为什么只能用这种方法？

练习：大学已经存在了数个世纪，可否通过其他方式接受到与大学一样的高等教育？

讨论：你的回答是什么？
你得出的答案用了什么假设？

(6) 弃旧图新倾向

抛弃熟悉的做事方式而代之以新方式的能力

问题：如果我们将其从……改为……怎么样？

练习：用以下字母组成逐渐加长的单词，每次增加一个字母(字母顺序不变，限时一分钟)
A，T，R，E，G，T

(参考答案：AT，RAT，TEAR，GRATE，TARGET)
I，T，S，F，G，H，R

(参考答案：I，IT，SIT，FITS，GIFTS，FIGHTS，FRIGHTS)

讨论：这个练习中最难和最简单的部分是什么？为什么？

(7) 标新立异能力

跳出被普遍接受的思维框架的能力

问题：也许我们正在做的已经失去了效用。试试……怎么样？

练习：一个人怎样吃下铁块？

(参考答案：吃富含铁的糖块)

讨论：你的答案是什么？

这里面所需要的最重要的技能是什么？

11.2.2　咨询方案为什么会失败

咨询方案的成败在很大程度上决定着公司未来的发展命运。因此，管理咨询公司必然会面临一个急需解决的问题：那些看似切实可行的咨询方案为什么失败了？

在总结可能导致咨询失败的因素之前，首先应该明确咨询方案的另一层含义，即企业变革。传统意义上的企业咨询强调一个认知问题与提出相应解决方案的过程。但企业咨询的最终目的是引导企业管理走向成功，是一个方案的实践过程。由此可见，咨询方案势必会给企业的管理实践带来或大或小的变革，否则企业咨询就成了一场文字游戏，永远停留在纸面上。而咨询方案能否成功的关键，便在于能否帮助客户企业完成这种从认识到实践的质变。

在明确了咨询方案的内在含义后，便不难看出，导致咨询方案失败的因素正是阻碍客户企业变革的限制条件，而不仅仅是咨询方案本身。在这里简要列举以下几点进行分析。

1. 公司政治

既然咨询方案将导致客户企业管理的部分或整体改革，那么在增加企业整体利益的同时，必然会牺牲部分群体的利益。但是，并不是所有的管理者都愿意以牺牲部门或个人利益为代价，导致咨询方案的实施不能得到管理层的有力支持。

2. 企业资源

任何一项企业改革，比如战略、流程、结构、营运等，都需要建立在一定的企业资源基础之上，尤其是企业的人力资源支持。企业原有的人力资源既包括改革实施的执行者也包括受益者。可以说，咨询方案的成败在很大程度上依赖于人力资源的质量。然而，让员工改变长期的工作习惯，接受新的改革方案是比较困难的，或者说需要一个循序渐进的过程。

3. 外部环境

客户所处的外部环境无时无刻不在发生着变化，比如新技术的出现、市场竞争的加剧、政治环境的动荡，等等。然而咨询方案却是根据公司的历史数据得出的结果，是相对静止的。于是，这种矛盾使咨询方案的有效性受到了很大挑战。

4. 协同能力

企业是一个不可分割的运营系统，任何一个部分的变化也都将引起其他部分的变化。因此，在管理咨询方案的实施过程中，所有的相关部门必须与改革部门相配合，进行适当的小幅调整，从而较好地将新的管理模式整合到当前的整个企业系统中去。这种协同能力的强弱将直接影响到咨询方案的实施效率。

5. 客户沟通

对于每一个咨询方案来说，成功的一个必要充分条件就是与客户建立和维持有效的联系。良好的客户沟通能够带来多方面的好处。第一，使咨询公司能够获取有价值的客户信息与反馈，从而对方案的个别失误及时进行调整来保证整体方案的正确。第二，能够

使客户明白为什么要实施该咨询方案，提高客户的方案认可度。第三，避免了客户与咨询公司对方案的具体实施细节产生歧义，否则，关键细节上的问题将导致咨询项目不能达到预期效果。

6. 方案假设

方案假设符合咨询企业的实际情况是咨询方案成功的基本前提。即使相同的管理问题，相同的行业背景，咨询方案也会因企业环境的不同而存在巨大差别。因此，每一个方案都必须实事求是地根据每个企业的问题特点建立假设，而不是在案例假设上简单改动。

11.3 咨询公司的三个重要管理议题

作为一家咨询公司，维持日常经营的管理方面有很多，主要有战略规划、组织变革、人力资源管理、项目管理、绩效改进、知识管理等。其中人力资源管理与项目管理是公司日常经营中的主体，而知识管理又是容易被忽视的方面，因此在本节中将着重介绍这三个管理议题。

11.3.1 咨询公司的人力资源管理

咨询企业所面临的人员管理内容有很大程度上是对知识型人员的管理。彼得·德鲁克说："知识型员工不能被有效管理，除非他们比组织内的任何其他人更知道他们的特殊性，否则他们根本没用。"为此，必须充分了解及掌握知识型员工的特点，才能管理好知识型员工。

1. 知识型员工的特点

(1) 独立性

知识型员工拥有较强的独立自主性，如果上司把要做的每一件事的计划与措施都安排得非常具体，知识型员工反而会不喜欢，甚至会有一种被摆布的感觉。这种独立性还表现在要求更加灵活的工作时间和更加宽松的组织气氛等方面。总之，他们在工作中更强调自我引导，而不是简单听从上一级的命令。

(2) 创新性

咨询工作不是单纯的重复性工作，这种工作性质决定了咨询人员乐于发挥自身的创新性，并在不断的环境变化中充分发挥个人的资质和灵感，从而应对各种可能发生的情况，满足客户的动态需求。

(3) 流动性

当今企业的竞争不仅仅是管理和技术的竞争,更是人才的竞争。一方面,随着知识经济的到来,企业对知识型人才的宏观需求增加以及高端人才的数量限制,造成了人才市场供不应求的局面,导致了知识型员工的流动速度迅速加快。另一方面,随着全球化和信息化的不断深入,国与国之间的界限日益模糊,这为知识型员工的流动提供了可能。知识经济对传统的雇佣关系提出了新的挑战,"资本雇佣劳动"似乎已经不能解释当前的企业雇佣状况。因为在知识经济时代,资本不再是稀缺要素,知识取代了它的位置,降低了长期保持雇佣关系的可能性。

(4) 业务成就感

与一般员工相比,知识型员工更在意实现自身价值,并强烈期望得到社会的承认与尊重。他们并不满足于被动地完成一般性事务,而是尽力追求完美的结果。因此,咨询人员比较愿意接受具有挑战性的工作,并把攻克难关看做一种乐趣、一种体现自我价值的方式。

(5) 个体成长

知识型员工非常重视能够促进他们不断发展的、有挑战性的工作,他们对知识、对个体和事业的成长有着持续不断的追求。在图 11-7 中,表明个体成长是知识型员工最看重的因素,而与成长、自主和成就相比,金钱的边际价值已退居相对次要的位置。因此,吸引优秀的咨询人员不能单纯依靠高于行业平均水平的薪资,而是应当形成一套完善的内部人员培训体系。只有将咨询师的个人职业规划目标与企业发展利益结合起来,企业才能够长期留住咨询人才。

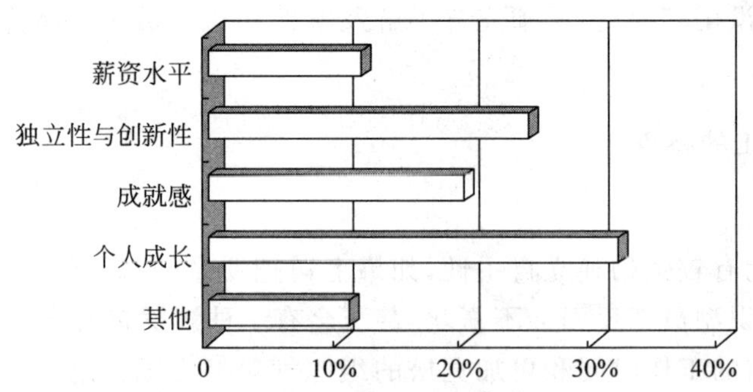

图 11-7 知识型员工的主要注重因素

(6) 复杂性

首先,咨询过程本身就是一项复杂的劳动过程。因为员工的工作主要是依靠大脑的思维活动,而非体力劳动。这种无形的劳动过程随时随地都可能发生,并且没有确定的流

程和步骤。既不能被复制，也无法跟踪，因此很难有固定的规则。其次，工作考核复杂。虽然咨询员工具有独立自主性，但这并不等同于不需要员工之间的密切配合。完成一项咨询任务一般是以团队合作的形式出现的，因为跨越组织界限可以获得知识整合与灵感激发的优势。因此，劳动成果多是团队智慧和努力的结晶，这使个人的绩效评估难度较大，因为分割难以进行。最后，咨询师的工作成果复杂。比如，成果本身受多种环境因素影响，有时难以度量有哪些成果是真正由于咨询师的工作努力而获得的。再比如，成果的显现具有时间滞后性，不能短期内确定咨询效果。

2. 人力资源管理框架

根据上述人员特点，咨询公司可以制定相应的人力资源管理战略，确定合适的人员组织结构、人员招聘、绩效考核与评价、培训计划等。由于不同咨询公司的自身资源与市场环境不同，所制定的人力资源管理战略也会存在差异，但基本的思路框架存在一定的共性。可以通过图 11-8 并结合知识型员工的特点进行人力资源管理分析。

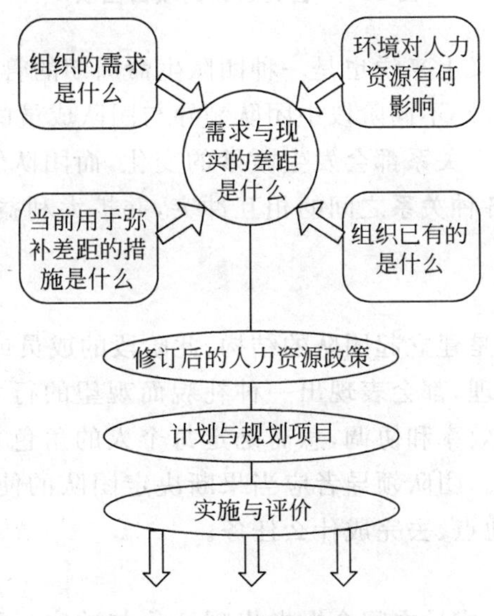

图 11-8　人力资源管理框架

3. 项目团队的管理

良好的人力资源管理战略需要一系列具体措施来支持，从而实现咨询公司的最终战略目标。项目团队的管理就是其中的主要措施之一。由于一个咨询项目的推进通常是基于整个咨询团队的力量（如图 11-9 所示），因此能否实现团队的优化整合，提高组织效率，是咨询公司人力资源管理成功的关键。

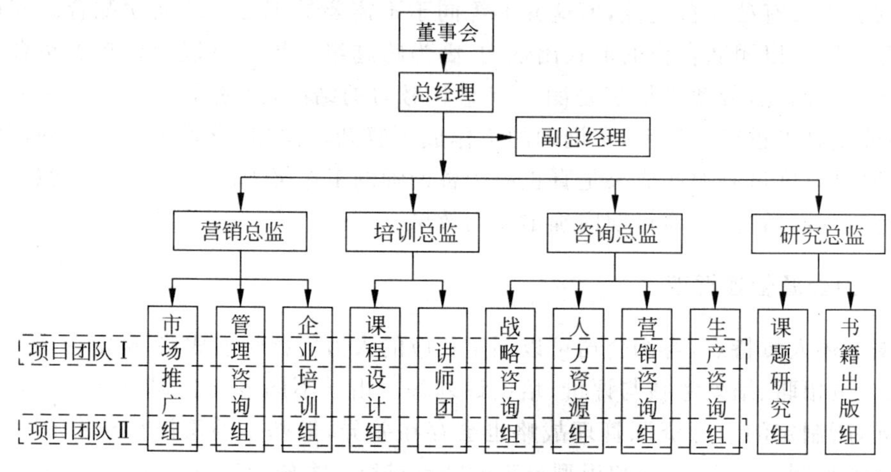

图 11-9　咨询公司的项目团队

团队的管理在某种意义上来说也是一种团队生命周期的管理。每一个团队都会经历从成立、融合到成熟的阶段。不同阶段中团队领导与团队成员的关系、各团队成员之间的关系以及团队与客户的合作关系都会发生微妙的变化,而团队管理则是引导这些关系朝着积极的方向发展,减少各种关系之间的相互冲突,并扩大利益结合点,使整个向心力得到加强。

(1) 团队成立阶段

建立团队的最初阶段是建立起团队的结构,此阶段的成员或是兴奋期待,或是怀疑与担心。但无论抱有何种心理,都会表现出一种礼貌而观望的行为,并尽量避免冲突发生。此时的团队讨论往往缺乏效率和协调,急需确定每个人的角色及责任。团队内的交流主要为从上到下的单向交流。团队领导者应当果断决定团队的使命与目标,并明确告诉团队成员在什么时间、什么地点、去完成什么任务。

(2) 团队融合阶段

随着团队合作的深入,成员之间会慢慢出现竞争与冲突。种种矛盾极可能是由于对指派任务公平性的怀疑,也可能是对团队领导或其他团队成员能力的指责。总之,团队管理的主要问题就是如何解决这些内部矛盾。在经历了充分的团队沟通后,团队成员会逐步脱离先入为主的思想和观念,更加相互信任与宽容。这种相互信任可以从授权数量的增加和团队成员自主性的增强上体现出来。作为团队领导者,应当在此时给予团队成员全力的支持,最大限度地减少自己的影响力。鼓励讨论并倾听下属的意见,从而使整个团队的氛围由冲突转向相互分享、团结一致。

(3) 团队成熟阶段

这一阶段是最容易出成果的阶段。团队发展的主要支柱已经演变为了各成员之间的相互依赖,良好的人际关系架构基本形成,成员会因自己是团队的一员而感到高兴与自豪。团队领导者只需提供少量的指导,并将更多精力花费在授权之后的观察与监督上面。在这种模式下,团队具有很强的凝聚力和可塑性,每一项团队任务的完成都易于达成共识并充分调用内部资源,使团队合作流程顺畅而有效率。

11.3.2 咨询公司的项目管理

项目是开发新的或改进的产品、服务、环境、过程及组织的活动,是咨询活动最普遍的工作单元。项目管理的质量会直接影响到咨询项目的运作效率和咨询公司经营状况的好坏。良好的项目管理可以增加销售额、降低成本、改进质量和客户满意度、改善工作环境并带来许多其他好处。随着越来越多的咨询企业意识到项目的重要性,项目管理已经变成咨询公司改进工作的一个焦点,甚至将项目管理作为一种在当今激烈的市场环境中维持竞争优势的关键战略。

1. 项目管理流程

咨询项目的种类很多,有的可能只需要一个咨询师工作几天就能完成,有的则可能需要一个由咨询师团队、分包商等组成的工作团队工作一年甚至更久来完成。但无论是哪一种咨询项目,其项目管理都遵循一般的原理和方法。咨询项目管理的主要流程如图 11-10 所示。其中,前期咨询主要包含咨询项目的策略研究、可行性研究以及客户需求分析。而在方案设计阶段,则需要选择合适的分析工具,进行项目的结构设计和系统设计,并证明假设前提的正确性。同时,对项目参与人员的前期培训有时也是必要的。在咨询方案确定后,就要给客户提供相关建议并及时根据客户需求对项目的时间、人员和预算进行调整。值得注意的是,团队外的项目监理也是十分重要的。严格的监理工作有利于确保项目经理和项目组履行承诺。项目监督的工具有很多,比如文件跟踪系统、访问权限设置、时间报告系统等。当项目完成后,还应审查项目是否满足了策略研究阶段设定的目标,以便对项目的进一步完善提出建议。

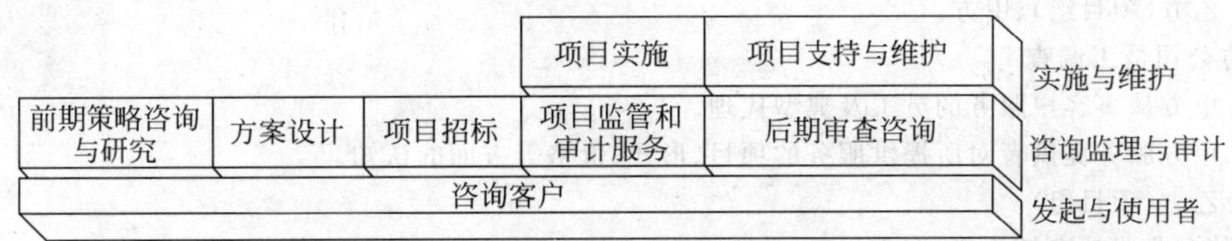

图 11-10 咨询项目管理流程

2. 项目质量控制

项目管理的核心内容之一是对项目质量的控制。在整个咨询项目管理的过程中，主要涉及两个重要的质量控制文件，即《咨询项目策划提纲》和《咨询项目工作计划》。下面是一个项目质量控制的实例。

实例：咨询项目策划提纲及质量控制点

为了对项目管理全过程进行有效的质量控制，确保项目管理的质量，乙方咨询项目组在充分调查研究的基础上，为甲方（ZH 公司）设计了《咨询项目策划提纲》（如表 11-1 所示）。通常，将该《提纲》确定为项目管理质量控制标准，如表 11-2 所示。

表 11-1 《ZH 公司咨询项目策划提纲》

1. 项目实施宗旨

(1) 客户满意是企业经营的根本目的；

(2) 使甲方长期赢得客户满意以及公司成员和社会的利益；

(3) 以服务为主要产品形式的甲方，必须建立有效的客户完全满意体系；

(4) 能实现测量、监控和保障客户服务系统的有效运行；

(5) 能持续实现客户化和可靠性的服务质量改进；

(6) 全面客户满意方案能持续达到客户完全满意，提升甲方服务品牌。

2. 项目内容及实施方案

(1) 甲方客户服务现状调查研究与诊断

· 随机性集中访谈和重点访谈
· 小范围问卷调查和二次重点访谈
· 甲方客户服务资源分析
· 同行（竞争对手）比较分析
· 服务流程诊断
· 优化服务流程原则

(2) 实施方案

· 客户访谈、问卷调查

对象：甲方客户，如关键客户、新客户、抱怨客户、典型流失客户。

内容：客户对提供的服务项目、形式、价格等方面的预期和感知。

执行：乙方（项目组）、甲方。

· 甲方公司员工调查

对象：甲方从事客户服务的员工及典型代理。

内容：甲方服务提供者对所提供服务的项目、形式、价格等方面的认知。

执行：乙方（项目组）。

· 其他企业成功案例收集、调查

续表

内容：提供成功服务企业的第二手材料。 执行：乙方(项目组)、甲方。 (3) 甲方客户完全满意体系组织设计

(资料来源：刘广第.咨询项目管理质量控制使用方法研究.中国质量，2003(4)：11～13)

表 11-2　质量控制点

项 目 运 作	项 目 成 果
1. 严格培训 (1) 项目组成员的培训 • 项目组团队文化 • 工作方法 • 工作规章制度、纪律、保密 • 项目组工作程序 • 工作任务 (2) 对超越需求的能力判断和决策 专家引导项目组成员全心全意为客户服务，与客户参与者携手力争提供超越客户需求的产品功能特性。 • 客户需求目标识别为：服务流程再造； • 超越需求目标为：适用服务流程变革的组织设计。 (3) 项目组成员的价值趋向的一致性控制 • 在市场环境下识别顾客的需求； • 基于事实确定产品的功能及产品质量的假设； • 预测产品功能和产品质量超越顾客需求假设的可能性； • 明确项目实现的价值和目的； • 假设完成项目工作并进行过程质量控制的途径和方法。 (4) 客户培训 • 高层培训和各个职能部门的教育培训，提升理念达成共识； • 客户项目组成员的培训和答疑； • 举办中高层讲座，系统地介绍项目组工作程序和内容。 2. 收集事实和数据 (1) 明确事实和数据的来源； (2) 确定收集、处理信息的责任和方法。 3. 项目组工作会议制度 (1) 对某个项目组成员的要求 • 整理访谈记录，发现新的需要考虑的问题，提出需要提供的新资料；	1. 项目阶段工作情况报告与阶段成果报告 (1) 按照进度计划向甲方汇报已经完成的项目工作成果； (2) 按照进度计划向甲方汇报正在进行中的项目工作情况。 2. 总报告 (1) 按照合同计划规定，乙方向甲方高层管理者提交项目成果报告； (2) 经甲方高层管理者审定，并反馈相关意见； (3) 乙方完善项目工作成果总报告； (4) 交付总报告； (5) 甲方组织专家评审会评审项目成果。

续表

项目运作	项目成果
• 设计甲方子公司内部访谈提纲； • 设计甲方子公司内部调查问卷； • 制定甲方子公司和客户访谈计划。 (2) 内部交流目的 • 谈直觉，提创意，发挥每个人的才能和智慧，集思广益； • 汇总要点，明晰思路，识别甲方需求和期望； • 根据新目标，明确制定下一个阶段工作计划、步骤重点； • 讨论甲方反馈资料(由甲方项目负责人(简称 A1、A2)提供)。 4. 流程管理文件 5. 甲方子公司访谈提纲 例如：业务方面 • 甲方子公司的经营区域划分，介绍甲方子公司的经营情况(历年经营业绩、客户服务质量等)，如何考核其服务质量； • 甲方价格制定体系，介绍与客户直接相关的操作流程、物流、信息流、单据流和资金流。	3. 售后服务与自我评价 (1) 按照合同规定，乙方实现对甲方项目正常运作的相关服务； (2) 项目组对照原创项目目标进行整体自我评价，明确改进目标。

3. 项目风险管理

咨询项目能否达到预期效果与咨询专家和客户的密切合作有直接关系。如果客户与咨询公司发生分歧，并难以调解时，客户有可能会将咨询公司诉诸法律来补偿自身利益。因此，咨询项目具有一定的风险性，并且这种风险始终伴随着管理咨询项目的各个阶段。从项目跟踪到签约、到调研和解决方案的撰写、到方案实施、到项目验收及验收之后都存在着项目风险。因此，在咨询过程中对项目的潜在风险因素进行评估和检测是项目管理中十分必要的。

(1) 签约前的风险控制

咨询公司与客户分别作为服务方与被服务方，存在着明显的信息不对称问题。咨询公司无从知晓客户项目咨询的真实目的，也不能确定客户方人员素质情况能否支持咨询项目进行。即使咨询公司内部也同样存在着一系列不确定性。比如：是否有合适的咨询师能够胜任这次咨询任务？如果有，那么相关咨询人员是否有充足的时间接手项目？如果没有，是否能够在短期内招募到合适的咨询人员？对于上述问题咨询公司都需要进行讨论分析，并做出果断决策。这种过程可以说是一种得与失的平衡，既要避免在成功概率小的项目上投入大量的人力、物力和财力，也要追求利润和客户满意度的最大化。

此外，还应明确哪些数据是不能够在合同中向客户承诺的，又有哪些内容是必须与客

户事先约定好的。比如咨询项目所涉及的业务范围、地点、部门、参加培训的人员、交付的文档资料和培训内容都应当在合同中进行详细说明。而类似于"销售额增加20%,利润达到1 000万元"这样的承诺是难以控制的。因为在项目运行的时间内,企业内部和外部的环境都在发生着变化。一旦这种变化朝着不利于企业效益提高的方向发展,那么咨询公司就很难兑现当初的数据承诺。

(2) 咨询过程中的风险

整个咨询过程中存在着三类风险。第一类是咨询人员技能风险,这一类风险相对容易防范。咨询公司可以通过培训和人员更换等多种手段解决。第二类是客户关系风险。项目运行的过程也是项目组多次调研,不断深入了解客户的过程。调研结果的准确性直接关系到咨询方案的效果。除此之外,咨询顾问往往还将对客户进行多次的工作方法培训和专业培训。因此,客户方与项目组的关系稳定性同样影响着咨询项目运行的成本。面对此类风险,项目组应当在实施之前严格制定计划,完备记录和总结文档,并要求被调研对象签字确认。第三类风险是时间进度风险。相关数据表明,能够在计划时间内完成的咨询项目不到一半,许多项目常常因为人员不到位、政策变动、领导支持不力等无法预见的因素而导致时间拖延。这种项目时间成本的增加无疑会损害客户与咨询公司的共同利益。为了防范项目进度严重滞后,项目组可以考虑签署时间雇用制的咨询合同,那么客户一旦拖延就会付出更大的代价。当风险发生时,可以考虑暂时停止项目运行,同时调整进度计划,直到项目满足了相关基本条件再继续运行。

(3) 方案验收阶段的风险

验收阶段存在着客户是否认可咨询方案的风险。客户可能会以质量差或没有达到目的等为借口不做阶段验收或阶段成果确认。为了防范此类风险,一方面应让客户积极参与到项目调研、问题提出、模型分析和方案撰写的过程中来,使客户对新方案产生认同感。另一方面,项目组需要在咨询项目的每一步骤让客户进行确认,比如培训有培训评估,项目阶段有阶段报告,处理问题有问题分析报告。总之,这两方面都能很好地促进客户对最终咨询方案的确认验收。

11.3.3 咨询公司的知识管理

智力资产是咨询公司竞争力的决定因素。而智力资产的管理核心是对知识的管理。那么什么是知识管理呢?作为咨询公司又应当采取什么样的知识管理模式呢?

1. 知识管理的概念

美国生产力与质量研究中心(American Productivity and Quality Center,APQC)认

为："知识管理是指为了提高企业竞争力而对知识进行识别、获取和充分发挥其作用的过程。"美国德尔福集团创始人之一卡尔·弗拉保罗认为："知识管理就是运用集体智慧提高应变和创新能力，为企业实现显性知识和隐性知识共享提供新的途径。"卡尔·沃比(Karl Verby)从认识论的角度对知识管理进行了定义，认为知识管理是"利用组织的无形资产创造价值的艺术"。如果有10个知识管理专家，就会有10种定义。从众多知识管理的定义中，归纳了知识管理所包含的几个特征：

(1) 知识在企业中形成一条完整的知识价值链(如图11-11所示)，并具有良好的流动性和关联性；

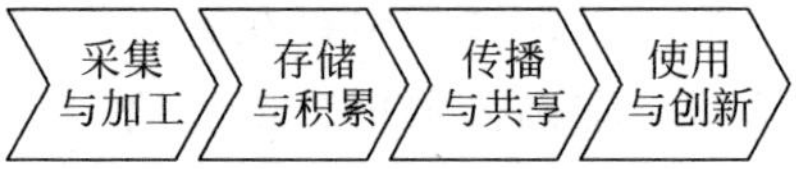

采集与加工 → 存储与积累 → 传播与共享 → 使用与创新

图 11-11　知识价值链

(2) 能够利用集体智慧进行知识创新，来增强企业的无形资产和竞争力；

(3) 企业文化重视知识与人才的培养；

(4) 激励员工充分发挥个人潜力，在提升自我价值的同时，为企业整体知识积累做出贡献。

2. 知识管理的原则

知识管理的基本原则是积累、共享与交流。

首先，知识积累是实施知识管理的基础。特别是一个企业，自它成立的第一天起，就会有很多的信息和知识产生。如果没有积累，这些信息和知识就会随着某项具体工作的结束而消失，或者随着员工的离职而流失。但正是这些信息和知识一点一滴的汇聚，才构成了企业的财富，形成了企业文化、企业价值和企业核心能力。因此，企业一定要注意信息和知识积累，这是企业进行知识管理的首要条件。由知识积累而形成的知识库、信息库，也是企业知识管理的主要对象之一。

其次，共享原则。在知识积累的基础上，接下来的一个问题就是要实现知识的共享。知识的共享，是指一个企业内部的信息和知识要做到尽可能地公开，要使每一个员工都能接触到，每个员工都有权使用企业的知识和信息。知识共享可以使每一个新项目的运行都建立在全公司的经验和知识的基础之上，以使每一个新项目的运行都建立在全公司的经验和知识的基础之上。

最后，交流原则。如果企业的知识有积累，能共享，但是没有交流，那么仍然不能算作有效的知识管理。知识管理的核心就是要在企业内部建立一个有利于交流的组织结构和文化氛围，使员工之间的交流畅通无阻。这样才能最大限度地使信息和知识在交流过程中得到融合和升华，使知识交流者得到启发和提高。提倡交流在知识管理的三个原则中处于最高层次。如果说积累和共享是使知识发挥作用的基础，那么交流则是使知识体现其价值的关键环节。只有在交流过程中，才能更好地完成知识的学习、利用与创新，而创新正是知识管理的最高追求。

(1) 咨询公司的两种知识管理模式——文件数据库与寻人数据库

① 文件数据库(Document Databases)

含义：通过巨额投资开发，建立先进的电子文件系统。公司成员可以通过对文件数据库进行编辑、存储、修改等操作进行知识的反复使用与更新。

优点：节约顾客收集知识的时间，减少顾客享用知识的成本。

缺点：无法得知知识产生的源头和内在逻辑。

适用范围：种类庞杂、存量巨大、更新速度又很快的知识。

使用该模式的咨询公司：埃森哲咨询公司、安永咨询公司。

② 寻人数据库(People Finder Database)

含义：在这种模式下，咨询公司更强调对人力资源的投资，即通过高额聘金来吸引国内乃至世界一流的咨询专家与客户面对面地交流，并传播他们的知识。这一类咨询专家主要包括：经验丰富的生产线拓展专家；对相关行业的历史、现状和发展趋势非常熟悉、富有远见的资深人士；对拓展地文化、风俗、价值观念有深刻把握的人文学家；熟谙当地法律、法规的律师以及世界一流的区域经济学家等。

优点：防止发生由于信息不对称产生的逆向选择，降低知识垄断者的道德风险，满足客户个性化需求。

缺点：高级专家、学者常常被要求回答一些重复性的基础性问题，而与这些问题相关的知识完全可以通过文档文件进行解答。

适用范围：内容复杂、学科交叉、拥有这些知识的人一般有非常少的最新知识(比如，国际业务扩展知识)。

使用该模式的咨询公司：麦肯锡咨询公司。

(2) 知识管理模式的选择

对比以上两种知识管理模式，我们不难发现，管理咨询公司不能完全依靠任何一种模式进行知识管理。实际上，多数咨询公司都是采用一种模式为主，另一种模式为辅的知识管理体系。根据国外专家汉森和罗亚利的研究表明，主次模式以 80∶20 的比例配合较为合理。值得注意的是，咨询公司不同部门使用的知识性质和人员知识结构是不同的。企业经营者应根据上述两种影响因素的变化对知识管理模式进行动态调整。总之，没有最佳的知识管理模式，只有最合适的知识管理模式组合。埃森哲公司的知识管理，是最有代表性的企业知识管理案例。

埃森哲的 KX(Knowledge Xchange)知识管理系统是埃森哲屡次被评为全球 MAKE (Most Admired Knowledge Enterprises)企业的有力竞争武器。这不是一个简单的资料贮存库，而是一个“全球知识共享网络”。它使埃森哲的任何一个员工在世界任何一个角落都不会因为对于环境的生疏而无所适从。KX系统不仅资料种类丰富,而且全球同步、随时更新。咨询人员能够通过多种查询途径,迅速查找到各类市场信息和行业分析。同时,这些资料可以加入到个人工作站中,进行知识的再次利用与创造。可以说,KX系统帮助埃森哲实现了对知识的综合管理应用,从而达成了埃森哲的商业目标。

11.4 国际咨询公司的本土化挑战

中国经济的高速发展以及国有企业的逐步成熟,越来越多的国际知名咨询公司开始关注中国庞大的咨询市场,像麦肯锡、罗兰贝格、埃森哲等咨询公司都已在中国市场经历了几年的业务发展。但这些外国咨询公司在华经营并非一帆风顺。如果这是偶然因素引起的,那么就不会是一个中国咨询市场上存在的普遍现象。那么究竟是什么原因导致国际知名咨询公司在中国的水土不服呢?是因为国际通行的咨询业务准则不能够在中国市场通行?还是因为中国企业文化特征及其对咨询业务的影响?我们又该如何正确看待中国企业咨询市场,看待中国企业发展阶段呢?

通过分析上述问题,并不是简单地关注海外咨询业务在中国企业中的拓展,更是对中国咨询业的国际化具有重要意义。

11.4.1 本土化挑战的原因分析

本土化的挑战来自于多方面,归纳起来主要由三个层次组成:行业挑战、客户挑战和国际咨询公司自身造成的挑战。

1. 行业挑战——时间决定积累

从1981年中国第一家管理咨询公司成立至今,中国管理咨询业仅仅成立了不到30年,仍处于初级阶段。然而,中国管理咨询市场的发展速度却非常快。我们可以将其大致划分为三个阶段:

第一阶段:信息咨询阶段;

第二阶段:点子咨询阶段;

第三阶段:专业咨询阶段。

在中国改革开放初期,由于市场信息相对闭塞,哪家企业能多掌握一些市场需求信息,其产品往往就会有更好的销路,从而企业产生了对信息的咨询需求。但随着国内市场的开放,市场需求信息已经越来越透明,可以花费较少的成本直接获取。企业的竞争力不再取决于对需求信息的掌握程度,而是能否找出在竞争中取胜的方法。在这种企业需求变化的影响下,中国咨询行业也随之改变,从信息咨询转变为点子咨询。然而,一个好的

点子可能在短期内解救一家企业，或是为企业注入新的增长活力，但却不能一劳永逸。如今，中国企业不仅要面临激烈的国内竞争，还要应对潜在的国际竞争，因此企业就必须从长远发展入手，实施职业化与规范化的经营管理。在这种情况下，管理咨询公司进入了第三阶段，即专业咨询阶段。

中国近二十年的咨询行业发展，与国外咨询业相比显得十分短暂，尚未建立起完善的行业管理体系。加上中国企业发展状况参差不齐，对咨询的期望差异很大。国外咨询公司往往需要更多的时间来积累经验，从而了解中国企业以及中国文化底蕴，并由此确定合理的中国市场策略。

2. 客户挑战

(1)"我"要的是方案

咨询公司所完成的工作是和客户一同工作，通过对客户问题的诊断，提出相应的策略。但在中国，企业对于咨询的期望和理解绝非这么简单。客户希望的是咨询公司能够提供一套完美的方案，彻底提高企业管理水平，规范企业管理行为。客观地看，咨询公司与客户的关系应该是平等的，咨询公司作为在某一方面或在方法论上比较擅长的一方，与企业共同寻找管理方面的解决方案，最终由企业做出决策。但这种方式在中国企业中很难行得通。

企业能够认识到自己在管理方面的不足，并且模糊地知道问题之所在和大致的行动方向。因此咨询公司如果仅关注策略制定，就很难得到认可。企业更加需要的是：我该怎么做？一个没有实施方案的策略，做得再好，也只是画饼充饥。

1997 年，沈阳和光公司开价 1 000 万元，购买了埃森哲 3 年的管理咨询。而在 1997 年，和光的利润也不过 2 000 多万元。和光咨询项目从框架上分为三步走：第一步是财务咨询；第二步是从策略、组织、流程方面进行咨询，明确企业改进目标，从而奠定发展的基础；第三步耗时最长，就是选择、实施一套系统，把前面的咨询成果固化下来，也为很多管理措施提供支持。

1999 年 3 月，和光与埃森哲双方的高层对项目做出了评价。和光总裁吴力的评价是："6 个咨询项目，好比在你们家定做了 6 件衣服，有几件做得不错，但其中两件衣服，袖子、领子没上好，扣子也是歪的。我认为现在来谈这个项目是否成功还为时尚早。"

咨询项目效果如何、咨询顾问是否做了应做的事及未尽人意的方面谁该负责这些问题，双方当时看法并不统一。这次"衣服会议"后来在咨询业界也有传闻，潜台词多半是：当年和光买埃森哲 3 年咨询的事轰动一时，结果不过如此。

与 1997 年双方合作项目刚刚签订时热闹一时的宣传相比，1999 年项目结束后的相当长时间内，和光与埃森哲对此事基本保持沉默。在绝大多数接受咨询的企业对咨询效果三缄其口的背景下，这似乎并不奇怪。

和光的总裁吴力这样描述："有一天（埃森哲的）策略组把我们高管人员集中在一块儿，说今天讲讲对和光在策略上的想法，然后做了一个分析报告。报告做完，大家觉得讲得很好，是这么回事儿。结果，埃森哲策略组的人宣布策略项目到此结束。我们当时全傻了，我说不对吧，到底怎么搞，我还没有感觉呢！"

至于项目组的成果，吴力更不满意。他认为咨询报告只是一般性地阐述了矩阵式管理该怎么做，没有与和光实际结合起来。项目组负责人就要交报告了，还没有与吴力进行过深度谈话。

关于策略项目的价值，中国的很多企业与咨询公司在认识上的确存在着较大的落差。吴力对策略项目的不满正说明对于策略咨询应该做到哪个层次，双方认识很不一致，和光对埃森哲的预期与埃森哲自认为应该做的事情差距不小。

企业在接受咨询时起初希望得到策略上的指导，但是在得到策略上的指导之后，又觉得不够实在，希望能够得到如何进一步实施的方案，甚至干脆把人挖过来。埃森哲咨询中国区总裁李刚认为，这是中国现阶段企业聘请外国咨询服务时经常遇到的问题，即中国企业的老总如何正确地使用咨询公司的问题。但从另一个角度来看，进入中国市场，就应该按照中国市场的状况进行自身策略的调整，而不是武断地告诉客户：你的做法不对，应该按照我的说法来做。这个问题的解决不但需要中国企业做出调整，咨询公司如何调整自己的经营理念和策略，也是必须要考虑的问题。如果仍然不能理解客户的需求和现实状况，如果持续埋怨客户的水平而不是真正地替客户着想，咨询公司在中国的状况恐怕很难改善。

(2)"非系统化"基因

中国改革开放二十多年，中国企业真正开始触及管理问题也不过是近二十年的事情，与管理系统根深叶茂的跨国公司相比，中国企业的管理状况处在基础极为薄弱的状态，不能真正理解这种差距，就不能真正为中国企业做好咨询。

外资企业通过实现管理人员的本地化达到与其他地区同样的经营业绩，这种现象可能会导致一种错误的认识：认为国际化的管理方法能够成体系地移植到中国企业。实际上这是不可能的。

由于二十多年来中国经济环境的快速变化，中国企业的战略选择是环境驱动型的，如果不能跟上飞速变化的环境，很快就会被淘汰。在这种生存环境下，大多数的中国企业缺少明确的企业使命以及与之相关的系统和固定的价值体系，甚至很多企业的目标仅仅是单一的利润最大化。在这种基础上的企业管理系统，绝不是解决了管理技术问题就能够保证企业管理水平上升的。

外资企业本身具有完整的管理体系，并且能够吸引中国优秀的人才加入公司，而中国

企业缺少同样好的企业管理氛围和人力资源环境。企业大多从实践中逐渐地摸索出一些基本的管理方法，这些管理方法不系统、不规范，企业总是处在问题频发的状态，高层管理人员就好像救火队员。

在这种状况下，咨询公司最大的作用在于设计完整的管理体系，但问题也恰在于此。国际知名咨询公司往往根据理想化的人力资源状况和企业管理状况来设计管理体系，但忽略了中国企业的现实状况。尽管麦肯锡在中国有八十多个中国本土咨询师，然而面对中国企业这种状况依然是无能为力甚至不能理解的。因为这些中国本土咨询师同样成长在 MBA 背景、外资企业工作背景的环境里，培养出的是职业化的思维和工作方式，对于一些简单的管理问题为什么在中国企业不能得以理解和实施，他们同样没有很好的答案。

所以咨询公司面对中国企业时，应该更多地增加双方了解的“预热期”。更加关注客户方面的软性的氛围，而不是单纯的、直观的管理技术的硬性问题。要理解中国企业所面对的状况和管理人员的思维方式，在确认对于客户方的管理人员的理念和思维方式能够有所触动并带来变革的危机感的时候，所做出的针对体制、制度的咨询才是有效的。一群理念和管理意识未能完全统一、知识水平差距很大的人，单纯依靠制度约束也是很难整合在一起的。虽然咨询报告做得无懈可击，但一旦付诸实施就问题百出。实达就是一个明显的例子。

实达是中国福建一家以计算机外设、PC 和网络产品为主营业务的企业，其业务曾雄霸中国东南市场，并一度创造“从 16 个人到 16 个亿”的商业传奇。1998 年秋天，如日中天的实达各项业务全面出击，销售业绩开始下滑。一个偶然的机会，实达集团总裁叶龙结识了麦肯锡的专家，以 300 万元的价码请来世界著名的管理咨询公司麦肯锡，由 4 名麦肯锡专家组成咨询小组。实达的期望是：聘请麦肯锡为其管理体系进行诊断和设计，设计出能适应实达未来发展的组织结构和运行程序，吸收和借鉴国际先进的管理体制。麦肯锡向实达提供了两套方案：一套是一步到位的，直接在集团内部进行全局性大调整，要求企业有较强的承受能力；另一套是渐进式的过渡方案，先在子公司内部推行，成功后再向集团推广。实达采用了一步到位的方案，即打散所有的子公司体制，建立新的组织结构，方案是把市场营销和销售从集团的层面截然分开，市场营销部制定集团硬件产业发展的战略规划和年度计划，而销售事业部统一向行业客户和商用、家用客户销售所有的实达产品。

1999 年上半年，实达的经营业绩大幅度滑坡。1999 年 6 月，管理重组正式宣告失败，组织结构又回到原来的体制。在这一反一复之间，实达付出了昂贵的学费。不仅仅是这 300 万元咨询费，更多地是由于这次机构重组的流产，给整个集团在管理上、人员心态上带来的影响和冲击。2001 年 4 月 30 日，实达电脑公布 2000 年度报告：年度亏损 2.67 亿元人民币。由于 1999 年实达电脑已经亏损 5 497 万元。实达由于连续两年亏损，正式戴上 ST 的帽子。2001 年 6 月,原实达总裁叶龙也被免去职务。

(3) 决定成败的额外需求——决策帮助

在对咨询的需求方面,中国企业除了通过咨询过程学习决策的方法,更需要咨询给出明确的决策选择。这种状况与中国企业的管理体系普遍比较薄弱有很大关系。就管理决策的备选方案本身而言是没有正确与否之分的,但在不同的企业会有不同的适应程度。在选择决策方案时,企业的价值导向起到关键的作用,但正如前面所说,这一部分在中国大多数企业中比较薄弱,或者没有将其明确化。例如对不同的人力资源管理方案的选择,来源于企业使命中对员工的明确的、统一的价值观念,如果缺少或不明确价值取向,就很难评价和选择咨询方案。作为咨询公司,在针对大多数中国企业咨询时,不但要制订出备选方案,更要帮助客户明确企业的价值取向,帮助客户理清思路,根据客户自身状况找到进行决策的判别依据,而不是简单地给出几套方案就万事大吉了。

实际上,按照管理方面的技术和方法,制订出备选方案并不应该成为咨询真正的重点。在此之后的服务才真正体现出咨询公司的专业素养和服务水平,也才能真正使咨询公司成为中国企业的战略伙伴。即帮助客户梳理和澄清原来模糊的决策思路和价值评判体系,只有这样,企业进行的决策才能是对症下药,咨询的成功率才能提高。也只有这样,才真正符合管理决策的逻辑。不能去体会和理解客户,就不能真正替他服务。

然而这一点,似乎并没有被真正理解。麦肯锡大中国区董事吴亦兵在检讨麦肯锡责任时表示,如果要说犯错误的话,对麦肯锡来说是犯了两个错误:第一个错误是我们在推荐过渡方案和最终方案的时候,也许我们要更加坚定地坚持过渡方案。第二个错误也许是看到在推行后,很快退回的时候,也许我们又应该更坚决地帮他顶住,要对客户说:你才执行了半年,不能因为短期利润的亏损就开始往回调,不可能说是短期的调整马上就造成了短期的利润损失。

从吴亦兵的评论中可以看出麦肯锡可能不知道自己失败在什么地方,他在评论中使用了很多"也许",而且自相矛盾的地方是:麦肯锡更加看好过渡方案为什么当初不仅仅提供一套方案。如果当初仅提供一套方案,岂不是代替客户在做决策?由此是否可以推断,麦肯锡是否坐视客户选择了次优方案而任其发展?在不能帮助客户具备决策能力和决策方法的情况下,就给客户一些备选方案,是否过于草率?

此外,仅仅给出方案是很难适应中国企业实际状况的,咨询公司不但要给客户一个蓝图,更重要的是帮助客户完成从现状过渡到目标状态的过程。缺乏对变革的预见和控制能力才是中国企业的弱项之所在。

11.4.2 国际咨询公司的业务经营盲点

从上述问题分析,国际咨询公司在中国市场产生障碍的原因主要来自以下几个方面。

1. 不能深入理解中国企业的文化特征

国际咨询公司在面对中国企业的时候，往往很难理解中国的文化特征及其对企业管理的影响。曾任微软中国总经理的TCL信息产业集团总经理吴士宏认为国际上的大咨询公司或许没有一个能够深入了解中国企业的核心文化，因为中国的文化太深。国际上的咨询公司很难深入到中国的企业、纯粹中国企业的深层文化里面去。这并不是说它咨询的东西就一定做不成，而是说它不容易融入企业文化加中国文化加地域文化的深层里边去。

哈佛商学院曾前后花了一年的时间做了联想的案例，联想总裁柳传志对这个案例的评价是，没有说明太多问题，没有把联想对企业管理学的价值贡献找出来。案例对联想营运层面涉及的资金流、信息流、物流，市场竞争中的策略重点，机制与文化浅表的特性等几大结构进行了提炼与总结。但从美国市场的视角了解一家聪明的、土生土长的中国企业，文化的隔膜使企业精神在传递过程中会减弱。而哈佛这次研究的恰恰不是精神，而是一般性的战略细节。因此柳传志认为哈佛对联想的案例点评不够全面，其注意力集中在联想研发、生产和销售部分，但没有研究联想的机制与文化，因此有“只见树木，不见森林”的缺陷。

柳传志认为管理就像房屋的结构，屋顶部分是价值链的直接相关部分——生产、销售、研发等，这在不同行业是完全不同的，如麦当劳与PC在相关方面肯定不一样。第二部分是围墙，主要是管理的流程部分，如信息流、资金流、物流等等，在这一部分好的企业有很多相同点。第三部分是地基，也就是机制和文化等方面，在这一部分好的企业体现方式不同，但是本质也是一样的。联想取得阶段性成功的真正基础在于第三部分的“地基”打得好。

对于跨国咨询公司原有的市场环境来讲，由于商业环境(像法人治理结构、董事会与股东、管理层的关系、商誉诚信，等等)非常成熟，没有必要更多地讨论这些基础部分的问题。但是在中国，这些问题却是管理当中的根源性问题。中国许多企业的管理问题更多地集中在文化和机制层面，咨询公司不能仅仅盯住策略、流程等表层的东西，必须站在中国企业的视角去理解企业面对的问题和思维框架，重视对中国企业文化的熟悉和变革，在中国企业文化大背景下来考虑解决管理的策略性问题。只有这样，咨询方案才有可能对症。

2. 不能与客户形成良性的互动从而维持客户期望

咨询公司应针对中国企业状况调整咨询业务的重心，有一些企业已经具备了消化吸收咨询方案的能力，但大多数企业面对咨询报告只是感觉说得都对，但是无法付诸实施。

咨询公司应将更多的注意力集中在咨询业务之后的辅助实施方面。

从另一个方面来看，咨询公司如何引导客户对咨询有更加现实的认识也是非常重要的。之所以企业对咨询结果不满，很大程度上是在此之前对于咨询的期望值过高，而咨询公司没有尽力将客户期望维持在适当的水平上。在国际上，跨国公司聘用咨询公司时，它们非常明确咨询公司的地位和在项目中的作用。即企业借助咨询公司既得的方法论，通过对市场和竞争对手的评估来确定企业所经营的产品是否有吸引力；或者是咨询公司帮助企业发现市场中新的机会，并对企业自身所具有的能力进行评估，以评定该企业是否具备发展这种产品或服务的能力，在此基础上帮助企业通过收益、成本和风险分析，选择出各种方案供客户做决策。在理性分析之后，到底走哪条路还是由企业自己决定。决策即具体的操作是咨询公司所无法替代的事。咨询公司在中国，还必须让企业明确自己需要的除了咨询方案以外，还需要咨询公司带给它决策的方法和能力，特别是那些不具备这些能力的企业。

在合作双方都比较满意的咨询项目中，根据客户状况带给客户正确的期望值是咨询成功的关键。中国最大的PC生产厂商联想集团曾经请麦肯锡等多家知名咨询公司为联想进行咨询。联想总裁柳传志的观点是：请麦肯锡进行咨询，咨询结果是否采纳由联想说了算。

招商局是驻香港的大型企业集团，成立于1872年，是中国目前历史最悠久的企业。招商局在与麦肯锡的合作中认为，咨询的效益首先体现在麦肯锡提供了更科学的分析方法、更开阔的国际视野和更全面的统计数据，使招商局能够以国际标准来审视其在各个产业中的位置，从中真正看到了差距，进而能冷静客观地制定现实可行的阶段目标。其次，在于麦肯锡帮助企业理清了思路。其实很多结论原先企业并非没有，但不清晰，经与麦肯锡的专家进行沟通，由专家帮助企业总结归纳出来，使之清晰明确。

招商局非常明确麦肯锡的工作任务。招商局集团总裁傅育宁说："我要强调的是，我们让它做战略诊断，但并没有让它给我们做战略规划。就是在现状下，招商局该选择什么方向。具体包括：诊断——告诉我招商局现有的问题是什么，招商局的每一项业务在国际市场上处于什么位置，前景如何；药方——告诉我该发展哪些业务比较好。至于怎么发展，什么阶段发展到什么程度，也就是战略规划，不用它做，这是我们自己要做的。"

曾邀请麦肯锡为企业做过咨询并取得良好效果的乐百氏营销总经理杨杰强主张："应该以一颗平常心去看待咨询业，给它一个准确的功能定位，理性地看待它所能带来的价值，千万不能寄希望于由它来完成你的伟业。咨询公司与广告公司、调研公司一样，只是企业所需要的工具，也许可以比做瞄准器、雷达、助推器或是导航系统，它是不能替企业去做出选择、做出决策的，企业有永远的自主权。"

由此可见，成功的管理咨询一定要建立在客户对咨询的作用和定位非常准确的基础

上。咨询业务个性化的服务也正是体现在咨询公司针对每个客户的状况，给予其明确的和独特的期望值，让企业管理者充分认识到该项咨询业务对于本企业的作用所在。

3. 不能有效根据市场状况进行咨询内容调整

从总体上来讲，咨询在中国的成功率很低。而成功率最低的是策略咨询，主要是认同率太低，以至于拒付费用。这一方面反映出企业与咨询公司在价值问题上缺乏有效沟通；另一方面，也体现出管理咨询往往使企业看不到实效。更关键的是，策略咨询是否成功，还要看企业是怎么接受、消化和利用这些咨询成果的。所以，在中国，在企业管理变革执行能力普遍较弱的状况下，咨询业务的内容不仅应该包括策略方案，还应扩展至方案的辅助实施过程。

以和光为例，埃森哲的咨询内容包括财务、预算、物流、ERP、策略和组织等几个部分。其中，前 4 个部分由于有咨询顾问的跟进监督实施，都取得了较高的认可。但在咨询费用最高的策略和组织阶段，在和光引起的争议最大。

作为一套完整的咨询方案，除了提交策略报告之外，还应该能够具备实施的能力。在策略实施过程中，能够全面启动、同步实施固然最好，但往往由于方案牵涉面太广、难以准备充分等原因而出现各种衔接方面的困难。如果因此造成某些方面未能达到预期效果而影响员工和管理人员的信心，则方案的有效性将大打折扣。甚至会导致方案实施的失败，比如实达的咨询案例。

方案实施的可行策略，一是先选择较容易的部分来执行；二是选择对方案有强烈认同感的部门先实施；三是集中力量抓住核心环节。第一种和第二种策略的优点在于通过方案容易部分的顺利实施或在某部门的顺利实施使各级员工建立起对方案的信心，并由此建立下级对上级的信心，这将有助于树立起领导的权威。通过这种方式可以积累进行不断变革的能量。第三种方式的目的是通过抓核心环节来带动相关环节。此外，这种方式还可以集中有限的力量使企业迅速迈上一个新的台阶。或者，企业可以仅仅考虑核心环节，其他环节的实施可以暂时不考虑，这一点在现实中也是完全可行的。因为虽然理想的目标是尽善尽美，但现实中往往因为管理人员精力不够或关注点不能太多或企业资源条件不具备而导致总有这样或那样的遗憾。尽管如此，只要企业总的趋势是向着目标状态发展，并有不断产生足够的变革能量的机制，那么有缺陷的现状也是可以接受的。

深圳华为技术公司请 IBM 的全球服务部进行的咨询之所以取得较好的结果就可以说明这一点。1999 年华为花费 4000 万元请 IBM 的全球服务部对其进行集成产品开发(Integrated Product Development，IPD)咨询，整体项目分为 3 个阶段：第一阶段称为"关注阶段"，即对华为的产品开发过程进行观察并提出问题，时间近 1 年；第二阶段称为"发明阶段"，制定对策和流程，费时近半年；第三阶段称为"实践阶段"，又划分为多个阶段，花费10个月左右的时间。在选择的3个产品开发团队实施咨询方案，在取得了一定的效果后，第二个阶段是在30%的项目中实施。到2002年，有70%的项目达到规划要求，此后，所有新启动的产品项目都按照IPD的流程来运作了。很多当时持怀疑态度的中层管理人员和产品开发人员对此项目的态度和信心已发生了较大变化。

4. 不能提供恰当的咨询方式

只有当企业高层管理者直接参与时，咨询方案才能得到认可。此外，中层是一个非常重要的群体，中层管理人员的接受与认可程度会直接影响最终的实施效果。咨询方式除了一般的调查、访谈、诊断、分析、报告的过程以外，还需要咨询人员和企业更加紧密地结合。特别是在咨询过程中，把教练的方式融入咨询过程，不但告诉企业该怎么做，还要做出示范，指导企业管理人员按照咨询方案中的方法来工作。在咨询报告提交之后，还要用辅导的方式帮助企业实施和运行，并在实施过程中将企业从现状引导到目标状态上去。

招商局认为麦肯锡咨询结果比较满意的原因之一就在于咨询方式的选择。同和光与埃森哲的合作相比，这个咨询结果有招商局高层非常直接的参与。最终的结果更多是招商局高层自己的智慧和判断。要想使咨询符合企业实际，达到可操作的程度，企业高层就要清楚地理解咨询公司的意图。咨询策略也一定要由双方共同制定，而不能咨询公司给出方案，企业照搬实施。麦肯锡在实达的失利与咨询方式有很大的关系。而华为的IPD咨询项目在这方面处理得就较好：项目在3个产品开发团队实施的过程中，其他部门、团队的管理人员和骨干都要参加其培训和研讨，再由参加的人回到自己所在单位宣讲。方案在实施中虽然问题很多，但参加的人在讨论问题时都已默认了总体框架和思路。实际上，具体实施方案是所有参加者的智慧而非咨询顾问。

由此可以看出，咨询过程必须由双方共同参与，特别是企业的中层管理人员。因为中层管理人员对企业的实际情况和弊病最了解。他们一方面可以为咨询公司提供最真实的信息；另一方面在沟通中他们也接触到了最先进的管理理念，可以将其学习和移植到企业中，从而保证方案的实施效果。一个双方都能认可的咨询，一定是把工作重心调整为双方沟通产生方案的过程和在此过程中帮助客户提升管理能力两大方面。

11.4.3 本土化应对策略

针对上述状况，国际咨询公司在中国市场，应根据中国企业状况，对从咨询项目定位、业务重心到工作方式等方面的策略，做出如下调整。

1. 调整最适合的工作方式

常见的咨询过程往往是咨询顾问与企业高层管理人员进行充分沟通之后，就所要咨询的问题与高层管理人员沟通和确认，然后与各级管理人员开展调研和访谈，收集相关资料。之后根据某方面的理论提出解决框架，按照规范的咨询工具开展咨询项目的研究工作。国内咨询行业普遍认为，国际知名咨询公司的核心能力就在于其解决问题的工具比较齐全，而且有相关或类似企业的咨询经验。但以这种方式得到的结论，往往存在以下两个致命的问题：一是没有客户方管理人员的参与，管理人员对于咨询报告的理解往往有很大出入，更不用说按照咨询报告的建议去执行；二是客户方管理人员的能力没有得到真正的提升，对中国企业来说，真正希望和需要咨询公司解决的问题并没有得以解决。其结果必然是，企业认为报告阐述得很有道理，但就是不能让中层管理人员信服，特别是对方案的可操作性有很大异议，方案的有效性因此而大打折扣。

事实上，咨询过程所采用的方法对咨询效果影响很大。在提高咨询客户管理能力和提高咨询方案被接受、认可和执行方面比较好的办法是，采用研讨的方式得出管理对策，采用教练的方式促进咨询措施的执行。咨询公司对自己角色的定位应该更侧重于方法的提供者，通过咨询过程中与客户方管理人员的研讨，咨询公司提供的方法方能与企业实践紧密结合，从而得出可行的措施。此外，在研讨过程中，应使用教练的方式来提高管理人员的实际操作能力。一般来说，教练的方式主要是由咨询人员讲解某种方法或解决问题的框架，并通过案例讨论和练习使管理人员熟悉这种方法的使用，然后再运用这种方法在咨询顾问的指导下分析和解决企业自身问题。

研讨和教练的咨询方式是咨询公司提高客户接受程度和保证咨询项目顺利实施，从而达到预定目标的重要保障。缺少对中国企业真正问题的理解，缺少客户的深度参与，是不可能有成功的咨询方案的。

2. 以客户管理人员职业素质的提升为重要内容和前提条件

中国企业的常见问题是基础管理的脆弱和从业人员的职业能力问题。即使有再好的咨询方案，往往因为理解差异和执行能力的障碍而难以保障实施。因此，咨询项目中一定要将管理人员职业能力的提升作为一项重要的内容和咨询方案实施的前提条件。

一个企业如果包括目标—计划—激励—辅导—考核—薪酬在内的基本日常管理的运作体系尚不完善，如何保障它去实现更大范围的管理变革？所以在咨询项目开始之前，在企业基础管理方面的调理和强化显得非常必要。与国外企业不同，中国企业的发展起步比较晚，加之人力资源市场的不成熟，当国外企业对管理项目的期望值更多地集中在策略层面时，国内企业更加需要的是基础管理、日常管理和员工职业素质提升的办法。这就要求国际咨询公司在面对中国企业的时候，必须摒弃已有的、成熟的策略方面的工具和方法，从更加关注企业长远发展和实施操作能力的角度入手，既要考虑策略的合理性，更要考虑企业执行能力的匹配。

因此，熟悉客户方管理人员的管理能力，在咨询过程中设计适当的方式来提升管理人员的能力，使之有助于既定管理咨询项目的完成，这才是面对中国市场的咨询公司的核心能力所在。

3. 获得中高层管理者的认同

导致咨询方案能否顺利实施的另外一个更重要的因素是企业中高层管理者是否真正认同并接受咨询方案和方案本身所体现的观念和思想。方案的最终实施主要是依靠企业中层管理人员。大多数失败的案例都是大家对方案表面上都表示赞同，但真正开始实施时，很多人都不愿意积极采取行动打破现状，导致各种咨询建议的效力大打折扣，甚至因此夭折。究其原因，一是任何一种方案都有可能涉及管理人员的切身利益、权力分配、工作习惯、人际关系等；二是方案本身所体现的观念和思想并未被管理人员真正接受，而且两种原因中，后者更重要。因此我们认为取得大多数中高层管理人员内心的认同是一件较为困难的事情。如果咨询顾问能在下述方面与各级管理人员进行广泛交流，对各种观念达成统一认识，那么这个问题往往可以较容易地解决。

首先，正确认识员工的素质与能力。在企业经常碰到的一个问题是，从下到上每一级都抱怨说自己的部门缺乏合格的员工。而咨询方案又往往假定在设定岗位上的员工是合格的或经过很短的时间就能胜任，由此就产生了方案不能顺利实施的矛盾。这个问题的出现与中国企业目前的人才背景有关：一方面社会上有大量的找不到工作的下岗、失业人员；另一方面企业又缺乏合格的员工，或合格员工尤其是合格的管理人员的价格由于稀缺而太高。在大环境不可能很快改进的情况下，高层管理人员就应该树立正确的观念：一是对下级进行培养是每一个上级必须履行的责任；二是员工的进步需要时间，如果方法得当，员工是可以很快胜任自己的工作的；三是管理人员要有授权意识，要学会授权，学会当领导；四是要创造良好的软工作环境，使员工都能够很快成长。了解这种状况，并就上述方面取得中层管理人员的认可是咨询项目能否成功的重要因素。

其次，对学习、接受他人的态度。当今世界“唯一不变的就是变化”，管理人员必须认识到他已掌握的知识和经验都在被迅速地淘汰，变得越来越不可靠。认识到这一点，各级管理人员才能比较客观地看待他人的知识和能力，并有可能同时看到自己能力方面的缺陷和性格上的弱点，也才有可能给自己很好的定位。对咨询顾问以及咨询项目的认同感的建立也就顺理成章了。

最后，要树立动态管理的观点。企业总是希望专家的方案能够一劳永逸地解决企业的管理问题或拿来就能用，但事实上无论是企业战略还是组织结构都是随着环境、目标和条件的变动而不断变化的，因此正确的做法应该是建立动态管理的思想意识和相应的动态完善机制。咨询顾问和企业的各级管理人员要把动态管理的思想作为不断提高管理水平的能量，不断将企业从现有状态推向更高一级的期望状态。

中国咨询市场是一个新兴的全球增长速度最快的企业咨询市场，从整体上不难看出"中国企业国际化，国际企业中国化"的趋势。这说明一方面中国企业正在逐步成长，能够在管理方面逐步走向国际化。尽管如此，这一变化过程也会比较漫长，而且中国文化的底蕴将对企业起到深远的影响。因此，从另一方面来看，要真正占领中国市场，跨国公司必须根据中国状况做出调整。中国企业的管理发展状况决定了国际咨询公司在中国市场的策略调整。跨国公司在中国其他业务领域均可获得骄人业绩，很大程度上与中国的文化环境、市场状况相适应，咨询业务也不能例外。完全按照原有的思维和惯例在中国市场运作，其结果依然会持续碰壁。

11.5 本章小结

1. 本章主要内容

现代咨询业已经超越了传统咨询的概念，要求企业实施高度职业化、客观真实、有针对性、与客户密切合作并且关系稳定的咨询服务。这种业务特点要求咨询公司具有独特的企业价值观与市场定位，通过不断提升自身的品牌和创新能力，以及完善内部机制来形成企业的核心竞争力。一项咨询方案失败的原因不仅仅是咨询方案本身，更取决于阻碍客户企业变革的限制条件，比如公司政治、外部环境、协同能力、客户沟通、方案假设等。在具体经营战略上，人力资源管理、项目管理和知识管理是三个重要的管理议题，直接影响到咨询企业的经营效率与利润。但无论选择哪一种经营模式，咨询公司都应当明确自己所能提供的特殊客户价值在哪里，从而积极应对越来越激烈的咨询行业竞争。咨询公司在扩张已有的成功经营模式时，同样面临着挑战，即管理咨询的本土化。以中国咨询市场为例，许多国际咨询公司由于忽视了本土化的发展，遭遇了业务扩张的瓶颈。因此，跨国咨询公司必须根据中国企业的状况，从咨询项目定位、业务重心到工作方式等方面做出策略性调整，这对中国本土咨询公司的发展同样重要。

2. 内容回顾思考

(1) 咨询公司作为咨询市场的竞争主体之一，它的业务特点是怎样的？
(2) 咨询公司的管理实践主要涉及哪几方面？为什么有些时候管理咨询会失败？
(3) 目前中国咨询市场上，国际咨询公司在经营中遇到的挑战是什么？

3. 趋势发展与挑战

(1) 知识管理与信息技术的紧密结合将在咨询公司的经营管理中扮演越来越重要的

角色，将如何影响管理咨询产业的发展方向？

（2）随着国内咨询公司经营管理能力的逐步提高，以及国际咨询公司本土化过渡的不断推进，中国咨询市场将面临更加激烈的行业竞争和分化。本土咨询公司机会何在？

（3）咨询公司的咨询专业领域将不断细分，以适应客户咨询问题的复杂化和解决方案的专业性要求。并且各咨询公司有可能通过合作的方式来为同一客户提供综合性的服务。本土咨询公司通过业务合作能够做下世界级咨询项目吗？管理咨询业，“绑上一群小舢板，等于拥有了航空母舰”？

参考文献

1. [美]艾森·拉塞尔著. 赵睿,等,译. 麦肯锡方法. 北京：华夏出版社,2002
2. [美]彼得·布洛克著. 于凤霞译. 完美咨询. 北京：中国劳动社会保障出版社,2003
3. [美]菲利浦斯著. 咨询绩效评估. 上海：远东出版社,2001
4. [美]哈罗德·科兹纳著. 项目管理的战略规划：项目管理成熟度模型的应用. 北京：电子工业出版社,2002
5. [美]罗伯特·谢弗著. 高实效咨询. 北京：中国劳动社会保障出版社,2004
6. [美]梅尔·西尔伯曼著. 高变华译. 咨询师的工具箱. 机械工业出版社,2002
7. [美]米克·柯普著. 咨询的7C模式. 北京：中华工商出版社,2004
8. [美]赛卡瑞安著. 企业研究方法(第四版). 北京：清华大学出版社,2005
9. [美]史蒂芬·谢夫曼著. 李海荣译. 咨询师创业指南. 北京：电子工业出版社,2004
10. [美]伊利莎白·哈斯,埃德沙姆著. 麦肯锡传奇. 北京：机械工业出版社,2006
11. [英]菲利普·萨德勒主编. 管理咨询优绩通鉴(第二版). 北京：中国劳动社会保障出版社,2003
12. [英]卡尔弗特·马克汉姆主编. 身边的咨询顾问(黄金版). 北京：民主与建设出版社,2002
13. [英]卡尔弗特·马克汉姆著. 夏光,陆珍珍译. 顶级咨询. 北京：中国铁道出版社,2006
14. [英]苏珊·那什著. 贾光伟译. 进入广阔的咨询业. 北京：机械工业出版社,2004
15. [新西兰]斯图尔特·巴恩斯著. 知识管理系统理论与实务. 北京：机械工业出版社,2004
16. 2006 Global Most Admired Knowledge Enterprises（MAKE）Winners http：//billives. typepad. com/portals_and_km/2006/07/2006_global_mos. html
17. Hussey D E. Business-driven Human Resource Management. Chichester：John Wiley,2001
18. Kim，Sung-kwan & Silvana Trimi. IT for KM in the management consulting industry. Journal of Knowledge Management,2007,11(3),145～155
19. McLachlin，Ron D. Factors for consulting engagement sucesss. Management Decision,1999,37(5),394～404
20. 北京东方汇杰企业管理顾问公司. 如何认识企业诊断. 中国中小企业,2003(9)
21. 常桦. 咨询师手册. 北京：中国纺织出版社,2005
22. 丁栋虹. 管理咨询. 北京：清华大学出版社,2006
23. 焦玉英. 管理咨询基础. 武汉：武汉大学出版社,2004
24. 刘广第. 咨询项目管理质量控制使用方法研究. 中国质量,2003(3)：11～13
25. 刘永泽. 管理咨询. 北京：中国财经经济出版社,2003
26. 刘运国. 项目建议书的基本结构与撰写要求. 中国护理管理,2004(2)：5～8

27. 卢向东.咨询项目管理过程中若干因素的分析.现代情报,2004(1):174～175
28. 史璞.管理咨询.北京:机械工业出版社,2004
29. 王成,刘志光.高级咨询顾问专业必备工具大全.北京:机械工业出版社,2004
30. 王成.咨询业务的全程运作.北京:机械工业出版社,2003
31. 王璞.在中国做管理咨询.北京:机械工业出版社,2002
32. 吴建国,冀勇庆.华为的世界.北京:中信出版社,2006
33. 杨思卓.中国管理顾问手册.广东:广东经济出版社,2002
34. 张静.企业项目管理咨询与诊断.北京:中国经济出版社,2003
35. 张苏.美国企业的两种知识管理模式.南开管理评论,2001(4):75～77
36. 周文建.怎样写项目建议书.新闻与写作,2002(10):10～12
37. [美]伊丽莎白·哈斯·埃德莎姆著.魏青江,等,译.麦肯锡传奇.北京:机械工业出版社,2006
38. [日]内田和成著.崔永成译.假说驱动管理的魅力.北京:电子工业出版社,2007.11
39. John Gapper. Christopher D. McKenna. The world's newest profession: Management Consulting in the Twentieth Century. New York: Cambridge University Press, 2006
40. The strategy consultants in search of a strategy. http://www.ft.com/cms/s/0/f15acee6-0f2d-11e3-8e58-00144feabdc0.html#axzz2sslYhDsz. August 28, 2013
41. Stefan Stern. Strategy consultants need some new ideas . http://www.ftchinese.com/story/001032592/ 2010年5月13日
42. 刘广第.咨询项目管理质量控制实用方法研究.中国质量,2003(4):11-13
43. 刘琼.管理咨询行业的新并购浪潮.第一财经日报,2013年3月8日

推荐阅读书目

1. [美]埃森·M.拉塞尔著.赵睿,等,译.麦肯锡方法.北京:华夏出版社,2001
2. [美]伊丽莎白·哈斯·埃德莎姆著.魏青江,等,译.麦肯锡传奇.北京:机械工业出版社,2006
3. Alfred P. Sloan, Jr. My Years with General Motors. New York: Doubleday & Company, Inc., 1964
4. Christopher D. McKenna. The world's newest profession: Management Consulting in the Twentieth Century. New York: Cambridge University Press, 2006
5. Henry Ford. My Life and Work. New York: Doubleday, Page, & Company, 1922
6. 孙凯,豆世红.华为营销.北京:机械工业出版社,2013
7. 王自亮.经营改变世界:吉利传奇.上海:东方出版中心,2011
8. 张利华.华为研发(第二版).北京:机械工业出版社,2013

B&E

后记

咨询发展争鸣

咨询业是一种以高智力密集为显著特征的智力型产业，它以专门的知识、信息、技能和经验为资源，帮助咨询者对某一项目进行分析论证，提供方案及建议，降低风险，提高收益水平，因此被称为“防止跌倒的金拐棍”。

100年前，管理咨询作为一个行业还根本不存在。现在，咨询业已经成了一个涵盖全球几百亿美元的重要行业，除了管理咨询以外，还涉及了许多新的领域。简单来说，咨询就是从组织外部聘请专家向组织提供专业知识与技能的服务。广义地来看，律师是一个法律咨询专家，建筑师是建筑咨询专家，医生是关于疾病或保健的咨询专家。在所有这些职业中，他们赢得业务和同客户交往都有一个根本的相似之处，那就是提供以知识为导向的专业化服务。

随着咨询业的逐步发展，网络理念和管理思想的运用以及IT技术的运用相互融合，出现了所谓的网络理念，即互联网所带来的创新与效率、沟通的互动性与即时性、管理的开放性与透明性、市场的全球化与虚拟化、经营的规范化与低成本等一系列全新的商业理念和管理思想。

因此，传统咨询业的发展必须同互联网相结合，特别是当未来互联网从“竞争优势”逐步趋向于“竞争必需”，互联网咨询业终将取代传统咨询业而成为咨询业的主体。并且随着信息技术的发展以及电子商务平台的广泛构建，咨询业务将会从以原来的思考规律化、系统化、科学化、规范化为导向，发展为以信息与管理系统的驱动化为导向。

自1981年国内首家咨询机构诞生以来，国内一批职业化、规范化的管理咨询机构应运而生，同时一些国际管理咨询巨头也纷纷进入中国。在中外管理咨询机构的比拼中，国内咨询机构凸显弱势地位。

中外咨询机构的业务模式大同小异，主要是为企业提供诸如企业发展战略、企业管理模式设计、营销战略设计、技术创新管理、购并及资产重组、企业文化改造、ERP规划及实施等服务。国际咨询机构综合能力极强，且各自都有专长的领域和行业，像麦肯锡擅长战略咨询，而埃森哲精于IT咨询等。相比之下，国内至今仍没有一家成为行业内部的管理咨询权威，人们也很难说清哪家机构擅长的强项到底是什么。

国际咨询巨头的进入，确实促进了中国咨询业的快速发展。然而目前国内市场上唱主角的大多是一些国际咨询巨头，而国内咨询机构仅仅扮演着点缀的配角。一方面，我们看到蜂拥而至的国际咨询巨头大量进军中国，在中国市场上战果斐然。另一方面，几万家中国本土咨询机构，只能眼睁睁看着国际咨询巨头在中国攻城略地，而自身很难介入。在同一项目上，常常看到的是不同国际咨询巨头在争夺客户，而鲜见国内咨询机构的身影；或者是国内咨询机构出价几十万元无人问津，而国际咨询巨头动辄几百万元乃至上千万元的要价，却生意不断。

最典型的例证是德国罗兰贝格国际管理咨询公司，自 1994 年进入中国，第一个客户是青岛啤酒，当时收费 15 万元人民币；而现在做同一项目的收费是过去的几十倍。在过去几年里，罗兰贝格在中国的营业额每年增长 60%左右，是其全球各地分公司中增长最快的一个。然而，罗兰贝格在中国仅有 56 名员工，仅次于麦肯锡。虽然罗兰贝格的员工极少，但每名咨询顾问的收费极高，一名驻地首席咨询顾问的日收费标准高达 4 000 美元。而根据咨询行业工作规律，一个项目的完成一般需要 3～5 名咨询顾问连续工作三四个月时间。罗兰贝格的收费再昂贵，也无法挡住源源不断的客户群。

中国加入 WTO 后，越来越多的国际咨询巨头看好中国市场的发展前景，并纷纷进入中国。他们很快发现，一个成功的咨询机构不仅要有专业技能，更重要的是对所服务领域有相当的了解。于是，他们急于进行本土化改造，以适应中国的市场环境。然而，国际咨询巨头在中国“水土不服”的问题始终没有解决，他们在本土化发展上极不到位。尽管国际咨询巨头在先期与中国企业合作上有所收益，但是，随着企业信息化管理进一步加强，对管理咨询的要求也会随之提高。此时，国际咨询巨头的本土化劣势就会显现出来。也许正是意识到这一点，2005 年 10 月 9 日，国内最大的国际咨询巨头毕马威更名为毕博，并宣称自己在中国采用百分之百的本土化战略，拥有百分之百的本地化团队和适合中国企业的解决方案。

国际咨询巨头在中国市场上的“水土不服”，为本土咨询机构指明了一些战略方向。国内咨询机构虽然在规范化和职业化方面尚嫌欠缺，但是了解国情和本土文化，善于与企业沟通，能灵活调配政府和政策资源。因此，目前国际咨询巨头的困境，也许正是国内咨询机构的机会。

现在国际咨询巨头大多集中在美国、德国和英国。在其他国家的咨询市场，也是这些国际咨询巨头占领导地位。那么，中国咨询业是否最终也会被国际咨询巨头占领？国内咨询机构能否脱颖而出？

业内人士表示，国内咨询机构与国际咨询巨头目前并不在一个层面上竞争，像麦肯锡、波士顿等国际咨询巨头，一个客户一年收费就是几千万人民币，而国内咨询机构能够接到过百万元的单子就很不容易了。但是，在中国，本土咨询机构绝对存在着与国际巨头

抗衡的可能性。因为中国的传统文化具有连续性，是全球独有的。更重要的是，计划经济向市场经济转型造成中国特色的经济环境，而中国企业由此导致和引发的诸多问题，国际咨询巨头不可能全部了解，其“水土不服”问题一时还无法解决。因此，只有更多真正了解中国国情的本土咨询机构的崛起，才能使我国的管理咨询业走向良性发展道路。

目前中国咨询市场还处在发展阶段，未来成熟的市场必然是不同的咨询机构服务于不同层次和类型的客户。而国内咨询机构战胜海外军团，很大程度在利用自身的地缘优势、细分市场、走专业化路线上。

《财富》(中文版，2003)提供了关于咨询业的一些困境。文中以美国电报电话公司(AT&T)为例。美国电报电话公司(AT&T)曾经非常喜欢聘请管理顾问，它们付给咨询顾问的账单数额巨大：有的年份高达近10亿美元。美国一流的战略咨询公司麦肯锡是这一巨额开支最大的受益者。每年负责美国电报电话公司项目的40多位麦肯锡顾问都可携带家属去佛蒙特州斯特拉顿享受免费的滑雪旅行。“可惜呀，现在再也不会有这样的旅行了。”

现在，在整个美国企业界，大公司与传统的管理咨询公司之间长期的亲密关系戛然而止，特别是以麦肯锡、波士顿、贝恩为代表的，纯粹玩战略的公司。以往风光无限的战略咨询公司开始受到企业管理者的质疑。

首先，企业主管们意识到，来自所谓声望很高的咨询公司的顾问也许并不像有人夸耀的那样出色。咨询顾问收费高得出奇(每位合伙人每天收费高达5 000美元，普通咨询顾问每人每天收费1 500美元，其中很多人刚迈出校门)。然而，人们不得不提出疑问，麦肯锡给其长期客户安然公司提供的建议是否明智？它为凯马特(Kmart)和环球电讯(Global Crossing)所做的分析有无价值？这两家公司从麦肯锡那里购买了战略高见，但随后却遭遇破产。

其次，20世纪90年代中后期，咨询行业的年收入增长高达20%，雇员也有所增加。在过去8年里，咨询业龙头老大麦肯锡将员工人数增加了一倍多，全球的员工达7 000人。贝恩和波士顿的人数也分别飙升至1 800人和2 600人。通常情况下，每个项目中都会有一大批人物参与。麦肯锡公司前合伙人乔恩·卡岑巴赫说：“当你聘请麦肯锡时，他们会先来一名高级董事、一名高级主管、一名初级主管、一名高级合约经理、一名合约经理以及一名项目经理。此时，你还未见到真正替你干活的人。这是一种相对来说高价位、缺乏弹性的模式。”但是这种模式不是客户想要的，他们需要由训练有素的人员组成的小型、灵活的团队，这些人需要拥有多年的专业知识和经验。而且他们需要实用的、有高度针对性的、能够实现以下两个目标之一的信息和建议：要么赚钱，要么省钱。

最后，客户也要求降低费用，而这在过去是不可想象的。在过去几年里，许多大企业加强了内部战略研究团队建设，而不再聘请咨询公司。Fleet银行得出的结论是，经常聘请咨询顾问阻碍了企业内部员工发展相应的技能、知识及专长。因此，有越来越多的企业开始削减咨询费用的投入，并倾向于利用企业内部人才。

但是应该看到，前面提到的这些都不是说麦肯锡、贝恩或者波士顿将会关门。这些公司还拥有大批人才以及关于如何成功地运作企业的丰富知识。但是，它们的未来将与过去非常不同。许多人认为，它们的规模将变得小得多。它们的合伙人可能会分开，经营自己的小公司。或者将与一家 IT 公司合并，以获取技术知识和进军新的市场。这是 2003 年的看法。

"战略已死"已经成为一句流行口号。在这个高速运转的世界，谁还有时间来深思和规划呢？"决断的关键在于及时。"即将离职的施乐(Xerox)董事长安妮·马尔卡希(Anne Mulcahy)在接受《麦肯锡季刊》(McKinsey Quarterly)采访时不无奇怪地表示："及时要胜过完美。最具破坏性的决定是那些未能抓住的机会、那些未能及时做出的决定。"

管理咨询机构实际上在做些什么？华威商学院(Warwick Business School)组织行为学教授安德鲁·斯托蒂(Andrew Sturdy)最近进行了一项为期 3 年的研究，得出的结论是："咨询机构并不像我们想象得那么具有创新性和与众不同。"事实上："如果咨询机构的知识'过于新潮'，潜在客户不太可能会欢迎他们。"咨询机构的角色类似于"知识经纪人"：帮助管理层植入并执行一些理念，而这些理念的可信度来源于咨询机构自己对这些理念的推崇。

事实是，在过去几年里，萦绕管理咨询的大部分神秘光环已经褪色。他们的咨询服务找不到很多首次买家。客户和咨询机构有许多共同之处。他们说着同样的商务语言。许多客户可能之前自己就从事咨询行业。而采购团队会在价格上打压咨询机构。

管理咨询界最为人熟知的一些名字——贝恩咨询公司(Bain & Company)、波士顿咨询集团(BCG)——都是相对年轻的机构(历史都不到 50 年)。即便是成立时间较长的麦肯锡也直到 20 世纪 70 年代末才自称为战略咨询公司。

沃尔特·基希勒(Walter Kiechel)的《战略之王》(The Lords of Strategy)就讲述了这类公司的发展史。基希勒是哈佛商业出版社的前总编，现在是《财富》(Fortune)杂志的执行主编。他认为，对于我们现在称之为战略的这项发明，咨询机构所作的贡献未得到充分认可。

过去，商业领袖们往往会制定计划。战略是个更加现代的词，从 20 世纪 60 年开始流行。但基希勒揭示了战略并不仅仅是一个概念，还是一种产品。帮助战略公司站稳脚跟的，是他们的聪明才智。在营销和商业分析领域，他们都是天才。因此现在说点表示怀疑的话正合适。基希勒引用了《追求卓越》(In Search of Excellence)开篇章节中的话。这是两位麦肯锡怪才汤姆·彼得斯(Tom Peters)和罗伯特·沃特曼(Robert Waterman)共同撰写的"反战略"畅销书。"组织图不代表公司，新战略也不能完全解决企业的问题。"他们宣称:“我们都知道这一点,可是面对问题时,第一反应仍是指望得到一套新战略,可能还会进行组织重整。”到了20世纪80年代中期,这两个人都离开了麦肯锡。

正如克里斯·麦肯纳(Chris McKenna)在管理咨询研究著作《世界上最新的职业》(The World's Newest Profession)中所展示的那样,战略咨询机构的成功可归因于他们的创造性与胆量,这种特质可以追溯到70年前——麦肯锡(James O. McKinsey and Company)将对自我的描述,从不那么令人激动的“注册会计师事务所”转变为“会计与工程公司”的时候,尽管当时公司没有聘用一位拥有执业许可的工程师。要想在21世纪生存下去,战略咨询机构大概需要再次重塑自我。

自2008年发生金融危机以后,咨询行业能否保持两位数增长需要重新思考一下了。受到挤压的咨询公司是那些中等规模的,这类咨询公司缺少业务规模,但是成本高于由专业人员组成的微型咨询公司。根据肯尼迪咨询研究与建议(Kennedy Consulting Research and Advisory)公司的一项估计,一个全球化的咨询公司至少需要20亿美元的年收入来支付给合伙人和维持足够的投入,而2011年只有麦肯锡、波士顿和贝恩达到了这个条件。一年支付给所有合伙人共需120万~150万美元,还需给每一个合伙人投入高达50万美元来发展其员工和增加服务能力。而博思-科尔尼(Booz and AT Kearney)在2011年收入9.30亿美元,罗兰贝格收入12亿美元,因此他们还不能称为大公司。

无论如何,麦肯锡、波士顿和贝恩这三大公司在2009年后实现两位数的增长,并且可以从相对较弱的咨询公司那里招聘到合伙人。到2013年,麦肯锡拥有1400名合伙人,年收入50亿美元,这对于中等规模的咨询公司而言是完全不同的规模优势。同时麦肯锡的收入结构也发生了变化,在20年前,其70%的收入来自于战略和企业金融业务,而现在则主要来自于风险、运作和营销业务。

对于中等规模的咨询公司来说,如果其发展战略的决策时间越长,其合伙人越容易流失,自信心也越容易丧失,因此他们需要重新做出抉择了。